Fortschritte
und Veränderungen
in der Versorgung
psychisch Kranker

Ein internationaler Vergleich

Herausgegeben von
C. Kulenkampff
W. Picard

Tagungsberichte
Bd. 15

Fortschritte und Veränderungen in der Versorgung psychisch Kranker

Ein internationaler Vergleich

Tagungsbericht

Herausgegeben von C. Kulenkampff
W. Picard

Tagungsberichte
Band 15

1989
Rheinland-Verlag GmbH · Köln
in Kommission bei
Dr. Rudolf Habelt GmbH · Bonn

Gefördert durch das Bundesministerium für Jugend, Familie, Frauen und Gesundheit

Rheinland-Verlag- und Betriebsgesellschaft
des Landschaftsverbandes Rheinland mbH
Abtei Brauweiler, 5024 Pulheim 2

Herstellung: Norbert Radtke
Umschlaggestaltung: Renate Triltsch · Köln
Satz + Druck: ICS Communikations-Service GmbH,
Bergisch Gladbach
ISBN 3-7927-1093-5

Inhaltsverzeichnis

Grußwort des Bundesministers für Arbeit und Sozialordnung, Dr. Norbert Blüm

An den Vorsitzenden der Aktion Psychisch Kranke e.V.

Sehr geehrter Herr Picard,

für Ihre Einladung zum internationalen Symposium der Aktion Psychisch Kranke über „Fortschritte und Veränderungen in der Versorgung psychisch Kranker – ein internationaler Vergleich" vom 26. bis 28. November in Bad Godesberg möchte ich mich herzlich bedanken. Leider lassen andere terminliche Verpflichtungen meine Teilnahme nicht zu. Soweit dies zeitlich möglich ist, wird der zuständige Referatsleiter, Ministerialrat Luithlen, zu dieser Tagung kommen.

Ich möchte bei dieser Gelegenheit der Aktion Psychisch Kranke für ihre Bemühungen um die Reform der Versorgung psychisch Kranker danken. Ihre Mitarbeit bei der Psychiatrie-Enquête sowie die umfangreiche Informationsarbeit über die Lage und Entwicklung der Versorgung psychisch Kranker und Behinderter sind wesentliche Beiträge zu den Bemühungen der Bundesregierung, die Reform der deutschen Psychiatrie voranzubringen. Das gilt auch für die Arbeit, die die Aktion Psychisch Kranke gegenwärtig in ihrer Geschäftsführungsfunktion für die Beraterkommission leistet, die die Ergebnisse der Erprobungsphase des Modellprogramms Psychiatrie der Bundesregierung bewerten und in Empfehlungen umsetzen soll.

Ich bin sicher, daß das von Ihnen veranstaltete Symposium wertvolle Erkenntnisse über den Stand der Versorgung psychisch Kranker und Behinderter im Ausland vermittelt. Sicher lassen sich dabei auch weiterführende Informationen für die Entwicklung der Psychiatrischen Versorgung in der Bundesrepublik Deutschland gewinnen. Ich wünsche Ihnen für diese Tagung viel Erfolg.

Mit freundlichen Grüßen

Norbert Blüm

Vorwort

Zum Zeitpunkt der Tagung, im November 1986, waren genau elf Jahre seit der Zuleitung des „Berichts über die Lage der Psychiatrie in der Bundesrepublik Deutschland" durch den Bundesminister für Jugend, Familie und Gesundheit als Bundestags-Drucksache 7/4200 und 7/4201 (Anhang), der sogenannten Psychiatrie-Enquête, an den Deutschen Bundestag vergangen. Die Erprobungsphase im Modellprogramm Psychiatrie der Bundesregierung in 14 Modellregionen war abgeschlossen, der erste Teil des Abschlußberichtes der Begleitforschung wurde kaum zwei Wochen später vorgelegt, und zum gleichen Zeitpunkt wurde eine „Expertenkommission der Bundesregierung zur Reform der Versorgung im psychiatrischen und psychotherapeutisch/psychosomatischen Bereich" konstituiert, die auf der Grundlage der Ergebnisse des Modellprogramms Empfehlungen zu weiteren Schritten in der Reform der Versorgung psychisch Kranker und Behinderter ausarbeiten sollte.

Die Zeit war günstig, an dieser Schnittstelle zwischen der Bewertung des Erreichten und der Neubesinnung auf das noch weiterhin Verbesserungsbedürftige die Entwicklungen, die die Reform der Versorgung psychisch Kranker und Behinderter in der Bundesrepublik im vergangenen Jahrzehnt geprägt hatten, im Lichte eines internationalen Vergleiches auf einer Tagung noch einmal zu überdenken und so auch den Boden für die weitere Diskussion und die künftige Entwicklung der psychiatrischen Versorgung zu bereiten.

Die im Januar 1987 beginnende Arbeit der Expertenkommission fand wiederum genau zwei Jahre später, im November 1988, mit der Übergabe der „Empfehlungen der Expertenkommission der Bundesregierung" an die damalige Bundesministerin für Jugend, Familie, Frauen und Gesundheit, Frau Prof. Dr. Rita Süssmuth, ihren Abschluß. Ein Vergleich der im vorliegenden Tagungsbericht zusammengetragenen Referate und Diskussionen mit den Inhalten und Anregungen des Empfehlungsbandes zeigt ein hohes Maß an Übereinstimmung bis in wichtige Details: In den Diskussionen der internationalen Tagung wurden, um nur ein Beispiel zu nennen, von verschiedenster Seite schon dezidiert Verbundlösungen für die Trägerschaft und Ausgestaltung der Versorgung psychisch Kranker und Behinderter in den Gemeinden gefordert; ein Konzept, welches schließlich in der zentralen Forderung der Expertenempfehlungen nach einem sogenannten „Gemeindepsychiatrischen Verbund" seinen Niederschlag fand und dort im Einzelnen beschrieben ist.

So mag die zunächst bedauerliche Verzögerung in der Fertigstellung des Tagungsberichtes, die hinter den ebenfalls von der AKTION PSYCHISCH KRANKE als Geschäftsstelle geführten Arbeiten der Expertenkommission zurückstehen mußte, auch ein Gutes haben: Zum einen wird durch das nahezu gleichzeitige Erscheinen der beiden Bücher die ungebrochene und geradlinige Entwicklung der Reform der Versorgung psychisch Kranker und Behinderter in der Bundesrepublik und damit eine nunmehr schon zwei Jahrzehnte überdauernde Tradition deutlich; zum anderen zeigt sich aber auch, daß die Bundesrepublik, die zu Beginn der Arbeiten an der Psychiatrie-Enquête noch als psychiatriepolitisches Entwicklungsland gelten mußte, inzwischen den internationalen Vergleich nicht zu scheuen braucht: auch die Empfehlungen der Expertenkommission bestätigen einmal mehr ein bemerkenswertes Ausmaß an Übereinstimmung in den Grundtendenzen der internationalen Entwicklungen in der Versorgung psychisch Kranker und Behinderter, das auf dieser Tagung offenkundig wurde. Von daher ist zu hoffen, daß der vorliegende Tagungsbericht das ihm gebührende Interesse finden wird und, gerade zum jetzigen Zeitpunkt, den Empfehlungen der Expertenkommission zusätzlich internationale Legitimation und der Diskussion um ihre konkrete Umsetzung weitere Kraft verleihen wird.

Bonn, im März 1989

Die Herausgeber

Begrüßung

W. Picard

Ich freue mich, daß so viele unserer Einladung gefolgt sind, und begrüße besonders herzlich die Referenten, die ja zum Teil einen weiteren Weg zu uns machen mußten, weil sie aus dem europäischen Ausland oder sogar aus den Vereinigten Staaten kommen.

Dies ist die zweite internationale Tagung der AKTION PSYCHISCH KRANKE. Die erste fand im Juni 1978, zweieinhalb Jahre nach der Fertigstellung der Enquête statt. Damals befand sich die Enquête noch im Schoße der Bundesregierung in der Beratung, und zwischen Bundesregierung und Landesregierungen war ein sehr komplizierter und schwieriger Abstimmungsprozeß im Gange. Das hatte unter anderem seine Ursache in der Zuständigkeitsfrage: In der Bundesrepublik liegt ja das Gesundheitswesen zur Hauptsache in der Zuständigkeit der Länder. Es war damals schon ein Problem, nicht nur die Enquête selbst, sondern besonders die Verwirklichungsmöglichkeiten der Enquêteempfehlungen auf Bundesebene überhaupt zu diskutieren und den Versuch zu machen, der Realisierung näher zu kommen, ohne dabei die Eigenständigkeit der Länder zu verletzen. Natürlich wußte jedermann, daß das Thema „Psychiatrie und psychiatrische Versorgung" sich nicht zu einem Verfassungsstreit eignete; aber dennoch kam es in der Anfangsphase des Modellprogrammes Psychiatrie der Bundesregierung in den Jahren 1979 und 1980 beinahe dazu, und wir bewegen uns nach wie vor mit dem, was wir als AKTION PSYCHISCH KRANKE bisher getan haben und auch in Zukunft zu tun gedenken, auf schwankendem Boden. Vielleicht ist unsere Situation mit der in den Vereinigten Staaten oder in der Schweiz vergleichbar, und da ist manchmal ein besonders hohes Maß an Fingerspitzengefühl von Nöten, welches verhindert, daß ein solches Unternehmen, wie wir es begonnen haben, an rein äußerlichen und rechtlichen Fragen scheitert.

Unser Thema lautet: „Fortschritte und Veränderungen in der Versorgung psychisch Kranker – ein internationaler Vergleich". Wir hoffen, durch unsere Gäste aus anderen Ländern Europas und den Vereinigten Staaten unter anderem Aufschluß darüber zu erhalten, wie die Entwicklung zur weiteren Humanisierung und allgemeinen Verbesserung der Versorgung psychisch Kranker und Behinderter dort vorangetrieben worden ist und ob wir in unserem Lande mit diesen Entwicklungen Schritt gehalten haben oder sogar in manchem ein wenig schneller vorangekommen sind. Herr Häfner, der nachher das erste Referat halten wird, hat 1980 auf einer Tagung der AKTION ausgeführt:

> „Die ‚Enquête' hat einen erstaunlich breiten Konsens, nicht nur innerhalb des Fachgebietes, sondern auch in Politik und Öffentlichkeit gefunden.

Auch im sachverständigen Ausland wurde sie mit großem Interesse und breiter Zustimmung aufgenommen. Diese Einigung auf gemeinsame Grundsätze und Reformvorschläge, ebenso einmalig in der Geschichte eines lange in ‚Schulmeinungen' zerstrittenen Faches, vermittelt auch den Entscheidungsträgern ein Vertrauen, das nicht mehr leichtfertig verspielt werden sollte.

Am 11. 10. 1979 wurde nach einer, für die Dringlichkeit der Sache langen Beratungsphase von fast vier Jahren der Bericht der Sachverständigenkommission im Deutschen Bundestag diskutiert. Als Fachleute haben wir guten Grund, uns für die fundierte und eindeutig an humanitären Zielen orientierte Diskussion zu bedanken. Fast einmütig haben die Abgeordneten an dem sensiblen Thema bewiesen, daß sie, dem Ernst der Sache dienend, auf Politik als Selbstzweck, daß sie vor allem auf solche ideologische Ziele verzichten können, die jenseits wohlbedachter Rücksicht auf wehrlose Kranke angesiedelt sind. Dies läßt uns hoffen, daß unserem Land die beiden Extreme, einmal der Fortbestand unzumutbarer Verhältnisse, zum anderen kurzsichtige Radikalkuren mit bitteren Folgen erspart bleiben werden."

Diese Hoffnung hat sich im wesentlichen erfüllt. Ich wünsche sehr, daß diese auch politisch breite Basis für weitere positive Veränderungen in der psychiatrischen Versorgung in unserem Lande erhalten bleiben wird.

Die Referate und Diskussionen unserer heutigen Tagung werden sicher Anlaß zu kritischer Betrachtung, aber auch Anregung zu der Entwicklung bei uns und anderswo geben; vielleicht werden sie uns die Bestätigung bringen, auf dem rechten Wege wieder ein gutes Stück weiter zu sein. Wir haben noch 1980 feststellen müssen, daß die deutsche Psychiatrie im Vergleich mit anderen Ländern – besonders Skandinavien, den Niederlanden und Großbritannien – erheblich hinterherhinkte. Heute würde ich diese Einschätzung etwas relativieren; so wie damals stimmt das wohl nicht mehr.

Nach wie vor aber ist die Zersplitterung der Zuständigkeiten im bundesdeutschen Gesundheitswesen und besonders in der Versorgung psychisch Kranker und Behinderter ein großes Problem. Dies bezieht sich ganz besonders auf die bundesweite Datenerfassung und Auswertung, die ja für die Planung und Verwirklichung der Reform der psychiatrischen Versorgung von großer Bedeutung ist. Hier liegen wir in der Bundesrepublik im internationalen Vergleich noch immer weit zurück; bundesweite und bundeseinheitliche Datenerhebung in der Psychiatrie durch eine wie auch immer geartete zentrale Einrichtung findet nicht statt.

Die Enquête hat sich mit diesem Problem ja eingehend befaßt und unmißverständliche Empfehlungen ausgesprochen, die leider bis heute unbeachtet geblieben sind. Exekutive und Legislative in Bund und Ländern machen darum einen großen Bogen, wie die Katze um den heißen Brei. Spätestens aber bei der Vorlage der Ergebnisse des inzwischen abgeschlossenen

Modellprogrammes der Bundesregierung muß die Frage einer Institution auf Bundesebene, wie sie die Enquête gefordert hat, wieder aufgegriffen werden.

Meine Damen und Herren, zu unserer ersten internationalen Tagung 1978 haben wir damals eingeladen, um den Standort der bundesdeutschen Psychiatrie näher zu bestimmen. Der gleiche Grund hat uns auch diesmal bewogen, Sie nach acht Jahren wieder zum Gedankenaustausch, zum Bericht und zur Diskussion einzuladen, weil wir nämlich wissen wollen, was bis heute geblieben ist, und ob sich inzwischen einiges verändert hat, was uns zur Neubesinnung veranlassen könnte. Insofern haben wir ein ganz egoistisches Interesse an diesem internationalen Forum. Wir meinen aber, daß es nach acht Jahren auch für Sie, die Sie aus anderen Ländern kommen, interessant sein könnte, die deutsche Entwicklung mit der derjenigen in Ihren Ländern zu vergleichen.

Seien Sie nochmals herzlich begrüßt und ganz herzlich willkommen. Sie tragen dazu bei, daß wir alle den langen Atem hoffentlich werden behalten können, um die Ziele der Enquête unbeirrt und konsequent weiter zu verfolgen. Ich danke Ihnen.

I. Generelle Versorgungskonzepte

Die Reform der Versorgung psychisch Kranker in der Bundesrepublik*
Versorgungskonzepte und Versorgungsstrategien für psychisch Kranke und Behinderte seit der Veröffentlichung der Enquête 1975

H. Häfner u. W. Rössler

1. Einleitung

Nach dem Zweiten Weltkrieg haben nahezu alle entwickelten Länder ihr nationales System der Versorgung psychisch Kranker einer Analyse unterzogen und Reformpläne daraus abgeleitet. Die Anlässe waren unterschiedlich. In den USA war es der hohe Anteil der wegen psychischer Störungen nicht Wehrdienstfähigen und, ähnlich wie in Großbritannien, der scheinbar unaufhaltsame Anstieg des Bedarfs an psychiatrischen Krankenhausbetten. Den entscheidenden Anstoß zur Reform gaben jedoch zahlreiche Berichte über die teilweise unvorstellbare Vernachlässigung psychiatrischer Krankenhäuser und die unzumutbaren Bedingungen, unter denen psychisch Kranke dort untergebracht waren. Natürlich gab es in dieser Hinsicht große nationale und regionale Unterschiede.

Wie in freien Gesellschaften üblich, waren die Reaktionen dort am heftigsten, wo die Bedingungen extreme Ausmaße erreicht hatten: in den USA mit 4,5 psychiatrischen Betten pro 1000 Einwohnern in 1955 und zwei psychiatrischen Großkrankenhäusern mit mehr als 12000 Betten, die dem Schreckensbild der „Schlangengrube" durchaus entsprachen, und in Italien mit „nur" mehr als 2 pro 1000 Betten aber ebenfalls katastrophal vernachlässigten Staatsanstalten. In beiden Ländern nahm die Reform zeitweise revolutionäre Züge an. Die unvermeidbare Reduzierung psychiatrischer Betten und die Schließung ungeeigneter psychiatrischer Anstalten sollten erzwungen werden, noch bevor bessere oder wenigstens gleich gute Alternativen in ausreichender Zahl zur Verfügung standen. Diese radikalen Maßnahmen führten zu einer Verelendung der ohne Hilfe entlassenen Kranken und zur erheblichen Belastung der Familien, die ihre chronisch kranken Angehörigen wieder aufnehmen mußten. Andererseits gab das neue Elend einen starken Anstoß zum Aufbau extramuraler Dienste für chronisch Kranke, die zwar weithin noch unzureichend, aber wenigstens auf dem richtigen Wege sind. Diese bitteren Erfahrungen, die sich in keinem anderen Gebiet der Medizin jemals so ereignet hätten, haben mit der Wehrlosigkeit der psychisch Kranken, dem geringen Einfluß ihrer Angehörigen auf die öffentliche Meinung und mit der Theorie- oder Ideologielastigkeit eines zuweilen einflußreichen Teils der Psychiater zu tun.

*Prof. Dr. C. Kulenkampff, dem ehemaligen Vorsitzenden der Sachverständigenkommission Psychiatrie, zum 65. Geburtstag gewidmet.

Dieser kurze Ausblick macht deutlich, daß die Beurteilung einer nationalen Reform der Versorgung psychisch Kranker nur unter Berücksichtigung der Ausgangslage und der konkreten Gegebenheiten sinnvoll ist. Wenn auf dieser Tagung die tatsächliche Entwicklung der psychiatrischen Versorgung nach dem Zweiten Weltkrieg in mehreren Ländern zur Darstellung kommen wird, ergibt sich daraus der Vorteil des Vergleichs von Grundsätzen, Planungsdaten und ihrer Verwirklichung unter verschiedenartigen Ausgangs- und Rahmenbedingungen.

2. Die Geschichte der Reformbemühungen in der Bundesrepublik

In der Bundesrepublik Deutschland hat sich das Bewußtsein, daß die psychiatrische Versorgung einer Reform bedarf, deutlich später entwickelt als in den anglo-amerikanischen Ländern. Das hatte mehrere Gründe: Nach der katastrophalen Niederlage 1945 und den Verbrechen des Nationalsozialismus standen zunächst ein viel umfassenderes Leid und größere Wiedergutmachungsbedürfnisse im Vordergrund. Nachdem die Rate psychiatrischer Betten mit etwa 1,6 pro 1000 im Jahr 1973 vergleichsweise niedrig war und die Vernachlässigung psychiatrischer Krankenhäuser erst mit dem Wiederaufbau der Allgemeinkrankenhäuser deutlicher ins Bewußtsein trat, war es der Öffentlichkeit, ihren Meinungs- und Verantwortungsträgern relativ lange gelungen, die Psychiatrie weitgehend zu vergessen. Damit war auch die moralische Wiedergutmachung an den durch Erbgesundheitsgesetze und Euthanasie schwer belasteten Familien psychisch Kranker und an den psychisch Kranken überhaupt beiseite gestellt worden.

Wie in vielen innovativen Bereichen der Gesellschaft kam der Anstoß, und das hat A. Finzen (1985) kürzlich in einer kurzen historischen Analyse klar herausgearbeitet, nicht von Vereinen oder Verbänden, sondern aus der Initiative von Einzelnen. Bereits in den 50er Jahren waren die ersten komplementären Einrichtungen aufgebaut worden (z. B. beschützende Werkstätten und Patientenklub) für das Landeskrankenhaus Wiesloch 1956 (Viefhues), Tagesklinik in Frankfurt 1958 (Kulenkampff). 1961 wurde die erste berufsbegleitende sozialpsychiatrische Weiterbildung für Pflegepersonal eröffnet (Häfner, 1964). Die sozialpsychiatrische Arbeit an der MTH Hannover (Kisker) begann 1966. Mitte der 60er Jahre wurden kritische Analysen des Zustands der psychiatrischen Versorgung in der Bundesrepublik mit konkreten Reformvorschlägen veröffentlicht (Häfner et al., 1965), die durchaus schon manche Richtung der Enquêteempfehlungen erkennen ließen.

Es waren besondere Umstände, die den Schritt auf die politische Bühne ermöglichten: Die damalige Gesundheitsministerin, die vor kurzem verstorbene Elisabeth Schwarzhaupt, hatte vom Besuch einer jungen Verwandten in einem psychiatrischen Großkrankenhaus deprimierende Eindrücke mitgebracht; der Bundestagsabgeordnete Walter Picard war durch seine Verwandtschaft mit dem damaligen psychiatrischen Assistenzarzt Manfred Bauer sensibilisiert worden. Der früh verstorbene Abgeordnete Martin, ebenfalls durch Erfahrungen in der Verwandtschaft sensibilisiert, stieß dazu, und so gelang es erstmals ein offenes „politisches" Ohr für die notwendige Reform der Versorgung psychisch Kranker in der Bundesrepublik zu finden. Eines der Ergebnisse war die Gründung der Aktion Psychisch Kranke e.V. 1971. Sie hat als überparteiliches Instrument – diese Absicht wird durch die paritätische Zusammensetzung des Vorstands verfolgt – zum Ziel, den Interessen psychisch Kranker politisches Gehör zu verschaffen.

Das zweite Ergebnis war der Weg in den Bundestag. Gemeinsam mit dem Bundestagsabgeordneten Picard wurde von Kulenkampff und dem Verfasser der Antrag formuliert, der dann am 5. 3. 1970 zur ersten eingehenden Diskussion der Situation der Psychiatrie in der Bundesrepublik führte. Ihr folgte die Anhörung von Sachverständigen im damaligen Ausschuß für Jugend, Familie und Gesundheit am 8. 10. 1970 und am 22./23. 4. 1971 und schließlich der Beschluß des Parlaments am 23. 6. 1971, die Bundesregierung zu ersuchen, eine Enquête über die Lage der Psychiatrie in der Bundesrepublik Deutschland erstellen zu lassen. Als Grundlage der Enquête waren die erwähnte Aussprache im Bundestag und die beiden Sachverständigenanhörungen benannt. Sie enthielten bereits einen bedeutsamen Teil der Analysen und Empfehlungen, die im Zwischenbericht der Sachverständigenkommission vom 16. 10. 1973 und schließlich in ihrem Schlußbericht vom 25. 11. 1975 Aufnahme fanden. Ein Nebenergebnis unserer Initiative war die Gründung des Zentralinstituts für Seelische Gesundheit und des gemeindepsychiatrischen Versorgungsnetzes in Mannheim, das auf eine 1963 begonnene Initiative zurückgeht (vgl. Häfner u. Klug, 1980, 1981).

3. Die Empfehlungen der Sachverständigenkommission Psychiatrie

Die Veröffentlichung des Schlußberichts der Sachverständigenkommission am 25. 11. 1975 markiert dennoch einen Wendepunkt in der Versorgung psychisch Kranker in der Bundesrepublik. Der von der Bundesregierung berufenen Sachverständigenkommission unter dem Vorsitz von Caspar Kulenkampff war es nicht nur gelungen, die unterschiedlichen Auffassungen ihrer 26 Mitglieder, sondern auch jene von mehr als 200 Mitarbeitern von Arbeitsgruppen und Exptertenteams zu einem einigermaßen einheitlichen Konzept der künftigen Organisation psychiatrischer Versorgung zusammenzufassen. Damit war den politischen Entscheidungsträgern das beste Argument für die Verweigerung von Mitteln, der Hinweis auf die Widersprüchlichkeit von Reformvorstellungen in der Psychiatrie, aus der Hand genommen. Damit war außerdem die Aufmerksamkeit der Öffentlichkeit für die Reform der psychiatrischen Versorgung gewonnen, und ein enormer Motivationsschub für die in der Versorgung psychisch Kranker Tätigen erfolgt.

Dieser Anstoß ist noch dadurch verstärkt worden, daß die Bundesregierung 1980 ein Modellprogramm für den Ausbau der Versorgung psychisch Kranker in 14 Modellregionen in Gang gesetzt hat, das der Finanzminister ursprünglich mit 500 Millionen dotiert hatte. Sie sind leider in der Zwischenzeit auf ca. 250 Millionen geschrumpft. Von den Ländern, die sich aus verfassungsrechtlichen Gründen dem Bundesmodellprogramm nicht anschlossen, hat Baden-Württemberg mit einem Betrag von 20 Millionen ein eigenes über 5 Jahre laufendes Programm zur Förderung der außerstationären psychiatrischen Versorgung in Gang gesetzt, das durch das Zentralinstitut für Seelische Gesundheit in Mannheim wissenschaftlich begleitet wird, während das Bundesmodellprogramm von der Prognos AG in Basel begleitet wird. Beide Programme sind Teilumsetzungen von Empfehlungen der Enquête, die zweifellos dem Fortgang der Reformen und den an der Versorgung psychisch Kranker in den geförderten Bereichen arbeitenden Menschen weitere Impulse geben werden.

Die Ergebnisse der wissenschaftlichen Begleitung stehen für 1987 zur Veröffentlichung an, so daß sie uns hier noch nicht verfügbar sind. Problematisch am Bundesprogramm ist, ähnlich wie beim Community Mental Health Center Programme der USA, daß der Bund sich über die Laufzeit des Programms hinaus an der Finanzierung der geförderten Einrichtungen nicht weiter beteiligen kann. Hier sind Kreise, Kommunen und freigemeinnützige Träger aufgerufen, die Einrichtungen, die sich bewährt haben, weiter zu finanzieren. Das Land Baden-Württemberg hat nach dem 1985 veröffentlichten Zwischenbericht des Zentralinstituts für Seelische Gesundheit (Rössler et al., 1985) einen Weg gefunden, sich wenigstens unbefristet an der Weiterfinanzierung sozialpsychiatrischer Dienste gemeinsam mit den Kommunen, den Trägern der gesetzlichen Krankenversicherung und den freigemeinnützigen Trägern zu beteiligen.

Im Enquêtebericht sind die Ziele der Reform in vier Sätzen zusammengefaßt: 1) Psychische Krankheiten und Behinderungen sollen früher erkannt und behandelt werden. 2) Ambulante und komplementäre Dienste sollen die Zahl und Dauer von Krankenhausaufenthalten verringern. 3) Die Ausgliederung psychisch Kranker aus ihren Lebensbereichen soll vermieden werden. 4) Psychiatrische Krankenhäuser sollen personell, baulich und organisatorisch in die Lage versetzt werden, Krankheit und Behinderung tatsächlich zu lindern oder zu beheben.

4. Was ist seither verwirklicht worden?

Die entscheidende Frage, vor der wir heute stehen, ist, was von diesen Zielen beziehungsweise von den Empfehlungen der Sachverständigenkommission bisher verwirklicht werden konnte und welche Aufgaben sich nach den in dieser Zeitspanne gemachten Erfahrungen für die Zukunft stellen. Eine umfassende Antwort darauf ist aus zwei Gründen nicht möglich. Einmal stehen in der Bundesrepublik wegen der föderalistischen Struktur, des vielfach gegliederten Systems der Gesundheits- und der sozialen Dienste und der extremen Datenschutzbestimmungen zureichende statistische Informationen auf nationaler Ebene nicht zur Verfügung. Zum anderen ist die Versorgung psychisch Kranker ein komplexes System, das auch eine

Vielfalt von Spezialaufgaben, etwa die Versorgung psychisch kranker Kinder, Jugendlicher und alter Menschen, Drogen- und Alkoholabhängiger und psychisch kranker Rechtsbrecher, wahrzunehmen hat. Ich beschränke mich deshalb auf drei zentrale Aspekte, die auch bei den Zielen und Empfehlungen der Sachverständigenkommission eine zentrale Stellung einnahmen: die stationäre Versorgung, den Ausbau komplementärer Dienste für chronisch Kranke und Behinderte und die ambulante psychiatrische und psychotherapeutische Versorgung der Bevölkerung.

5. Die stationären Dienste

Die Sachverständigenkommission hat empfohlen: „Die stationäre Versorgung psychisch Kranker und Behinderter muß grundsätzlich ein Teil der Gesamtmedizin sein. ... diese Integration ... bildet eine unabdingbare Voraussetzung für die Verbesserung der Versorgung psychisch Kranker und Behinderter". Bei der Konkretisierung der Vorschläge konnte eine grundsätzliche Kontroverse nur durch einen unscharfen Kompromiß vermieden werden. Es wurde empfohlen psychiatrische Abteilungen an Allgemeinen Krankenhäusern einzurichten, wo immer dies möglich ist, aber ihre Richtgröße sollte 200 Betten umfassen, und sie sollten zu einer Vollversorgung, d. h. zur Versorgung aller akut und chronisch Kranken verpflichtet werden. Damit war, im Gegensatz zur 3stufigen Gliederung des allgemeinen Krankenhauswesens in Krankenhäuser für Akut-Kranke der Stufe 1) Grund- und Regelversorgung, 2) Haupt- und Schwerpunktversorgung und 3) Maximalversorgung und in Fach-, Sonder- oder Langzeitkrankenhäuser für die Psychiatrie eine einstufige, auf jede Differenzierung verzichtende Gliederung festgeschrieben worden. Der so nachdrücklich geforderten Integration der psychiatrischen Abteilung in Allgemeinkrankenhäuser war so ein schwerwiegendes Hindernis in den Weg gelegt worden (vgl. Sondervotum Häfner, H., 1975)

Im 1973 veröffentlichten Zwischenbericht der Sachverständigenkommission steht zu lesen: Das psychiatrische Krankenhauswesen „... ist dadurch gekennzeichnet, daß es sich weitgehend neben dem allgemeinen Krankenhauswesen entwickelt hat. Dem Akutkrankenhausbereich steht eine minimale, völlig unzureichende Anzahl psychiatrischer Krankenhausbetten zur Verfügung. Die überwiegende Zahl psychiatrischer Krankenhausbetten ist in Fach- und Sonderkrankenhäusern untergebracht, die über keine direkte Verbindung zu Krankenhausabteilungen anderer medizinischer Fächer verfügen. Diese historisch gewachsene Sonderstellung entspricht nicht mehr den Möglichkeiten und den Erfordernissen der modernen Psychiatrie. Sie steht vor allem in der wachsenden interdiszipliären Verzahnung mit den übrigen Disziplinen der modernen Medizin und dem Anschluß des psychiatrischen Gesundheitswesens an den allgemeinen medizinischen Standard im Wege." Dieser klaren Einsicht konnte sich die Mehrheit der Krankenhauspsychiater in der Sachverständigenkommission offensichtlich noch nicht unterwerfen.

Abb. 1 Bettenabbau im Bereich verschiedener Trägerorganisationen 1975–1985.

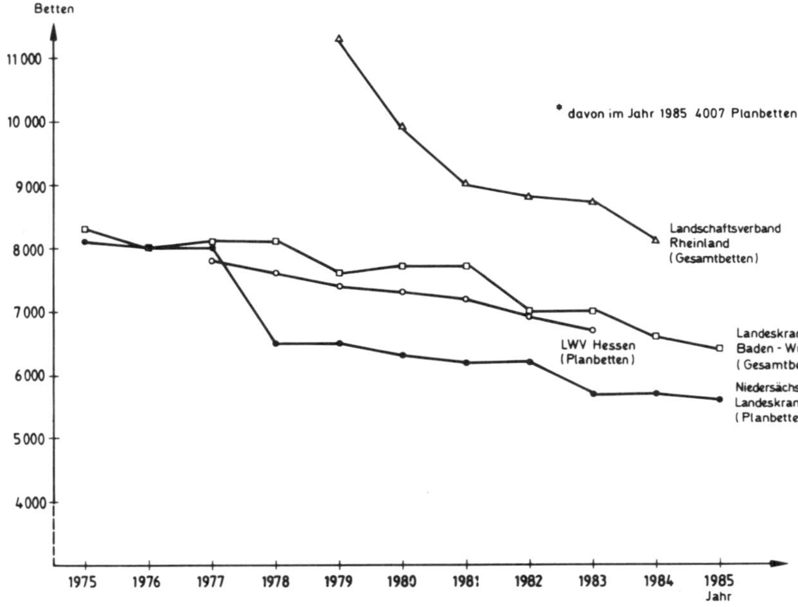

Quellen: Landschaftsverband Rheinland (1983, 1984), Der hessische Sozialminister (1983), Der niedersächsische Sozialminister (1985), Ministerium für Arbeit, Gesundheit, Familie und Sozialordnung Baden-Württemberg (1985).

Was hat sich seither tatsächlich ereignet? Zunächst scheint die Zahl belegter Betten in den psychiatrischen Fachkrankenhäusern trotz des niedrigen Ausgangswerts weiter zurückgegangen zu sein: Abb. 1 zeigt, daß in allen vier statistisch erfaßten Regionen der Bundesrepublik die Zahl belegter psychiatrischer Betten bei gleichbleibender oder gering ansteigender Erwachsenenbevölkerung deutlich zurückging, am stärksten im Bereich des Landschaftsverbandes Rheinland, der mit 1,7 pro 1000 im Jahr 1973 die höchste Ausgangsrate aufwies. Die Zahlen können nur als Wiedergabe eines Trends dienen, weil die Definition psychiatrischer Betten zwischen den Regionen nicht voll übereinstimmt.

Zum Vergleich sind die durchschnittlichen Trends in europäischen Ländern, wie sie sich aus zwei Querschnittserhebungen des Europabüros der Weltgesundheitsorganisation 1972 und 1982 ergeben (May, 1976; Freeman et al., 1985), aufgeteilt in drei Ausgangswertgruppen schematisiert dargestellt (Abb. 2). Sie lassen in dieser Dekade eine ausgangswertabhängige Reduktion psychiatrischer Betten erkennen, die bei den Ländern mit dem niedrigen Ausgangswertbereich von 1–2 pro 1000, wozu die Bundesrepublik zählt, im Durschnitt 5% beträgt. In der Bundesrepublik wird dieser Wert

Abb. 2: Durchschnittlicher Rückgang psychiatrischer Krankenhausbetten (bezogen auf 1000 Bevölkerung) in den europäischen Ländern, gruppiert nach Ausgangswerten, 1972–1982.

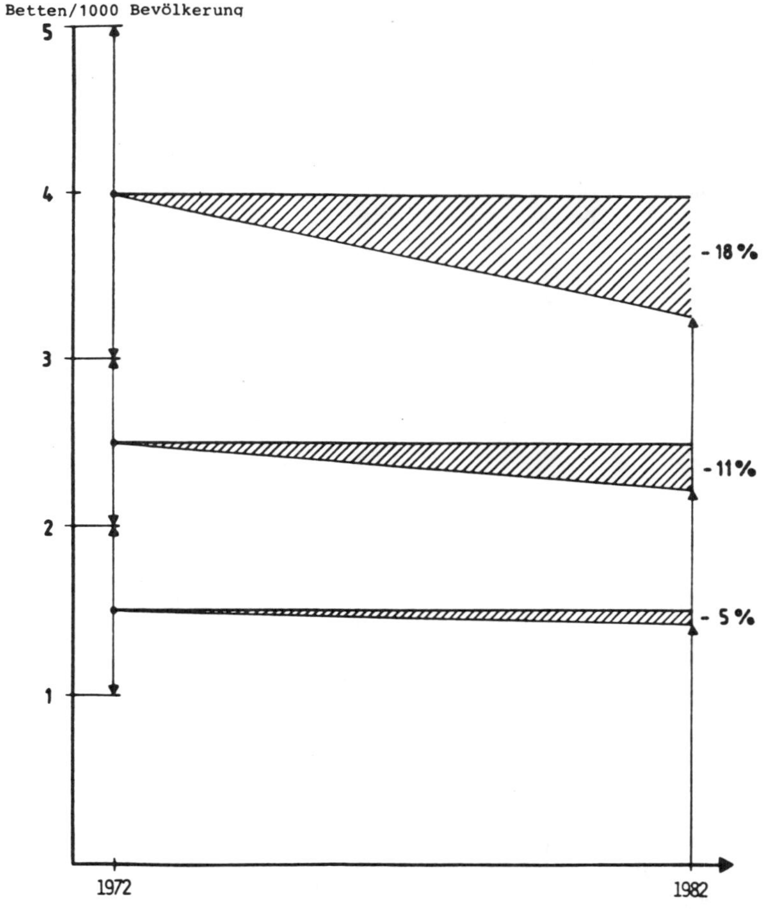

Quelle: nach Daten von:
Freeman H. L., Fryers TH, Henderson J. H.
Mental Health Services in Europe: 10 years on.
World Health Organization. Regional Office for Europe. Copenhagen, 1985.

deutlich überschritten, allerdings ohne daß exakte Daten dafür vorlägen. Die Angaben der Bundesrepublik bei den 2 Querschnittserhebungen der WHO 1972 und 1982 scheinen das Gegenteil zu belegen: Sie weisen eine Zunahme psychiatrischer Betten um ca. 9% aus. Das Fehlen kommt durch unterschiedliche Zählverfahren zu beiden Zeitpunkten zustande.

Wodurch ist diese von der Sachverständigenkommission nicht ausdrücklich empfohlene, aber im Interesse der Verkleinerung psychiatrischer Krankenhäuser wünschenswerte Entwicklung möglich geworden? An der auseinanderklaffenden Schere zwischen Aufnahmen und belegten Betten (Abb. 3) wird eindrucksvoll deutlich, daß die Verkürzung der durchschnittlichen Aufenthaltsdauer der ausschlaggebende Faktor ist. Noch 1970 lag sie in den psychiatrischen Krankenhäusern des Landesverbands Rheinland bei ca. 290 Tagen, 1980 bei 128 Tagen, 1984 bei ca. 100 Tagen.

Abb. 3: Entwicklung der Aufnahmen und der Bettenbelegung in den Rheinischen Landeskliniken für Psychiatrie, 1950–1984.

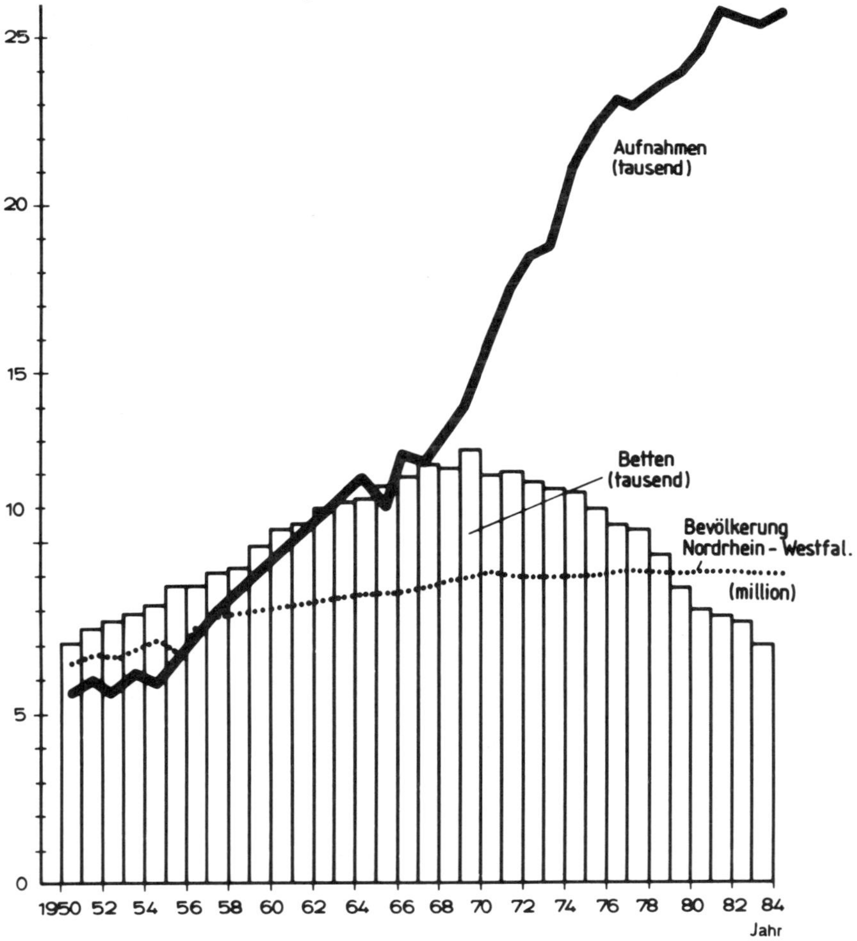

Quelle: Statistiken des Landschaftsverbandes Rheinland für die Rheinischen Landeskliniken.

Zur Verkürzung der Aufenthaltsdauern trug in erster Linie die Entlassung langfristig untergebrachter chronisch Kranker bei. 1973 waren nach den Erhebungen der Sachverständigenkommission noch 59% der Patienten in psychiatrischen Fachkrankenhäusern der Bundesrepublik länger als zwei Jahre dort untergebracht. Die darin liegenden Möglichkeiten der Bettenreduktion sind noch nicht annähernd ausgeschöpft. Voraussetzung der Entlassung chronisch Kranker ist aber ein hinreichend ausgebautes Netz gemeindenaher komplementärer psychiatrischer Dienste, das den entlassenen Kranken das notwendige Maß an psychiatrischer Behandlung, sozialer Unterstützung und ausreichenden Beschäftigungs- und Wohnmöglichkeiten in der Gemeinde sicherstellt. Davon sind wir noch weit entfernt, so daß die Entlassung der noch rehabilitationsfähigen chronisch Kranken nur relativ langsam vorankommen wird.

Glücklicherweise haben in der Bundesrepublik keine übereilten Zwangsschließungen psychiatrischer Krankenhäuser stattgefunden, so daß es nicht zu inhumanen Massenentlassungen kam. Es gibt jedoch zu denken, daß der Umschlag von der Bettenvermehrung zum Bettenabbau in den psychiatrischen Krankenhäusern des Landschaftsverbands Rheinland nicht wie in den USA oder im Vereinigten Königreich zeitgleich mit der Einführung der Psychopharmaka Mitte der 50er Jahre, sondern erst in den 70er Jahren, vermutlich in zeitlichem Zusammenhang mit dem 1972 erlassenen Krankenhausfinanzierungsgesetz erfolgte. In diesem Gesetz wurden die Länder verpflichtet, Krankenhausbedarfspläne aufzustellen. Allerdings wurden nur rund ¾ der vorhandenen Krankenhäuser einer Planung unterworfen. Der Bund beteiligte sich an der Förderung des Baus und der Unterhaltung von Krankenhäusern der Akutversorgung, nicht aber jener des Langzeit- oder Pflegebereichs (Zumpe, 1978).

Abb. 4 zeigt, daß es seit Inkrafttreten dieses Gesetzes bei den planungsgebundenen Betten der Akutkrankenhäuser und der Psychiatrischen Krankenhäuser sowie bei den nicht mehr benötigten Betten für Tbc-Kranke zu einem deutlichen Abbau gekommen ist (Bruckenberger, 1986). Im planungsfreien Raum dagegen, vor allem bei Sucht-, Kur- und Rehabilitationskliniken ist es zu einem unerwünschten Bettenanstieg gekommen. Hier greifen auch die bisherigen Kostendämpfungsmaßnahmen nicht, so daß sie disproportional den quantitativ besseren Teil der stationären Krankenversorgung reduzieren.

Der finanzielle oder moralische Druck auf die ärztliche Entscheidung zur Entlassung chronisch Kranker verlangt eine sorgfältige Untersuchung des Schicksals Entlassener. Sieht man von einigen umfassenden und teilweise auch tiefgehenden Studien komplementärer Versorgungsnetze in Mannheim (Häfner u. an der Heiden, 1983; 1986) und Hannover (Bauer, 1977) und von begrenzten Einzelprojekten in Hamburg, Berlin und Günzburg ab, so hat sich allein Kunze (1977) eingehender mit dem Schicksal Kranker befaßt, die nach der Entlassung aus dem psychiatrischen Krankenhaus in Heimen

Abb. 4

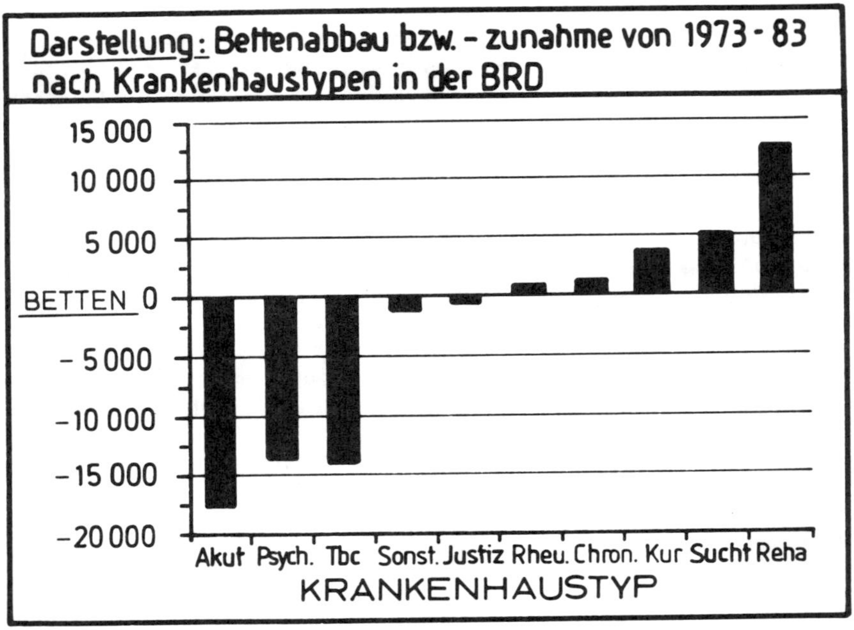

Quelle: Bruckenberger, E. (1986).

aufgenommen wurden. Das Ergebnis ist, daß der Standard der Unterbringung durchweg adäquat war. Ein großer Teil der Kranken war jedoch weit entfernt von Heimatort und Angehörigen und ohne sinnvolle Beschäftigung und Hilfen zur sozialen Integration untergebracht (Kunze, 1981). Der mühsame Ausbau von Netzen komplementärer Versorgung – ein Problem, das die Bundesrepublik mit allen Staaten dieser Welt teilt – läßt nur langsam Fortschritte in der Entlassung chronisch Kranker und in der weiteren Bettenreduzierung psychiatrischer Krankenhäuser erhoffen.

Im Gegensatz zum Rückgang belegter Betten zeigt die Anzahl jährlicher Aufnahmen ein steiles Wachstum. In Krankenhäusern des Landschaftsverbands Rheinland hat sie sich seit 1950 fast verfünffacht. Daran wird deutlich, daß stationäre psychiatrische Dienste nicht einfach überflüssig geworden sind. Der Anteil der Bevölkerung, der im Laufe eines Jahres zur Aufnahme in ein psychiatrisches Krankenhaus kommt, hat offensichtlich zugenommen. Genaue Daten darüber liegen allerdings nur aus der ca. 300 000 Einwohner umfassenden Großstadt Mannheim vor, wo die psychiatrische Krankenhaushäufigkeit in den letzten 10 Jahren von rund 4 pro 1000 auf rund 6 pro 1000 und Jahr angestiegen ist, ebenfalls ohne daß die Anzahl belegter Betten zugenommen hätte (Rössler u. Häfner, 1985). Die Funktion psychiatrischer

Krankenhäuser erfährt offensichtlich eine langsame aber tiefgreifende Veränderung.

Dieser Veränderungsprozeß wird besser verständlich, wenn er in seinem historischen Zusammenhang gesehen wird. Anlaß für die Errichtung psychiatrischer Krankenhäuser im 18. und 19. Jahrhundert waren zunächst religiös-caritative und nach der bürgerlichen Revolution humanitär-liberale Motive. Den unheilbar Geisteskranken sollte eine bessere Unterbringung geschaffen werden als sie in mittelalterlichen Zuchthäusern, Bürgerasylen und in verarmten, kinderreichen Familien zu Verfügung stand. In den USA, Norwegen, England und in der Schweiz waren damals Bevölkerungsstudien durchgeführt worden, die nicht nur die Anzahl an Geistesschwachen und Geisteskranken in der Bevölkerung, sondern auch das Elend ihrer häufig unzureichenden Unterbringung zu Tage treten ließen. K. Ernst hat kürzlich eine solche, 1865 veröffentlichte Studie von Girard de Cailleux im Kanton Fribourg, die der Bedarfsermittlung für ein neu zu errichtendes psychiatrisches Spital diente, analysiert (Ernst, 1983).

Mit dem sozialen Wandel von der agrarischen Großfamilie zur Eingenerationenfamilie in einer verstädterten Arbeitnehmergesellschaft wuchs der Bedarf zur Unterbringung pflegebedürftiger Kranker steil an. Zur gleichen Zeit erfuhren die europäischen Länder und die USA ein steiles Bevölkerungswachstum. Wo die finanziellen Mittel zur Verfügung standen, kam es in dieser Zeit, wie die Abb. 5 zeigt, zu einer enormen Zunahme belegter psychiatrischer Betten, mit der die Bauprogramme nicht mehr Schritt hielten. Im Königreich Preußen wuchs beispielsweise zwischen 1880 und 1910 die Anzahl psychiatrischer Betten um das Dreifache. Es kam zunehmend zur Überbelegung der Anstalten.

Psychiatrische Krankenhäuser dienten damals überwiegend der langfristigen humanitären Pflege. Wirksame Behandlungsmaßnahmen standen für die an Behinderungen, etwa an Idiotie oder Demenz oder an chronischen Krankheiten, z. B. an verschiedenen Formen von Melancholie und Schizophrenie Leidenden kaum zur Verfügung. Akutkrankenversorgung und ambulante Behandlung spielten deshalb und wegen der damals sehr kleinen Zahl von Ärzten eine geringe Rolle, was unsere stark vereinfachende Abbildung 5 veranschaulichen soll. Gemeinden und Familien waren überwiegend daran interessiert, ihre psychisch kranken Mitglieder endlich gut untergebracht – zu jener Zeit waren Lebensstandard und Hygiene in den öffentlichen Krankenhäusern meist höher als im Durchschnitt der Familien – und nach Möglichkeit auch beschäftigt zu wissen. Das letztere war in den landwirtschaftlichen Betrieben, über die ein großer Teil der psychiatrischen Krankenhäuser damals verfügte, in einer den Lebensbedingungen der meisten Kranken angemessenen Weise möglich.

Im 19. und zu Beginn des 20. Jahrhunderts haben Regierungen in großem Umfang in Mitteleuropa psychiatrische Einrichtungen aufgebaut. Sie haben dabei vermutlich auf die falschen Fachleute gehört. Wahrscheinlich wären

Abb. 5: Historische Entwicklung psychiatrischer Versorgung 1880–1980

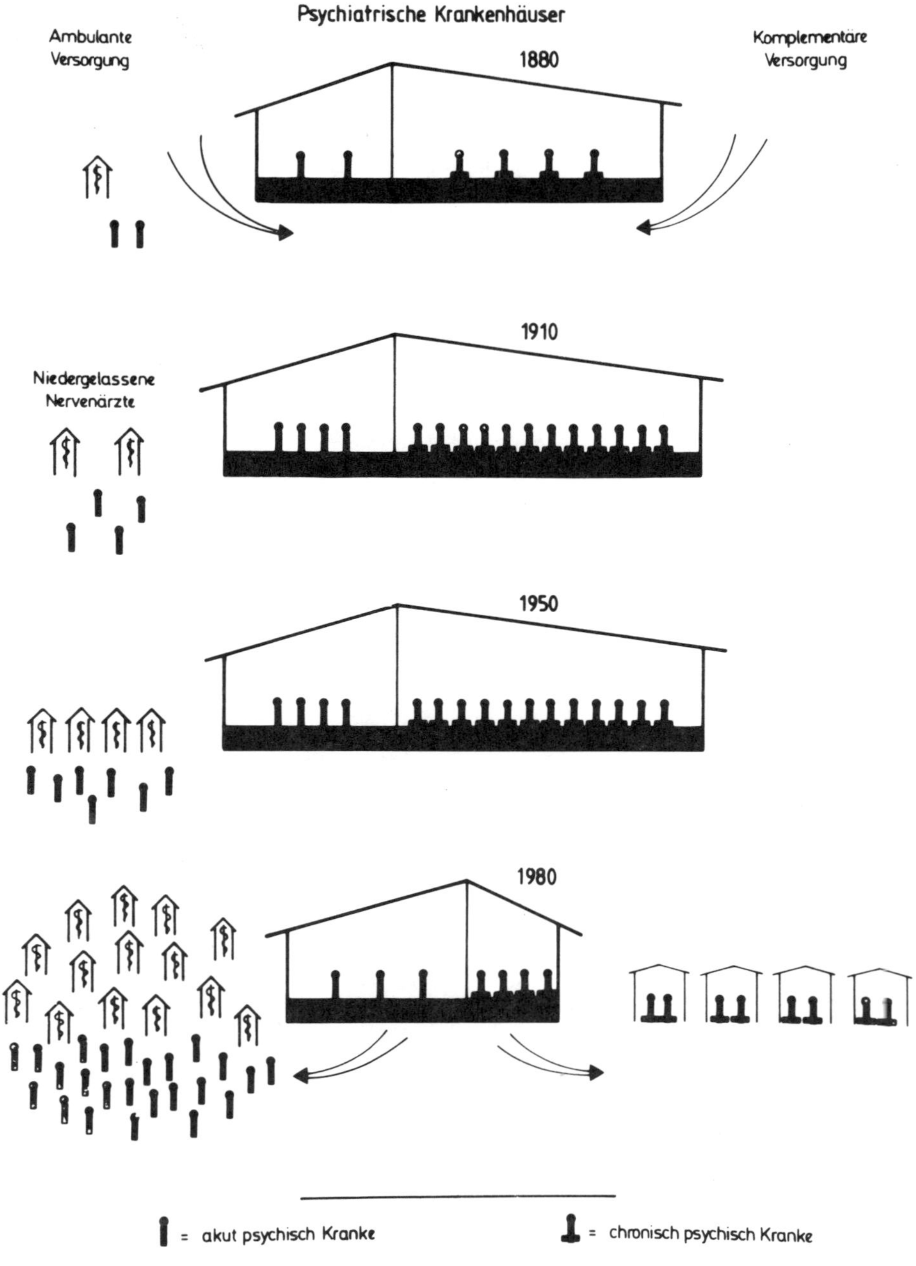

die vorwiegend pflegerischen Aufgaben alleine noch kein ausreichender Grund gewesen, den überwiegenden Teil psychiatrischer Krankenhäuser von den zunehmend modernisierten Bürgerspitälern, vom allgemeinen Krankenhauswesen abzutrennen und fernab von Ballungsgebieten der Bevölkerung in einsamen Gegenden unterzubringen, denn auch andere medizinische Fächer, wie Innere Medizin und Chriurgie (Orthopädie!), hatten zur damaligen Zeit einen hohen Anteil pflegebedürftiger Kranker langfristig in durchaus vergleichbarer Weise zu versorgen.

Damit ist eine ideengeschichtlich aufschlußreiche Kontroverse über die Organisation psychiatrischer Versorgung angesprochen, die sich in den wenig praktikablen Empfehlungen der Sachverständigenkommission zu diesem Thema, ebenso wie in heftigen Diskussionen unserer Tage und in unterschiedlichen Versorgungskonzepten deutscher Länder widerspiegelt: Wilhelm Griesinger, Begründer der deutschsprachigen Psychiatrie, forderte seit 1845 die Einrichtung psychiatrischer Krankenhäuser im Verbund mit allgemeinen Krankenhäusern – er nannte sie Stadtasyle mit dem Ziel, für psychisch Kranke genauso wie für körperlich Kranke rasche ärztliche Hilfe, notfalls im Zusammenwirken mit anderen medizinischen Disziplinen, zu gewährleisten. Nicht minder bedeutsam war seine Absicht, die Psychiatrie vor der Isolierung und damit vor dem Verlust ihres kritisch wissenschaftlichen und ihres medizinisch empirischen Hintergrundes zu bewahren; um ihn selbst zu zitieren:

> „... damit geistreich klingender Schwulst, mit dem sich gegenwärtig allein noch in der Psychiatrie etwas machen läßt, auch hier baldigst der nüchternen, klaren ärztlichen Beobachtung das Feld räume“ (Griesinger, 1845).

Sein Gegenspieler C. W. F. Roller (1831), zunächst in Heidelberg, später Direktor der badischen Musteranstalt in Illenau, die zum Vorbild einer großen Zahl deutscher und außerdeutscher psychiatrischer Krankenhäuser wurde, folgte nicht einer medizinischen, sondern einer philosophisch-pädagogischen Tradition. Die psychiatrischen Wurzeln seiner Überzeugung gingen auf die „Psychiker“ Heinroth und Ideler, ihre philosophischen auf Immanuel Kant, David Hume und Thomas Morus zurück. Menschen mit verwirrten Sinnen und entordneter Vernunft sollten aus dem vermeintlich pathogenen Milieu ihrer Lebenswelt herausgenommen werden, um in dem idealen Milieu einer psychiatrischen Anstalt die verlorene Ordnung ihres Lebens und ihres Geistes wiederzufinden. Dazu war es notwenig, die psychiatrische Anstalt von ungünstigen Einflüssen der Außenwelt abzuschirmen, was Roller mit dem Bau der Musteranstalt Illenau in ländlich idyllischer Umgebung gleichweit entfernt von den Universitäten Heidelberg und Freiburg gelang. Der von Roller angestrebten „Isolierung“ psychiatrischer Anstalten kam entgegen, daß in den ersten Jahrzehnten des vergangenen Jahrhunderts aus der Säkularisation eine beachtliche Zahl verlassener Klöster mit großem landwirtschaftlichem Besitz preiswert zur Verfügung standen, die im Interesse ihrer Erhaltung dringend einer sinnvollen Nutzung bedurften. Beide Gründe zusammen, der psychiatrische Idealismus in Gestalt von Rollers Isolierungstheorie und die Verfügbarkeit abgelegener Klosteranlagen erklären die Verwandlung zahlreicher Klöster in psychiatrische Krankenhäuser im Laufe des 19. Jahrhunderts.

Zweifellos war die Isolierungstheorie eine verhängnisvolle Verirrung der von Roller repräsentierten Schule der Anstaltspsychiatrie. Ihre Folgen lassen sich mit drei Zitaten, die knapp 100 Jahre Psychiatriegeschichte umfassen, deutlich machen:

> C. F. W. Roller (1831):
> „Jeder Seelengestörte muß von den Personen getrennt werden, mit welchen er früher Umgang pflog. Er muß an einen anderen, ihm unbekannten Ort verbracht werden; die, welche ihn pflegen, müssen ihm fremd sein. Er muß, mit einem Wort gesagt, ISOLIERT werden."
>
> E. Kraepelin (1883):
> „Die ISOLIERUNG darf nicht länger als unbedingt nötig dauern, da sie sonst entschieden schädlich wirkt, die Verblödung und das Einwurzeln übler Angewohnheiten fördert."
>
> K. Wilmanns (1929):
> „. . . es bereitete. . . ungeheure Mühe, die durch chronische ISOLIERUNG völlig menschenfeindlichen, vertierten, mit Kot und Menstrualblut schmierenden, nackten, sträubenden Kranken an Ordnung im Wachsaal zu gewöhnen. . . . z. T. mußten sie in Säcken ins Bad getragen werden."

Das skandalöse Bild eines psychiatrischen Krankenhauses, das Wilmanns 1929 drastisch schilderte, ist ein Teil unserer jüngsten Vergangenheit. Es sollte uns sensibilisieren gegen die kurzsichtige Durchsetzung einseitiger theoretischer Grundsätze in der psychiatrischen Versorgung vor allem aber gegen die Isolierung von Diensten für psychisch Kranke aus dem Verband der Gesundheits- und Sozialdienste.

Inzwischen hat nicht nur das Krankenhaus, sondern die ganze Psychiatrie eine revolutionäre Veränderung von einer vorwiegend pflegenden zu einer vorwiegend therapeutischen Disziplin erfahren, ähnlich wie die Innere Medizin in den 20er oder die Dermatologie in den 50er Jahren. Freilich ist diese Revolution noch nicht abgeschlossen und wir tun gut daran, mit einem weiteren Zuwachs unseres therapeutischen Repertoires auch in den nächsten Jahrzehnten zu rechnen. Die Einführung der Neuroleptika, Antidepressiva und Anxiolytika seit 1954 und die Entwicklung ökonomischer Methoden der Psychotherapie haben es nun ermöglicht, bei leichteren psychischen Störungen, etwa bei depressiven und Angstsyndromen, rasch wirksam zu helfen, akute Psychosen schnell zur Remission und damit zur Entlassung zu bringen und einen großen Teil der chronisch Kranken so zu stabilisieren, daß er in ambulanten oder in komplementären Einrichtungen versorgt werden kann.

Es fehlen uns präzise Angaben, ob die „groben, inhumanen Mißstände" in psychiatrischen Krankenhäusern, die von der Sachverständigenkommission noch energisch gerügt wurden, inzwischen alle beseitigt worden sind. 1970 hatten sich beispielsweise noch 70% der Kranken in den psychiatrischen Krankenhäusern des Landschaftsverbands Rheinland zu fünf oder mehr Personen ein Waschbecken teilen müssen, und 42% hatten nicht einmal einen Nachttisch zur Verfügung. Bundesländer und Träger psychiatrischer Krankenhäuser haben seither erhebliche Investitionen unternommen, um alte Gebäude zu sanieren oder zu ersetzen, Wirtschaftsgebäude zu modernisieren, Therapie- und Rehabilitationseinrichtungen zu schaffen. Die Stationen wurden meist verkleinert und umfassen heute um 26 bis 36 Betten. Die meisten großen Bettensäle wurden abgebaut. Zimmer mit 1 bis 4 Betten sind inzwischen die Regel. Der Anteil offener Stationen wuchs erheblich, der Anteil der Zwangsuntergebrachten fiel, abhängig von der gesetzlichen Regelung der Länder, auf Raten zwischen etwa 2% (Baden-Württemberg) und 30% (Hessen und Hamburg) der Aufnahmen. Die innere Differenzierung, d. h. die Aufgliederung in verschiedene Behandlungsbereiche, wie Akutbereich, gerontopsychiatrischer Bereich und Suchtbereich ist, unabhängig davon, ob sie für die Kranken zweckmäßig ist, weitgehend abgeschlossen. Ein anderes Prinzip der Unterteilung, die innere Sektorisierung mit Zuordnung kleinerer Versorgungsgebiete, wird unterschiedlich gehandhabt. Die Ziele einer solchen Sektorisierung sind: Nähe der versorgten Region, Überschaubarkeit des Krankenhauses für Patienten und Mitarbeiter (BAG der Träger Psychiatrischer Krankenhäuser, 1983) und die Kontinuität der Versorgung chronisch Kranker. Mit dieser Regelung aber stoßen viele psychiatrische Krankenhäuser wieder an die Quadratur des Kreises, denn die Nähe der Versorgungsregion und die Kontinuität der extramuralen Versorgung chronisch Kranker hat geographische und organisatorische Voraussetzungen, die von gemeindefern gelegenen psychiatrischen Fachkrankenhäusern nicht befriedigend erfüllt werden können.

Die auf Wilhelm Griesinger zurückgehende Position, der Ausbau psychiatrischer Abteilungen an allgemeinen Krankenhäusern, hatte in Deutschland seit jeher und hat auch seit der Veröffentlichung des Sachverständigenberichts keine entscheidenden Fortschritte zu vermelden. 1973 bestanden 44, 1979 zählte man 61 (Häfner, 1980) und 1982 registrierte man 68 (Bauer, 1984) psychiatrische oder psychiatrisch-neurologische Abteilungen an Allgemeinen Krankenhäusern. Nach unseren eigenen Erhebungen verfügten sie 1979 über 4324 Betten, nach einer Erhebung von Bauer (1982) über rund 5100 Betten. Die durchschnittliche Bettenzahl liegt glücklicherweise mit 75 weit unter den von der Sachverständigenkommission geforderten Minimum von 200, was eine verkleinerte Ausgabe des Psychiatrischen Großkrankenhauses und damit eine dysfunktionale Einrichtung an das Allgemeine Krankenhaus gebracht hätte. Der ehemalige Vorsitzende der Sachverständigenkommission C. Kulenkampff hat 1983 bereits darauf verwiesen (Kulenkampff, 1984), daß die tatsächliche Entwicklung beim Aufbau psychiatrischer Abteilungen nicht den problematischen Kompromißempfehlungen der Sachverständigenkommission zu folgen scheint. Die ungelöste Kontroverse hat zweifellos den Aufbau psychiatrischer Abteilungen an Allgemeinkrankenhäusern und damit eine entscheidende Komponente der Verbesserung der Versorgung psychisch Kranker in der Bundesrepublik erheblich behindert.

Da die Planungshoheit für das Krankenhauswesen bei den Bundesländern liegt, verlief die Entwicklung sehr unterschiedlich. Scheffler (1983) hat drei Gruppen von Ländern unterschieden, die wir unter die Titel „abteilungsfreundlich, anstaltsfreundlich und ambivalent" einordnen wollen. Einige Länder schufen eine größere Zahl psychiatrischer Abteilungen und bauten dafür Betten in den psychiatrischen Großkrankenhäusern ab. Dieser abteilungsfreundlichen Gruppe zählen die Stadtstaaten und das bevölkerungsreiche Land Nordrhein-Westfalen zu. Die zweite, anstaltsfreundliche Gruppe verzichtete weitgehend auf den Aufbau psychiatrischer Abteilungen und modernisierte die psychiatrischen Fachkrankenhäuser. Zu ihr zählen Bayern und das Saarland. Die dritte, die ambivalente Gruppe, modernisierte die psychiatrischen Fachkrankenhäuser ohne eingreifende Bettenreduzierung, richtete aber in unterversorgten Regionen einige wenige psychiatrische Abteilungen an allgemeinen Krankenhäusern ein. Diesen Weg ist beispielsweise Baden-Württemberg gegangen.

Zweifellos sind nicht nur psychiatrische, sondern auch regionale und politische Einflüsse für diese divergente Entwicklung mit verantwortlich. In Stadtstaaten und dichtbesiedelten Regionen ist die Einrichtung psychiatrischer Abteilungen an kommunalen Krankenhäusern einfacher als in großräumigen Einzugsgebieten dünn besiedelter Flächenstaaten. Dennoch ist das Planungskonzept der anstaltsfreundlichen und insoweit auch jenes der ambivalenten Länder auf Dauer falsch.

Das wichtigste Argument für die Erhaltung des psychiatrischen Fachkrankenhauses oder für den Aufbau seiner mindestens 200 Betten umfassenden Miniausgabe am allgemeinen Krankenhaus ist die „Vollversorgung aller psychisch Kranken", womit die Schlechterstellung der chronisch Kranken vermieden werden soll. Können tatsächlich alle bedeutsamen Kategorien psychisch Kranker in einem gemeindefern gelegenen psychiatrischen Fachkrankenhaus versorgt werden?

5.1 Die Hälfte aller krankenhausbedürftigen psychisch Kranken kommt nicht ins psychiatrische Krankenhaus!

Beginnen wir mit der Frage: Werden eigentlich alle wegen psychischer Krankheiten krankenhausbedürftigen Patienten tatsächlich in psychiatrischen Krankenhäusern aufgenommen? Eine kürzlich von der Firma Hospital Management im Auftrag der Arbeitsgemeinschaft Bayerischer Bezirkstage unter wissenschaftlicher Begleitung von F. Böcker (1985) durchgeführte Patientenstrukturanalyse ergab, daß im Jahr 1983 rund 27 000 Mitglieder der

Allgemeinen Ortskrankenkassen mit psychiatrischen Diagnosen zur stationären Aufnahme kamen, 49% von ihnen in psychiatrischen und 51% in Krankenhäusern anderer medizinischer Disziplinen. Rund 30% der in „Nicht-Psychiatrischen" Krankenhäusern Aufgenommenen hatten alkoholbedingte Erkrankungen, 28% Neurosen, Persönlichkeitsstörungen oder psychosomatische Syndrome und 15% organische Störungen. Vermutlich wies ein Teil dieser Kranken auch behandlungsbedürftige körperliche Krankheiten auf, so daß er dort – es handelte sich überwiegend um Abteilungen der Inneren Medizin – nicht fehlplaziert war. Für die Mehrzahl derjenigen Kranken, die in „Nicht-Psychiatrischen" Abteilungen aufgenommen werden, gilt, daß sie entweder der stationären psychiatrischen Behandlung oder zumindest der psychiatrischen Mitbehandlung bedürften. Beides ist aber nur für die Gesamtheit der einer stationären Akutversorgung bedürftigen Kranken zu gewährleisten, wenn eine psychiatrische Abteilung mit modernem diagnostischen und therapeutischen Standard im allgemeinen Krankenhaus präsent ist.

5.2 Ein großer Teil der Patienten im psychiatrischen Krankenhaus bedarf der körpermedizinischen Diagnostik und Behandlung

Fragt man zweitens nach dem Bedarf an körpermedizinischer Diagnostik und Therapie im psychiatrischen Krankenhaus, so stößt man auf eine beachtliche Zahl von Untersuchungen zu diesem Thema. Ihr übereinstimmendes Ergebnis ist, daß der Anteil nicht diagnostizierter, behandlungsbedürftiger körperlicher Erkrankungen im psychiatrischen Krankenhaus erheblich ist (Hall et al., 1978, 1981; Herridge, 1960; Koranyi, 1979). Kohlmeyer fand bei 2600 Computertomographien von Patienten, die unter einer ausschließlich psychiatrischen Diagnose im psychiatrischen Krankenhaus aufgenommen worden waren, allein 4% behandlungsbedürftige Erkrankungen im Schädelinnern, wie Blutungen, Tumoren etc. (Kohlmeyer, 1987). Die gemeinsame Botschaft dieser Studien ist, daß die Patienten psychiatrischer Akutkrankenhäuser auf die Verfügbarkeit eines hohen Standards körpermedizinischer Diagnostik und Therapie und damit auch auf eine intensive interdisziplinäre Zusammenarbeit angewiesen sind, die in befriedigender Weise nur durch die Integration in ein allgemeines Krankenhaus erreicht werden kann.

5.3 Psychogeriatrie als Akutkrankenbehandlung ist nur interdisziplinär vertretbar

Ein dritter Punkt ist die Zunahme psychischer Erkrankungen im Alter, wie Demenz, Depression und paranoide Syndrome, die mit dem wachsenden Anteil alter Menschen an der Bevölkerung einherging. In den meisten Ländern, so in Deutschland, Dänemark und Großbritannien, ist deshalb der Anteil über 65jähriger an den Patienten allgemeiner Krankenhäuser in den

Abb. 6: Aufnahmen in die Rheinischen Landeskliniken für Psychiatrie, insgesamt und nach ausgewählten Diagnosen 1960–73 und 1981–84

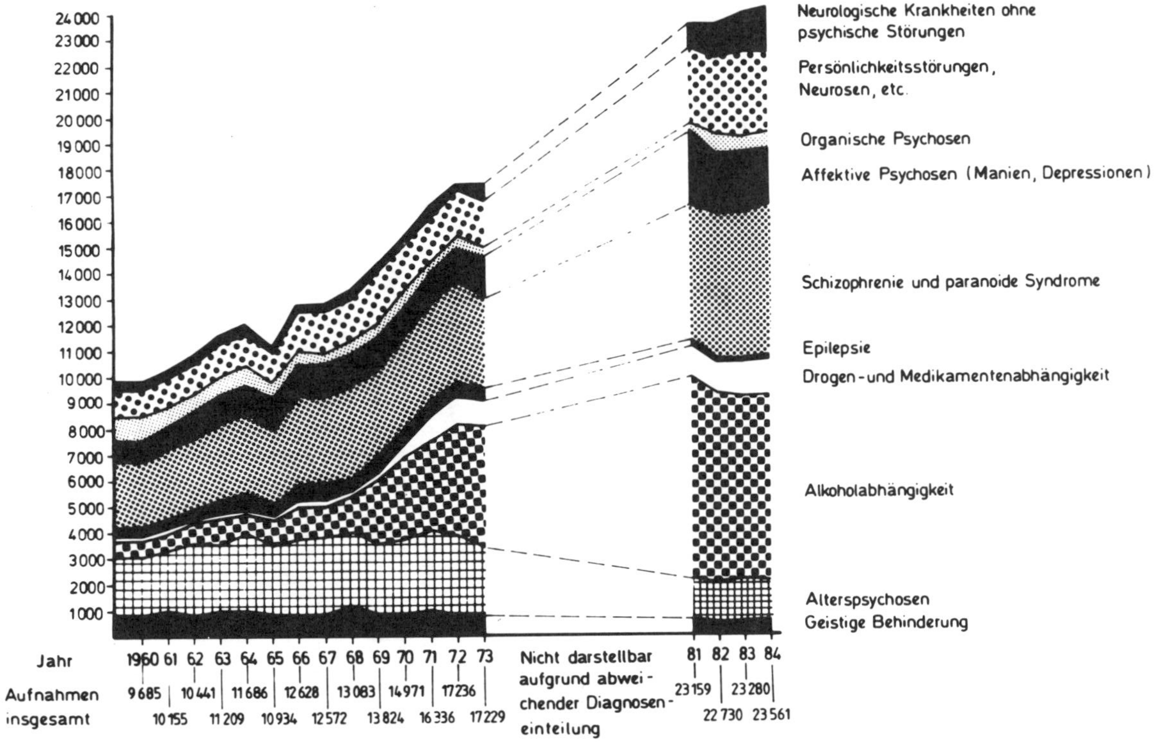

Quelle: Statistiken des Landschaftsverbandes Rheinland für die Rheinischen Landeskliniken

zurückliegenden Dekaden deutlich gestiegen, während er von 1973–1984 trotz gleichartiger demographischer und epidemiologischer Trends unter den Aufnahmen der psychiatrischen Krankenhäuser des Landschaftsverbands Rheinland deutlich gesunken ist (Abb. 6). Wir können aber den Rückgang der Aufnahmen alter Menschen in die psychiatrischen Großkrankenhäuser nicht einmal bedenkenlos bedauern, weil psychisch kranke alte Menschen häufig unter Multimorbidität leiden. Sie bedürfen nach den Aussagen des Zwischenberichts der Sachverständigenkommission 1973 „in mehr als der Hälfte (bis zu 80%) der krankenhausbedürftigen Fälle einer begleitenden internistischen Therapie". Dazu sind psychiatrische Krankenhäuser ohne die Hilfe vor allem internistischer und intensivmedizinischer Fachabteilungen nicht mehr auf einem unseren heutigen Möglichkeiten entsprechenden Standard in der Lage. Die Versorgung psychisch kranker alter Menschen wird in den künfigen Jahrzehnten ein Aufgabenschwerpunkt stationärer Dienste auch in der Psychiatrie bleiben. Ihr Anteil an der Belegung aller Akutkrankenhäuser macht bereits etwa 40% aus. Dazu ist aber eine enge interdisziplinäre Kooperation notwendig, die nur im allgemeinen Krankenhaus sinnvoll zu realisieren ist.

6. Wo kann psychiatrische Krisen- und Notfallversorgung erfolgen?

Einer der früh geäußerten Kritikpunkte an gemeindefern gelegenen psychiatrischen Großkrankenhäusern war der strukturelle Mangel an Krisenintervention und Notfallversorgung. In der Tat ist der Mangel, wie die jüngst durchgeführte Tagung der Aktion Psychisch Kranke zu diesem Thema wieder auswies (Katschnig, 1986), auf diesem Sektor erheblich. Das Zentralinstitut für Seelische Gesundheit, das in der Innenstadt Mannheims gelegen ist, betreibt einen 24stündigen psychiatrischen Krisen- und Notfalldienst, der auch außerhalb der regulären Dienstzeiten noch mit zwei Psychiatern im Institut und mit einem Psychiater in der Notfallabteilung des Allgemeinkrankenhauses besetzt ist. Die Abb. 7 zeigt, daß die Inanspruchnahme dieses Dienstes sehr rasch gestiegen ist und inzwischen bei über 2000 Episoden im Jahr, das ist ungefähr 6 pro 1000 der Bevölkerung, liegt. Die topographische, diagnostische und operationale Analyse der Inanspruchnahme (Häfner-Ranabauer u. Günzler, 1984; Häfner et al. 1986) zeigt, daß ein beträchtlicher Anteil der Notfälle einer sofortigen ärztlichen Intervention bedarf. Rund 40% mußten wegen akuter psychiatrischer oder internistischer Behandlungsbedürftigkeit oder Suizidgefährdung sofort stationär aufgenommen werden. Rund ⅕ der Versorgten oder ca. 400 Episoden im Jahr, litten an Schizophrenie. Ein großer Teil von ihnen kam aus komplementären Diensten und macht auf diese Weise deutlich, daß ein gemeindenahes System der komplementären Versorgung nur dann auch schwerer und rückfallgefährdete Kranke aus dem psychiatrischen Krankenhaus übernehmen kann, wenn ein solcher Notfalldienst zur Verfügung steht. Er muß den Kranken aber auch dem Personal der komplementären Dienste im Fall von Krisen oder Rückfällen zu jeder Tages- oder Nachtzeit beistehen.

Abb. 7: Jährliche Anzahl der Behandlungsepisoden im Notfalldienst des ZSG für den Zeitraum 1976–1985

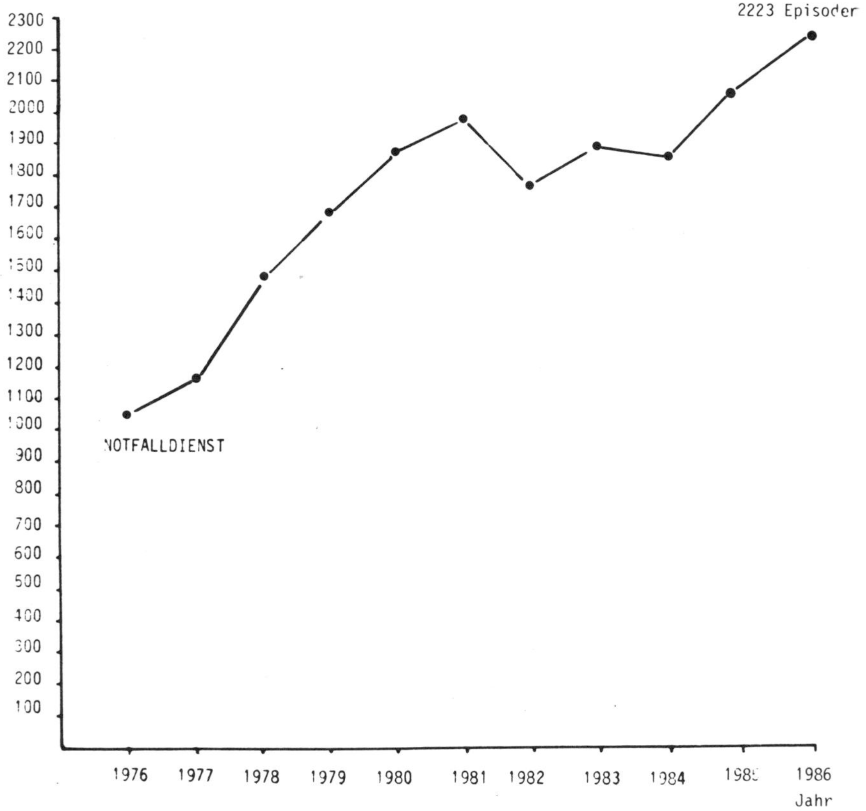

Untersucht man, woher die Kranken kommen, die Notfalldienste in Anspruch nehmen, dann zeigt sich ein Bild, das für medizinische Notfalldienste selbstverständlich ist: Mit wachsender Entfernung des Wohnorts nimmt die Inanspruchnahme sehr rasch ab (Häfner-Ranabauer u. Günzler, 1984). Psychiatrische Notfälle werden, wenn das nächste psychiatrische Krankenhaus zu weit entfernt ist, notwendigerweise vom nächstgelegenen allgemeinen Krankenhaus versorgt. Psychiatrische Notfallversorgung ist also nur möglich, wenn in vertretbarer Nähe vom Wohnort des Kranken eine zureichend ausgerüstete psychiatrische Abteilung zur Verfügung steht. Notfallversorgung ist in der großräumigen Verteilung von Großkrankenhäusern nicht zureichend durchführbar.

Aus diesen drei Feststellungen ergibt sich die Notwendigkeit, psychiatrische Abteilungen an allen Allgemeinkrankenhäusern auf gleiche Weise zu gliedern wie die übrigen Akutkrankenhäuser und sich Schritt für Schritt vom einstufigen System psychiatrischer Großkrankenhäuser zu lösen. Das bedeutet aber nicht, daß gemeindefern gelegene Krankenhäuser durchwegs überflüssig seien, wie einige politische Gruppen fordern, so die DGSP kürzlich auf einer Demonstration in Bonn.

7. Komplementäre Versorgung chronisch psychisch Kranker und Behinderter

Die Entlassung eines größeren Anteils chronisch Kranker oder psychisch Behinderter mit dem Ziel, ihnen das größtmögliche Maß an Freiheit und Lebensqualität zu gewähren und lange Krankenhausaufenthalte nach Möglichkeit zu ersparen, ist an Voraussetzungen gebunden: Ein umfassendes System gemeindenaher psychiatrischer Versorgung, das über gut erreichbare Einrichtungen und Hilfen auf den folgenden Bedarfsebenen verfügt: 1) psychiatrische Behandlung, 2) beschütztes Wohnen in komplementären Einrichtungen (psychiatrischen Heimen, Wohngemeinschaften etc. oder Unterstützung für die aufnehmenden Familien), 3) Arbeit, Beschäftigung und Rehabilitation, 4) soziale Kontakte und 5) Freizeitaktivitäten.

Im psychiatrischen Krankenhaus stehen diese Dienste im Idealfall alle unter einem Dach zur Verfügung. Die komplementäre Versorgung besteht dagegen aus einem Netz voneinander unabhängiger Einrichtungen, etwa psychiatrischen Heimen, beschützten Werkstätten und niedergelassenen Nervenärzten. Sie sollten sowohl auf der Ebene der Organisation eines bedarfsgerechten Versorgungssystems, als auch auf der Ebene eines sinnvollen Behandlungsplans für den einzelnen Kranken miteinander kooperieren. Die Sachverständigenkommission hat für die obere, die institutionelle Ebene in Gestalt psychosozialer Ausschüsse oder Arbeitsgemeinschaften Vorschläge unterbreitet. Die Erfahrungen, die mit solchen zum Teil von der Basis, zum Teil von den Kommunen her aufgebauten großen Diskussionsrunden gemacht wurden, sind widersprüchlich und keinesfalls durchwegs ermutigend. Auf der Ebene koordinierter Versorgungs- oder Rehabilitationspläne für den einzelnen Kranken besteht ein mindestens ebenso großer Mangel. Das bedeutet, daß eine der wichtigsten Aufgaben der Zukunft eine Verbesserung der Koordination komplementärer psychiatrischer Versorgung auf beiden Ebenen ist. Gute Koordination läßt sich nicht mit großen Diskussionsrunden, sondern nur mit einer kleinen Zahl realisieren, am besten vielleicht aus dem Zentrum des Sachverstands heraus mit einer Person oder einer Einrichtung, die beispielsweise an der psychiatrischen Abteilung des örtlichen Krankenhauses angesiedelt sein könnte.

Die Vielfalt der Träger und Einrichtungen, die Schwierigkeiten der Koordination und der Finanzierung einiger Komponenten, etwa der psychiatrischen Übergangsheime, sind wahrscheinlich der Grund, weshalb der Aufbau komplementärer Versorgungsnetze seit den Empfehlungen der Sachverständigenkommission nur außerordentlich langsam vorankommt. Natürlich fehlt es bisher auch an der empfohlenen Fachaufsicht, die für komplementäre

Einrichtungen auf Dauer unabdingbar ist. Eine große Zahl von Heimen läßt sich hinsichtlich des Standards der Unterbringung und der Qualität ihrer Arbeit schlechter kontrollieren als große psychiatrische Krankenhäuser, weshalb wir im Laufe der Zeit mit ähnlichen Entwicklungen rechnen müssen wie in der Vergangenheit bei den psychiatrischen Krankenhäusern.

Eine der wichtigsten Fragen ist heute, welchen Anteil chronisch Kranker komplementäre Einrichtungen übernehmen können. Sie läßt sich nur dort beantworten, wo ein ausgebautes Netz komplementärer Einrichtungen bereits zur Verfügung steht.

Soweit ich sehe, sind Untersuchungen zur Beantwortung dieser Frage in der Bundesrepublik bisher nur in Mannheim durchgeführt worden (Häfner et al., 1986, Häfner u. an der Heiden, 1983, 1986). Dort stehen für rund 300 000 Einwohner nach einem bedarfsorientierten schrittweisen Aufbau inzwischen 213 komplementäre Wohnplätze in 5 Heimen und 7 Wohngemeinschaften zur Verfügung und daneben 2 Werkstätten, 11 Patientenclubs und mehrere Laieninitiativen für Freizeitgestaltung und Förderung der sozialen Integration. Die Koordination liegt in den Händen der Abteilung Gemeindepsychiatrie des Instituts unter persönlicher Beratung von Bürgermeister a. D. Dr. Hans Martini. Der Aufbau des Systems, das ein dichtes Netz ambulanter psychiatrischer Dienste aufweist, gilt weitgehend als bedarfsgerecht, wobei allerdings in der Zukunft mit einer Kumulation des Bedarfs an langfristigem beschützten Wohnen zu rechnen ist. Auf dem Gebiet der gemeindepsychiatrischen Versorgung von psychisch kranken Kindern und Jugendlichen haben wir den Bedarf noch nicht voll abgedeckt. Auf dem Gebiet der Psychogeriatrie ist unser komplementäres Versorgungssystem noch ziemlich unvollständig.

7.1 Bis zu welcher Schwelle ist komplementäre Versorgung wirtschaftlich und unter humanitären Gesichtspunkten vertretbar?

In den evaluativen Studien über gemeindenahe psychiatrische Versorgungssysteme von Wing u. Hailey (1972), Fryers (1979), Häfner u. an der Heiden (1983) ist denjenigen chronisch Kranken, die bei einem ausgebauten Netz extramuraler Dienste nach einer mehr als einjährigen Krankenhausunterbringung bedürfen, besondere Aufmerksamkeit gewidmet worden. Aus ihnen rekrutiert sich künftig der Bedarf an psychiatrischen Krankenhausbetten für chronisch Kranke. In Mannheim war 1980 der Anteil aller über einjährigen Aufenthalte Schizophrener – ca. 80% der mehr als ein Jahr Untergebrachten tragen diese Diagnose – in komplementären Einrichtungen bereits über jenen im psychiatrischen Krankenhaus gestiegen. In einer prospektiv über 1½ Jahre untersuchten Kohorte von 148 während eines Jahres sukzessiv aufgenommenen Einwohnern Mannheims mit Schizophrenie kamen von denjenigen, die einer mehr als einjährigen Unterbringung bedurften, bereits ¾ in Heimen und Wohngemeinschaften zur Aufnahme.

Abb. 8: Vergleich der Durchschnittskosten der Kosten pro Patient* in komplementärer und stationärer Versorgung in Mannheim (*mit der Diagnose Schizophrenie)

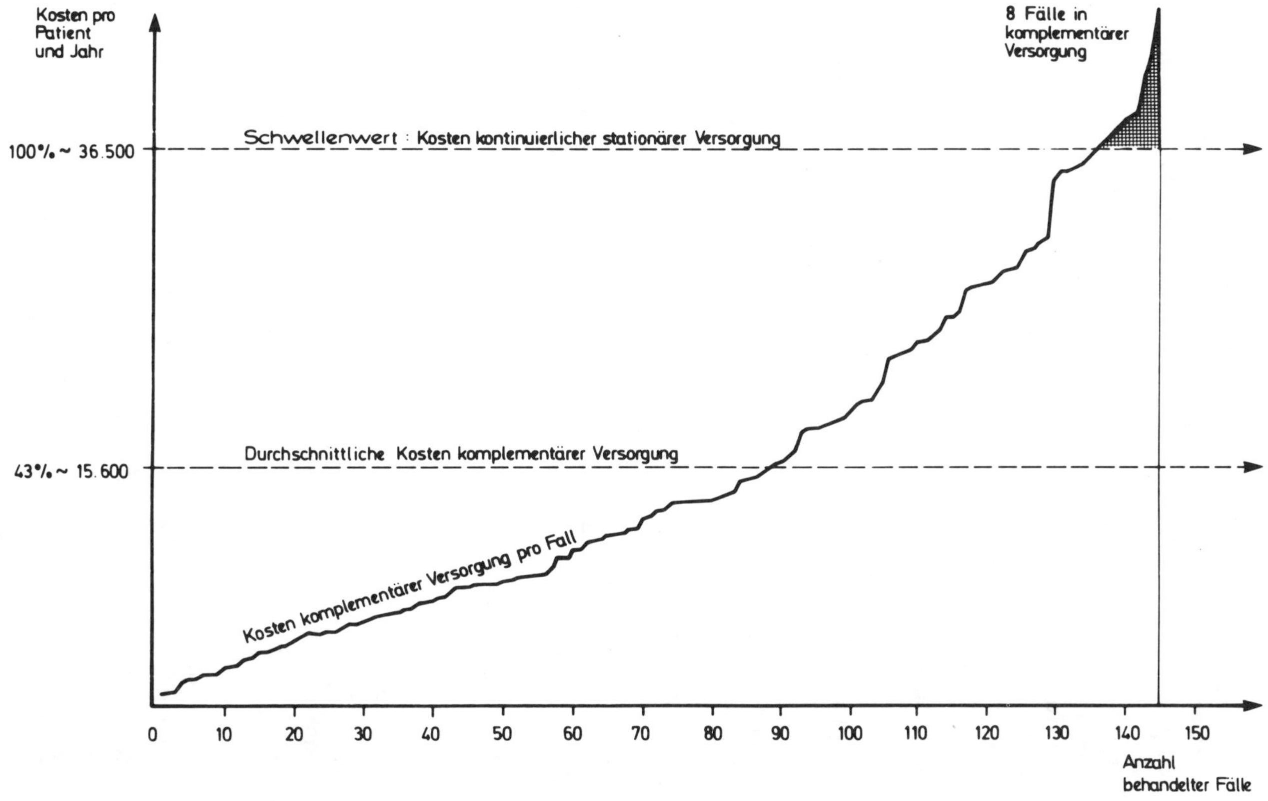

Nur ¼ der Schizophrenen mußte wegen des Ausmaßes ihrer Störungen – meist wahnhafte Verwirrtheit, schwere Verhaltensstörungen oder Suizidalität – im psychiatrischen Krankenhaus untergebracht werden.

Wird ein so großer Anteil Schizophrener komplementär versorgt, dann sind darunter auch die bereits beim Thema Notfallversorgung angesprochenen Kranken mit höherem Rückfallrisiko. Das bedeutet, daß man Aufgaben, Charakter und Personalausstattung psychiatrischer Heime gliedern muß. Notwendig ist auf dem einen Ende des Aufgabenspektrums ein Übergangsheim für die Rehabilitation der leichter Behinderten, auf dem anderen Ende ein Heim von hinreichender Größe und Personalbesetzung, das mit nicht mehr eingliederungsfähigen und schwerer gestörten Kranken zurecht kommt. Dieses Heim ist in besonderem Maße auf sachverständige Beratung und notfalls auf psychiatrische Behandlungsmöglichkeiten oder Krankenhausaufnahme bei Krisen und Rückfällen angewiesen.

Zur Frage, ob bei einem vollen Ausbau eines komplementären Versorgungssystems alle langfristigen Krankenhausaufenthalte überflüssig werden könnten, gibt eine vergleichende direkte Kostenanalyse, die wir im Rahmen unserer Studie durchgeführt haben, gute Hinweise. Vergleicht man die Kosten des gesamten Aufwands komplementärer Versorgung Schizophrener mit jenen einer kontinuierlichen Behandlung im psychiatrischen Krankenhaus, so erfordert die komplementäre Versorgung im Durchschnitt nur 43% der Kosten der ununterbrochenen Krankenhausversorgung (vgl. Abb. 8). Sieht man sich jedoch die Verteilung der Kosten je Einzelfall an, so wird nicht nur deutlich, daß sie entsprechend der unterschiedlichen Behandlungserfordernisse nahezu linear ansteigend verteilt sind, sondern auch, daß der Schwellenwert der Kosten stationärer Versorgung bereits bei 8 von 145 Patienten überschritten wird. Daran wird erst einmal deutlich, daß der Anteil komplementär versorgter Schizophrener in Mannheim derzeit aus wirtschaftlichen Gründen kaum noch gesteigert werden kann.

8. Wozu brauchen wir weiterhin gemeindeferne psychiatrische Krankenhäuser?

Die ökonomische Schwelle verweist aber auf eine noch gewichtigere humanitäre Schwelle: bei schweren Krankheitsverläufen kann die Zumutbarkeit für den Kranken, für seine Familie oder für das Personal komplementärer Einrichtungen überschritten werden, so daß es nicht nur billiger, sondern auch humaner und risikoärmer ist, solche Kranke in einem guten psychiatrischen Fachkrankenhaus unterzubringen.

Damit bleibt, wie wir in Übereinstimmung mit J. K. Wing (1983,1984), T. Fryers (1979), Weeke et al. (1979) feststellen mußten, ein Kern chronisch psychisch Kranker, der wegen der Schwere der Krankheit oder wegen Begleiterkrankungen auch unter den Bedingungen eines ausgebauten Netzes komplementärer psychiatrischer Dienste einer langfristigen psychiatrischen Krankenhausbehandlung bedarf. Der Anteil Schizophrener an dieser Gruppe hat, wie unsere Untersuchungen in Mannheim ergaben, (Häfner u. Klug, 1982) abgenommen. Der Anteil organischer Psychosyndrome im Alter und schwerer Defektzustände bei Alkohol- und Drogenmißbrauch hat zugenommen. Für diese Kranken ist ein Bett mit Spind und Nachtkästchen zu wenig. Sie benötigen Räume mit Wohncharakter und Einrichtungen für Beschäftigung und Freizeitaktivität. Dafür sind entsprechend eingerichtete psychiatrische Krankenhäuser außerhalb der Städte, die auch von ihrer Personalkapazität her in der Lage sind, ein modernes Behandlungs- und Rehabilitationsprogramm für diese Gruppe anzubieten, besser geeignet als psychiatrische Abteilungen an allgemeinen Krankenhäusern. Zudem dürften Grundstücks- und Investitionskosten für den Ausbau von Abteilungen für langfristige Aufenthalte an Allgemeinkrankenhäusern inmitten von Städten in den meisten Fällen unvertretbar hoch sein. Wir werden deshalb auch in Zukunft eine begrenzte Kapazität von Betten für chronisch Kranke in psychiatrischen Krankenhäusern benötigen, solange es unseren Forschungsbemühungen nicht gelingt, chronischen Verläufen, die eine langfristige stationäre Behandlung erfordern, vorzubeugen und damit auch die komplementäre Versorgung dieser Kranken überflüssig zu machen.

9. Die ambulante Versorgung psychisch Kranker

Während die stationäre Versorgung psychisch Kranker seit den Empfehlungen der Sachverständigenkommission eine Entwicklung erfuhr, die tendenziell jener der meisten entwickelten Länder und den Empfehlungen der Weltgesundheitsorganisation entspricht, sind die Veränderungen im Bereich der ambulanten Versorgung psychisch Kranker nur auf dem Hintergrund des Gesundheitswesens bzw. der sozialversicherungsrechtlichen Regelungen der Bundesrepublik zu verstehen. Das 1934 erlassene Gesetz über die Vereinheitlichung des Gesundheitswesens hat die Sicherstellung der ambulanten ärztlichen Versorgung den niedergelassenen Ärzten übertragen. Damit endete die psychiatrische Nachsorge nach dem Erlanger oder Gelsenkirchener Modell, die von der Mehrzahl psychiatrischer Krankenhäuser bis dahin erfolgreich praktiziert worden war. Ein Vorteil dieser Veränderung war allerdings, daß nunmehr auch die ambulante ärztliche Versorgung chronisch psychisch Kranker theoretisch voll in das System der ambulanten Gesundheitsversorgung integriert worden war. Die Praxis sah damals allerdings anders aus.

Mit der enormen Zunahme der Zahl niedergelassener Allgemein- und Nervenärzte in der Nachkriegszeit nahm auch die Inanspruchnahme wegen psychischer Störungen in enormem Ausmaß zu. Exakte Daten auf nationaler Ebene stehen in der Bundesrepublik leider nicht zur Verfügung. Im Vereinigten Königreich und in den USA ist es jedoch, wie Abb. 9 zeigt, zu einem enormen Anstieg der Inanspruchnahme ärztlicher bzw. spezialärztlicher Dienste im letzten Vierteljahrhundert gekommen. Die Sachverständigen-

Abb. 9: Entwicklung psychiatrischer Fälle im nationalen Gesundheitsdienst von Großbritannien 1955/1956 und von Behandlungsepisoden in psychiatrischen Diensten der USA

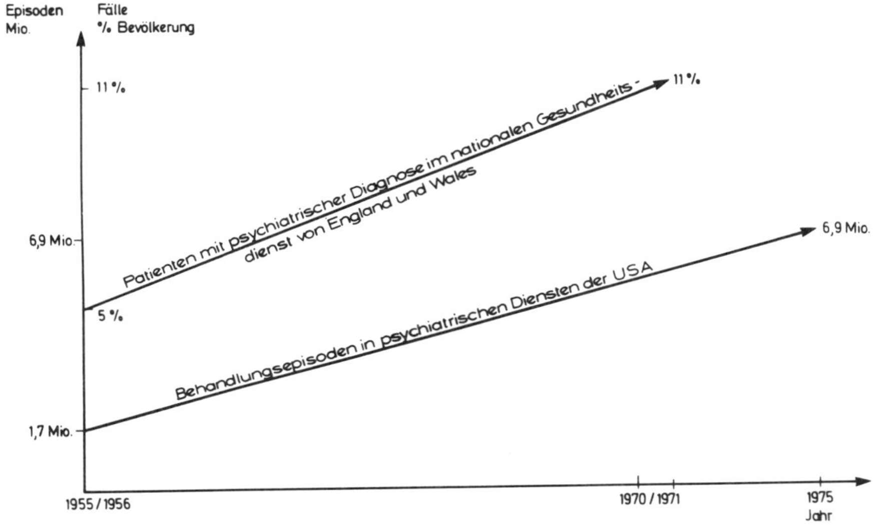

kommission Psychiatrie der Bundesrepublik ging auf der Basis der General Practice Studien von Shepherd et al. (1966) im Vereinigten Königreich davon aus, daß je 1000 Einwohner ca. 140 Personen wegen psychischer Störungen Allgemeinärzte konsultieren. Die Konsultationsraten bei niedergelassenen Nervenärzten schätzte sie auf 10 pro 1000, die Krankenhaushäufigkeit etwa 3,5 pro 1000. Diese Schätzungen sind 1975 von Dilling und Weyerer (1984) in Südostbayern und von Zintl und Cooper (1980) in Mannheim, die Krankenhaushäufigkeit ausgenommen, weitgehend bestätigt worden. Dilling und Weyerer haben außerdem in einer Feldstudie festgestellt, daß rund 24% der Bevölkerung im Laufe eines Jahres eine psychische Störung aufwiesen, und davon rund 18% als behandlungsbedürftig mindestens durch einen Allgemeinarzt anzusehen waren. Rund 85% der als behandlungsbedürftig Identifizierten hatten tatsächlich auch einen Arzt konsultiert. Dieses Ergebnis spiegelt nicht nur die Häufigkeit psychischer Störungen der Bevölkerung und den hohen ambulanten Behandlungsbedarf; es läßt auch erkennen, daß das Behandlungsangebot inzwischen der Sättigung der Bedürfnisse näherkommt.

Die ungleiche Verteilung der niedergelassenen Ärzte über das Bundesgebiet hat sich durch den hohen Zuwachs neuer Niederlassungen inzwischen weitgehend ausgeglichen. Man kann davon ausgehen, daß die ambulante allgemeinärztliche Versorgung psychisch Kranker gemeindenah und notfalls auch 24stündig zur Verfügung steht. Strukturelle Mängel bestehen in diesem Bereich nicht mehr. Es bleibt allerdings die Frage, ob die niedergelassenen Ärzte hinreichend ausgebildet und erfahren sind, um auch den psychisch Kranken die notwendigen diagnostischen Kenntnisse und vor allem die angemessenen therapeutischen Interventionen, von der Krisenversorgung über kurzfristig wirksame Psychotherapieverfahren bis zum breiten Spektrum medikamtentöser Behandlungsmethoden zur Verfügung zu stellen. Die Studie von Zintl-Wiegand et al. (1980) läßt vermuten, daß die Erkennung psychischer Störungen und die therapeutische Effizienz praktischer Ärzte unterschiedlich und großenteils noch als unzureichend eingestuft werden muß. Der psychiatrische Teil der Ausbildung während des Medizinstudiums, aber auch die Weiterbildung niedergelassener Ärzte auf dem Gebiet der Psychiatrie muß deshalb in Zukunft noch mit größerer Energie angegangen werden als bisher.

Eine Analyse der Abrechnungsziffern durch das wissenschaftliche Institut der Ortskrankenkassen für das Jahr 1984 (von Stakelberg, 1984) zeigt, daß die Beratung eines Kranken mit rund 21% die häufigste Abrechnungsziffer ist, gefolgt von der „eingehenden, das gewöhnliche Maß übersteigenden Untersuchung" mit einem Anteil von 10%. Der Anteil psychiatrisch-psychotherapeutischer Leistungen ist in den Jahren 1978–1980 zudem wesentlich stärker gestiegen als der Durchschnitt aller Leistungen. Das bedeutet, daß dem niedergelassenen Arzt inzwischen nicht nur mehr Zeit für die Gespräche mit dem Patienten zur Verfügung steht, sondern daß das Interesse an Beratung und an psychotherapeutischer Behandlung der Kranken eindeutig gewachsen ist.

An diese Feststellung schließt sich die Frage an, in welchem Ausmaß die zweite, spezialisierte Linie ärztlicher Betreuung, die niedergelassenen Nervenärzte und Psychotherapeuten, zur Verfügung steht und funktioniert. 1973 stand nach den Ermittlungen der Sachverständigenkommission für rund 70 000 Einwohner in der Bundesrepublik 1 Nervenarzt zur Verfügung, wobei starke regionale Ungleichgewichte mit Unterversorgung ländlicher Gebiete bestanden. Die Kommission empfahl einen Schlüssel von mindestens 1 zu 50 000, der allerdings dann auf 1 zu 30 000 zu korrigieren war, wenn man davon ausging, daß 40 % der Patienten von Nervenärzten wegen neurologischer Erkrankungen behandelt wurden. Dieses Verhältnis hat sich inzwischen wahrscheinlich zugunsten der psychisch Kranken veschoben, ohne daß genaue Daten vorliegen.

Stark zum Positiven verändert hat sich aber die Zahl und auch die geographische Verteilung der Nervenärzte. Wie die Abb. 10 zeigt, hat die Zahl der niedergelassenen Nervenärzte in den Jahren von 1980–1985 um 38,7%, die höchste Zuwachsrate aller Arztgruppen, zugenommen, während der Zuwachs der niedergelassenen Allgemeinärzte nur 3,2% betrug. Bei einer Gesamtzahl von ca. 2200 niedergelassenen Nervenärzten in 1985 (Thust u. Stürenberg, 1986) können wir gegenwärtig davon ausgehen, daß rund 25 000 Einwohnern ein Nervenarzt in der Bundesrepublik zur Verfügung steht. Nicht einbezogen in diese Berechnung sind beteiligte und ermäch-

Abb. 10: Entwicklung einzelner Arztgruppen im Jahre 1985 gegenüber 1980 in %

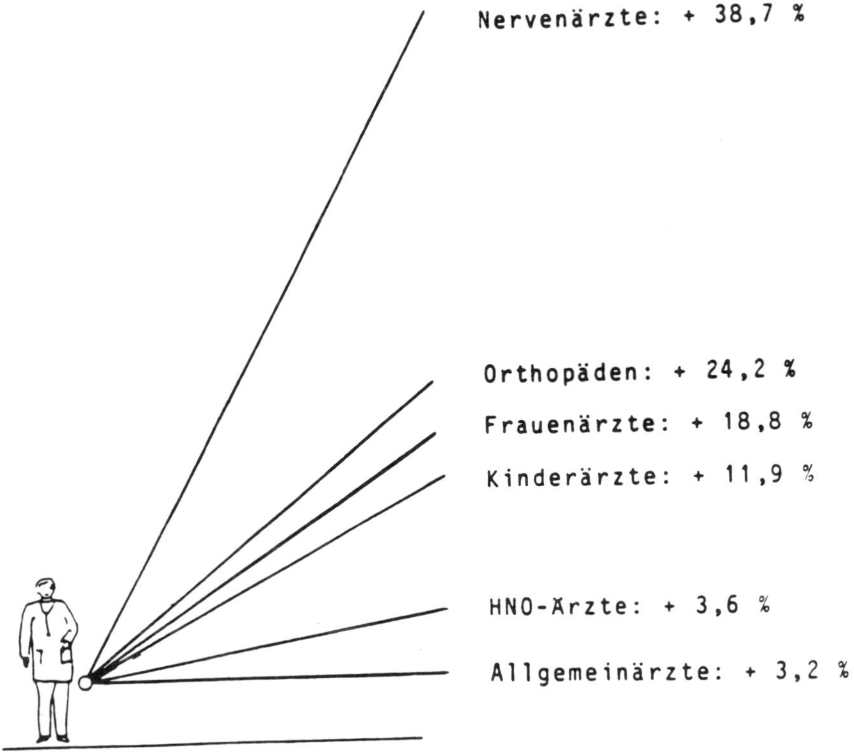

Quelle: Eigene Berechnungen nach: Thust, W. u. Stührenberg, T. (1986) und Wissenschaftliches Institut der Ortskrankenkassen und Zentralinstitut für die kassenärztliche Versorgung in der BRD (1985)

tigte Nervenärzte an psychiatrischen Abteilungen und der Beitrag von Institutsambulanzen, für die jüngst eine neue gesetzliche Ausnahmeregelung geschaffen wurde. Sollte die Zuwachsrate niedergelassener Nervenärzte weiterhin auf gleicher Höhe bleiben, was beim deutlichen Anstieg der Studienabgänger der Medizin in der Dekade 1980–1990 gegenüber der vorausgegangenen Dekade nicht unwahrscheinlich ist, dann hätten wir im Jahr 2000 mit einem Nervenarzt auf rund 15000 Einwohner zu rechnen. Damit befinden wir uns nicht mehr nur im Bereich einer erfreulich guten ambulanten fachärztlichen Versorgung psychisch Kranker, sondern nahe an der aus Kostengründen unerwünschten Angebotsausweitung.

Die Zusammenarbeit zwischen Allgemeinärzten und Nervenärzten scheint sich, wie die Ab. 11 illustriert, zu verändern. Die Primärinanspruchnahme der Allgemeinärzte geht leicht zurück, während jene der Fachärzte, ein-

Abb. 11: Entwicklung der Gesamtfallzahlen (Original- und Überweisungsscheine) in einer 40%igen repräsentativen Stichprobe bei niedergelassenen Ärzten im Bereich der RVO-Krankenkassen, 1980–1984)

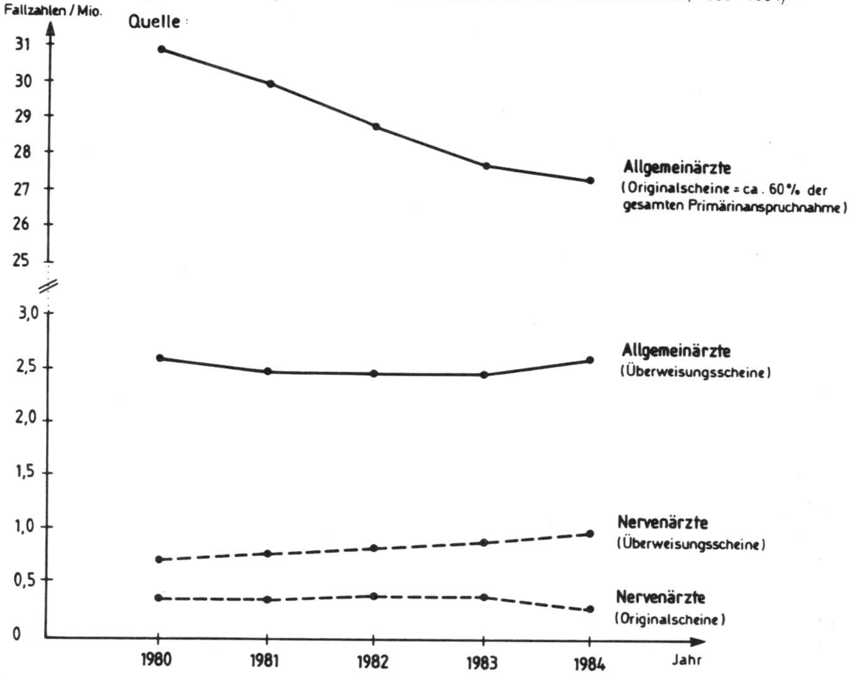

Quelle: Wissenschaftl. Institut d. Ortskrankenkassen & Zentralinstitut f. d. kassenärztli. Versorgung in d. BRD

schließlich die der Nervenärzte, leicht ansteigt. 1980 betrug das Verhältnis der Originalscheine, als Hinweis darauf, daß der Kranke den Nervenarzt direkt ausgesucht hat, zu den Überweisungsscheinen ca. 1 : 2, im Jahre 1984 bereits nahezu 1 : 3.

9.1 Psychotherapie

Zwei Schwerpunkte nervenärztlich ambulanter Tätigkeit sollen kurz herausgegriffen werden: die psychotherapeutische und die Versorgung chronisch Kranker. Tiefenpsychologisch fundierte und analytische Therapieverfahren, die in der Regel für leichtere psychische Störungen in Frage kommen, werden von einer zunehmenden Zahl ermächtigter Ärzte, aber auch von anderen Berufsgruppen der Sozialversicherung erbracht. Alleine von 1980 bis 1983 hat sich die Zahl der für tiefenpsychologisch fundierte und analytische Therapie ermächtigten Ärzte von 1570 auf 2009 erhöht, die Zahl der Psychotherapie im kassenärztlichen Verfahren ausübenden delegierten Diplompsychologen im gleichen Zeitraum von 483 auf 1971 (Prognos AG, 1984). Zusätzlich gab es 1983 225 Ärzte und 229 Psychologen, die Verhaltenstherapie als Kassenleistung anboten. Die Anzahl der Anträge für Psychotherapie bei den Krankenkassen hat sich zwischen 1980 und 1983 von 20000 auf 35000 erhöht.

Es gibt keine Beurteilungsmaßstäbe für eine hinreichende Versorgung der Bevölkerung mit tiefenpsychologisch-analytischer Therapie. Der steile Anstieg dieser kostenintensiven und zeitaufwendigen Therapieverfahren – im Entwurf einer Änderung der Gebührenordnung soll analytische Therapie noch weitaus besser honoriert werden als bisher mit DM 80,– bis 85,– je 50 Minuten Einzeltherapie oder DM 40,– bis 43,– je Gruppenmitglied bei 100 Minuten Gruppentherapie – verlangt bei nicht mehr steigerungsfähigen Gesundheitskosten zwangsläufig eine Prüfung der Prioritäten. Derzeit ist der Ausbildungsstand der Nervenärzte für psychotherapeutische Verfahren, die auch bei schweren Störungen wirksam und wegen des geringeren zeitlichen Aufwands auch kostengünstiger sind, etwa Verhaltenstherapie und kognitive Verfahren, noch absolut unzureichend. Die Bemühung der DGPN, diese Verfahren in die Weiterbildung zum Arzt für Psychiatrie und Psychotherapie obligatorisch aufzunehmen, sind deshalb mit Nachdruck zu unterstützen.

Es ist zu erwarten, daß die Inanspruchnahme ambulanter psychiatrischer Dienste, wie die aus den USA und dem Vereinigten Königreich vorgestellten Daten zeigen, mit dem Wachstum des Angebots in einem beachtlichen Umfang mitwachsen wird. Die starke Zunahme behandelnder Ärzte, wahrscheinlich auch behandelnder Psychologen, wird es deshalb notwendig machen, in Zukunft klarer zu entscheiden, welche Risiken seelischen Wohlbefindens auf Kosten der Solidargemeinschaft der Versicherten zu behandeln sind und welche, wie es bei Sigmund Freud heißt, als „gemeines Leid", als Lebensprobleme oder Bedürfnisse nach Persönlichkeitsentwicklung der Lebensberatung auf eigene Kosten oder der sozialen Unterstützung, aber nicht der Gesundheitsversicherung aufzubürden sind.

9.2 Die ambulante Versorgung chronisch Kranker

Ein zweiter Schwerpunkt konzentriert sich auf die Frage, ob niedergelassene Nervenärzte den Belangen der kleinen Gruppe chronisch psychisch Kranker gerecht würden und damit die ärztliche Aufgabe in der komplementären Versorgung hinreichend erfüllen können. Die Sachverständigenkommission hat zu dieser Frage Studien in Auftrag gegeben. Bosch und Pietzkker (1975) haben beispielsweise bei der Nachuntersuchung krankenhausentlassener schizophrener Patienten gefunden, daß etwa die Hälfte nicht in den Praxen niedergelassener Nervenärzte auftauchten. Man vermutete mangelnde Krankheitseinsicht der Patienten und mangelnde Versorgungsangebote der Nervenärzte als Ursache.

9.2.1 Ein vielgestaltiges Modell: Die Sozialpsychiatrischen Dienste

Um diesem vermeintlichen Mißstand abzuhelfen, hat die Sachverständigenkommission die Einrichtung Sozialpsychiatrischer Dienste empfohlen, die eine aktive nachgehende Versorgung chronisch psychisch Kranker unter Einschluß sozialer Hilfeleistungen gewähren sollten. Dieses im Enquêtebericht nicht detailliert dargestellte Versorgungsmodell soll der kleinen Gruppe der chronisch psychisch Kranken mit sozialen Hilfebedürfnissen eine spezialisierte Versorgung anbieten, die zunächst einmal neben der Versorgung aller übrigen psychisch Kranken durch die allgemeinen Gesundheits- und Sozialdienste steht. Verständlicherweise hat dies Kontroversen ausgelöst.

Seit der Veröffentlichung der Enquête haben einige Länder Rechtsgrundlagen für die Einrichtung Sozialpsychiatrischer Dienste geschaffen. So schreiben die „Psychisch Krankengesetze" der Länder Bremen und Niedersachsen die Einrichtung solcher Dienste unter der Leitung eines in der Psychiatrie erfahrenen Arztes vor. Im Rahmen des Bundesmodellprogramms Psychiatrie sind Sozialpsychiatrische Dienste in allen Modellregionen eingerichtet worden. Sie sind aber nach einem Bericht der Prognos AG 1984 noch nicht alle voll funktionsfähig. Ihre organisatorische Einbindung, ihre personelle Zusammensetzung, ihr Aufgabenkatalog variieren erheblich von Land zu Land.

In Bayern und Baden-Württemberg beschränkt sich ihre Aufgabe auf soziale Unterstützung und Eingliederung chronisch psychisch Kranker und Behinderter in Ergänzung der ärztlichen Versorgung. In Hamburg und teilweise auch in Nordrhein-Westfalen nehmen sie unter fachärztlicher Leitung auch hoheitliche Aufgaben, d. h. Begutachtungen und Einweisungen wider Willen nach den „Psych-KGs" wahr. Krisenintervention, eine Aufgabe, die ihnen in den meisten Ländern übertragen ist, können sie nur in bescheidenem Umfang leisten, weil sie mit der Einbindung in die üblichen Arbeitszeiten des öffentlichen Dienstes und ohne Rückgriff auf ein diagnostisches und Behandlungsinstrumentarium für Ernstfälle für eine ernsthafte Krisen- und Notfallversorgung nicht gerüstet sind.

9.2.2 Ist gesetzlicher Zwang zur Nachsorge nötig?

Inzwischen ist deutlich geworden, daß ein Teil der Begründung für die Empfehlung Sozialpsychiatrischer Dienste auf schwachen Füßen steht: Bosch und Pietzcker (1975) hatten in ihrer Beurteilung der Versorgung krankenhausentlassener Schizophrener die tatsächlich erfolgte Inanspruchnahme der Allgemeinärzte nicht einbezogen. Geht man von den Ergebnissen repräsentativer Studien zu dieser Frage aus, die in Mannheim (Häfner u. an der Heiden, 1983) und inzwischen auch in Günzburg (Bell et al., 1987) durchgeführt wurden, dann zeigt sich, daß nur ein verschwindend kleiner Teil krankenhausentlassener Schizophrener der Empfehlung, ärztliche Nachsorge in Anspruch zu nehmen, nicht folgt. In Mannheim, wo es keine gesetzliche Auflage gibt, haben nur 9 von 145 Schizophrenen während einer 18 Monate dauernden Untersuchungsperiode nach der Krankenhausentlassung keinen Arzt aufgesucht. Fast 50% der Kranken nahmen den Hausarzt und nicht die psychiatrische Ambulanz des Instituts oder einen Facharzt in Anspruch.

Die Folgerung, die man daraus zu ziehen hat, ist, daß nicht nur eine der Begründungen für die Einrichtung Sozialpsychiatrischer Dienste, sondern auch jene der gesetzlichen Auflage zur Nachbehandlung krankenhausentlassener psychisch Kranker fragwürdig ist. Die Psych-KGs sind insoweit Überreaktionen des Gesetzgebers beziehungsweise der ihn beratenden Psychiater in Richtung unnötigen staatlichen Zwangs gegenüber nachsorgebedürftigen psychisch Kranken. In einem hinreichend ausgebauten psychiatrischen Versorgungsnetz, das sich durch die Qualität seiner Arbeit das Vertrauen der psychisch Kranken erwerben kann, ist auch eine durchaus zufriedenstellende Inanspruchnahme ärztlicher Dienste bei chronisch psychisch Kranken zu erwarten. Es gibt bisher keinen Hinweis darauf, daß in den Ländern mit gesetzlichen Regelungen so günstige Raten der Inanspruchnahme erreicht wurden wie sie ohne gesetzliche Pflicht in Mannheim erreicht wurden.

9.2.3 Spezialdienst oder Integration in die allgemeinen medizinischen oder sozialen Dienste?

Wie ist also der Wert Sozialpsychiatrischer Dienste zu beurteilen? Für die ärztliche Versorgung werden sie im Zeichen stark wachsender Zahlen niedergelassener Nerven- und Allgemeinärzte bald nicht mehr benötigt werden. Es ist außerdem unerwünscht, chronisch psychisch Kranke in der ärztlichen Versorgung aus der Gesamtgruppe der psychisch Kranken auszugliedern und auf isolierte Spezialdienste zu verweisen, die dann über kurz oder lang wieder mit einem Stigma belastet werden dürften. Wünschenswert ist dagegen eine kompetente Beratung und Unterstützung derjenigen chronisch psychisch Kranken, die auf die Vermittlung von Wohnung, Arbeit, Beschäftigung und sozialer Integration überhaupt angewiesen sind. Dafür sind Sozialpsychiatrische Dienste, wenn sie mit kompetenten und erfahrenen Mitarbeitern besetzt sind und wenn sie an die ärztlichen Behandlungsinstitutionen – und das ist, wo am Ort vorhanden, die psychiatrische Abteilung oder das psychiatrische Krankenhaus – angebunden werden, durchaus geeignet und wünschenswert. Man sollte einen solchen sozialen Spezialdienst für chronisch psychisch Kranke besser nicht in eigener Trägerschaft ausbauen, sondern ihn in die psychiatrischen Gesundheitsdienste integrieren.

Die Zusammenarbeit sozialer oder sozialpsychiatrischer mit den ärztlichen Diensten in der Versorgung chronisch psychisch Kranker ist auch deshalb so bedeutsam, weil eine Analyse der Wirksamkeit und der Komponenten der komplementären Versorgung (Häfner et al., 1986) gezeigt hat, daß Häufigkeit und Intensität ambulanter ärztlicher Versorgung bei chronisch Schizophrenen mit einer Verminderung stationärer Behandlungsbedürftigkeit und einer Verminderung schizophrener Symptomatik positiv korrelierten. Offensichtlich ist, was schon aus den Studien von Hogarty et al. (1973) und Leff et al. (1979) hervorgeht, die ärztliche Behandlung mit Neuroleptika der ausschlaggebende Faktor in der Symptomheilung und der Rückfallprophylaxe komplementär versorgter Schizophrener.

Im Gegensatz zu den Empfehlungen der Sachverständigenkommission scheint der Bedarf nach unaufgeforderter nachgehender Fürsorge bei psychisch Kranken in der Bundesrepublik eher zur Ausnahme als zur Regel zu zählen. Im Regelfall sollte bei ärztlichen Notfällen der Hausbesuch psychisch Kranker von der ersten Linie der medizinischen Versorgung, vom Hausarzt vorgenommen werden, denn er kennt in der Regel den Kranken und seine Familie am besten. Sein Erscheinen macht überdies für den Kranken, seine Angehörigen und Nachbarn deutlich, daß psychische Krankheiten, sofern sie nicht einer spezialisierten Intervention bedürfen, im Grunde nichts anderes sind als körperliche Krankheiten. Die hoheitliche Funktion sollte besser auf einen von dem Behandelnden unabhängigen psychiatrischen Dienst an der Gesundheitsfachverwaltung konzentriert werden, der zugleich die Fachaufsicht über komplementäre Einrichtungen übernehmen könnte.

Es ist zu früh, ein abschließendes Urteil über den Wert Sozialpsychiatrischer Dienste, über ihre Aufgabendefinition, personelle Zusammensetzung und Anbindung abzugeben. Wahrscheinlich werden die Berichte über die wissenschaftliche Begleitung des Bundesmodellprogramms und des baden-württembergischen Modellprogramms zu dieser Frage weitere Auskünfte geben. Ein Kriterium, das auf jeden Fall besser berücksichtigt werden sollte, weil es in der bisherigen Diskussion zu diesem Thema, aber auch in den Empfehlungen der Sachverständigenkommission unberücksichtigt blieb, ist die drohende Ausgliederung gemeindenah versorgter chronisch psychisch Kranker aus der Gesamtheit der psychisch Kranken, bzw. aus der Gesundheitsversorgung überhaupt. Wir dürfen in der Organisation der extramuralen Versorgung dieser besonders verletzbaren Gruppe nicht wieder denselben Fehler begehen, der vor rund 150 Jahren mit der Ausgliederung der stationären Versorgung psychisch Kranker aus dem allgemeinen Krankenhauswesen vor dem Hintergrund der Isolierungstheorie eine fatale Entwicklung in Gang setzte.

10. Schluß

Lassen Sie mich zum Schluß noch einen allgemeinen Ausblick geben: Entgegen pessimistischer Zukunftsphantasien wird die Psychiatrie insgesamt und weitaus überwiegend der ambulante Teil der Versorgung psychisch Kranker in den nächsten Jahrzehnten zu einem der quantitativ und – so hoffe ich – auch qualitativ am stärksten wachsenden Fächer der Medizin werden. Die Gründe liegen in einem veränderten Krankheitsspektrum, im wachsenden Bedürfnis der Bevölkerung auch für leichtere psychische Störungen Hilfe zu finden und im Übergang von einer vorwiegend naturwissenschaftlich zu einer vorwiegend psychologischen Weltdeutung in unserer Gesellschaft.

Das psychiatrische Krankenhaus, einstmals Ursprung und Mittelpunkt der Versorgung psychisch Kranker, wird von seiner Schlüsselposition in eine Auffangfunktion für den relativ kleinen Anteil von nicht ambulant oder komplementär behandelbaren psychisch Kranken verdrängt werden. Es wird in das allgemeine Krankenhaus früher oder später eingegliedert werden müssen, und zwar mit der gleichen Selbstverständlichkeit, mit der jedem Kreiskrankenhaus eine Abteilung für Innere Medizin angehört. Dazu ist die dreistufige Gliederung der bisher nur einstufig gegliederten psychiatrischen Akutkrankenhausabteilungen erforderlich, für die es dieselben Gründe gibt wie für den gesamten übrigen Akutkrankenhausbereich. Auch dem psychisch Kranken muß eine dem gegenwärtigen Wissen entsprechende Versorgung auf den verschiedenen Gebieten der Körpermedizin ebenso gewährleistet werden, wie den Patienten anderer medizinischer Disziplinen eine gute psychiatrische Versorgung. Das psychiatrische Fachkrankenhaus wird dadurch nur zum Teil überflüssig werden. Es wird, mit Einrichtungen und Personal entsprechend ausgerüstet, die mittel- bis langfristige Versorgung krankenhausbedürftiger chronisch Kranker mit modernen Behandlungs- und Rehabilitationsprogrammen übernehmen oder fortsetzen müssen. Seine übrigen Aufgaben hängen von seiner Lage und von der möglichen funktionellen Einbindung in den Verband eines Allgemeinkrankenhauses ab.

Von einigen Zielen der Reform sind wir noch weit entfernt. Etwa von einer hinreichenden Zahl gut ausgestatteter psychiatrischer Abteilungen in Allgemeinkrankenhäusern und von funktionsfähigen Netzen komplementärer Versorgung. Wir sind uns dessen bewußt, daß dafür nicht nur gewaltige Anstrengungen und disziplinierte Arbeit, sondern auch beachtliche Mittel erforderlich sind. Es ist deshalb notwendig, weder die Geduld noch das Ziel aus den Augen zu verlieren.

Literatur

BAUER, M. (1977). Sektorisierte Psychiatrie im Rahmen einer Universitätsklinik – Anspruch, Wirklichkeit und praktische Erfahrungen. Enke: Stuttgart.

BAUER, M. (1984). Psychiatrische Abteilungen an Allgemeinkrankenhäusern – Ergebnisse einer Umfrage. In: M. Bauer, M. Rave-Schwank & Aktion Psychisch Kranke (Hrsg.) Psychiatrische Abteilungen an Allgemeinkrankenhäusern. Rheinland-Verlag: Köln.

BELL, V., BLUMENTHAL, S., NEUMANN, N.-U., SCHÜTTLER, R. & VOGEL, R. (zur Veröffentlichung eingereicht). Verlauf der ambulanten Nachbehandlung ersteingewiesener psychiatrischer Patienten – Ergebnisse einer 1-Jahres- und 5-Jahres-Katamnese.

Bericht über die Lage der Psychiatrie in der Bundesrepublik Deutschland – Zur psychiatrischen und psychotherapeutisch/psychosomatischen Versorgung der Bevölkerung – (1975). Deutscher Bundestag, Drs. 7/4200, 7/4201, Bonn.

BOSCH, G. & PIETZCKER, A. (1975). Nachbehandlung krankenhausentlassener schizophrener Patienten – Ergebnisse einer empirischen Studie. In: Deutscher Bundestag 1975: Bericht über die Lage der Psychiatrie in der Bundesrepublik Deutschland. Drs. 7/4201, Bonn, 344–360.

BRUCKENBERGER, E. (1986). Graue Märkte im Krankenhaussektor – Eine Theorie bestätigt sich. Deutsches Ärzteblatt 27, 1939–1940.

Bundesarbeitsgemeinschaft der Träger Psychiatrischer Krankenhäuser (1983). Die stationäre psychiatrische Versorgung in der Bundesrepublik Deutschland. Entwicklungstendenzen und Probleme. München: Stellungnahmen, zitiert nach: W. Rössler, H. Häfner, W. an der Heiden, H. M. Kreuzer, H. Martini & G. A. Sundström (Hrsg.) Außerstationäre psychiatrische Versorgung. Landesprogramm Baden-Württemberg. Beltz: Weinheim, Basel.

Der hessische Sozialminister (1983). Beiträge zur Verbesserung der psychiatrischen Versorgung in Hessen. Hessischer Psychiatrie-Plan und Konzeption. Wiesbaden.

Der niedersächsische Sozialminister (1985). Psychiatrie in Niedersachsen. Programm und Bericht der Landesregierung. Hannover.

DILLING, H. & WEYERER, S. (1984). Prevalence of mental disorders in the small-town rural region of Traunstein (Upper Bavaria). Acta Psychiatr. Scand. 69, 60–79.

ERNST, K. (1985). Geisteskrankheiten ohne Institution – Eine Feldstudie im Kanton Fribourg aus dem Jahre 1875. Schweiz. Arch. f. Neurologie, Neurochirurgie und Psychiatrie 133, 239–263.

FINZEN, A. (1985). Das Ende der Anstalt. Vom mühsamen Alltag der Reformpsychiatrie. Psychiatrie Verlag: Bonn.

FREEMAN, H. L., FRYERS, Th. & HENDERSON, J.H. (1985). Mental health services in Europe: 10 years on. World Health Organization. Regional Office for Europe. Copenhagen.

FRYERS, T. (1979). Estimation of need on the basis of case register studies: British case register data. In: Häfner (Hrsg.) Estimating needs for mental health care. Springer: Berlin, Heidelberg, New York.

GRIESINGER, W. (1845). Die Pathologie und Therapie der psychischen Krankheiten. Krabbe: Stuttgart.

HÄFNER, H. (1964). Sozialpsychiatrische Aspekte für die Krankenschwester. Deutsches Zentralblatt für Krankenpflege 8, 54–58.

HÄFNER, H. (1975). Sondervotum. In: Bericht über die Lage der Psychiatrie in der Bundesrepublik Deutschland. Deutscher Bundestag, Drs. 7/4200, Bonn.

HÄFNER, H. (1980). Planung und Aufbau psychiatrischer Abteilungen und gemeindenaher Fachkrankenhäuser seit der Enquête-Erhebung (30. 5. 1973). In: H. Häfner,

W. Picard & Aktion Psychisch Kranke (Hrsg.) Psychiatrie in der Bundesrepbulik Deutschland fünf Jahre nach der Enquête. Rheinland-Verlag: Köln.
HÄFNER, H., VON BAEYER, W. & KISKER, K. P. (1965). Dringliche Reformen in der psychiatrischen Krankenhausversorgung der Bundesrepublik. helfen und heilen 4, 1–8.
HÄFNER, H. & AN DER HEIDEN, W. (1983). The impact of a changing system of care on patterns of utilization by schizophrenics. Social Psychiatry 18, 153–160.
HÄFNER, H., AN DER HEIDEN, W., BUCHHOLZ, W., BARDENS, R., KLUG, J. & KRUMM, B. (1986). Organisation, Wirksamkeit und Wirtschaftlichkeit komplementärer Versorgung Schizophrener. Nervenarzt 57, 214–226.
HÄFNER, H. & KLUG, J. (1980). First evaluation of the Mannheim community mental health service. In: E. Strömgren (Hrsg.) Epidemiological research as basis for the organization of extramural psychiatry. Acta Psychiatrica Scandinavica, Suppl. 285, vol 62, 68–78.
HÄFNER, H. & KLUG, J. (1981). Wissenschaftliche Begleitung der Entwicklung einer gemeindenahen psychiatrischen Versorgung in Mannheim. In: H. J. Haase (Hrsg.). Bürgernahe Psychiatrie im Wirkungsbereich des psychiatrischen Krankenhauses. perimed Fachbuch-Verlagsgesellschaft: Erlangen, 23–58.
HÄFNER, H. & KLUG, J. (1982). The impact of an expanding cummunity mental health service on patterns of bed usage: evaluation of a four-year period of implementation. Psychological Medicine 12, 177–190.
HÄFNER, H., RÖSSLER, W. & HAAS, St. (1986). Psychiatrische Notfallversorgung und Krisenintervention – Konzepte, Erfahrungen und Ergebnisse. Psychiatrische Praxis 13, 6, 203–212.
HÄFNER-RANABAUER, W. & GÜNZLER, G. (1984). Entwicklung und Funktion des psychiatrischen Krisen- und Notfalldienstes in Mannheim. Fortschritte der Neurologie und Psychiatrie 90, 52, 83-90.
HALL, R. C. W., POPKIN, M. K., DEVAUL, R. A., FAILLACE, L. A. & STICKNEY, S. K. (1978). Physical illness presenting as psychiatric disease. Arch. Gen. Psychiatry 35, 1315–1320.
HALL, R. C. W., GARDNER, E. R., POPKIN, M. K., LECANN, A. F. & STICKNEY, S. K. (1981). Unrecognized physical illness prompting psychiatric admission: A prospective study. Am. J. Psychiatry 138, 629–635.
HERRIDGE, C. F. (1960). Physical disorders in psychiatric illness. A study of 209 consecutive admissions. The Lancet II, 949–951.
HOGARTY, G. E., GOLDBERG, S. & the Collaborative Study Group, Baltimore (1973). Drug and sociotherapy in the aftercare of schizophrenic patients. One-year relapse rates. Arch. Gen. Psychiatry 28, 54–64.
KATSCHNIG, H. (1986). Notfallpsychiatrie und Krisenintervention: Überblick über Versorgungsprobleme. Vortrag gehalten auf der Informationstagung der Aktion Psychisch Kranke e.V. 15. und 16. 5.. 1986 Bonn, Bad-Godesberg.
KOHLMEYER, K. (1987, in Druck). Computerized tomography and magnetic resonance imaging of the brain in normal aging and dementia. International Symposium Dementia and Stroke. Biology of the aging brain. Neurobiol. aging.
KORANYI, E. K. (1979). Morbidity and rate of undiagnosed physical illnesses in a psychiatric clinic popoulation. Arch. Gen. Psychiatry 36, 414–419.
KRAEPELIN, E. (1833). Lehrbuch der Psychiatrie. Ambr. Abel: Leipzig.
KULENKAMPFF, C. (1984). Die Vorstellungen der Enquête-Kommission, „wo immer möglich psychiatrische Abteilungen an Allgemeinkrankenhäusern einzurichten". In: M. Bauer, M. Rave-Schwank & Aktion Psychisch Kranke (Hrsg.) Psychiatrische Abteilungen an Allgemeinkrankenhäusern. Rheinland-Verlag: Köln.

KUNZE, H. (1977). Komplementäre Dienste und Heime – Eine Untersuchung der nichtklinisch-stationären Einrichtungen im Einzugsbereich eines psychiatrischen Krankenhauses. In: Nervenarzt 48, 541–547.
KUNZE, H. (1981). Psychiatrische Übergangseinrichtungen und Heime – Psychisch Kranke im Abseits der Psychiatrie-Reform. Forum der Psychiatrie. Enke: Stuttgart.
Landschaftsverband Rheinland (1983, 1984). Die rheinischen Landeskliniken. Zahlen, Fakten und Tendenzen. Köln.
LEFF, J. (1979). Die Kombination von psychiatrischer Pharmakotherapie mit Sozialtherapie. Nervenarzt 50, 501–509.
MAY, A. R. (1976). Mental health services in Europe. A review of data collected in response to a WHO questionnaire. World Health Organization, Geneva.
Ministerium für Arbeit, Gesundheit, Familie und Sozialordnung Baden-Württemberg (1985). Daten zur Krankenhausbedarfsplanung Psychiatrie. Schriftliche Mitteilungen, Stuttgart.
Prognos AG (1984). Modellprogramm Psychiatrie. Finanzierung von Einrichtungen und Diensten. Bericht Nr. 5 im Auftrag des BMJFG. Poller Verlag: Stuttgart.
RÖSSLER, W. & HÄFNER, H. (1985). Psychiatrische Versorgungsplanung. Neuropsychiatrie 1, 8-17.
RÖSSLER, W., HÄFNER, H., AN DER HEIDEN, W., KREUZER, H. M., MARTINI, H. & SUNDSTRÖM, G. A. (1986). Außerstationäre psychiatrische Versorgung. Landesprogramm Baden-Württemberg. Beltz: Weinheim.
ROLLER, C. F. W. (1831). Die Irrenanstalt in allen ihren Beziehungen. V. F. Müller: Karlsruhe.
SCHEFFLER, B. (1983). Psychiatrische Abteilungen in Allgemeinen Krankenhäusern. Beltz: Weinheim, Basel.
SHEPHERD, M., COOPER, B., BROWN, A. C. & KALTON G. W. (1966). Psychiatric illness in general practice. Oxford University Press: London.
VON STACKELBERG, J.-H. (1986). Leistungsreport Ärzte. Indexkonzept und erste Ergebnisse. WIdO-Materialien Band 28: Bonn.
THUST, W. & STÜHRENBERG, T. (1986). Die ärztliche Versorgung in der Bundesrepublik Deutschland zum 31. 12. 1985 – Ergebnisse der Ärztestatistiken der Bundesärztekammer und der kassenärztlichen Bundesvereinigung. Deutscher Ärzte-Verlag: Köln.
WEEKE, A., KASTRUP, H. & DUPONT, A. (1979). Long-stay patients in Danish psychiatric hospitals. Psychol. Med. 9, 551–566.
WILMANNS, K. (1929). Die Entwicklung der badischen Irrenfürsorge mit besonderer Berücksichtigung der Universitäts-Kliniken. Arch. Psychiatrie 87, 1–23.
WING, J. K. (1983). Mental health services in the United Kingdom. Vortrag gehalten auf dem Symposium „Mental Health Service Research". VII. World Congress of Psychiatry, Wien, 13. Juli 1983.
WING, J. K. (1984). Principles of good community care. Vortrag, gehalten auf dem „International Symposium on Schizophrenia", Athen/Griechenland, 20.–21. Oktober 1984.
WING, J. K. & HAILEY, A. M. (Hrsg.) (1972). Evaluating a community psychiatric service: The Camberwell register, 1964–1971. Oxford University Press: London, New York, Toronto.
Wissenschaftliches Institut der Ortskrankenkassen und Zentralinstitut für die kassenärztliche Versorgung in der Bundesrepublik (1985). Informationen zur Fallzahlentwicklung bei niedergelassenen Ärzten im Bereich der RVO-Krankenkassen im Zeitraum 1. 7. 1979–31. 12. 1984. Bonn/Köln.
ZINTL-WIEGAND, A., COOPER, B. & KRUMM, B. (1980). Psychisch Kranke in der

ärztlichen Allgemeinpraxis. Eine Untersuchung in der Stadt Mannheim. Beltz: Weinheim, Basel.
ZUMPE, V. (1978). Die Krankenhausgesetzgebung in der Bundesrepublik Deutschland und ihre Auswirkung auf Psychiatrische Krankenhäuser. Psychiatrische Praxis, 5, 1–13.
Zwischenbericht der Sachverständigenkommission zur Erarbeitung der Enquête über die Lage der Psychiatrie in der Bundesrepublik Deutschland (1973). Deutscher Bundestag, Drs. 7/1124, Bonn.

Versorgungskonzepte und Versorgungsstrategien für psychisch Kranke und Behinderte in den letzten zehn Jahren in Großbritannien

J. Wing

Einleitung

Die Ziele der Gesundheitsplanung sind in allen Ländern dieselben: erstens eine Verringerung von Inzidenz und Prävalenz von Krankheit und Behinderung zu erreichen; zweitens die sozialen Benachteiligungen, die oft Krankheit begleiten und zum Teil auch hervorrufen, zu vermindern und, drittens, Bedingungen zu schaffen, die denjenigen, welche behindert bleiben, die höchstmögliche Lebensqualität gestatten. In Großbritannien ist ein nachhaltiger Fortschritt in allen drei Bereichen erreicht worden, aber wir haben noch einen weiten Weg vor uns, insbesondere auf dem Gebiet der Versorgung von psychisch Kranken und Behinderten. Ich hoffe, daß ein Bericht über unsere Erfahrungen in Großbritannien während der letzten zehn Jahre der AKTION PSYCHISCH KRANKE in ihren Bemühungen von Nutzen sein kann, den Reformprozeß in der Bundesrepublik weiter voranzutreiben.

Wir müssen das Szenario zunächst durch eine knappe historische Einleitung beschreiben, weil die Organisation der Gesundheits- und Sozialversorgung in unserem Lande sich in wesentlichen Punkten von derjenigen in der Bundesrepublik unterscheidet. Bis 1930 wurden in Großbritannien die meisten Menschen mit ernsthaften psychiatrischen Diagnosen in großen psychiatrischen Krankenhäusern versorgt. Es gab nur minimale Vorkehrungen für eine Versorgung „in der Gemeinde", und diejenigen, die außerhalb der Krankenhäuser dafür zuständig waren, waren hauptsächlich mit der Einweisung in Krankenhäuser (die immer mit irgendeiner Form von Zwang verbunden war) während einer akuten Krise befaßt. Waren sie erst einmal aufgenommen, so war für die Patienten die Wahrscheinlichkeit groß, ihr restliches Leben im Krankenhaus zu verbringen. So wurden beispielsweise nur ungefähr ein Drittel der Patienten, die zum ersten Mal mit der Diagnose Schizophrenie aufgenommen wurden, innerhalb der folgenden zwei Jahre wieder entlassen. Nach einer Aufenthaltsdauer von zwei Jahren wurden die Chancen, wieder entlassen zu werden, verschwindend gering. Diese Situation herrschte auch in mehreren anderen europäischen Ländern und in den Vereinigten Staaten vor (BROWN 1960).

Der Mental Treatment Act von 1930 führte die freiwillige Aufnahme von Patienten in das Krankenhaus ein, wenn kein Zwang notwendig war, und sorgte für die Errichtung von Ambulanzen in allgemeinen Krankenhäusern. Gegen Ende des 2. Weltkrieges wurden weitere große Schritte unternommen; zu ihnen gehörten die gesetzliche Regelung der Altersversorgung, der Familienunterstützung, der Ausbildung, die Beihilfe für Behinderte, ein ganzer Komplex von persönlichen sozialen Diensten und, vor allem, eine nationale Gesundheitsversorgung (National Health Service), die 1948 eingeführt wurde.

Das Grundprinzip des National Health Service war, daß jeder, der medizinische Versorgung oder Behandlung benötigte, auch in der Lage sein sollte, diese zu erhalten, ohne Rücksicht auf seine eigene Zahlungskraft. Die vollstationären Dienste für psychisch Kranke, welche sich bis zu diesem Zeitpunkt separat entwickelt hatten, wurden mit den allgemeinen Krankenhäusern für akut Kranke und den Krankenhäusern für chronisch Kranke in ein System zusammengefaßt, welches geographisch in den neugeschaffenen Health Districts von ca. 250 000 Einwohnern organisiert war. Die Verantwortung für die Behandlung und Versorgung von Patienten liegt bei den Chefärzten („Consultants") in jeder Fachrichtung, die mit einem multidisziplinären Team arbeiten und für die Kontinuität von Versorgung und Beratung sorgen sollen, ob nun der Patient stationär aufgenommen ist, in einer Tagesklinik oder einer Ambulanz versorgt wird oder in die Obhut eines Allgemeinpraktikers (Family Doctor) entlassen worden ist.

Die nicht spezialisierte Primärversorgung wird im National Health Service von Allgemeinärzten wahrgenommen, die 95% der Bevölkerung behandeln. Sie versorgen die große Mehrheit der geringfügigeren psychiatrischen Krankheiten und überweisen nur ungefähr 5% an die spezialisierten psychiatrischen Dienste. Man hat bemängelt, die Allgemeinärzte seien zuweilen ablehnend, wenig informiert und übereilt; ihre Beurteilung und Behandlung gründe manchmal mehr auf der symptomatischen Medikation von Angstzuständen, Depressionen und Schlaflosigkeit als auf dem Verständnis für soziale und psychologische Ursachen und Behandlungsmöglichkeiten. Neuere Untersuchungen lassen vermuten, daß dies auf die jüngeren Allgemeinärzte, deren Ausbildung in Psychiatrie gründlicher war als in früheren Jahren, in weit geringerem Umfange zutrifft. Gegenwärtig geht der Trend dahin, die gesundheitliche Primärversorgung durch Gruppen von Allgemeinärzten zu gewährleisten, die ihre Praxis in Gesundheitszentren ausüben, denen Gemeindeschwestern und Sozialarbeiter zugeordnet sind und die regelmäßig von Spezialisten aus dem Krankenhaus besucht werden. Menschen mit geringfügigeren psychiatrischen Krankheiten (die häufig auch unter körperlicher Krankheit und sozialen Problemen leiden) können auf diese Weise in demselben Gesundheitszentrum Rat und Behandlung auf medizinischem und sozialem Gebiet erfahren. Dies ist unsere künftige Zielsetzung.

Ein Problem, das durch die Einrichtung des National Health Service geschaffen wurde, war (und bleibt), daß die soziale Versorgung weiterhin in dem Verantwortungsbereich der regionalen Gebietskörperschaften (Counties und Boroughs) verbleibt, die teilweise aus örtlicher Besteuerung finanziert werden, aber jährlich von der Zentralregierung einen großen Zuschuß aus dem nationalen Steueraufkommen erhalten. Die Gebietskörperschaften können diese Ressourcen nach ihren eigenen Prioritäten verteilen, so daß die sozialen Aspekte der Gesundheitsversorgung einschließlich der Versorgung psychisch Kranker und Behinderter mit dem Finanzbedarf für Wohnungsbau, Ausbildung und der allgemeinen Grundversorgung konkurrieren müssen. Diese Konkurrenz spielt sich nicht nur zwischen verschiedenen Dezernaten der Gebietskörperschaften ab, sondern auch noch innerhalb des Sozialdezernates (Department of Social Services), welches für örtliche Dienstleistungen der Gemeinde verantwortlich zeichnet.

Daneben besteht noch ein drittes Finanzierungsproblem. Denn das System der sozialen Sicherung, also der Sozialhilfe, welches auch die Renten für zu Hause lebende Behinderte und die finanzielle Unterstützung von freigemeinnützigen Einrichtungen umfaßt, die Heime und andere Dienste anbieten, ist in seiner Finanzverwaltung sowohl vom National Health Service als auch von den Gebietskörperschaften unabhängig. Es gibt somit drei hauptsächliche Finanzierungswege, die untereinander mehr oder weniger unabhängig sind.

Ich werde später näher auf die Bedeutung eingehen, die diese Dreiteilung der Finanzierungsmöglichkeiten auf die Versorgung psychisch Kranker und Behinderter hat. Zunächst möchte ich mich aber den Auswirkungen zuwenden, die die Einrichtung des National Health Service auf die psychiatrischen Dienste gehabt hat – welche freilich in jeder Zeit einen wesentlichen Schritt nach vorne bedeutete. Die drei Grundprinzipien des National Health Service – geographisch festgelegte Verantwortlichkeit, ein umfassendes Angebot aller notwendigen Versorgungselemente und eine integrierte Organisationsform, um die Kontinuität der Versorgung zu gewährleisten – sind grundsätzlich richtig. Infolgedessen hat psychische Krankheit einen Teil ihres Stigmas verloren. Die Aufnahmezahlen in psychiatrische Krankenhäuser stiegen an (wie schon nach der Einführung des Mental Treatment Act). Die Lebensbedingungen in den psychiatrischen Krankenhäusern verbesserten sich. Die Psychiatrie zog erstklassige Ärzte an – tatsächlich kam der zahlenmäßige Zuwachs demjenigen in den Vereinigten Staaten im Verhältnis sehr nahe. Britische Psychiater waren stolz auf eine eklektische Ausbildung, die fest auf den Prinzipien von Diagnose und Behandlung der europäischen Schulen gegründet war, aber einen starken und charakteristischen Schwerpunkt auf die sozialen Beziehungen des Subjektes setzte – soziale Ursachen, soziale Wirkungen, soziale Behandlungsmethoden. Zwei Hauptströmungen der Reform zeigten große Kraft. Die eine war die Bewegung der therapeutischen Gemeinschaft. Man ging davon aus, daß Gruppen von Menschen mit ähnlichen Problemen einander helfen könnten und daß ein autoritäres Vorgehen fehl am Platze sei, wenn die Behandlungsmethoden nicht präzise spezifiziert werden könnten.

Das zweite progressive Element, das eine sogar noch stärkere Kraft aufwies, war die Einführung von Methoden der sozialen und beruflichen Rehabilitation und Wiedereingliederung und die sich ausbildende Überzeugung, daß viele psychiatrische Patienten eher als behindert denn als krank zu sehen seien. (Dr. Douglas BENNETT wird auf dieses Thema morgen eingehen.) Man bot den Langzeitpatienten bezahlte Arbeit an anstelle von ablenkenden kunstgewerblichen Beschäftigungen oder Unterhaltungsarbeiten in der Institution. Landwirtschaftliche Betriebe der Krankenhäuser wurden verkauft. Man schloß die Türen auf und schuf verschiedene Arten von Übergangseinrichtungen, um auf diese Weise einen Weg zurück in ein vollgültiges Leben in der Gemeinde zu schaffen. Gleichzeitig legte man Wert auf frühzeitige Entlassung, um die Behinderungen durch den Hospitalismus zu vermeiden. Wir dürfen natürlich nicht vergessen, daß dies in einer Zeit der Vollbeschäftigung in der gesamten industrialisierten Welt geschah.

Diese Entwicklungen führten zu einer rapiden Verringerung in der Zahl der Patienten in Krankenhäusern, welche in den progressivsten Krankenhäusern lange vor der Einführung der Phenothiazine stattfand. Auf dem Höhepunkt der Belegziffern 1954 gab es 344 vollstationäre Patienten auf 100 000 Einwohner. Die jüngste Ziffer für England (1983) belief sich auf 147 pro 100 000. Die Einführung der neuen Formen der Medikation trug zu den Wirkungen der sozialen Behandlungsmethoden bei und machte es möglich, daß diese bei allen Patienten angewandt werden konnten. Das britische System der psychiatrischen Krankenhäuser wurde aufgrund dieser Reform in der ganzen Welt für seine Menschlichkeit und sein fortschrittliches Management berühmt.

Dieser neue Optimismus spiegelte sich in der informierten öffentlichen Meinung wider. Methoden und Praktiken, die von den Pionieren Stück für Stück eingeführt worden waren, wurden im Mental Health Act von 1960 kodifiziert, der die Aufnahme in psychiatrische Krankenhäuser auf dieselbe informelle Ebene stellte wie in Allgemeinkrankenhäuser und das juristische Element mit Ausnahme des Rechts des Patienten, sich an eine Berufungsinstanz zu wenden, aus dem Verfahren der Zwangseinweisung entfernte. Selbst von den Langzeitpatienten verblieb nur ein winziger Teil unter Zwang in den Krankenhäusern.

Heute ist eines der Hauptprobleme für Politiker, Einrichtungsträger und professionelle Kräfte in der Versorgung in Großbritannien, daß die Verkleinerung des Systems der psychiatrischen Krankenhäuser nicht durch eine ausreichende Ausweitung von alternativen gemeindenahen Diensten begleitet worden ist. Zum Teil ist dies das Ergebnis von überoptimistischen Erwartungen. Der Erfolg derjenigen Reformen, die in den Krankenhäusern in den fünfziger und sechziger Jahren durchgeführt wurden, basierte zum Teil darauf, daß Hospitalismus-Schäden abgebaut wurden. Viele Patienten, die zu lange im Krankenhaus geblieben waren, wurden rehabilitiert und erfolgreich entlassen. Soziologen wie GOFFMAN (1961) und SCHEFF (1966) vertraten die Meinung, daß das System der psychiatrischen Krankenhäuser eben die Krankheiten überhaupt erst verursachte, die sie doch behandeln sollten. In einigen amerikanischen Krankenhäusern war dies zweifellos der

Fall, mindestens für einen Teil der Klientel (WING und BROWN 1970, Kapitel 9), aber diese Ansicht wurde grob verallgemeinert und führte zusammen mit der Popularisierung einiger überzogener kritischer Auffassungen über den Begriff der psychiatrischen Krankheit (LAING 1967; SZASZ 1961) zu einer Welle der Ablehnung sowohl des Krankenhauses als auch der Psychiatrie ganz allgemein (WING 1978, Kapitel 5). Die „antipsychiatrische" Bewegung hatte ihre stärkste Kraft in den späten sechziger und siebziger Jahren, aber ihre Nachwirkungen sind noch heute zu spüren. Insbesondere hat sie den Ersatz für einige der wesentlichen Funktionen, die das psychiatrische Krankenhaus ausfüllte (in welchem neben der Behandlung für Unterkunft, Aufsicht, Grundpflege, Sicherheit, Beschäftigung und Erholung gesorgt war), sehr viel schwieriger gemacht, weil die für die Planung und Verwaltung von Gesundheits- und Sozialdiensten Verantwortlichen, wenn sie auch die neuen Ideen nicht vollständig übernahmen, doch so weit von ihnen beeinflußt wurden, daß sie meinten, das Ziel der „gemeindenahen Versorgung" werde relativ leicht und relativ billig zu erreichen sein.

Während vieler Jahre war nun die nationale Politik, sowohl unter linksgerichteten wie rechtsgerichteten Regierungen, darauf ausgerichtet, diejenigen großen psychiatrischen Krankenhäuser zu schließen, die weit von den Gesundheitsbezirken abgelegen sind, welche sie versorgen sollen, ihr gebundenes Kapital zu liquidieren und dieses Geld dafür zu verwenden, um vor Ort alternative Dienste zu schaffen. Wo sich ein Krankenhaus günstigerweise innerhalb des von ihm versorgten Bezirkes befindet, kann es der örtlichen, gemeindenahen Nutzung angepaßt werden. In den Bezirken, in welchen sich kein regionales psychiatrisches Krankenhaus befindet, bedarf es der Einrichtung von völlig neuen Ersatzdiensten. Die beiden wichtigsten Weißbücher der Regierung erschienen 1971 unter dem Titel „Better Services for the Mentally Handicapped" und 1975 unter dem Titel „Better Services für the Mentally Ill".

Im folgenden Abschnitt dieses Referates werde ich die gegenwärtige Lage unserer Dienste zusammenfassen, wobei ich auf statistische Daten, wissenschaftliche Studien und die Ergebnisse der Evaluationsforschung zurückgreife. Danach werde ich mich wieder der Frage der Regierungspolitik und ihres Erfolges im Bemühen um eine gemeindenahe Psychiatrie zuwenden, bevor ich abschließend einen knappen Ausblick in die Zukunft versuchen werde.

Psychiatrische Krankheit

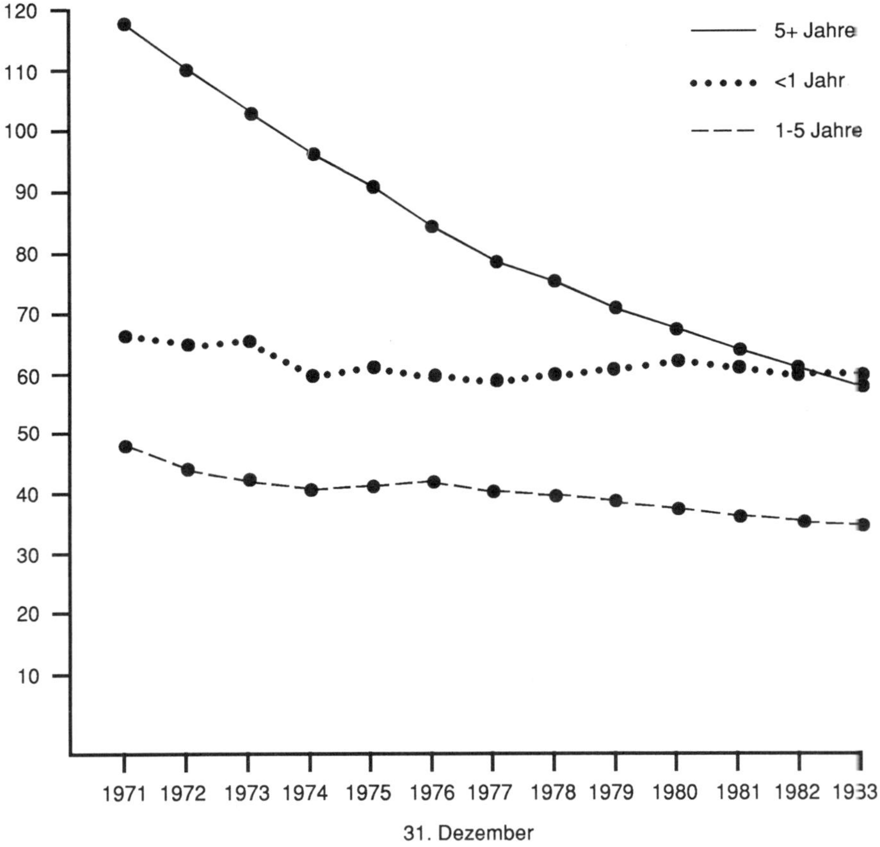

Abb. 1: Bestandsfälle in englischen Psychiatrischen Krankenhäusern nach Verweildauer-Klassen, 1971–1983 (Stichtags-Bestände zum 31. 12.), bezogen auf 100 000 Einwohner.

Abbildung 1 zeigt die Entwicklung im Patientenbestand in psychiatrischen Krankenhäusernn jeweils am 31. Dezember für die Jahre von 1971–1983. In drei Kurven sind die Kurzzeitpatienten (unter einem Jahr Verweildauer), die mittleren Langzeitpatienten (ein bis fünf Jahre) und die Langzeitpatienten (über fünf Jahre Verweildauer) aufgetragen. Es ist offenkundig, daß die Verkleinerung der Krankenhäuser vor allem in jener Gruppe stattfindet, die länger als fünf Jahre im Krankenhaus war. Die statistischen Quellen geben zu erkennen, daß dieser Rückgang hauptsächlich durch den Tod der Patienten zustande gekommen ist und nicht so sehr durch ihre Entlassung. Die beiden anderen Gruppen scheinen derzeit eine relative Stabilität bei 60 bzw. 40 pro 100 000 Einwohner gewonnen zu haben.

Ein Statistiker des Gesundheitsministeriums rechnete hoch (unter der Voraussetzung, daß keine grundlegenden Veränderungen in den Diensten und Einrichtungen stattfinden würden), daß Ende 1991 ein durchschnittlicher Gesundheitsbezirk 140 vollstationäre Patienten auf 100 000 Einwohner „erzeugen" würde, von denen 80 Landzeitpatienten (über ein Jahr Verweildauer) sein würden, einschließlich derer, die schon seit „den alten Tagen" im Krankenhaus waren. Diese Gesamtzahl liegt kaum unter der heutigen. Läßt man die Patienten mit einer Diagnose der Demenz herausfallen, so ergäbe sich die Zahl von 53 Akut- und 53 Langzeitpatienten im psychiatrischen Krankenhaus auf 100 000 Einwohner. Diese Zahlen sind in Tabelle 1 zusammengefaßt (ROBERTSON 1981).

Tabelle 1: Geschätzte Anzahl der zum Jahresende 1991 in englischen PKHs belegte Betten nach Altersklassen und Verweildauer sowie nach dem Diagnosekriterium Demenz (bezogen auf 100 000 Einwohner)

Altersgruppe	Demenz	Verweildauer unter 1 Jahr < 3 Monate	3–12 Monate	Über 1 Jahr
Unter 65	–*)	A 29	6	B 32
Über 65	Nein		6	21
Über 65	Ja	12**)	C 7	27
Summe			60	80

*) Demenz relativ selten
**) in der Mehrzahl „assessement"-Betten

Kasten A: Aufnahmestationen (N 53)
Kasten B: Jüngere und Ältere Langzeitpatienten (N 53)
Kasten C: Langzeitpflegestationen für Demenzkranke (N 34)

Quelle: Robertson (1981)

Diese Schlüsselgruppe aus der Sicht der Regierungspolitik und aus der Sicht dieses Kongresses ist diejenige mit einer mittleren Verweildauer. Da ihr Umfang kaum abnimmt, muß es zu einer stetigen Rekrutierung aus der „Kurzzeit"-Gruppe kommen, um jene Patienten zu ersetzen, die in die Gruppe der Langzeitpatienten über fünf Jahre überwechseln. Hieran wird das Problem der „neuen" Landzeitpatienten (WING 1971) deutlich – es sind dies diejenigen Patienten, die erst vor kurzem aufgenommen wurden und im Krankenhaus länger als ein Jahr verbleiben, trotz einer Aufnahme- und Entlassungspraxis, die, wie einige übereifrig meinen, darauf gerichtet ist, eine solche Akkumulation zu verhindern (Social Services Committee Report 1985).

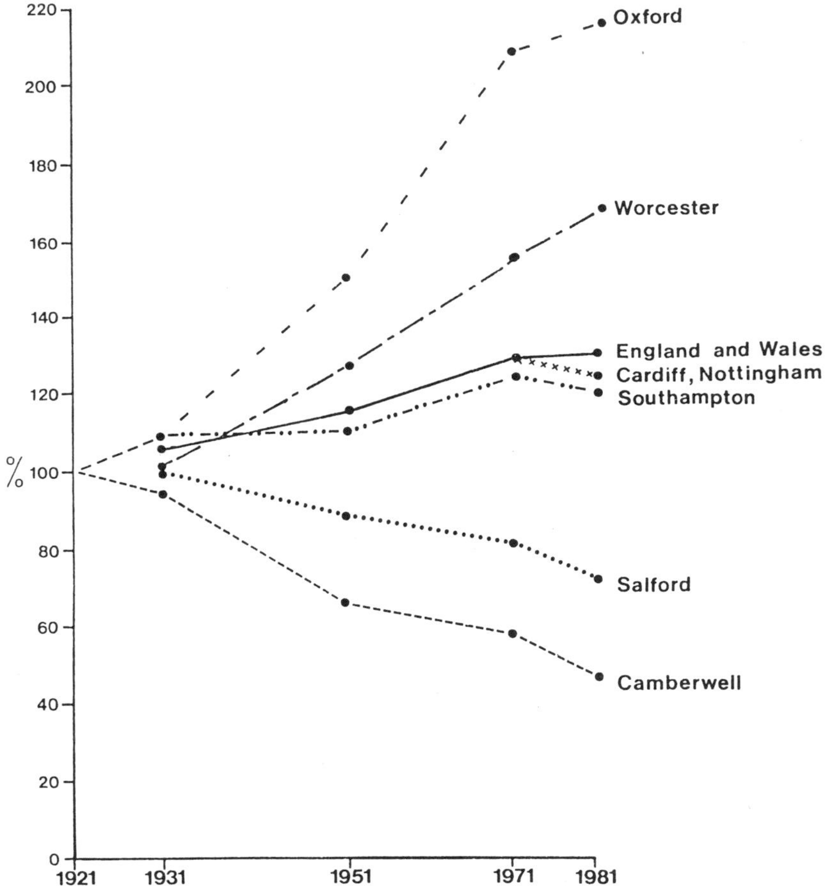

Abb. 2: Veränderungen in der Gesamtpopulation psychiatrischer Krankenhäuser in 7 Fallregister-Bezirken von Juni 1921 (= 100%) bis April 1981. Zum Vergleich Durchschnitts-Daten aus England und Wales.

Die Problemlage wird weiterhin erhellt durch Statistiken aus sechs psychiatrischen kumulativen Fallregistern in England und Wales. Die hier gesammelten Daten sind umfassender und qualitativ besser als diejenigen im English Mental Health Inquiry, und sie sind durch ein intensives Studium leichter für spezifische Zwecke hochzurechnen (WING 1989). Abbildung 2 zeigt die Veränderung in der Gesamtpopulation im psychiatrischen Krankenhaus in sieben Registerbezirken von 1921–1981 und im Vergleich die Durchschnittszahlen für England und Wales. Tabelle 2 zeigt die Bettenbelegziffern in diesen Gebieten Ende 1981. Der Unterschied zwischen den Gebieten, die einen Populationszuwachs verzeichnen, und jenen mit einer abnehmenden Krankenhauspopulation, ist überraschend groß und spiegelt sich in anderen sozialen demographischen Indizes, insbesondere Armut-Indizes (GIBBONS, JENNINGS und WING 1984) wider. Anderes Material läßt vermuten, daß der Netto-Zuzug in „attraktive" Gebiete tendenziell den Anteil psysisch gesunder Menschen vergrößert, während diejenigen, die Anonymität und Isolation suchen, tendenziell in die Großstädte und Ballungsräume ziehen. Die Netto-Abwanderung aus unattraktiven Gebieten hat wahrscheinlich den gegenteiligen Effekt. Ein anderer wichtiger Faktor, welcher – mit Ausnahme von Camberwell in Südost-London, wo es viele obdachlose, alleinstehende Menschen gibt – aus den Registerbezirken nicht so gut

Tabelle 2: Stichtagsbestand (31. 12. 81) belegter Betten pro 100 000 Einwohner in Psychiatischen Krankenhäusern in sieben Fallregister-Bezirken nach Verweildauerklassen

	Unter 1 Jahr*	1–5 Jahre	Über 5 Jahre	
Camberwell	127**	56	90	Innerstädtische Gebiete mit abnehmender Einwohnerzahl
Salford	70	58	108	
Cardiff	74	46	65	Mittlere Industriestädte mit einem durchschnittlichen Bevölkerungswachstum
Nottingham	69	38	51	
Southampton	70	37	37	
Oxford	36	16	28	Attraktive Gebiete mit überdurchschnittlichem Bevölkerungswachstum
Worcester	41	20	58	
England	57	37	62	

* Bei den „Kurzzeit-Betten" liegt das Verhältnis der oberen zur unteren Grenze bei 2 : 1, bei den „mittleren Langzeit-Betten" bei 3 : 1.

** Die Zahl der „Kurzzeit-Betten" in Camberwell ist von besonderen Faktoren beeinflußt.

Quelle: Gibbons, Jennings and Wing (1984)

zu erkennen ist, ist die soziale Isolation. Bezirke wie Bloomsbury im Zentrum von London (wo es drei Eisenbahnstationen gibt, einen hohen Anteil an Pensionen (lodging houses) und Wohnungen für Alleinstehende, und einen hohen Anteil an nur vorübergehend dort wohnenden Menschen) wird wahrscheinlich überdurchschnittlich viele Aufnahmen ins psychiatrische Krankenhaus aufweisen und ebenso eine hohe Rate an versuchten Suiziden.

Wie auch sonst mit epidemiologischen Daten kann man die Richtung der Ursachen und Auswirkungen nicht ohne weitere Forschung spezifizieren. Die Abweichungen müssen oft wenigstens zum Teil in regional unterschiedlichen Arbeitsweisen begründet sein (welche ihrerseits sich oft aus schon vorher bestehenden örtlichen Charakteristika und Entwicklungen herleiten), doch statistisches Material, das für die jeweiligen Distrikte leicht zu beschaffen ist, wird vermutlich klare Hinweise auf die jeweils besondere örtliche Bedarfslage geben können. Ich vermute, dasselbe gilt auch in der Bundesrepublik Deutschland.

Es wurden einige Untersuchungen über die Bedürfnisse der neuen Langzeitpatienten durchgeführt, die sich in den Krankenhäusern immer noch ansammeln, trotz all dem, was die modernen Methoden der Behandlung und Versorgung tun können, um dies zu verhindern (MANN und CREE 1976; MANN und SPROULE 1972; WYKES 1982). ROBERTSON errechnete, daß bei ungefähr gleichbleibenden Bedingungen im Jahre 1991 etwas mehr als 50 pro 100 000 Einwohner in England als Langzeitpatienten in psychiatrischen Krankenhäusern versorgt werden müßten (Gruppe B in Tabelle 1). Man darf nicht vergessen, daß dies eine Restgruppe ist. In ihr finden sich die am schwersten behinderten Menschen. Gleichwohl kann man nicht davon ausgehen, daß die Aufnahme in Langzeitstationen die beste oder auch nur die sparsamste Art wäre, diese Gruppe zu versorgen.

Aus Untersuchungen über die tagesklinische Versorgung und nichtstationäre Formen von Unterbringung beginnen sich Richtlinien abzuzeichnen, welche Art von Diensten und Einrichtungen nötig sind, wenn diejenigen großen „Langzeitstationen“ geschlossen werden sollen, die in Krankenhäusern weitab von dem zugehörigen Versorgungsgebiet liegen (EDWARDS und CARTER 1979; HEWETT, RYAN und WING; RYAN 1979; WYKES, STURT und CREER 1982).

Die Tabelle 3 gibt Schätzungen über die Zahlen von Menschen auf 100 000 der Bevölkerung an, die aufgrund von chronischer psychischer Krankheit in einem Langzeitkontakt mit verschiedenen Krankenhaus- und Sozialdiensten stehen. Außer den Zahlen über Langzeitpatienten mit einer Verweildauer von mehr als einem Jahr, die aus dem English National Register genommen sind, basieren sie auf der Situation im Camberwell-District in London, der eine recht gute Versorgungsstruktur aufweist. Die Gesamtzahl beläuft sich auf 257 pro 100 000, was in etwa der Zahl der Langzeitpatienten in psychiatrischen Krankenhäusern auf dem Höhepunkt der Belegung 1954 entspricht.

Tabelle 3: Langzeit-Kontakte mit Psychiatrischen Krankenhäusern und offenen Dienststellen pro 100 000 Einwohner

Vollstationäre Langzeitpatienten (England, Bestand am 31. 12. 1984)		
Über 5 Jahre	55	91
1–5 Jahre	36	
Langzeit-Kontakte (insgesamt über 1 Jahr) mit halbstationären, vollstationären und komplemetären Einrichtungen (Camberwell-Fallregister, Stichtag 31. 12. 1984)*		
Stationäre Einrichtungen (aktuelle Aufenthaltsdauer < 1 Jahr, Gesamtaufenthalte > 1 Jahr)	15	166
Tageskliniken	67	
Tageszentren	60	
Heime, Wohngruppen (keine Tages-Kontakte)	24	
Summe		257

* ohne Demenz-Patienten über 65

Es ist hier nicht der Platz, die detaillierten Evaluationsstudien zu beschreiben, die zur Beurteilung der Effektivität von Alternativen zu psychiatrischen Krankenhäusern durchgeführt wurden, wie z. B. im Gebiet um Worcester, wo ein Modell-Dienst eingerichtet wurde, oder in einem innerstädtischen Gebiet in Nordost-London. Viele der Pionierversuche wurden in Gesundheitsdistrikten durchgeführt, in denen die geographischen und die soziodemographischen Indizes verhältnismäßig günstig sind. Beschreibungen aus solchen Distrikten sind im allgemeinen optimistisch, aber die Erfahrung lehrt uns, daß unabhängige objektive Evaluationsstudien über mehrere unterschiedliche Gebiete, in denen die Arbeit nicht von ungewöhnlich effektiven und charismatischen Führer-Persönlichkeiten geleitet wird, notwendig sind, um zu angemessenen Schlüssen darüber zu kommen, wie neue Dienstformen im allgemeinen funktionieren werden.

Geistige Behinderung

Die Forschung über die Lebensqualität von geistig Behinderten, die nach einem langen Krankenhaus-Aufenthalt aufgrund der Regierungspolitik entlassen wurden, ist weniger umfangreich. Eine Untersuchung jedoch hat die Verkleinerungsentwicklung eines großen Krankenhauses in Kent über acht Jahre begleitet und diejenigen weiterverfolgt, die in neue Formen der Unterbringung entlassen wurden.

Während der ersten vier Jahre wiesen fast alle Patienten, die in Heimen und Wohngemeinschaften untergebracht wurden (88 von ursprünglich 891 Krankenhauspatienten), gute Fähigkeiten im Bereich der sozialen Eingliederung und der Selbstversorgung auf und zeigten keine schwerwiegenden Verhaltensstörungen. Diejenigen, die sozial behindert oder in ihrem Verhalten verwirrt waren, blieben zumeist im Krankenhaus, aber eine kleine Gruppe (65 der 891 oder 8%) wurde in ein kleines Krankenhaus verlegt, welches zuvor als pulmologische Klinik gedient hatte. Diejenigen, die verlegt worden waren, zeigten im Vergleich zu denen, die blieben, kaum Veränderungen in ihrem Verhalten oder in ihren Fähigkeiten, noch auch entwickelten sich große Veränderungen im Lebensstil oder in der Interaktion mit der örtlichen Gemeinde (WING, L. 1985).

In dem Maße, in dem die „gesünderen" Patienten verlegt wurden, bildeten diejenigen mit schwierigen Problemen einen stetig zunehmenden Anteil an der Restpopulation. Da der Termin für die Schließung des Krankenhauses festgelegt ist, wird man diese stärker behinderten und verwirrten Menschen in neue, kleinere Einheiten „in der Gemeinde" verlegen, und es wird möglich sein, die daraus entstehenden Veränderungen für sie und ihre neue Nachbarn zu evaluieren. Die Forschung geht weiter.

Welche Dienste und Einrichtungen sollten vorhanden sein?

Vor kurzem unterbreitete ein Bericht des ständigen Komitees beim Unterhaus einen Überblick über die Probleme, die bislang bei dem Versuch aufgetreten sind, gemeindenahe Versorgung für die psychisch Kranken und geistig Behinderten in Großbritannien zu schaffen (1985). Die Parlamentsvertreter in der Kommission stimmten darin überein, daß das Grundkonzept der gemeindenahen Versorgung ausgezeichnet sei, und machten eine Reihe von Vorschlägen, wie es in die Wirklichkeit umgesetzt werden könnte; aber sie waren nicht der Meinung, seine Ziele seien schon realisiert. Die alten Krankenhäuser wurden verkleinert oder geschlossen, aber die neuen, alternativen Versorgungsformen waren noch nicht aufgebaut.

Die Behandlung akuter Krankheiten, die nicht in Tageskliniken oder von Ambulanzen versorgt werden können, sollte in den psychiatrischen Abteilungen der örtlichen allgemeinen Distriktkrankenhäuser möglich sein. Noch verfügt nicht jeder Gesundheitsdistrikt in Großbritannien über eine solche Abteilung. Das Social Services Committee war jedoch der Meinung, daß die Vorteile einer Behandlung im Allgemeinkrankenhaus für psychiatrische Patienten maximiert werden könnten, wenn die psychiatrische Abteilung ihre eigenen Räumlichkeiten mit Beschäftigungs- und Erholungsmöglichkeiten hätte und wenn sie bis zu einem gewissen Grade in ihrer Verwaltung autonom wäre. Ein Teil der Patienten, welche sich auf dem Wege der Besserung befinde, könne in eigenen Häusern anstelle von Stationen untergebracht werden. Würden diese Empfehlungen nicht umgesetzt, so könnten die besonderen Bedürfnisse psychiatrischer Patienten nicht befriedigt werden, und die Ansprüche und Anforderungen der größeren medizinischen Fachgebiete könnten dazu führen, daß die psychiatrische Abteilung zu einem „armen Verwandten" wird.

Viele psychisch Kranke, selbst akut Kranke, können in einer nahegelegenen Tagesklinik behandelt werden. Ein ambulanter, mobiler Hilfsdienst sollte vorgehalten werden, dessen Arbeit sich idealerweise auf ein Fallregister und die daraus sich ergebende genaue Kenntnis der Patienten mit Rückfallrisiko im Versorgungsgebiet stützen können sollte. Die Angehörigen (oder das Personal von Wohnheimen) sollten darauf vertrauen können, daß eine Krankenschwester, ein Arzt oder ein Sozialarbeiter im Notfall rasch einen Hausbesuch macht und die notwendigen Maßnahmen unternimmt. Diese Beziehung zum Patienten und seiner Familie sollte solange aufrechterhalten werden, solange die Situation der psychischen Krankheit bestehen bleibt. Viele in den Familien auftretende Probleme sind eher sozialen als medizinischen Ursprungs. So ist es z. B. von wesentlicher Bedeutung, daß die Versorgung eines Behinderten zu Hause seine Familie nicht in Armut, Scheidung oder Elend treibt.

Diese Formen der akuten und Langzeitbehandlung und Versorgung sollten am besten von einem multidisziplinären Team von Professionellen durchgeführt werden, von denen einer als „Koordinator" benannt werden sollte. Der Leiter eines solchen Teams kann aus jeder der im Team zusammenarbeitenden Berufsgruppen berufen werden, aber es sollte jemand sein, der diesen Posten viele Jahre lang innehaben kann, damit er oder sie den Bezirk, seine Probleme und seine behinderten oder kranken Menschen genauestens kennenlernen kann.

Abb. 3: Die „Treppenstufen" und „Treppenabsätze zum Verweilen".

Die für längerfristig Kranke notwendigen Versorgungsformen können als drei Treppen dargestellt werden, von denen jede ein Hauptgebiet des Alltagslebens repräsentiert. Abbildung 3 ist eine schematische Darstellung des hier Benötigten. Ein psychisch Kranker oder Behinderter mag zur gleichen Zeit auf verschiedenen Stufen der drei Treppen stehen, z. B. in einer unbetreuten Wohngemeinschaft wohnen, aber sich in tagesklinischer Behandlung befinden. Man kann sich die Hilfen auf der Ebene der Primärversorgung und der speziellen professionellen Dienste, die oben beschrieben wurden, gleichsam als psycho-soziale Geländer vorstellen, mit denen man den Menschen helfen kann, die Treppe hinaufzuklettern oder, falls nötig, in eine Situation größerer Geborgenheit weiter unten hinabzusteigen. Das Bild von einer Treppe trifft die Sache auch deswegen gut, weil es hier Treppenabsätze oder Ruheplätze gibt, auf denen die Menschen pausieren oder, recht häufig, für eine längere Zeit stehenbleiben können. Das Wesen dieses Konzeptes ist, daß ein Raster von Diensten angeboten werden sollte, welches ausreichend komplex ist, um für die Bedürfnisse aller behinderten oder kranken Menschen im Distrikt zu sorgen.

Am Fuße aller drei Treppen finden sich Menschen (von denen einige zu Hause, einige in psychiatrischen Krankenhäusern und einige in Behindertenheimen leben), die in allen drei Bereichen des Alltagslebens behindert sind. Die Frage, wie man am besten auf ihre Bedürfnisse eingehen sollte, ist noch umstritten. Das Grundproblem dabei ist, daß jede Art von beschützen-

Charakteristika	Kustodial	Offen
Machtverteilung:	oligarchisch	demokratisch
Einstellung des Personals:	autoritär Willkürlichkeit	Team-orientiert klare Richtlinien
Begrenzungen:	Mauern Stationsgebäude Überwachter „Freigang“	unsichtbar menschliche Ebene flexible Sicherheitsvorkehrungen
Stigma:	konzentriert	abgeschwächt
Kontrolle von außen:	leicht umgehbar bisweilen Skandale	offener Zugang gewählte Gremien unabhängige Kontrollinstanzen
Milieu:	Soziale Verarmung materielle Armut Untätigkeit, Abhängigkeit	Soziale Anregung örtliche Standards Offenheit für Wachstum

Nota bene: „kustodial“ ist **nicht** gleichbedeutend mit „institutionell“; „offen“ ist **nicht** gleichbedeutend mit „gemeindenahe Versorgung“.

Abb. 4: Kustodiale und offene Betreuungsformen

der Unterbringung, welche auf ein und demselben Gelände für alle drei Bedürfnis-Typen sorgen will, unausweichlich einen kustodialen Versorgungstyp anbieten wird. Die beiden Extreme einer geschlossenen und offenen Versorgung sind in Abbildung 4 dargestellt. Man muß betonen, daß auch in einem Wohnheim in einer normalen Wohngegend kustodiale Lebensbedingungen entstehen können, während eine beschützende Gemeinschaft optimale Bedingungen für Würde, Wachstum und Selbstvertrauen schaffen kann. Diejenigen, die sich heutzutage in den Krankenhäusern als neue Langzeitpatienten sammeln, sollten nicht auf Stationen, sondern in eigenen Häusern untergebracht werden. Da sie aber intensiv betreut werden müssen und sich tendenziell am Fuße aller drei Treppen von Diensten befinden, ist es nützlich, einige Häuser zusammenzustellen mit tagesklinischen Möglichkeiten in der Nähe und einem guten, mit Gras und Bäumen bewachsenen Erholungsraum darum herum. Solche beschützten HAFEN-Gemeinschaften können sowohl Schutz als auch Stimulierung bieten, ein Raum für den Rückzug und ein Startplatz für neuen Aufbruch sein (WING und FURLONG 1986).

Um all diese Dienste in einem Versorgungsgebiet von ungefähr 250 000 Einwohnern zu koordinieren, ist es von wesentlicher Bedeutung, eine Verwaltungsorganisation zu schaffen und funktionsfähig zu erhalten, die darauf ausgerichtet ist, die Hauptziele der Gesundheits- und Sozialdienste zu verwirklichen. Abbildung 5 skizziert eine solche Struktur, die in Großbritannien als wirkungsvoll vorstellbar ist.

Primäre Ebene:

Freiwillige Helfer, Allgemeinpraktiker („General practitioners"), Fall-Koordinatoren

Team-Ebene:

Multidisziplinäre Spezialistengruppe delegiert Handlungskompetenz auf eines ihrer Mitglieder (Fall-Koordinator)

Einrichtungs-Ebene:

Führungs-Autonomie und eigenes Budget innerhalb der von dem der Bezirksverwaltung verantwortlichen Leitungsgremium festgelegten Rahmen-Richtlinien. Unabhängige Kontroll-Instanz

Bezirks-Ebene:

Planungs-Gremium, in dem alle Ebenen und Interessen repräsentiert sind – Gesundheit, Soziales, ehrenamtliche Hilfe. Zugang zu den für die Mittelvergabe und -verwaltung zuständigen Stellen

Regionale/Nationale Ebene:

Eindeutig zuständige Ministerien und Verwaltungs-Abteilungen

Abb. 5: Die Ebenen der Versorgungs-Organisation

Hat diese Poltik Erfolg?

Das Social Services Committee des Unterhauses, in welchem alle politischen Parteien des Parlaments vertreten sind, äußerte herbe Kritik an dem bislang sichtbaren Fortschritt in Richtung auf eine gemeindenahe Versorgung. Es besteht kein Zweifel daran, daß der Abbau der Krankenhäuser voranschreitet; doch der Aufbau neuer Dienste hinkt weit hinter dem Bedarf her. So formuliert der Bericht beispielsweise: „Der rasche Abbau von Krankenhauseinrichtungen für psychische Krankheit hat das zu ihrem Ersatz gedachte Angebot von Diensten und Einrichtungen in der Gemeinde weit überholt . . ."

Die Audit-Commission, eine Regierungsbehörde zur Beurteilung der finanziellen Effizienz der regionalen Verwaltungen, hat sich auch mit dem Thema der gemeindenahen Versorgung befaßt. Ein Index für den Fortschritt ist, inwieweit die Ziele, die in den beiden Weißbüchern (1971 und 1975) festgeschrieben wurden, erreicht worden sind. Tabelle 4 zeigt, daß der Zuwachs an Tages- und Wohnplätzen außerhalb des Krankenhauses für geistig Behinderte zwischen 1969 und 1984 nur etwa 50% dessen beträgt, was bis 1991 erreicht werden sollte. Der Fortschritt auf dem Gebiet der alternativen Versorgung für psychisch Kranke ist sogar noch langsamer vorangegangen. Es wurden 25 000 Krankenhausbetten abgebaut, aber nur 3200 Wohnplätze außerhalb des Krankenhauses zusätzlich geschaffen. Inzwischen sind die Ziele selbst veraltet, weil heute die völlige Schließung vieler großer Krankenhäuser angestrebt wird, so daß noch viel mehr gemeindenahe Dienste notwendig sein werden.

Tabelle 4: Entwicklungsfortschritt bezogen auf die in offiziellen Regierungsmaterialien (1971, 1975) gesetzten Zielvorgaben für eine gemeindenahe Versorgung

	1969	1984	Zielvorgabe	Entwicklungsfortschritt
Geistig Behinderte				
Wohnplätze in Heimen, Wohngemeinschaften etc.	4 300	18 500	30 200	55%
Plätze in Tageszentren	24 600	50 500	75 500	51%
	1974	**1984**	**Zielvorgabe**	**Entwicklungsfortschritt**
Psychisch Kranke				
Wohnplätze in Heimen, Wohngemeinschaften etc.	3 550	6 800	11 800	39%
Plätze in Tageskliniken	11 250	16 500	46 800	15%
Plätze in Tageszentren	4 500	7 700	28 800	13%

Die Brutto-Ausgaben für Dienste für psychisch Kranke und geistig Behinderte variieren ebenfalls deutlich zwischen den einzelnen Gesundheitsbezirken und zwischen den Grafschaften und Städten. Im allgemeinen geben die attraktiveren und die reicheren Gegenden weniger aus.

Es bestehen so viele Unterschiede in der Organisation und Finanzierung von Diensten zwischen der Bundesrepublik und Großbritannien, daß ich die besonderen Ursachen, welche die Schaffung einer besseren gemeindenahen Versorgung erschweren, nicht näher detaillieren werde. Ein Problem jedoch ist offenkundig. Ein Großteil des zur Verfügung stehenden Geldes wird gegenwärtig für den Betrieb des Krankenhaussystems aufgewendet. Dieses Geld anderen Zwecken zuzuführen, ist schwierig, solange die Krankenhäuser noch bestehen, wenn man nicht die verbleibende Population an Langzeitkranken in ein anderes Krankenhaus verlegt, welches ebenfalls geschlossen werden soll. In den Vereinigten Staaten nennt man diesen Prozeß „Transinstitutionalisierung". Gerade vor kurzem wurde er angewandt, um das erste große Krankenhaus in Großbritannien zu schließen; aber die offenkundigen Nachteile dieser Vorgehensweise lassen es unwahrscheinlich erscheinen, daß sie allgemein übernommen wird. Dies aber bedeutet, daß man erhebliche zusätzliche „Überbrückungs"-Finanzmittel benötigt, weil zwei Versorgungssysteme – eines institutionell, das andere gemeindenah – nebeneinander her betrieben werden müssen. Obendrein ist es noch nicht sicher, daß eine gemeindenahe Versorgung billiger ist als eine Krankenhausversorgung; sie mag sich durchaus als teurer erweisen.

Eine weitere wichtige Frage mag in der Bundesrepublik von ebensolchem Interesse sein wie in Großbritannien. Die Frage nämlich, wie die Summen, die für die Versorgung der ernsthaft psychisch Kranken ausgegeben werden, identifiziert und kontrolliert werden sollen, um sicherzustellen, daß sie nicht zu anderen Zwecken verwendet werden, wenn sich die Dienste und Einrichtungen verändern. In Großbritannien ist diese Aufgabe sehr schwierig zu bewältigen. Sicherlich mieten sich in Großbritannien viele aus dem psychiatrischen Krankenhaus entlassene Patienten in privaten Pensionen oder Zimmern ein und bezahlen die Miete aus ihrem Einkommen aus der Sozialhilfe. Ihre Lebensqualität mag dadurch geringer sein, als sie es im Krankenhaus war. Die Gelder, die der National Health Service auf diese Weise einspart, sind schwer zu identifizieren, und es ist zweifelhaft, wieviel davon weiterhin für die Versorgung der psychisch Kranken aufgewendet wird.

Zusammenfassung

1. Die Idee der gemeindenahen Versorgung ist gut

Ich habe mich hauptsächlich auf die Schwierigkeiten konzentriert, die aus der Verlagerung der Dienste für die Langzeitversorgung aus den großen psychiatrischen Krankenhäusern entstehen. Gleichwohl besteht auch generell Übereinstimmung darüber, daß gemeindenähere Dienste mit größeren Möglichkeiten, auf die vorhandenen Bedürfnisse einzugehen, aufgebaut werden sollen. Teile solcher Dienste gibt es, und sie arbeiten in vielen Gegenden Großbritanniens zufriedenstellend. Dennoch gibt es nirgends ein vollständiges Arbeitsmodell, welches es erlauben würde, die Funktion des gesamten Systems zu überprüfen. Die größten Fortschritte wurden in den Gegenden erreicht, die günstige soziale und ökonomische Indizes aufweisen. Wir können nicht sicher sein, daß die Ergebnisse aus diesen Gegenden auf industriell oder kommerziell strukturierte Städte übertragen werden können, weit weniger noch auf zentrale innerstädtische Gebiete.

2. Man muß Prioritäten setzen

Die großen, ausschließlich psychiatrischen Krankenhäuser bieten Langzeitversorgung für die meisten behinderten, verwirrten Menschen in unserer Gemeinschaft an. Es ist von vitaler Bedeutung, daß die Veränderungen der Angebotspalette nicht zu einer niedrigeren Lebensqualität für diese Gruppe führen dürfen. Das bedeutet:

a) Die Summen, die heute für diese Gruppe aufgewendet werden, müssen identifiziert werden und verfolgbar bleiben, um sicherzustellen, daß auch weiterhin mindestens die gleiche Geldmenge für das Wohlergehen dieser Gruppe aufgewendet wird, soweit und solange nicht gezeigt worden ist, daß billigere Versorgungsformen ebenso gut oder, vorzugsweise, besser sind.

b) Neue Versorgungsformen und -strukturen sollten Schritt für Schritt eingeführt werden, so daß ihre Effizienz überprüft werden kann.

c) Man sollte darauf bestehen, daß kein Krankenhaus geschlossen wird, bis zweifelsfrei sichergestellt ist, daß alle Risiko-Patienten auf andere Weise angemessen versorgt werden können. Dies bedeutet, daß für eine „Überbrückungs"-Finanzierung gesorgt werden muß, solange die beiden Versorgungssysteme noch nebeneinander herlaufen.

3. Lebensqualität

Es ist nicht schwer, Maßstäbe für Lebensqualität zu entwickeln, aber sie sollten nicht ausschließlich auf dem Prinzip der „Normalisierung" beruhen. Darauf zu bestehen, daß ein schwer behinderter Mensch „normal" leben sollte, ist ebenso autoritär und abwertend wie die Unterstellung, daß Menschen mit psychischer Krankheit keine Wachstumsmöglichkeiten hätten, und eine Folge dieser (absolutistischen) Meinung ist, daß Teilerfolge als Fehlschläge gewertet werden. Den Dienstangeboten müssen realistische Schätzungen der individuellen Bedürfnisse zugrundeliegen, wozu auch das Bedürfnis nach Schutz in verschiedenen Formen und, für einige Patienten, das Bedürfnis nach einer beschützenden Gemeinschaft gehören. Zwischen den sozialen und medizinischen Versorgungsstellen läßt sich keine klare Trennlinie ziehen; vielmehr muß die jeweilige Balance innerhalb eines sozialmedizinischen Modells individuell bestimmt werden.

4. Umfassende Dienste

Man braucht ein Netzwerk von Diensten und Einrichtungen, durch welches alle Bedürfnisarten abgedeckt werden, die durch psychiatrische Krankheiten entstehen; darin sollten, um im Bild der drei Treppen zu bleiben, die folgenden Möglichkeiten angeboten werden:

- ein Strang von verschiedenen Wohnmöglichkeiten,
- ein Strang von Tagesangeboten,
- ein Strang von Erholungsangeboten.

Möglichkeiten zum medizinischen und sozialen Assessment, zur Behandlung und Unterstützung sollten ungeachtet der jeweils besonderen, individuell angemessenen Konstellationen von Diensten immer gegeben sein. Die meisten Menschen werden in jedem dieser drei Bereiche unterschiedliche Bedürfnisse aufweisen. Einige werden in allen drei Bereichen schwer behindert sein; sie werden in beschützten Gemeinschaften leben müssen. Doch auch solche Gemeinschaften müssen als Teil des umfassenden Systems organisiert werden und dürfen davon nicht getrennt sein.

5. Organisation und Kontinuität der Versorgung

Ein System der gemeindenahen Versorgung ist schwieriger zu organisieren als eines, das auf den großen Langzeitkrankenhäusern beruht. Die verschiedenen Elemente müssen nichtsdestoweniger als eine Gesamtheit geplant werden, wobei jeder Einrichtungstyp in der Leitungskommission vertreten sein sollte. Besonders die Bedürfnisse der am wenigsten attraktiven Gruppe von Patienten müssen stark vertreten sein, am besten durch deren Angehörige, da diese Patienten selbst oft unfähig sind, ihre eigenen Interessen zu vertreten. Ein großer Vorzug des National Health Service ist, daß die multidisziplinären psychiatrischen Teams verantwortlich bleiben für die Versorgung ihrer Patienten, wie immer auch die Organisation der Dienste aussehen mag.

6. Dienste für Akutkranke

Es ist verhältnismäßig einfach, die Dienste für Akutkranke in das System der Allgemeinkrankenhäuser zu integrieren; doch aus einer zu engen Verbindung entstehen auch Nachteile. Ganz allgemein ist die Psychiatrie den anderen medizinischen Fachbereichen darin voraus, daß sie das Bedürfnis nach normalen Wohnformen anerkennt, selbst noch während der Behandlung im Krankenhaus, und daß sie den Bedarf an Tagesaktivität und an Erhalt der Verbindungen mit den Angehörigen betont. Die Stationen im Allgemeinkrankenhaus schaffen keine zufriedenstellenden Lebensbedingungen, und die Geschäftigkeit des Stationsalltags ist viel zu groß, als daß sie für jene Ruhe sorgen könnten, die die meisten psychiatrischen Patienten brauchen. Häufig ist nicht ein einziger Baum oder Grashalm auf dem Gelände des Krankenhauses zu finden. Über die Prioritäten der Ausgabenpolitik entscheiden meist die Chefärzte der anderen medizinischen Fachrichtungen.

Die Vorteile der Nähe zu einem Allgemeinkrankenhaus sind dennoch beträchtlich, wenn ein vernünftiges Maß an Autonomie, eine heimeligere Architektur und eine entspanntere Lebensweise erreicht werden kann.

7. Evaluation und Planung

Jeder Gesundheitsbezirk sollte für ein integriertes medizinisches Informationssystem sorgen, um die Bedürfnisse der Patienten innerhalb des Versorgungsgebietes überwachen und entscheiden zu können, ob sie befriedigt werden. Ohne ein solches System ist rationale Planung (ein ja immer einigermaßen fragiles Konzept) unmöglich.

References

BROWN, C. W. (1960): Length of hospital stay and schizophrenia: a review of statistical studies. Acta Psychiat. Neurol. Scand. 35, 414–430

EDWARDS, C. and CARTER, J. (1979): Day services and the mentally ill. In: Community Care for the Mentally Disordered. (Eds.) Wing, J. K. and Olsen, R., Oxford: University Press

GIBBONS, J., JENNINGS, C., and WING, J. K. (1984): (Eds.) Psychiatric Care in Eight Register Areas, 1976–1981. Copies obtainable from Southampton Case Register, Knowle Hospital, Fareham, PO17, 5NA, price £ 2.50.

HEWETT, S., RYAN, P., and WING, J. K. (1975): Living without the mental hospitals. J. soc. Policy, 4, 391–404.

LAING, R. D. (1967): The Politics of Experience. Harmondsworth (Penguin).

MANN, S. and CREE, W. (1976): ‚New' long-stay psychiatric patients: A national sample of 15 mental hospitals in England and Wales, 1972/3. Psychol. Med., 6, 603–16.

MANN, S. and SPROULE, J. (1972): Reasons for a six-month stay. In: Evaluating a Community Psychiatric Service. (Eds.) Wing, J. K. and Hailey, A. M. London: Oxford University Press.

ROBERTSON, G. (1981): The provision of in-patient facilities for the mentally ill: A paper to assist NHS planners. London: Department of Health and Social Security.

RYAN, P. (1979): New forms of residential care for the mentally ill. In: Community Care for the Mentally Disabled. Wing, J. K. and Olsen, B. (Eds.) Oxford University Press.

SOCIAL SERVICES COMMITTEE, HOUSE OF COMMONS (1985): Community Care with Special Reference to Adult Mentally Ill and Mentally Handicapped people. Second Report from the Social Services Committee. London: HMSO.

SZASZ, T. (1961): The Myth of Mental Illness. New York: Hoeber-Harper.

WING, J. K. (1978): Reasoning about Madness. London: Oxford University Press. Übersetzt von P. Hartwich. Soziale Psychiatrie, Berlin: Springer-Verlage, 1982.

WING, J. K. (1989): Putting Technology at the Service of Clinicians and Planners. (Chap. 11). In: CONTRIBUTIONS TO HEALTH SERVICES PLANNING AND RESEARCH: Comparative Studies from Eight Psychiatric Case Registers. (Ed. Wing, J. K.) Gashell Press, London.

WING, J. K. and BROWN, G. W. (1970): Institutionalism and Schizophrenia. Cambridge University Press, London.

WING, J. K. and FURLONG, B. (1986): A Haven for the Severely Disabled within the Context of a Comprehensive Psychiatric Community Service. Brit. J. of Psychiat. 149, 449–457.

WING, L. G. (1989): WYKES, T. (1982): A hostel-ward for ‚new' long-stay patients. In: Long-term Community Care. (Ed.) Wing, J. K. Psychol. Med. Suppl. No. 2, pp. 57–97.

WYKES, T., CREER, C. and STURT, E. (1982): Needs and deployment of services. In: Long-term Community Care: Experiences in a London borough. (Ed.) Wing, J. K. Psychol. Med. Monog. Suppl. No. 2. Cambridge University Press.

Diskussion

zu den Vorträgen von Häfner und Wing

Moderation: W. Picard

Picard: Wir kommen nun zur Diskussion; ich schlage vor, daß Herr Häfner zunächst auf die Frage nach dem Verhältnis von Gesundheitsfachverwaltung und Sozialpsychiatrischen Diensten eingeht.

Häfner: Ich meine, man sollte von drei, vielleicht vier Funktionen der Gesundheitsfachverwaltung ausgehen. Einmal von der *hoheitlichen Funktion* der Begutachtung und Einweisung wider Willen; zweitens von der *Fachaufsicht,* die bisher kleingeschrieben wird, und drittens von der Funktion der *Beratung* in psychiatrischer, aber auch in sozialer Hinsicht, wie es die sozialpsychiatrischen Dienste tun – das vierte wäre dann noch die *Krisenintervention.*

Nun zu den Sozialpsychiatrischen Diensten. Ich habe gesagt, daß ein wesentlicher Grund, weshalb sie empfohlen wurden, weitgehend entfallen ist: nämlich die Mängel der ärztlichen Nachsorge. Daneben sind für die Funktion sozialpsychiatrischer Dienste Untersuchungsergebnisse bedeutsam, die zeigen, daß die Rückfallrate, aber auch das Störungsausmaß der größten Gruppe psychisch Kranker, die solcher Nachsorge bedürfen – die Schizophrenen –, in erster Linie von der ärztlichen Behandlung bestimmt wird. Es ist also entscheidend, daß die Sozialpsychiatrischen Dienste, wenn sie den sozialen oder beruflichen Aspekt der Nachsorge tragen, mit den ärztlichen Diensten eng verbunden sind.

In der Praxis ist aber eine solche Verbindung nur selten in idealer Weise zu verwirklichen. Sozialpsychiatrische Dienste müssen ihre Hilfen am Wohn- und Beschäftigungsort anbieten. Dort aber steht sehr häufig keine stationäre psychiatrische Einrichtung zu Verfügung, die als Rückhalt unerläßlich ist, wenn Krisenintervention und Notfallversorgung von einem Sozialpsychiatrischen Dienst geleistet werden sollen. Daher muß man zu Kompromißlösungen, vielleicht auch zu Übergangslösungen kommen.

Ein Sozialpsychiatrischer Dienst sollte nach meiner Vorstellung das Ziel der Integration in seiner Arbeit besonders unterstreichen. Es ist im Hinblick auf die Gefahr der Isolierung und Stigmatisierung der Kranken schon besser, wenn der Sozialpsychiatrische Dienst an die Gesundheitsfachverwaltung angebunden ist, als wenn er völlig isoliert im Lande steht. Darüber hinaus ist es wünschenswert, daß die Kooperation der sozialen mit den ärztlichen Leistungen durch die Gesundheitsfachverwaltung sichergestellt wird, sofern nicht eine bessere Lösung vorhanden ist. Unter solchen Voraussetzungen erscheint mir die Anbindung Sozialpsychiatrischer Dienste an die Gesundheitsfachverwaltung sinnvoll.

Noch besser erscheint es mir wenn ein Sozialpsychiatrischer Dienst an ein psychiatrisches Krankenhaus oder an eine psychiatrische Abteilung am Allgemeinkrankenhaus angebunden ist, sofern diese in der Region vorhanden sind. Denn ein großer Teil der Patienten, die die Sozialpsychiatrischen Dienste versorgen, werden aus stationären Einrichtungen entlassen und müssen bisweilen dort auch wieder aufgenommen werden. Wenn der Dienst eine klinische Einrichtung im Rücken hat, die im Notfall intervenieren kann, kann dies tatsächlich dazu beitragen, die Aufenthalte im Krankenhaus deutlich zu verkürzen.

Nun zu den anderen Funktionen. Ich meine, daß die *hoheitlichen Funktionen* besser bei der Gesundheitsfachverwaltung blieben, also unter der Verantwortung der staatlichen Administration. Darüber hinaus wird die Gesundheitsfachverwaltung in Zukunft eine neue, sehr wesentliche Aufgabe verstärkt wahrnehmen müssen, nämlich die der *Fachaufsicht.* Es ist sicherlich leichter, den Unterbringungsstandard, aber auch das Behandlungsniveau in einem psychiatrischen Großkrankenhauszu kontrollieren als in einer Vielzahl selbständiger kleiner Einrichtungen. Dennoch war uns diese Kontrolle auch in den psychiatrischen Krankenhäusern in der Vergangenheit weitgehend entglitten, wie eine Reihe von Skandalen zeigte. Dagegen ist es zweifellos sehr viel schwieriger, sowohl den Unterbringungsstandard als auch den Standard der Behandlungs- oder Rehabilitationsangebote in der Fülle kleiner Einrichtungen zu kontrollieren und aufrechtzuerhalten, die das Netz einer gemeindepsychiatrischen Versorgung tragen. Ich glaube, wir dürfen uns keinen Illusionen hingeben, daß wir in dieser Beziehung auch in der ambulanten und komplementären Versorgung psychisch Kranker auf lange Sicht größte Schwierigkeiten haben werden, wenn wir nicht sicherstellen, daß dort eine qualifizierte Fachaufsicht ausgeübt wird. Diese Fachaufsicht kann letzten Endes nur bei einer kompetenten, also mit einem Psychiater bestückten Gesundheitsfachverwaltung liegen.

Kullenkampff: Ich bin nicht sicher, daß der Rückgang der Bettenkapazität in den siebziger Jahren mit der Krankenhausgesetzgebung in Zusammenhang steht, wie Herr Häfner das in seinem Vortrag angedeutet hat. Im Gebiet des Landschaftsverbandes Rheinland, das ich doch über 12 Jahre hinweg überblickt habe, hat sich der Rückgang der Betten zweifellos im *chronischen Anteil* vollzogen – wie das Herr Wing auf seiner Kurve auch dargestellt hat – und nicht im Akutsektor; natürlich aber entstehen andere Kurven, wenn man sich von den Ländern *geförderte* Betten geben läßt, als wenn man von *belegten* Betten ausgeht, die eben auch die nicht von den Kassen oder Ländern bezahlten bzw. geförderten Betten mit enthalten. Aber tatsächlich hat der Abschmelzprozeß am akut- und mittelfristigen Sektor seinen Abschluß gefunden. Dieser Teil ist in allen Einrichtungen in etwa gleich geblieben. Eine der Ursachen für manche Mißstände, die es beim Bettenabbau gegeben hat, war ja gerade ein überstürztes Sichlösen von Langzeithospitalisierten, ohne daß man – etwa hinsichtlich der Unterbringungsqualität oder der Gemeindenähe – Obacht gegeben hat, wohin sie verlegt wurden.

Die Kostenfrage im Vergleich zwischen extramuraler und stationärer Versorgung haben wir im Oberbergischen Kreis beispielhaft untersucht. Dort ist es richtig, daß bei einem durchschnittlichen Fallkostensatz von 56 000 DM pro Jahr im psychiatrischen Krankenhaus in Marienheide es unter den Bedingungen eines sehr hohen ambulanten Pflegeeinsatzes – wenn man alle Leistungen addiert, die es rund um die Uhr geben mag – in einer kleinen Zone zu einer Schere kommt, wo die extramurale Versorgung dann teurer wird. Also nur wenn ambulante Pflege wirklich Tag und Nacht geliefert werden sollte, kann dieser Durchschnittssatz von 56 000 DM pro stationär versorgtem Fall und Jahr überschritten werden.

Zur Frage der Sozialpsychiatrischen Dienste: Ich war immer ein Vertreter der Forderung, daß im Sozialpsychiatrischen Dienst auch ein Arzt zu sein hat, der aufgrund diagnostischer Erwägungen vor Ort bei einem Hausbesuch entscheiden kann, ob und wann eine sofortige Behandlung notwendig ist und wo diese am besten zu erfolgen hat. Das finde ich immer wichtig, wobei ich noch nicht einmal sicher bin, ob bei den Sozialpsychiatrischen Diensten diese Leistung von der sozialen Stützung im Ernstfall immer so unterschieden werden kann. Denn wenn sich nicht eine reine Komm-Struktur entwicklen soll, bei der Sozialpsychiatrische Dienste zu bloßen Beratungsstellen werden, dann werden sie natürlich auch Hausbesuche machen und auch einmal angerufen werden – und dann finden sie sich unter Umständen in Situationen, die rasches ärztliches Entscheiden erfordern.

Daran ändert auch die Tatsache nichts, daß die Nervenarztdichte heute schon recht hoch ist und wahrscheinlich weiter zunehmen wird, denn wir wissen ja, daß der Gebietsarzt seine Praxis nicht verläßt und in der Regel auch nicht verlassen kann. Wenn dann argumentiert wird, der Sozialpsychiatrische Dienst mache um 17 Uhr „die Bude zu", dann wird oft vergessen, daß der Gebietsarzt in der Realität noch viel weniger für einen notwendigen Hausbesuch erreichbar ist. Es mag sein, daß sich dies künftig verändern müßte oder könnte, heute aber ist es noch alltägliche Realität. Auf dieser Basis haben sich die Sozialpsychiatrischen Dienste ja gerade entwickelt, weil sie mobil sind. Angesichts der Unterschiede dieser Systeme müßte sich ein kooperatives Netz entwicklen. Sozialpsychiatrische Dienste hätten dann in welcher Form auch immer wegen ihrer integrativen Leistungen für die vielen Beteiligten auf lange Sicht ihre Zukunft. Das ist, da bin ich mit Herrn Häfner einer Meinung, keine Gesetzesfrage.

Picard: Ich habe den Eindruck, daß das eine Kernfrage ist, die uns auch deshalb so sehr berührt, weil sie einen wesentlichen Punkt des Modellprogrammes darstellte, von dem wir uns eine Klärung erwarten.

Reisig: Das Kernproblem wurde ja in beiden Referaten angesprochen: Es geht im Grunde um die Frage der ambulanten Versorgung. Ob man das mit Sozialpsychiatrischen Diensten oder mit niedergelassenen Ärzten macht, oder ob man das wie in England mit diesen im öffentlichen Gesundheitswesen organisierten Einrichtungen macht.

Die jüngste Novellierung des § 368n Abs. 6 RVO sieht vor, daß an den Krankenhäusern Institutsambulanzen eingerichtet werden. Dies ist eine gesetzliche Möglichkeit, ambulante Dienste, die sich multiprofessionell zusammensetzen, einzurichten, die behandeln können und auch diejenigen Kranken erreichen, die sonst nicht erreicht werden. Wir haben also eine gesetzliche Möglichkeit in unserem Lande, wir nutzen sie aber nicht; und mich würde interessieren, warum das so ist.

Häfner: Ich habe Schwierigkeiten festzustellen, daß wir die gegebenen Möglichkeiten nicht nutzen, das mag in einigen Regionen so sein; dann muß man sich eben regional darum bemühen, die gesetzlichen Möglichkeiten zu realisieren.

Man sollte aber zwei Dinge auseinanderhalten. Es ist unsere Aufgabe als Psychiater, daß wir nach unseren Kenntnissen und Erfahrungen darlegen sollten, wie wir uns nach den gegebenen Möglichkeiten notwendige Verbesserungen vorstellen können; wir sind insoweit Interessenvertreter der psychisch Kranken. Das sollten wir nach bestem Wissen und Gewissen wahrnehmen. Es gibt aber in der Umsetzung und in den Strukturen der Versorgung auch ordnungs- und gesellschaftspolitische Aspekte; hier sollten wir als Psychiater uns einer gewissen Enthaltsamkeit befleißigen. Weil sonst die Interessen der psychisch Kranken in die politische Auseinandersetzung einbezogen werden. Politiker sehen verständlicherweise eher die ordnungspolitischen oder gesellschaftspolitischen Veränderungen und argumentieren dann damit, daß bestimmte Veränderungen in der Versorgungsstruktur dafür notwendig seien. Mir liegt sehr daran, dies auseinanderzuhalten.

Wir haben seit 1934 das Gesetz zur Sicherstellung der ärztlichen Versorgung. Danach sind die niedergelassenen Ärzte in diesem Land für die ambulante Versorgung zuständig. Ich muß sagen, ich sehe auf der Basis der gegebenen Situation der ärztlichen Versorgung keine quantitativen oder strukturellen Mängel mehr – wenn man von diesem System ausgeht – angesichts des massiven Zuwachses der ärztlichen Versorgung. Es mag aber noch Mängel in einzelnen Bereichen geben, also auch Bereiche, in denen die ärztliche Versorgung psychisch Kranker mangelhaft ist. Allenfalls kann man sagen, es gibt Mängel in der ärztlichen Nachsorge der aus psychiatrischen Krankenhäusern Entlassenen. Es liegt aber wieder einmal an dem großen Strukturproblem, daß aufgrund der Verteilung der psychiatrischen Krankenhäusern in unserer Geographie – im Gegensatz zur Verteilung der Krankenhäuser anderer medizinischer Disziplinen – natürlich sehr große Versorgungsgebiete entstehen, in denen eine flächendeckende Nachsorge vom Krankenhaus aus nicht mehr möglich ist. Dies muß durch regional vorgehaltene Hilfsdienste ausgeglichen werden; das hat man früher mit der Nachsorge von der Gesundheitsfachverwaltung aus gemacht. Heute geschieht es im ärztlichen Bereich durch die niedergelassenen Nervenärzte. Die sozialen Leistungen sollten bereitgestellt werden. Es ist aber sinnvoll, darüber nachzudenken, ob letztere durch die allgemeinen sozialen Dienste oder durch einen Spezialdienst, den „Sozialpsychiatrischen Dienst“

erbracht werden soll. Das wirft natürlich sofort die Frage auf: Bedeutet ein Spezialdienst auf die Dauer gesehen nicht eine Desintegration – nicht nur für den Dienst, sondern auch für die von ihm versorgten Kranken?

Wir haben uns dafür entschieden, daß für einen kleinen Teil von Kranken die sozialen und die medizinischen Bedürfnisse so eng miteinander verbunden sind, daß man ihnen mit einem integrierten Spezialdienst besser helfen kann als mit der Verweisung auf die generellen Dienste. Nur sollte dieser Dienst eben auch nicht isoliert aufgebaut, sondern in das Versorgungssystem eingebunden werden. Weil es sich um die Betreuung solcher Patienten handelt, die beständig in der Gefahr sind, wegen Rückfällen ins Krankenhaus wieder aufgenommen zu werden, ist meines Erachtens die Anbindung eines solchen Dienstes an das psychiatrische Krankenhaus die optimale Lösung. Dies ist heute noch nicht überall durchfürbar, so daß zweitbeste Lösungen notwendig sind – eine ist die Anbindung an die Gesundheitsfachverwaltung, und die andere ist die Zusammenarbeit mit dem niedergelassenen Psychiater. Ich könnte mir auch vorstellen, daß in nervenärztlichen Praxen – es gibt ein paar Beispiele im Modellprogramm – solche Sozialdienste integriert werden. Das sind mögliche Modelle, um diese Aufgabe zu erfüllen.

Bosch: Die Enquête hat sich ja nicht auf den Standpunkt gestellt, da gibt es Dinge, die sind halt mal so, und dann muß man grundsätzlich auf dieser Basis operieren. Sie hat gerade an dieser Stelle in der Frage, was man mit den Patienten macht, von denen wir wissen, daß sie nur teilweise bei den niedergelassenen Nervenärzten erscheinen, ganz konkrete Alternativen beschrieben. Die Alternative für die Enquête ist nicht, wie es so ein bißchen in Ihrem Referat anklang, primär der Sozialpsychiatrische Dienst. Sondern hier führt die Enquête als Alternative in der Tat ganz klar und unübersehbar die Forderung nach Ambulanzen am Allgemeinkrankenhaus oder an psychiatrischen Institutionen an, die die Bedingungen der Nähe zur Gemeinde und der Nähe zum Krankenhaus erfüllen – in der heutigen Terminologie sind das Institutsambulanzen. Man kann diese Frage so ohne weiteres nicht ausklammern und nicht darauf hinweisen, daß wir uns nicht mit Politik zu beschäftigen hätten. Wir haben uns mit Inhalten zu beschäftigen, aus denen unter Umständen politische Konsequenzen gezogen werden müssen, auch wenn sie vielleicht nicht durchsetzbar oder schwierig zu realisieren sind. Die Diskussion über die Institutsambulanzen, denke ich, muß man auch heute noch führen.

Häfner: Ich habe vorher ausdrücklich gesagt, die gegebenen gesetzlichen Möglichkeiten in dieser Hinsicht müßten ausgenützt werden. Und wenn ich gesagt habe, daß die ideale Lösung der Sozialpsychiatrische Dienst am Krankenhaus ist, dann bedeuet dies, daß er nur dann voll funktionsfähig ist, wenn die Ärzte, die dem Sozialpsychiatrischen Dienst zugehören, auch ein Behandlungsprivileg haben. Ich bin nachdrücklich Ihrer Meinung, daß ein rechtlich wie auch immer kontruierter ambulanter Sektor im psychiatrischen Krankenhaus verankert werden muß.

Bauer: Offenbach hat etwa 120000 Einwohner und ist nervenärztlich gut versorgt – etwa ein Nervenarzt auf 15000 Einwohner. Die Stadt verfügt über eine psychiatrische Abteilung am Allgemeinkrankenhaus und über einen Sozialpsychiatrischen Dienst, der mit einer Ärztin, einer Krankenschwester und zwei Sozialarbeitern ausgestattet ist. Dieser Dienst betreut fast ausschließlich chronisch psychisch Kranke, die von niedergelassenen Nervenärzten nicht erreicht werden. Ich teile Ihre Auffassung daher nicht, daß die pure Vermehrung der Anzahl niedergelassener Nervenärzte zu einer qualitativen Verbesserung der Behandlung derjenigen chronisch Kranken führt, deretwegen die Enquête Sozialpsychiatrische Dienste und Ambulanzen gefordert hat.

Ich erlebe darüber hinaus, daß viele gerade dieser chronisch-akuten, ständig zwischen den einzelnen Institutionen hin und her fluktuierenden Patienten in das Krankenhaus kommen. Wie haben festgestellt, daß 70 % dieser Patienten während eines halben Jahres vor dem Kontakt zu unserer Abteilung nicht in nervenärztlicher Behandlung waren. Die meisten allerdings waren in der Tat in hausärztlicher Behandlung – und die Hausärzte sind heilfroh, den Sozialpsychiatrischen Dienst zu haben, der die spezifischen Kompetenzen, die ihnen eigentlich die Nervenärzte geben sollten, in die Betreuung solcher Patienten einbringen kann. Die Nervenärzte bei uns tun dies nicht, weil diese Klientel einfach nicht in ihren Praxen auftaucht oder sie sich auch nicht dafür interessieren – deshalb glaube ich einfach nicht, daß die pure quantitative Vermehrung von Nervenärzten per se zu einer qualitativen Verbesserung führt. Andererseits erlebe ich zu sehr die Hilflosigkeit der Allgemeinpraktiker, die darauf angewiesen sind, daß es Sozialpsychiatrische Dienste oder auch Institutsambulanzen gibt.

Ich weiß aber auch aus der Erfahrung – da stimme ich Ihnen zu – daß es notwendig wäre, den Ärzten in den Sozialpsychiatrischen Diensten Behandlungskompetenz einzuräumen, wie das beispielsweise über eine Vereinbarung mit der Kassenärztlichen Vereinigung in Hannover seit zehn Jahren gemacht wird. Da geht das, die Ärzte dürfen dort rezeptieren, die dürfen all das, was niedergelassene Ärzte ansonsten auch machen. Denn sonst passiert folgendes: daß sich der Sozialpsychiatrische Dienst seine Medikamente entweder als Ärztemuster von der Pharmazie holt, oder sie sich sonstwie besorgt, weil nämlich die Allgemeinärzte aufgrund der Durchschnittsregelungen der Kassenärztlichen Vereinigungen dafür bestraft werden, daß sie z. B. Depot-Neuroleptika verschreiben.

Richartz: Ich bin nun seit zehn Jahren wieder in den Niederlanden tätig und muß mich doch sehr wundern, daß die Ambulanzfrage noch immer eine Rolle spielt. Als ich aus Hannover weg ging, wurde sie schon diskutiert, und daran scheint sich bis heute wenig geändert zu haben. Wenn ich das so durch meine holländische Brille begucke, wundere ich mich über diese merkwürdige Kontinuität des Gesetzes von 1934 – wie verhält es sich damit?

Voigtländer: In Berlin haben wir ja, wenn ich das richtig überblicke, mit die längste Erfahrung mit Sozialpsychiatrischen Diensten. Aus dieser Erfahrung heraus erscheinen mir zwei Dinge sehr wichtig: zum einen die Einbindung des Sozialpsychiatrischen Dienstes in den öffentlichen Gesundheitsdienst, um so durch die regionale Zuständigkeit sozusagen eine Vollversorgung im extramuralen Bereich in dem Sinne zu sichern, daß die Einrichtungen verpflichtet werden, für *alle* Patientengruppen zur Verfügung zu stehen und keine Auswahl zu treffen. Das zweite ist die Behandlungsberechtigung von Ärzten im Sozialpsychiatrischen Dienst. Es wurde verschiedentlich schon darauf hingewiesen, daß die Behandlungsmöglichkeit ein ganz entscheidender Punkt ist. Es gibt ja durchaus auch bei der jetzigen Rechtslage schon so etwas wie Schlupflöcher für eine ärztliche Behandlung in Sozialpsychiatrischen Diensten: die Formulierungen im Gesetz über den öffentlichen Gesundheitsdienst ermöglichen es, Patienten, die sich nicht in Behandlung zu den niedergelassenen Ärzten begeben, über Ärzte des öffentlichen Gesundheitsdienstes, also in unserem Sektor des Sozialpsychiatrischen Dienstes zu behandeln. Diese Ärzte betreiben dann nicht nur Diagnostik, sondern im großen Umfang auch Krisenintervention.

Darüber hinaus wird durch die Einbindung von Ärzten in den Sozialpsychiatrischen Dienst die Übernahme der Hoheitsfunktionen ja erst ermöglicht und so auch Betreuung und Hoheitsfunktion in einer Hand gehalten. Ich denke es ist ein ganz wichtiger Punkt, der die innere Zusammengehörigkeit auch organisatorisch ausdrückt, daß therapeutische Überlegungen und Zwangsmaßnahmen nicht voneinander getrennt werden.

Dann noch einen Satz zu den Institutsambulanzen: Wenn ich die Rechtslage richtig übersehe, ist es ja noch so, daß zwar psychiatrische Krankenhäuser in jedem Fall eine Institutsambulanz einrichten können, psychiatrische Abteilungen am allgemeinen Krankenhaus aber immer noch auf die Zustimmung der Landesausschüsse angewiesen sind, was ja ein Politikum ist. Hier ist eine Änderung der Bestimmungen notwendig in einer Situation, wo die zunehmende Bedeutung der psychiatrischen Abteilungen an Allgemeinkrankenhäusern so betont wird. Die Einrichtung von Institutsambulanzen an psychiatrischen Abteilungen darf nicht ein Spielball in den Auseinandersetzungen mit der niedergelassenen Ärzteschaft bleiben, die ja mit ihrer Machtstellung bis auf ganz wenige Einzelfälle bisher verhindern konnte, daß Institutsambulanzen an psychiatrischen Abteilungen eingerichtet wurden.

Picard: Ich glaube nicht, daß hier eine Änderung bevorsteht. Der Bundestag hat im vergangenen Jahr „sehr weise" gesagt, in dieser Frage müsse man erst einmal abwarten. Hinter dieser Formulierung scheint mir der Gedanke zu stehen: „Da müssen wir mal warten, vielleicht rührt keiner mehr daran, und die ganze Frage wird versanden" – das ist meine Befürchtung.

Ich will eine allgemeine Bemerkung anschließen. Man soll sich zwar mit psychiatrischen Problemen sicherlich nicht unbedingt in politische Auseinandersetzungen begeben. Aber da politische Entscheidungen notwendig sind, z. B. in dieser Frage, scheint es mir eine sehr sinnvolle politische Überlegung zu sein, darüber nachzudenken, ob die rund 70 Abteilungen heute (1989 sind es bereits rund 100 psychiatrische Abteilungen) nicht sogar nötiger eine Institutsambulanz brauchen, als ein psychiatrisches Krankenhaus. Ansonsten ist eine psychiatrische Abteilung am Allgemeinkrankenhaus in ihrer Wirksamkeit eingeschränkt; insbesondere auch, wenn man die Anbindung des Sozialpsychiatrischen Dienstes an einer solchen Abteilung erwägt, ohne daß irgendeiner am Allgemeinkrankenhaus Ambulanberechtigung hat. Das ist ein kompliziertes Problem, doch scheint es mir ein sehr politischer Punkt zu sein. Dieser Auseinandersetzung können wir nun einmal, selbst wenn wir wollten, nicht ausweichen.

Kebbel: Ich möchte auch noch einmal kurz auf das Verhältnis von niedergelassenen Nervenärzten zum Sozialpsychiatrischen Dienst eingehen vor dem Hintergrund unserer Situation in Bremen. Wir sind eine Stadt von etwa 530000 Einwohnern, haben 30 niedergelassene Nervenärzte – auf etwa 18000 Einwohner kommt ein Nervenarzt –, und wir haben etwa 30–40 psychotherapeutische Ärzte. Wir haben ein großes psychiatrisches Krankenhaus mit etwa 1000 Betten und leisten uns trotzdem einen großen, multiprofessionell zusammengesetzten Dienst mit fünf Beratungsstellen – in jedem Stadtbezirk eine. Ein Sozialpsychiatrischer Dienst, der also pro Beratungsstelle mit etwa 8–9 therapeutischen Mitarbeitern ausgestattet ist. Trotzdem haben wir den Eindruck, daß wir als Sozialpsychiatischer Dienst damit nicht überausgestattet sind. Ich habe auch nicht den Eindruck, daß die niedergelassenen Nervenärzte in Bremen am Hungertuch nagen.

Aus unserer Sicht ergeben sich drei Bereiche, in denen die niedergelassenen Nervenärzte Schwierigkeiten in der Versorgung psychisch kranker Patienten haben. Zum einen betrifft dies die Krisenintervention rund um die Uhr, ob das am Tage oder in der Nacht ist; deswegen haben wir trotz großer innerer Kämpfe mittlerweile einen Notdienst vom Sozialpsychiatrischen Dienst aus eingerichtet und können aus Erfahrung sagen, daß das auch unbedingt notwendig ist. Zum andern sehen wir – und da stimme ich Ihnen zu –, daß eigentlich kein psychiatrischer Patient verlorengeht, auch nicht bei den Niedergelassenen. Auch die chronischen Patienten kommen dort sicherlich an. Aber das Problem besteht darin, daß sie einmal kommen und dann wieder nicht oder irgendwann einmal wieder. Eine kontinuierliche Nachsorge und Betreuung dieser chronischen Patienten scheint mir aufgrund der Komm-Struktur der Praxen durch die niedergelassenen Ärzte nicht dicht genug gewährleistet. Das dritte Problem ist das der sozialen Unterstützung: Also die Bereitstellung von beschützenden und sozialen Lebensräumen im bezug auf Tagesstrukturierung, betreutes Wohnen, Arbeit und Beschäftigung. In diesem Bereich haben niedergelassene Nervenärzte einfach aufgrund ihrer Arbeitsweise und der strukturellen und finanziellen Bedingungen wenig Zeit, tätig zu werden.

Das heißt für mich, daß wir in der psychiatrischen Versorgung sozusagen zwei Systeme brauchen. Ein System, das mehr im Sinne einer Komm-

Struktur arbeitet, so wie es die niedergelassenen Ärzte tun, und ein System – ein kleineres System –, das im Sinne einer Geh-Struktur arbeitet, also im Sinne eines mobilen Dienstes tätig sein kann. Letzteres muß aber eng mit dem psychiatrischen Krankenhaus und mit dem komplementären Bereich verbunden sein, damit nicht die Klientel, um die es letzten Endes geht, erneut verloren geht. Daher kann man nicht darauf hoffen, daß durch die erhöhte Niederlassungsrate und die steigende Anzahl von Ärzten sich das Problem automatisch lösen wird.

Kruckenberg: Ich sehe enge Zusammenhänge zwischen beiden Vorträgen, auch zu dem, was gerade angesprochen wurde: alle schweren psychischen Erkrankungen sind potentiell chronische Erkrankungen; soweit bestand Einigkeit. Einigkeit sicher auch darüber, daß das, was wir empirisch über den Verlauf der schweren psychischen Krankheiten wissen, zeigt, daß es wesentlich auf *Kontinuität der Behandlung* und Betreuung und die *Gestaltung des Lebensraumes* auf den Achsen, wie sie in beiden Vorträgen angesprochen wurden, ankommt und daß die Angebote soweit wie möglich im normalen Raum stattfinden sollen, vor allem aber aufeinander abgestimmt sein müssen. Letzteres aber bedeutet eine besondere Schwierigkeit, auf die auch Herr Wing hingewiesen hat.

In zwei Punkten aber scheint mir der Vergleich zu England besonders wichtig zu sein, weil dort spezifisch andere Erfahrungen gemacht worden sind: zum einen haben die Engländer mehr Erfahrung, und zwar ganz konkrete und oft gut evaluierte Erfahrungen in der Betreuung von einzlnen Patientengruppen; und zum anderen haben sie eine andere Versorgungsstruktur. Eins der Ergebnisse der Diskussion scheint mir auch zu sein, daß die Struktur der niedergelassenen Praxis für die Betreuung chronisch Kranker eine ungünstige Struktur ist. Ich denke, das muß man einmal deutlich aussprechen. Es scheinen Hemmungen zu bestehen, dies zu sagen – trotzdem muß man natürlich versuchen, mit dem zu leben, was wir haben, und kleine Schritte zu machen in die Räume hinein, die sozusagen frei geblieben sind. Das geht von der Finanzierung über die Arbeitsform bis hin zu regionalen Strukturen.

Ich will nur noch eine Ergänzung zum Sozialpsychiatrischen Dienst erwähnen. Ich stehe ja als Leiter des psychiatrischen Krankenhauses in Bremen auf der anderen Seite von Herr Kebbel. Wir haben das Krankenhaus zunächst im Aufnahmebereich sektorisiert; die eigentliche Chance für die Reintegration schwieriger chronisch kranker Patienten haben wir aber dann nur dadurch gewonnen, daß zwischen dem Sozialpsychiatrischen Dienst des jeweiligen Stadtbezirkes und der zugehörigen Sektorstation regelmäßig wöchentliche Gespräche, einmal drinnen, einmal draußen, stattfinden, wo lange vor der Aufnahme und nach der Entlassung der Verlauf des Patienten begleitet wird.

Reisig: Durch die Novellierung des § 368n Abs. 6 RVO ist es ja möglich geworden, Ambulanzen an den Krankenhäusern einzurichten. Soweit mir bekannt ist, haben erst drei Krankenhausträger mit den Kassenärztlichen Vereinigungen verhandelt. In Bayern ist wohl noch gar nicht verhandelt worden, in Baden-Württemberg ebensowenig; in anderen Ländern, wie Nordrhein-Westfalen und Hamburg sind dagegen schon Institutsambulanzen eingerichtet worden. Es muß doch auch eine politische Strategie dahinterstecken, wenn einige Krankenhausträger nicht verhandeln. Mich würde interessieren, mit welcher Begründung und mit welchen Zielsetzungen dies nicht getan wird.

Häfner: Soweit ich weiß, verfügt jedes Landeskrankenhaus in Baden-Württemberg über eine Ambulanz. Diese Ambulanzen sind allerdings mit wenigen Ausnahmen keine Instituts-, sondern Beteiligungsambulanzen. Die Entscheidung zwischen Instituts- und Beteiligungsambulanz ist offensichtlich eine politische Entscheidung, daran gibt es gar keinen Zweifel. Es ist die Frage, ob die Beteiligungsambulanz von der Funktion her Nachteile hat. Bei uns im Institut hat sie es nicht; aber ich bin auch der Meinung, daß die Institutsambulanz im Regelfall die bessere Lösung ist – weil ich inzwischen sehe, wie sehr die Beteiligungsambulanzen in ihren Wirkungsmöglichkeiten eingegrenzt werden. Aber jetzt zum eigentlichen Thema:

Herr Kruckenberg hat ja die Unterschiedlichkeit der Systeme angesprochen, und dazu stellt sich die sehr interessante Frage: es steht hier zur Diskussion, ob wir einen Spezialdienst, die Sozialpsychiatrischen Dienste, für die Akutversorgung, für die ganze erste Linie der Versorgung psychisch Kranker einsetzen sollen, oder ob wir dort den Allgemeinarzt, der bislang die erste Linie medizinischer Versorgung wahrnimmt, in seiner Funktion belassen. Im englischen System ist der „General practitioner" die erste nicht spezialisierte Linie der medizinischen Versorgung. Mit wenigen Ausnahmen, kommt jeder Patient, auch der psychisch Kranke, zuerst zum „General practitioner". Die Frage ist, hat sich dieses System bewährt, oder ist es wünschenswert, für psychisch Kranke einen spezialärztlichen Dienst auch in der ersten Linie anzubieten. Sollen also – dies ist mit einer Vielzahl von Klagen über die Mängel der Versorgungsangebote durch niedergelassene Nervenärzte begründet worden – die Sozialpsychiatrischen Dienste die psychiatrische Funktion übernehmen, die die niedergelassenen Ärzte angeblich nicht zureichend erfüllen?

Wir haben keine niedergelassenen Ärzte unter uns, die ihre Position zu diesem offensichtlichen Konkurrenzthema artikulieren können. Das macht mir die Sache ein wenig schwierig. Ich kann nur sagen, ich bilde Ärzte aus, die sich dann niederlassen – es haben sich schon einige niedergelassen –, und ich fühle deshalb ein Stück Verantwortung. Damit drücke ich nur individuell aus, was ich für das System als Ganzes für relevant halte. Ich fühle die Verantwortung, sie so auszubilden, daß sie dann die Aufgaben, die sie als niedergelassene Ärzte, auch gegenüber der kleinen Gruppe der chronisch psychisch Kranken haben, durch adäquate Versorgungsangebote erfüllen können. Dazu sind zwei Dinge Voraussetzung: erstens Kenntnisse und natürlich auch die Bereitschaft, sie anzuwenden, und zweitens institutionelle Voraussetzungen: vor allem Kooperationsbereitschaft und -möglichkeiten mit sozialen Diensten.

Wir können es uns auf Systemebene nicht in alle Zukunft leisten, daß wir Ärzte ausbilden, die sich dann nur für die Versorgung eines Teiles der Kranken niederlassen – der Akutkranken, wie sie das genannt haben – sondern der niedergelassene Arzt muß sich um alle Kranken adäquat kümmern können, die er versorgen soll. Dann stellt sich die Frage, ob wir denn wirklich auf alle Zukunft hin ein System anstreben sollen, in welchem eine parallele Versorgung für den Sektor „akute seelische Krisen und chronisch psychisch Kranke" die Mängel ersetzt, die wir von der gegenwärtigen Situation ärztlicher Versorgung auf die Zukunft hin voraussagen. Ich bin der Meinung, dies sollten wir nicht tun; denn gerade bei der Planung der künftigen Versorgungsstruktur müssen wir auch unsere Verantwortung für die Kostenseite mit bedenken.

Im Sozialpsychiatrischen Dienst in Bremen müssen rund 50 Mitarbeiter beschäftigt sein. Auf der anderen Seite gibt es 30 oder 40 niedergelassene Nervenärzte. Das sind zwei parallele Gesundheitsversorgungssysteme für einen Sektor. Eine Volkswirtschaft oder der, der Verantwortung für sie trägt, muß sich natürlich fragen: Ist ein solches paralleles Versorgungsangebot auch die optimale und finanziell akzeptable Lösung? – Ich würde denken, die Bremer Situation wäre ausgezeichnet dafür geeignet, in ein paar Jahren einmal Gegenstand einer evaluativen Studie unter Berücksichtigung auch von Kosten-Nutzen-Aspekten zu sein.

Frau Schigl: Es gibt eine Untersuchung aus Österreich von Katschnig aus dem Jahre 1978, die zeigt, daß sich die Klientel der Nervenärzte von der eines Gemeindepsychiatrischen Dienstes unterscheidet. Dort stellte sich nach der Errichtung einer sektorisierten Psychiatrie heraus, daß der Gemeindepsychiatrische Dienst zusätzlich Leute betreut, die von der Praxis des Nervenarztes nicht erreicht werden.

Picard: Wenn ich noch im Parlament säße und es mir vielleicht gelänge, ein Gesetz einzubringen, das die Niederlassung eines Nervenarztes daran knüpft, daß er rund um die Uhr zur Verfügung steht, was ja der Allgemeinarzt auch muß, dann wäre die Diskussion heute vielleicht nicht ganz überflüssig, aber doch durchaus anders verlaufen. Man muß sich doch tatsächlich fragen, warum wir hier eigentlich eine elitäre Gruppe von Medizinern haben, die eine solche Verpflichtung nicht wahrnehmen. Wie Herr Häfner vorhin sagte, leistet sich Bremen den „Luxus", 50 Leute zu beschäftigen, obwohl sie die unter den von mir skizzierten Umständen vielleicht nicht brauchten. In der Tat stoßen wir überall auf die Frage: Können wir uns das erlauben, können wir das als Solidargemeinschaft und als Steuerzahler alles noch bezahlen?

Häfner: Ich bin natürlich eisern dafür, daß wir für die Interessen der Kranken Politik machen, wie das Herr Picard ja auch schon vorhin gesagt hat. Aber ich glaube, wir müssen von den Interessen der psychisch Kranken ausgehen und uns für sie sozusagen „stark machen"; dabei aber versuchen, den ordnungs- oder gesellschaftspolitischen Aspekt nicht zum Kernpunkt der Diskussion werden zu lassen.

Die Ergebnisse der Untersuchung von Katschnig, die Sie angesprochen haben, decken sich mit denen, die auch schon in der Enquête festgestellt wurden. Inzwischen aber ist es zumindest in Mannheim nicht mehr so. Von den chronisch psychisch Kranken, die die niedergelassenen Ärzte allgemein aufsuchen, wird interessanterweise mindestens ein Teil bereits heute hinreichend von einer Reihe von niedergelassenen Allgemeinärzten versorgt, allerdings in Ergänzung durch uns. Wir haben mit unserer Gemeindepsychiatrie am Zentralinstitut einen Sozialpsychiatrischen Dienst, der den spezialisierungsbedürftigen Sektor der Versorgung, nicht aber die Akut- und Primärversorgung übernimmt.

Herr Bauer, ich weiß natürlich auch nicht sicher, ob die quantitative Veränderung eine qualitative Verbesserung bringt. Aber ich glaube, allmählich wird auch der Druck der Konkurrenz das Bewußtsein wachsen lassen, daß man mehr tun muß – Bereitschaftsdienst über die Sprechstunden hinaus ist ein Beispiel – aber auch mehr leisten muß an Angeboten für bestimmte Krankengruppen, die schwierig zu versorgen sind und die dann auch erweiterte Kenntnisse erfordern. Jedenfalls glaube ich, dieses Land kann es sich nicht erlauben, die Ärzte, die für diese Aufgaben ausgebildet und dann hinausgeschickt werden, ohne ausreichende Kompetenz für den psychiatrischen Sektor Ihrer Aufgabe zu belassen. Das aber bedeutet nicht, daß Sozialpsychiatrische Dienste überflüssig werden. Das wäre eine unzutreffende Interpretation meiner Meinung.

Das Zweite ist jetzt die Frage der Nach- oder Fürsorge und der Hausbesuche durch die Sozialpsychiatrischen Dienste. Wir haben das bei der Tagung über „Notfallpsychiatrie und Krisenintervention" schon diskutiert, darum würde ich gern von Herrn Wing einmal hören, was die Erfahrung in Großbritannien vermittelt hat.

Wing: Man könnte eine solche Diskussion in England überhaupt nicht führen: Wir haben keine niedergelassenen Nervenärzte, und wir brauchen sie auch nicht. Die „General practitioners" – niedergelassene Allgemeinärzte – sind verantwortlich für die Behandlung des Kranken wo immer er ist, in der ambulanten Versorgung, aber theoretisch auch im Krankenhaus. Genauso ist aber auch der Spezialist und das Spezialistenteam ihrer immer verantwortlich. Der General practitioner gibt die Behandlungsverantwortung in der Regel im Krankenhaus an den dortigen Spezialisten ab, auch wenn er einmal einen Patienten besucht. Nach der Entlassung wird jeder Patient zurückgeschickt zum General practitioner, aber auch da ist es eine Frage seiner Behandlungsentscheidung, ob er als General practitioner allein weiterbehandelt oder das Fachteam oder der Facharzt. In der Regel übernimmt allerdings – so habe ich es verstanden – bei psychisch Kranken, besonders bei den Schwerstkranken, das Fachteam die Fachbehandlung.

Kruckenberg: Dies ist ja eine zentrale Reformfrage, und wir haben ja nicht viel Geld in Bremen – besonders wenig. Der Pflegesatz für Pflegefälle im Krankenhaus, den ja das Land bezahlen muß, liegt mittlerweile bei 160 DM am Tag. In dem Zeitraum, in dem der Sozialpsychiatrische Dienst ausgebaut worden ist, ist die Zahl der Pflegefälle im Krankenhaus durch den Ausbau des Sozialpsychiatrischen Dienstes und der flankierenden Einrichtungen – also Wohngemeinschaften, Übergangsheime, auch beschützende Tätigkeiten – um etwa 200 heruntergegangen. Das bedeutet hochgerechnet eine jährliche Einsparung von etwas über 11 Millionen DM an Pflegesatzgeldern. Demgegenüber liegen die Kosten des Sozialpsychiatrischen Dienstes einschließlich der Übergangseinrichtungen deutlich niedriger. D. h., wenn die Pflegefälle weiter im Krankenhaus behandelt werden müßten, käme es für das Land Bremen deutlich teurer. – Wir haben übrigens eine gute Zusammenarbeit mit einer Reihe von niedergelassenen Kollegen und mit anderen nicht; bei ihnen müssen wir uns noch darum bemühen.

Kebbel: Eine Frage an Herrn Häfner und Herrn Wing: Ist nicht das Verhältnis zwischen dem General practitioner und dem multiprofessionellen Fachteam, von dem Sie sprachen, vergleichbar mit der Situation in der Bundesrepublik, wenn sie gut ausgebaut wäre, zwischen niedergelassenen Ärzten – Hausärzten und Nervenärzten – und den Sozialpsychiatrischen Diensten, die als multiprofessionelles Team nachgehend tätig werden? Wäre das nicht eine vergleichbare Struktur?

Häfner: Es besteht sicher eine funktionelle Ähnlichkeit. Ein Implikat der Frage lautet aber: Sollen wir allen Nervenärzten auferlegen, als multiprofessionelles Team zu fungieren? Das Problem in unserer Diskussion liegt darin, daß wir den Fokus auf die gegenwärtig kleine Gruppe der chronisch oder rückallgefährdeten psychisch Kranken gelegt haben, bei denen ärztliche Leistungen zwingend mit sozialen Hilfen verbunden sind. Das ist aber sicher nur ein Teil der Gesamtklientel. Ich meine nicht, das wir zwei Versorgungssysteme haben sollten, von denen das rein nervenärztliche nur für die anderen Patienten, die keine sozialen Probleme haben, zur Verfügung steht und Sozialpsychiatrische Dienste nur die schwer mit sozialen Problemen belasteten psychisch Kranken versorgen.

Kunze: Die bisherige Diskussion konzentrierte sich auf einen zentralen Punkt, nämlich die ambulante Versorgung von chronisch Kranken. Ich möchte die Aufmerksamkeit auf das andere Ende lenken, nämlich die stationären Versorgung der chronisch Kranken unter Bezug auf das Konzept der mehrstufigen Versorgung, das Herr Häfner wieder in die Diskussion gebracht hat.

In Ihrem Konzept geht es zweifellos nur um eine kleine Gruppe, für die das in Frage käme. Dabei stellt sich dann der Zielkonflikt zwischen Gemeindenähe einerseits und diesen Möglichkeiten der Spezialisierung auf der anderen Seite. Wenn man das Konzept konsequent weiterdenkt, analog zum Krankenhaus der Maximalversorgung, dann müßten diese psychiatrischen Krankenhäuser auch eine entsprechende Personalausstattung wie die Krankenhäuser der Maximalversorgung haben. Die jetzige Realität der Landeskrankenhäuser ist umgekehrt.

Deswegen sehe ich die große Gefahr des Mißbrauches dieses Konzeptes: Das sich nämlich psychiatrische Abteilungen unbequemer Patienten entledigen und sie in das Krankenhaus abschieben; die psychiatrischen Krankenhäuser nähmen dann diese Patienten aus Angst um ihre Arbeitsplätze auf, ohne entsprechende Voraussetzungen zu haben. Denn sie haben es in ihrer Geschichte ja nicht gelernt, Bedingungen zu stellen. Schließlich werden auf diese Weise die psychiatrischen Krankenhäuser zu Lückenbüßern für fehlende Angebote in der Gemeinde, einschließlich komplementärer Angebote.

Häfner: Herr Kunze, Sie denken wieder ausschließlich von der kleinen Gruppe der Schwerkranken aus. Wir haben heute im Krankenhaussystem außerhalb der Psychiatrie zwischen sechs und sieben Patienten auf einen Arzt – was sie in der Psychiatrie haben, wissen Sie: das liegt zwischen 20 und 30 Patienten pro Arzt. Sie können nicht davon ausgehen, daß die psychisch Kranken einen geringeren ärztlichen Zeitaufwand benötigen. Wenn Sie nun die geamte Gruppe der krankenhausbedürftig psychisch Kranken nehmen, dann ist darunter ein großer Teil, der sowohl die ärztliche Basisversorgung benötigt, also die ärztlichen Verrichtungen, die im Kreis-Krankenhaus auch bei anderen Abteilungen anfallen, als auch eine Versorgung ihrer psychiatrischen Probleme, und die ist ärztlich zeitaufwendig. Es stellt nach wie vor eine erhebliche Diskriminierung und Unterversorgung der psychisch Kranken dar, daß wir in diesem Bereich einfach sehr viel weniger ärztliche Kapazität anbieten.

Wenn Sie also von der Geamtheit der psychisch Kranken ausgehen, werden wir gerade bei Versorgungsangeboten vor Ort damit konfrontiert, daß ein großer Teil der Patienten eine recht intensive psychiatrische *und* medizinische Versorgung benötigt. Dann können Sie im Grunde nicht anders, als die Abteilungen besser auszustatten und mit den anderen medizinischen Disziplinen zusammenzuführen. – Ich bin mir im klaren darüber, daß das, was ich hier an Überlegungen als notwendig für die Zukunft vorgestellt habe, in langer Zeit nicht zu realisieren sein wird. Ich glaube aber ganz offen gesagt, daß nur dann, wenn wir dies wirklich erreichen, eine Gleichstellung oder eine nach unserem gegenwärtigen Wissen adäquate Versorgung für die psychisch Kranken herstellbar ist. Ich glaube nicht, daß es so geht, daß wir mit derselben schwachen Personalausstattung in diesen Einheits-Institutionen weiterfahren. So werden die psychisch Kranken gegenüber den anderen Kranken ein für allemal weiter vernachlässigt werden.

Versorgungskonzepte und Versorgungsstrategien für psychisch Kranke und Behinderte in den letzten zehn Jahren in den USA

F. C. Redlich

Ich hatte vor bald 10 Jahren die Ehre, vor der AKTION PSYCHISCH KRANKE über die Communitiy Mental Health Centers zu berichten, die damals die wichtigste und interessanteste Neuerung der amerikanischen Psychiatrie waren. Heute will ich, Ihren Wünschen folgend, über die wichtigsten Neuerungen und Trends in der amerikanischen Psychiatrie in den letzten 10 Jahren sprechen. Zunächst werde ich eine Zusammenfassung der wichtigsten Resultate dreier großer epidemiologischer Projekte in Baltimore (Maryland), New Haven (Connecticut) und St. Louis (Missouri) geben. (1) Diese Studien sind auf einem hohen methodologischen Niveau und vermitteln zum ersten Mal ein befriedigendes Bild der totalen Prävalenz psychischer Erkrankungen in Großstädten.

Beachtenswert ist die Gesamtzahl der schwer psychisch Gestörten zwischen 18,4% und 23,4% der Gesamtbevölkerung. Zweitens die Zahl der Alkoholiker: 6,1% bis 7,2%, und der Süchtigen zwischen 1,8% und 2,2%. Drittens die hohe Anzahl der affektiven Psychosen zwischen 4,6% und 6,5%, die viel höher als die Prävalenz der Schizophrenen ist, und schließlich die überraschend hohe Zahl der Angstsyndrome, zwischen 6,6% und 14,9%. Die Zahl der antisozialen (0,6% bis 1,3%) und der Patienten mit Störungen des Intellekts (hauptsächlich Krankheiten im hohen Alter) sind auch von Interesse.

Diese Zahlen würden es zum ersten Mal ermöglichen, wirksame Pläne der Versorgung zu entwickeln. Es ist daher überraschend, vom Direktor des National Institute of National Mental Health, Dr. SHERVERT FRAZIER, auf meine Anfrage nach Zielen des Instituts zu hören, daß diese Ziele nicht offiziell festgelegt sind. Das ist eine wesentliche Änderung und ein Ausdruck der Ansichten der Reagan-Verwaltung, die eine „minimale Regierung" befürwortet, Aktionen der Bundesregierung reduzieren und möglichst viel den Bundesstaaten und einzelnen Gemeinden überlassen will. In Wirklichkeit behält aber doch das National Institute of Mental Health, zusammen mit den Instituten für Alkoholmißbrauch und dem Institut für Rauschmittelmißbrauch, beträchtliche Aktionsfreiheit, zum einen durch Konzentration auf bestimmte Probleme und deren Erforschung und auch durch ihre konsultative Funktion bezüglich neuer Gesetzgebung.

Da Psychiatrie, die wichtigste Komponente des psychischen Gesundheitswesens, ein medizinisches Fach ist, will ich mit einigen Bemerkungen über die amerikanische Medizin beginnen. Der Stand der Medizin ist von großer Bedeutung für den gegenwärtigen Stand der Psychiatrie und des psychischen Gesundheitswesens. Die biologische Medizin machte in den letzten

10 Jahren beachtliche, hochtechnologische (HiTECH) Fortschritte. Genauer genommen liegen viele dieser Fortschritte nicht in *hoher* Technologie (die ja per definitionem eine kausal wirkende Technologie ist) sondern in *komplexer* Technologie (z. B. Herzchirurgie, in diagnostischer Radiologie und Nuklearmedizin oder in den Behandlungen chronischer Nierenkrankheiten mit Dialyse). Diese komplexen Technologien sind im Gegensatz zu hoher Technologie teuer und haben beträchtlich zur Verteuerung der Medizin beigetragen. Im Gegensatz zu HiTECH ist in der humanistischen Medizin (HiTOUCH) nur eine geringe Entwicklung zu vermerken. Wir hören jetzt auch Stimmen, daß nicht nur Patienten, sondern auch Professionelle Rechte haben und daß gewisse Rechte der Patienten ungünstige Auswirkungen auf wissenschaftliche Tätigkeit und dadurch langfristig auf das Wohl der Patienten haben. Die sehr reduzierte Möglichkeit der zwangsweisen Einweisung von psychisch Kranken in Anstalten schuf auch neue Probleme für Patienten und Psychiater. Die häufigen Zivilprozesse gegen Ärzte wegen angeblich falscher Behandlung sind auch ein Zeichen einer Störung des Arzt-Patienten-Verhältnisses. Ärzte drängen nicht nur im eigenen Interesse, sondern im Interesse der Patienten auf Änderung der Versicherungsgesetze.

Von größter Wichtigkeit ist die gewaltige Verteuerung der medizinischen Versorgung. Die Konsumentenpreise erhöhten sich zwischen 1965 und 1985 um 250%; der Anstieg um Gesundheitswesen beträgt im gleichen Zeitraum 900%; für Arztkosten 870% und für Krankenhauskosten 1135%. Gegenwärtig werden 11,5% der Nationalausgaben (Bruttosozialprodukt) für den Gesundheitssektor, davon 0,7% für psychisch kranke Patienten ausgegeben (2). Das sind hohe und für die Reagan-Regierung bedrohliche Beträge, weil nicht genug Geld übrig bleibt für Rüstung und Sternenkrieg. In der Psychiatrie ist der Anstieg der Kosten etwas geringer, immerhin noch ein jährlicher Anstieg von 3,6% und ein Gesamtaufwand von über 20 Milliarden an direkten Kosten im psychischen Gesundheitswesen. (1)

Präsident Reagan hat, seinem Prinzip folgend, die Regierungsbürokratie und deren Kosten zu reduzieren, versucht, die Gesundheitsbürokratie der Bundesregierung zu verringern. Zweifellos hat der bürokratische Kolossus Auswirkungen auf alle Versorger und Konsumenten. Das ist eine unvermeidliche Folge des Wachsens der Bevölkerung und der Größe und Komplexität der Unternehmen, die hierarchische Organisation und komplizierte Kontrollen verlangen. In den Vereinigten Staaten, die bis zur Zeit des Zweiten Weltkriegs eine bemerkenswerte Resistenz gegen Bürokraten hatte, sehen wir eine fast explosive Zunahme der Bürokratie auf allen Gebieten im öffentlichen und privaten Sektor. Das ist besonders evident in den großen Gesundheits-Bürokratien des Bundes und der Staaten wie z. B. im Medicare System (für Alte und Behinderte) und Medicaid (für Arme) aber auch in der Veterans Admininstration und in den großen Versicherungssystemen wie Blue Cross und Blue Shield. Die Reagan-Regierung reduzierte Leistungen in Medicare und Medicaid und verlagerte einen Teil der Gesundheitsdienste des Bundes durch sogenannte Block Grants auf die Bundesstaaten. Dies wirkte sich besonders auf den Weiterbestand der Community Mental Health Centers aus. Ich werde darauf noch näher eingehen. Die Reduktion der Dienste und Budgets war besonders nachteilhaft für die Alten und Armen in der Bevölkerung; die Reagan-Regierung sieht die medizinische Versorgung der armen Bevölkerung nicht als Recht dieser Bevölkerung an, sondern befürwortet private Wohlfahrtsaktionen anstelle von staatlichen Maßnahmen. Es wäre unfair, die Reagan-Regierung allein für diese Einstellung und solche Aktionen verantwortlich zu machen. Ich glaube, diese Philosophie entspricht dem Wunsch der Majorität, die Reagan wählte, und die sich von einem Wohlfahrtsstaat entfernt und wieder einem rauhen Individualismus und dem laissez faire der Vergangenheit zuwendet.

Verlegung von Gesundheitsorganisationen allein führt nicht zu Ersparnissen, und ich will nun andere Sparmaßnahmen besprechen, die auf Arbeiten von Prof. John THOMPSON in Yale beruhen und die derzeit in der Krankenversorgung im großen Stil angewendet werden. (3) Ihr Prinzip ist ein prospektives System der Vergütung. Bisher wurde ein retrospektives System der Vergütung verwendet. Der Versorger, z. B. ein Krankenhaus, rechnete retroaktiv für seine Leistungen übliche Beträge aus, sehr oft ohne Verhandlungen über diese Beträge, was zu einem rapiden Anwachsen der Gesundheitskosten führte. Thomson nun arbeitete ein System aus, in dem die Kosten für zukünftige Leistungen in jedem Krankheitsfalle auf Grund vergangener Berechnungen fixiert werden. Die Fälle sind nach Diagnosen gruppiert; Dauer der Krankheit, Schwierigkeit des Falles und diagnostische und therapeutische Kosten werden berücksichtigt. Insgesamt erfaßt Thompson die Fälle auf Grund von 467 Diagnosen in 38 großen Gruppen. Das System wird dementsprechend Diagnoses Related Groups (DRG) genannt. Wenn Spital oder Klinik weniger ausgeben, können sie die Ersparnisse behalten, falls sie mehr ausgeben, müssen sie den Verlust tragen. Zum ersten Mal existiert ein System, das den Versorger (Provider) motiviert zu sparen. Das System wurde rasch für Medicare und Medicaid angenommen und wurde in verschiedenen Staaten mit Modifikationen akzeptiert. Es hat bereits zu Ersparnissen oder zu einer Verlangsamung der Gesundheitsinflation geführt. Es gibt allerdings Bedenken, ob das System nicht zu einer Verschlechterung der Leistungen und zur Diskriminierung von gewissen sozialen oder diagnostischen Patientenkategorien führen könnte. Die AMERICAN PSYCHIATRIC ASSOCIATION steht dem System skeptisch gegenüber und ersuchte um einen Aufschub in der Anwendung des DRG-Systems, das neun diagnostische Gruppen psychiatrischer Krankheiten verwendet, um Zeit für weitere Studien zu gewinnen. Psychiatrische Privatkliniken fühlen sich durch das System besonders bedroht. Es ist aber doch wahrscheinlich, daß das DRG-System in psychiatrischen Krankenhäusern, Kliniken und Privatpraxen früher oder später eingeführt wird. (4)

Eine weitere wichtige Entwicklung der Krankenversorgung im letzten Jahrzehnt ist die Kommerzialisierung der Institutionen. (5) Privatkrankenhäuser hat es ja schon immer gegeben: was es aber nicht gab, sind Spitäler und

Kliniken und Nursing Homes, die im Besitz von Aktionären und Großfirmen oder Kartellen sind. Die Kartelle besitzen medizinische Institutionen jeder Art. Ungefähr dreißig große Unternehmen beherrschen den Markt. Sie wachsen durch Ankauf und Fusion und etablieren sich hauptsächlich in den Teilen des Landes mit relativ hohem Bevölkerungszuwachs, gutem wirtschaftlichem Potential und realtiv schwachen Kontrollen durch die staatlichen Gesundheitsbehörden. Das wesentliche Prinzip dieser Institutionen ist das Profitprinzip. Die schnelle Entwicklung dieser Betriebe ist auf ihre Fähigkeit, Kapital aufzubringen, zurückzuführen. Vier große Kartelle besitzen mehr als die Hälfte der psychiatrischen Privatkrankenhäuser. Diese Kartelle besitzen auch in mehreren Staaten Spitäler in akademischen Lehr- und Forschungszentren, was natürlich zu ihrem Prestige beiträgt.

Nursing Homes und Pflegeheime spielen eine besondere Rolle in diesen Kartellen. In den 80er Jahren befinden sich ungefähr 750 000 Patienten in Nursing Homes. Die meisten dieser Patienten sind chronische Kranke, alte und schwerbehinderte Patienten. 15% haben psychiatrische Diagnosen, und wahrscheinlich leiden 75% an psychischen Defiziten. Die Qualität der Pflege und Behandlung in diesen Anstalten ist unterschiedlich und hängt weitgehend vom Preis der Pflege ab. In relativ wenigen Nursing Homes kann diese Pflege als wirklich zufriedenstellend angesehen werden, und ich hoffe, daß weder ich noch Mitglieder meiner Familie in einem durchschnittlichen Nursing Home landen.

Die Reagan-Regierung und ein beträchtlicher Teil der praktizierenden Ärzte stehen diesen Kartellen wohlwollend gegenüber; andererseits gibt es Kritiker, zu denen ich mich zähle. Einer der einflußreichsten Kritiker ist A. RELMAN, der Chefredakteur des „New England Journal of Medicine", der fürchtet, daß die Qualität der Krankenversorgung früher oder später in einem solchen System leiden wird und daß das Profitsystem in der Medizin unannehmbar ist. (6) Der Aktionär in diesen medizinischen und psychiatrischen Kartellen ist zu weit entfernt vom Personal der Anstalten und der Behandlung der Kranken. Verlust der Kontrolle über die Behandlung ist ja eine berechtigte Sorge für die Angestellten im Gesundheitswesen und besonders für die Ärzte. Diese Entwicklung in der Medizin ist aber nur *eine* der Manifestationen des amerikanischen Entrepreneurtums. Es gibt heute private Polizeisysteme, private Feuerwehr und im Staat Tennessee sogar einen Ansatz zu einem privaten System von Strafanstalten.

Die Überweisung der Block Grants vom Bund an die Staaten bedeutete das Ende der Community Mental Health Centers in deren ursprünglichen Form. (7) Es bestand kein Zweifel, daß Block Grants den Bestand der CMHC bedrohen könnten, da es nicht voraussehbar war, wie die Staaten die Block Grants verwenden würden. Den konservativen Kreisen in Bundes- und Staatsregierungen waren die CMHC, mit ihrem revolutionären Potential in den städtischen Ghettos, ein Dorn im Auge. Obwohl keines der CMHC geschlossen wurde, sind die Funktionen der CMHC reduziert worden. Das bedeutet vor allem, daß die komplementäre Versorgung, die in den Vereinigten Staaten seit jeher rudimentär war, noch weiter vernachlässigt wurde. In den meisten CMHC bestehen die erzieherischen und evaluierenden Funktionen nicht mehr. Von existierenden Evaluationen kann man aber sagen, daß die CMHC verschiedene ihrer ursprünglichen Ziele erreicht haben. Sie ermöglichten besseren Zugang und bessere Versorgung für Patienten der Unterklassen, auch für chronische und alte Patienten. Aber sie haben Klassenunterschiede in der Versorgung nicht beseitigt, wie MOLLICA (8) zeigen konnte, da die Versorgung gewisser Kategorien (der chronisch und alten Kranken, der Alkoholiker und Süchtigen) minder ausgebildetem Personal überlassen wurde. Andererseits ist auch nicht zu erwarten, daß soziale Unterschiede in einer sozial stratifizierten kapitalistischen Gesellschaft in der psychiatrischen Versorgung völlig beseitigt werden. Diese Unterschiede bestehen ja auch in der offiziell klassenlosen Gesellschaft der Ostblockstaaten.

Ein anderer Erfolg der CMHC war deren Beitrag zur Deinstitutionalisierung der psychiatrischen Großkrankenhäuser,1985 waren ca. 175 000 Patienten (im Gegensatz zu 575 000 im Jahr 1955) in diesen Anstalten. (9) Der Charakter dieser Anstalten hat sich wesentlich geändert. Einige wurden geschlossen; alle sind kleiner, und weniger als die Hälfte ihrer Patienten sind chronische Patienten. Viele staatliche psychiatrische Anstalten sind der CMHC ähnlich geworden. Die meisten chronisch Kranken und zwangseingewiesenen Patienten befinden sich noch immer in diesen Anstalten.

Bedauerlicherweise werden aber viele der in die Gemeinde entlassenen Patienten nicht adäquat versorgt und haben ein neues störendes Problem geschaffen. Die Patienten wurden nur zum Teil in Heimen (Boarding Houses), in Nursing Homes und in Halfway und Quanter Way Houses (Übergangsheimen) untergebracht; ein Teil blieb unversorgt und wanderte aus den Betten der Großkrankenhäuser auf die Straßen der Städte. Wie groß die Zahl der obdachlosen Patienten ist, weiß man nicht. Es soll etwa 250 000 Obdachlose geben; man nimmt an, daß 50% bis 75% dieser Obdachlosen psychisch gestört sind.

Die Behörden sind sich dieses betrüblichen Problems bewußt und versuchen im sogenannten Community Support Program (10), die ärgsten Schwierigkeiten zu beheben. In Kalifornien wird versucht, durch neue Gesetzgebung die Patienten zu erfassen, zu ernähren, bekleiden, in Heimen unterzubringen und vor allem wieder der Behandlung zuzuführen. Das Programm ist weitgehend ein Fürsorgeprogramm. Die Psychiatrie hat sich im Laufe des letzten Jahrzehnts von den CMHC distanziert. Die CMHC werden heute weitgehend von psychiatrischen Sozialarbeitern, Psychologen und Krankenpflegern geführt. Psychiater fühlen sich in allgemeinen Krankenhäusern mit psychiatrischen Abteilungen wohler als in der CMHC. Diese Spitäler gewinnen für die Psychiatrie größere Bedeutung, da Psychiater sich mehr einer biologisch orientierten Psychiatrie und damit der Allgemeinmedizin zuwenden. Es werden häufig komplizierte biologische diagnostische Methoden, z. B. die Computer-Tomographie u. ä. verwendet.

Liaison-Psychiatrie – also Zusammenarbeit zwischen den nicht psychiatrischen Fächern und Psychiatrie ist heute, vom Standpunkt der Allgemeinmedizin eher akzeptabel als vor 10 Jahren. Psychiater und mehr noch Allgemeinpraktiker verwenden Psychopharmaka in großen Mengen; das bedeutet Konkurrenz auf diesem Gebiet, aber auch Kontakt.

Das größte in sich geschlossene amerikanische Gesundheitssystem ist die Veterans Administration mit hochentwickelten psychiatrischen Abteilungen und Kliniken. Körperlich und psychisch kranke Kriegs-Veteranen werden in diesem System versorgt. Dem Gesetz nach sind nur Veteranen, deren Krankheit oder Verletzung während des Militärdienstes auftraten, zugelassen, in Wirklichkeit aber findet bisher jeder Veteran, unabhängig von seinem Einkommen, Aufnahme. De facto ist die medizinische Komponente der Veterans Administration eine Organisation, die hauptsächlich Patienten der unteren sozialen Klassen betreut. Die Qualität der Versorgung in den Spitälern und Kliniken der Veterans Administration ist unterschiedlich. In den akademischen Zentren affiliierten Kliniken ist sie sowohl für Patienten als auch die beteiligten Institutionen vorteilhaft. Bisher wurde die Veterans Administration aus politischen Gründen – sozusagen eine heilige Kuh – von Sparmaßnahmen weitgehend verschont; im letzten Jahr jedoch mußte auch sie besonders auf dem Gebiet der Forschung ihr Budget reduzieren.

Viele Trends der siebziger Jahre bestehen weiter. Das Verhältnis von ambulanter Behandlung zu Abteilungsbehandlung ist nach wie vor 2:1. Wiederaufnahmen sind (das sog. Drehtürenphänomen) zweimal so häufig wie Erstaufnahmen. Die Zahl der Psychiater bleibt weiterhin niedriger als die Zahl der anderen psychischen Gesundheitsberufe. Das bedeutet Konkurrenz für die Psychiater, besonders durch die Psychologen. Psychiater sind heute die niedrigst Verdienenden aller medizinischen Spezialisten; sie verdienen weniger als Allgemeinpraktiker. Psychotherapie – unter verschiedenen Bezeichnungen z. B. case work (dies ist die Bezeichnung der Sozialarbeiter, obwohl case work mehr als Psychotherapie umfaßt) oder Beratung (ein Ausdruck, den viele Paraprofessionelle gebrauchen) – wird von allen verwendet. Die Frage ist schon lange nicht mehr, wer Psychotherapie anwendet, sondern wer dafür durch Versicherungssysteme oder durch Medicare und Medicaid bezahlt wird. Die unsicheren Grenzen und auch das niedrige Einkommen verursachten Bedenken unter vielen der an Psychiatrie interessierten Medizinstudenten, das Fach Psychiatrie zu wählen. Im Jahre 1967 wollten 10% der Medizinstudenten Psychiater werden; im Jahre 1985 sind es nur noch 3 bis 4%; das Interesse an der Psychiatrie scheint in den letzten Jahren aber wieder anzusteigen. (11)

Die Konkurrenz mit Psychiatern kommt nicht nur von den psychischen Gesundheitsberufen, sondern auch von Allgemeinpraxis, Familienmedizin und von neuen Subspezialisten, wie Verhaltensneurologen (behavioral neurologists) und verhaltenstherapeutischen Kinderärzten (behavioral pediatricians). Ein Fünftel der Patienten – möglicherweise sogar mehr – werden außerhalb des Medizinbereichs behandelt. Die Kirchen spielen hier schon seit jeher eine große Rolle, besonders für Patienten mit existentiellen Problemen. Die Behandlung ist manchmal eine professionelle Behandlung, in vielen Fällen eher ein Gesundbeten, allgemein menschlicher Trost oder existentiell theologisches Akzeptieren und Bekehren. In den meisten Fällen behandeln Priester aller Religionen psychiatrische Patienten unentgeltlich, aber in den letzten Jahren auch gelegentlich für ein persönliches Honorar. Auch Selbsthilfe spielt heute eine beträchtliche Rolle, nicht nur in der Psychiatrie, sondern auch in der Geburtshilfe und in vielen leichten Krankheitsfällen in der inneren Medizin und Kinderheilkunde. Hilfe durch Schicksalsgenossen (peers) spielt auf manchen Gebieten, wie in der Behandlung des Alkoholismus, etwa durch die Anonymen Alkoholiker, und in der Suchtbehandlung eine sehr wichtige Rolle. In der amerikanischen Medizin, besonders in der Psychiatrie, und im Wohlfahrtswesen waren freiwillige Helfer immer schon von Bedeutung.

Die Psychoanalyse spielte in der amerikanischen Psychiatrie nach dem Zweiten Weltkrieg eine dominierende Rolle. Seit den sechziger Jahren ist ihr Einfluß zurückgegangen. Die American Psychoanalytic Association vertritt noch immer den Standpunkt, daß Psychoanalyse von Ärzten, d. h. überwiegend von Psychiatern, praktiziert werden soll. Andere psychoanalytische Schulen haben aber auch Nichtärzte für die Praxis ausgebildet. Durch Konkurrenz und relativ hohe Honorare, die von den Versicherungssystemen nicht vergütet werden, sind heute wenig Psychoanalytiker in ihrem Fach voll beschäftigt. Nach gegenwärtiger Schätzung stehen nur 2% aller psychiatrischen Patienten in psychoanalytischer Behandlung. Da es außerordentlich schwierig ist, einwandfrei festzustellen, was der therapeutische Wert einer Analyse ist (aber auch der meisten anderen Psychotherapien), ist die Nachfrage nach Analysen zurückgegangen. Es bestanden zweifellos auch übertriebene Erwartungen an die wissenschaftliche Leistungsfähigkeit der Analyse. Nach den großartigen Einsichten Freuds kommen neue Erkenntnisse nur sehr langsam. Auch haben die amerikanischen Psychoanalytiker durch eine Überbetonung der Praxis die Forschung vernachlässigt. Die Krise in der Analyse aber führt möglicherweise – zum Teil durch die Ausbildung von Psychologen, Soziologen, Anthropologen und Humanisten – zu einer neuen Betonung der Forschung.

Ich erwähnte die hohen Prävalenzzahlen für Alkoholiker und Rauschgiftsüchtige, beides zweifellos große und sehr ernste Probleme. Das Alkoholproblem ist das größere Problem. Die Zahlen über die einzelnen Suchtformen sind unzuverlässig, aber die Gesamtzahl der Alkoholiker ist wahrscheinlich dreimal größer als die der Drogensüchtigen. Die Mortalität und Morbidität der Alkoholiker ist hoch. Etwa 100 000 Personen sterben an Folgen des Alkoholismus (Verkehrsunfälle, Leberzirrhose, Fötalsyndrom etc.). Dies ist mit der Mortalität und Morbidität der Süchte nicht zu vergleichen. Die Kokainsucht, die in den USA als besonders bedrohlich empfunden wird, verursacht beispielsweise ungefähr 600 Todesfälle im Jahr. Die indirekten Kosten des Alkoholismus sind aller Wahrscheinlichkeit nach doppelt so groß wie die der anderen Süchte. Das Unglück, das Alkoholmißbrauch und Rauschgift verursachen, ist ja quantitativ nicht zu erfassen. Abgesehen vom Kokainismus scheint die Zahl der Süchtigen in allen Kategorien und besonders im Marihuana-Mißbrauch zurückzugehen. Man muß sich fragen, warum die Rauchgiftsüchte für die USA so besorgniserregend sind. Vielleicht, weil viele Jugendliche und Studenten Rauschgifte verwenden; es gibt aber auch eine große Zahl, vermutlich 3 Millionen, jugendliche Trinker. Oder weil sich in sensitiven, für Sicherheit und Verteidigung wichtigen Industrien ein hoher Prozentsatz von Süchtigen findet?

Die Ursache der amerikanischen Suchtprobleme und deren Bekämpfung sind unklar; aber eine eigenartige Kombination von Hedonismus, Puritanismus und vor allem organisiertem Verbrechen sind von großer kausaler Bedeutung. Die Maßnahmen, welche die Budgeterhöhung von 1,5 Millarden vorsieht, sind weniger für Behandlung (das Budget für Therapie wurde verringert), sondern für polizeiliche und strafgesetzliche Maßnahmen und eine sehr teure Kontrolle der Erzeugnisse von Rauschgiften in den USA und vielen Ländern der Welt. Für Mord im Zusammenhang mit Sucht wird die Todesstrafe vorgeschlagen. Angestellte der Bundesregierung müssen sich zwangsweisen Untersuchungen auf Rauschgiftverbrauch unterziehen. Im Kontext zu diesen scharfen Maßnahmen steht die Naivität der erzieherischen Maßnahmen; symbolisiert ist dies durch die Massenmedien, die Bilder der First Lady bringen, die Schulkinder lächelnd ermahnt, „Nein" zu sagen. Ich habe meine Bedenken bezüglich der Wirksamkeit emotioneller und politischer Maßnahmen bei gleichzeitiger Vernachlässigung medizinischer, psychologischer und soziologischer Methoden. Vielleicht können wir in dieser Beziehung einiges aus den Erfahrungen in Großbritannien und auf dem europäischen Kontinent lernen.

Auf dem Gebiet des Trainings unterstützt das National Institute for Mental Health (NIMH) nicht mehr die Ausbildung von Psychiatern, Psychologen, Fürsorgern und Pflegern. Es besteht die Ansicht, daß es in diesen Berufen heute keine ernsthaften Mangel gibt. Allerdings ist es in der Psychiatrie besonders schwer festzustellen, welche Zahl von Psychiatern adäquat ist. Derzeit gibt es in den USA einen Psychiater für eine Bevölkerung von 13 500 Patienten, in Großbritannien einen Psychiater für 43 000 Einwohner. Leider gibt es in den ländlichen Gebieten nicht genügend Psychiater, aber bisher ist es aus vielen Gründen kaum gelungen, Psychiater zu bewegen, sich in ländlichen Gebieten anzusiedeln. Es gibt heute fast 5492 Ausbildungsstellen (im Gegensatz zu 1965, als es 4765 Stellen gab); allerdings sind nicht alle Stellen besetzt. Medizinstudenten werden heute in allen 4 Jahren ihrer Ausbildung in Psychiatrie und ihren Grundwissenschaften unterrichtet.

Ich möchte noch ein wichtiges ökonomisches Problem in Ausbildung und Praxis erwähnen. Die medizinische Ausbildung in den USA ist teuer. Vier Jahre Medizinstudium kosten heute etwa $ 100 000. Es gibt nur wenige Stipendien. Das bedeutet, daß viele Studenten sehr große Beträge borgen und zurückzahlen müssen. Junge Ärzte sind gezwungen, Stellungen mit hohem Verdienst anzunehmen. Viele junge Ärzte können sich nicht für eine mäßig bezahlte akademische Karriere entscheiden, weil sie ihre Schulden abzahlen müssen.

Während der Nixon-Regierung ist das Budget für Forschung kaum erhöht und de facto real verringert worden. 1986 aber liegt das Forschungs-Budget von NIMH bei 235 Millionen Dollar im Vergleich zu 200 Millionen im Jahr 1985. (12) Im Vergleich mit anderen Fachgebieten sind diese Beträge gering obwohl sie viel höher als in anderen Ländern sind. In den letzten 10 Jahren ist es zu keinem revolutionären Durchbruch gekommen, aber solide Fortschritte wurden auf dem Gebiet der molekularen Biologie gemacht. Ich erwähnte bereits die Fortschritte der komplexen Technologie zur visuellen Darstellung des Gehirns. Sie sind zweifellos von theoretischer und klinischer Bedeutung. Ich sprach auch über die großen Fortschritte in der Epidemiologie der psychischen Störungen, im Gegensatz zu einer Vernachlässigung der Sozialpsychiatrie und Sozialwissenschaften. Psychiatrie und klinische Psychologie beschäftigen sich ernstlich mit der Auswertung der Psychotherapie. Auf dem Gebiet der Pharmakotherapie gibt es viele neue Mittel; aber keine fundamentalen Neuerungen. NIMH erkennt den Wert der Ausbildung für Forschung an und gibt auf diesem Gebiet 1986 66,1 Millionen im Vergleich zu 54,4 Millionen im Jahr 1985 aus.

Was kann über die Zukunft der psychiatrischen Versorgung gesagt werden? Yogi Berra, ein berühmter und witziger amerikanischer Sportler sagte einmal: „Es ist sehr schwer, Vorraussagen zu machen, besonders wenn sie die Zukunft betreffen." Psychiatrie ist heute eines der großen Fachgebiete der Medizin. Die American Psychiatric Association ist eine starke und gut geführte professionelle Organisation, die alle Aspekte der psychiatrischen Versorgung einschließlich der Forschung und Ausbildung fördert und gut vertritt. Seit dem Zweiten Weltkrieg sind Psychiatrie, Psychologie, psychiatrische Fürsorge und Krankenpflege schnell gewachsen. Es gab Krisen, und wir sprechen dauernd über diese Krisen. Vielleicht ist das besser als selbstgefällige Zufriedenheit, Katastrophen oder wirkliche Gefahren sehe ich aber nicht. Die Psychiatrie wird gebraucht, und die amerikanische Gesellschaft hat viel in Psychiatrie investiert. Ich kann das nahe Ende der Psychiatrie, das interne Gegner der Psychiatrie wie Thomas SZASZ oder Fullen TORRES voraussagen, nicht sehen.

Ich sehe eine Annäherung zwischen Psychiatrie und den anderen medizinischen Fächern. Psychiatrie hat sich weit vom medizinischen Zentrum entfernt; vor 20 Jahren wollte man in der Psychiatrie die postdoktorale medizinische Ausbildung aufgeben. Heute sehen wir ein neues Interesse in einer biologisch orientierten Psychiatrie, in der die Neurowissenschaften eine sehr große Rolle spielen. Führende Psychiater wir Thomas DETRE, D. X. FREEDMAN und Herbert PARDES betrachten die Betonung und Förderung dieser Wissenschaften als eine wünschenswerte und essenzielle Entwicklung in unserem Fach. Wie lange es dauern wird, bis wir auf den Grund von molekularem Wissen über das Gehirn über kausale Therapien verfügen werden, ist schwer zu sagen. Aber wir werden allmählich die noch primitiven organischen Methoden durch bessere Therapie ersetzen. Dann wird Psychotherapie nicht mehr das therapeutische Hauptinstrument sein, aber doch eine wichtige Position einnehmen, welche die Psychotherapie ja in jedem medizinischen Fach einnehmen sollte. Eine beträchtliche Anzahl junger Psychiater sieht das Rapprochement von Psychiatrie und Medizin als wirklichen Fortschritt und nicht als defensives Manöver gegen eine Invasion unserer unsicheren Grenzen durch Nichtmediziner.

Der medizinische Soziologe Donald LIGHT sieht als System der Zukunft nicht ein staatliches, bürokratisches, wie es in den Ländern des Ostblocks existiert, auch nicht ein professionelles Modell, das von Ärzten beherrscht wird, Light sieht die Entwicklung eines Systems, in dem Dienstanbieter, Konsumenten und Professionelle unter gutem Management zusammenarbeiten. (3) In einem solchen System – ohne Profit – könnten Psychiater mit Kollegen in den anderen psychischen Gesundheitsgebieten, aber auch mit Fachleuten anderer medizinischer Fächer ohne kurzsichtiges Streben nach Dominanz zusammenarbeiten. Nach fast 50 Jahren in den USA weiß ich, daß Amerikaner oft sonderbare Wege gehen, aber am Ende mit gesundem und pragmatischem Realismus die richtigen Entscheidungen treffen.

1. Mental Health: United States Departement of Health and Human Services, Washington DC 1985
2. J. CALIFANO: Americas Health Revolution. Who lives, Who dies, Who pays. New York Random House 1986
3. J. THOMPSON, R. B. Felter, Young, Soo Shin: One Strategy for Controlling Costs in University Teaching Hospitals. J. of Med. Educ. 53-167-175 March 1978
4. P. WIDEM, A. Pincus, H. H. Goldman, Jencks: Prospective Payment for Psychiatric Hospitalisation. Hospital and Community Psychiatry 35; 447-451 may 1984
5. A. I. LEVENSON: The Prospect for Investor Owned Psychiatric Hospitals, Health Span 2.3-8 March 1985
6. A. RELMAN: The New Medical Industrial Complex. N. Engl. J. Med. 303; 996-998 1980
7. G. KLERMAN: Community Mental Health Development in the United States. in: Robert Rapaport (ed), Innovation in Health Care; Harvard Univ. Press, Cambridge Ma. 1986
8. R. F. MOLLICA u. F. C. Redlich: Equity and Changing Patient Characteristics. Arch. Gen. Psychiatry 37; 2157-2163 Nov. 1960
9. M. GREENBLATT: Deinstitutionalisation. Am. Rev. Public Health 4.131-154. 1983
10. B. A. STROUL: Community Support System for the Mentally Disabled. National Institute of Mental Health. June 1984
11. J. YAGER u. G. Strauss: Current Concerns in Psychiatric Residency, Training. Psychiatric Annals 16.338-347. June 1986
12. D. X. FREEDMAN: Research Funds are Down – Take Heart. Arch. Gen. Psychiat. 42.518-522. Mai 1985
13. D. W. LIGHT: Comparing Health Care Systems in Political Values and Health Care. Donald W. Light and Alexander Schuller (eds) MIT Press Cambridge 1986

Chancen und Hindernisse in der Fortentwicklung der Reform der psychiatrischen Versorgung in der Bundesrepublik aus amerikanischer Sicht*

R. Schulz

Ich freue mich, Ihnen diesen Bericht über meine Beobachtungen und Empfehlungen zur stationären psychiatrischen Behandlung in der Bundesrepublik am Beispiel des Landes Hessen vorlegen zu können, und bedanke mich für Ihr Interesse. Ich hoffe, es wird Ihnen bei Ihren fortlaufenden Bemühungen um eine Verbesserung der Versorgung psychisch Kranker eine Hilfe sein können.

Anlaß für meinen Forschungsaufenthalt in der Bundesrepublik war das Projekt einer Untersuchung über die Selbständigkeit und Arbeitszufriedenheit von Psychiatern an psychiatrischen Einrichtungen des Landes Hessen die zur Veröffentlichung in einer amerikanischen Fachzeitschrift vorgesehen ist. Die Ergebnisse zeigen, daß die Hälfte der Ärzte entweder eine neutrale Meinung zu den für die Versorgung der Patienten zur Verfügung stehenden Mitteln haben oder unzufrieden damit sind, und daß die Hälfte von ihnen mit ihrer Selbständigkeit, ihrem Status, den beruflichen Kontakten und ihrer Arbeitssituation insgesamt zufrieden sind.

Doch soll die Darstellung und Diskussion dieser Ergebnisse nicht der Gegenstand des hier vorgelegten Berichtes sein. Denn im Verlaufe unserer Arbeit kamen wir mit anderen Problemen in Berührung, welche weit über den Rahmen unserer Untersuchung zur Selbständigkeit und Zufriedenheit von Psychiatern hinausgehen. Diese Probleme scheinen im Hinblick auf die Erfüllung der Bedürfnisse durch psychiatrische Einrichtungen für die Zukunft wichtiger zu sein als die Selbständigkeit und Zufriedenheit der Ärzte. Die meisten gehen weit über den Bereich des einzelnen Arztes, der Einrichtung, der Psychiatrie und selbst von Hessen hinaus.

Die Ergebnisse unserer Untersuchung über diese allgemeinen Fragen beruhen auf Besuchen an 14 stationären psychiatrischen Einrichtungen, Interviews mit mehr als 35 Patienten und ungefähr 12 Psychologen, Krankenschwestern/-pflegern und Verwaltungsdirektoren sowie der Briefumfrage unter 185 Psychiatern, die in diesen Einrichtungen tätig sind. Darüber hinaus wurden mehr als 25 führende Vertreter des Gesundheitswesens des Landes befragt, darunter Vertreter der Ärztekammer, des Verbandes der Nervenärzte, des Hartmannbundes, des Marburger Bundes, des Verbandes der Ortskrankenkassen, des Hessischen Sozialministeriums, der Aktion Psychisch Kranke, der Organisation PROGNOS, der Kassenärztlichen Vereinigung, der Krankenhausgesellschaft, von Landes- und Kommunalbehörden sowie Universitätsprofessoren, die sich mit Themen im Zusammenhang mit

*Gedruckt mit freundlicher Genehmigung des Hessischen Sozialministers, Wiesbaden.

der psychiatrischen Versorgung befaßt haben. Meine früheren Erfahrungen (z. B. Forschungsprojekte in den USA, Großbritannien und anderen Ländern, stellvertretender und beigeordneter Dekan von zwei medizinischen Fakultäten, Berater für verschiedene Gesundheitsdienste und Regierungen in den USA und anderen Ländern, Verwaltungsdirektor von Krankenhäusern und Kliniken) liefern ebenfalls den Hintergrund für die folgenden Ausführungen.

Ich bin allerdings Ausländer, und dieses Manuskript kann Ungenauigkeiten enthalten.

Im weiteren Verlauf dieses Berichts komme ich zu dem Schluß, daß es bei der Umsetzung der Empfehlungen der Psychiatrie-Enquête aus dem Jahre 1975 zwar bemerkenswerte Fortschritte gegeben hat, daß es aber in Zukunft große Probleme geben könnte, diesen Trend fortzusetzen oder den derzeitigen Stand der psychiatrischen Versorgung auch nur aufrechtzuerhalten. Ich gebe daher Empfehlungen, was das Land Hessen unternehmen könnte, um einige Hemmnisse, die weiteren Fortschritten jetzt oder in Zukunft im Wege stehen, zu überwinden.

Die Ziele für die Psychiatrie, wie sie im Enquête-Bericht vorgeschlagen wurden, scheinen zum größten Teil heute noch genauso zu gelten wie zum Zeitpunkt ihrer ersten Veröffentlichung,d. h. folgende Punkte müssen durch die psychiatrische Versorgung sichergestellt sein:

1) Früherkennung und rechtzeitige Hilfe;
2) Reduzierung der Verweildauer durch mehr und bessere ambulante Einrichtungen;
3) Vermeidung der Trennung psychisch Kranker von ihrer normalen sozialen Umgebung;
4) Realistische Versorgungs- oder Besserungsaussichten in psychiatrischen Krankenhäusern.

In den USA faßt man diese Zielsetzungen im allgemeinen unter dem Begriff „desinstitutionalization“ zusammen. In der relativ kurzen Zeit von wenig mehr als zehn Jahren seit ihrer Veröffentlichung ist ein erheblicher Fortschritt bei der Realisierung dieser Ziele zu verzeichnen. Erfolge zeigen sich in vielfacher Hinsicht, z. B. durch

- Einrichtung von Institutsambulanzen in zahlreichen Krankenhäusern;
- Reduzierung der Krankenhausgröße von maximal 1000 Betten in einigen Fällen auf heute maximal 700 Betten in Hessen (die meisten Krankenhäuser haben weniger als 500 Betten);
- Einrichtung von Wohnheimen und Werkstätten für geistig Behinderte;
- mehr qualifizierte Psychiater, die sich an den Zielen der Enquête orientieren;
- mehr und besser qualifiziertes Fachpersonal zur Unterstützung der Psychiater, um die Betreuung der Patienten zu verbessern, z. B. psychiatrische Ausbildung für alle Krankenschwestern und -pfleger;

- bessere bauliche Einrichtungen;
- mehr Interesse und Zuwendung für psychisch chronisch Kranke;
- Durchführung von Modellprogrammen, die Möglichkeiten zur Realisierung der Enquête-Zielsetzungen aufzeigen;
- Aufbau von Selbsthilfegruppen für Patienten und deren Familien.

Dieser Fortschritt ist um so bemerkenswerter, wenn man bedenkt, daß sich der Berufsstand der Psychiatrie nach dem Zweiten Weltkrieg in Konkurrenz zu den somatischen Fachrichtungen neu konstituieren mußte. Es scheint jedoch, daß die Weiterentwicklung, möglicherweise sogar die Bewahrung des bisher Erreichten, durch Hemmnisse innerhalb (1) des Gesundheitssystems, (2) der Ärzteschaft und (3) einiger psychiatrischer Einrichtungen gefährdet ist.

1) *Hemmnisse im System.* Viele Probleme innerhalb des Gesundheitssystems hängen mit der Verfügbarkeit von Haushaltsmitteln und deren Verteilung zusammen. Ein Großteil der Fortschritte, die bisher erreicht wurden, war zum Beispiel nur möglich, weil seit Anfang der siebziger Jahre mehr Haushaltsmittel für die Versorgung psychisch Kranker bereitgestellt werden. Die wirtschaftliche Situation läßt jedoch für die Zukunft nicht nur einen Rückgang der finanziellen Mittel im Gesundheitswesen erwarten, sondern mit zunehmendem Mediziner-Überhang auch eine wachsende Konkurrenz um die geringer werdende Unterstützung. Damit wird es immer schwieriger werden, die höheren finanziellen Mittel zu beschaffen, die für wirksamere kommunale Maßnahmen zur ambulanten Versorgung psychisch Kranker und für eine intensivere Behandlung in Krankenhäusern und außerklinischen Einrichtungen benötigt werden.

Das derzeitige Kostenerstattungssystem der Krankenkassen ist ein weiteres Hemmnis bei der Durchsetzung verbesserter Versorgungsmöglichkeiten für psychisch Kranke. Zwar wurden in jüngster Zeit zumindest einige Versuche unternommen, die Erstattung der Krankenhauskosten von der Pflegebedürftigkeit des Patienten abhängig zu machen, doch wird durch das übliche Pflegesatzschema eine lange Verweildauer und das Halten des Patienten in der Klinik belohnt – zum Nachteil einer intensiven Behandlung und ambulanten Betreuung, die darauf ausgerichtet sind, die Patienten – sofern dies möglich ist – möglichst schnell zu heilen und in die Selbständigkeit zu entlassen.

Eine kontinuierliche Betreuung, wie sie für die Behandlung psychisch Kranker besonders wichtig ist, wird ebenfalls durch Hemmnisse erschwert, die im System selbst begründet sind. Die Trennung zwischen Klinikärzten und frei praktizierenden Ärzten steht der Kontinuität der Behandlung eindeutig entgegen. Die Berichte, die sowohl frei praktizierende Ärzte, als auch Klinikärzte über ihre Patienten zum Zeitpunkt der stationären Aufnahme oder der Entlassung aus dem Krankenhaus abfassen, werden häufig weder rechtzeitig weitergeleitet, noch sind sie vollständig genau, als daß sie für die Kontinuität der Behandlung wirklich hilfreich wären. Die Einrichtung von

Institutsambulanzen hat zwar dazu geführt, daß die Kontinuität der Behandlung von Patienten nach ihrer Entlassung aus dem Krankenhaus verbessert wurde, aber angesichts des sich abzeichnenden Überangebots an frei praktizierenden Psychiatern sind diese Einrichtungen in ihrer Existenz bedroht. In einigen Gemeinden hat es solche Institutsambulanzen nie gegeben, und in anderen wurden die Kliniken mit steigendem Angebot an frei praktizierenden Ärzten gezwungen, Programme dieser Art zu kürzen.

Aus einer Untersuchung in den USA geht sehr deutlich hervor, daß eine gemeindenahe Patientenversorgung mit Schwerpunkt auf der Betreuung durch soziale Dienste, der Grundversorgung der Patienten und dem Aufbau der Beziehungen zu den Patienten in außerklinischen Einrichtungen effektiver und weniger kostenaufwendig ist als die Krankenhausbetreuung*.

Pflegeheime oder sonstige Heimstätten, die die Patientenversorgung nur erneut institutionalisieren (häufig ist die Qualität der Versorgung zudem noch geringer als in psychiatrischen Einrichtungen), sind kein Ersatz für die Krankenhausbetreuung. Eine gemeindenahe Patientenversorgung erfordert unterstützende kommunale Maßnahmen wie berufliche Wiedereingliederung, Arbeitsplatz- und Wohnungsbeschaffung, Tagesstätten und Selbsthilfegruppen sowie den Einsatz von Sozialarbeitern, Psychologen und Psychiatern, die zum Beispiel von Institutsambulanzen, vom sozialpsychiatrischen Dienst, von Heimen usw. bereitgestellt werden könnten.

Die Koordination der Betreuung stellt ebenfalls ein Problem dar. Berichten zufolge wurden die Empfehlungen der Enquête zur Schaffung eines Psychosozialen Beirats in Hessen nicht realisiert. Auch die PSAG (eine psychosoziale Arbeitsgruppe, die die Aufgabe hat, die Betreuung psychisch Kranker durch medizinische und soziale Einrichtungen zu koordinieren) ist in den meisten Gemeinden, die ich im Rahmen dieser Studie besuchte, noch nicht wirksam zum Einsatz gekommen. Das gleiche gilt für die Gesundheitsämter, deren für die Betreuung psychisch Kranker zuständige Abteilungen in den von mir besuchten hessischen Gemeinden personell unterbesetzt waren.

Der Standort und die baulichen Gegebenheiten einiger psychiatrischer Kliniken sind ebenfalls ein systembedingtes Hemmnis für die gemeindenahe Patientenversorgung. Manche liegen weitab von den Ballungsräumen oder den Heimatgemeinden der Patienten. Trotz erheblicher Fortschritte bei der Modernisierung psychiatrischer Einrichtungen gibt es in manchen Häusern immer noch ernste Probleme. Eine Empfehlung der Enquête war auch der Aufbau psychiatrischer Abteilungen in Allgemeinkrankenhäusern. Dies geschieht zwar, gleichzeitig aber verhindern wirtschaftliche und politische Gegebenheiten die Schließung oder die weitere Reduzierung großer Einrichtungen in ländlichen Gebieten.

* Kiesler, C. A.: Mental hospitals and alternative care. American Psychologist 1982: 37(4), April; 349–360

2) *Hemmnisse innerhalb der Ärzteschaft.* Es gibt zunehmende Probleme innerhalb der Ärzteschaft, die vielfach auch systembedingt sind. Das wachsende Überangebot an Ärzten in der Bundesrepublik ist für die Psychiatrie bislang ein Segen gewesen. Während andere medizinische Fachgebiete überfüllt sind, streben mehr und besser qualifizierte Ärzte in die Psychiatrie. Wie jedoch schon erwähnt, könnten durch ein Überangebot an Psychiatern die Institutsambulanzen in ihren Zuständigkeiten beschnitten werden. Während manche behaupten, mehr Ärzte würden sich lediglich negativ auf die hohen Einkünfte der Ärzte auswirken, dürfte die schwerwiegendere Folge vermutlich darin bestehen, daß es unter den frei praktizierenden praktischen Ärzten, Internisten und Psychiatern auf der einen Seite und den Sozialdiensten und Krankenhäusern auf der anderen Seite zu einer noch größeren Abschirmung und noch geringeren Koordination kommen. Der erwartete Ärzteüberhang dürfte auch dazu führen, daß manche Leistungen zu häufig in Anspruch genommen werden. Das ist zwar weniger gefährlich als die zu häufige Inanspruchnahme chirurgischer Dienste, verursacht aber unnötige Kosten und könnte daher zur Folge haben, daß für diejenigen, die eine Behandlung am nötigsten brauchen, noch weniger Mittel zur Verfügung stehen. Außerdem schaffen ein Ärzteüberangebot und ein System, nach dem das Honorar nach den erbrachten Leistungen berechnet wird, finanzielle Anreize, den Krankheitszustand aufrechtzuerhalten, anstatt die Gesundheit zu erhalten und die Patienten so schnell wie möglich zu heilen.

Ein weiteres Problem, das mit der Ausbildung zu vieler Ärzte verknüpft ist, ist die erwiesenermaßen geringere Qualität der medizinischen Ausbildung in der Bundesrepublik, zumindest im Vergleich zur medizinischen Ausbildung in den Vereinigten Staaten und in Großbritannien. Bis gegen Ende der dreißiger Jahre galt die medizinische Ausbildung in den deutschsprachigen Ländern als die beste der Welt. So wurde zum Beispiel an vielen medizinischen Hochschulen in den USA Deutsch als Fremdsprache verlangt, damit Fortschritte in der Medizin, die in Deutschland gemacht wurden, von amerikanischen Ärzten in den USA angewandt werden konnten. Während andere gesellschaftliche Bereiche der Bundesrepublik ihre Weltgeltung wiedererlangten, konnte die medizische Ausbildung ihre führende Stellung nicht zurückgewinnen. Manche behaupten sogar, sie sei in den letzten Jahren unter das Niveau der Ausbildung in anderen europäischen Staaten gesunken. Es ist zwar schwierig, die Qualität der medizinischen Ausbildung zwischen den einzelnen Hochschulen zu vergleichen, doch lassen enorme Unterschiede bei bestimmten Indikatoren auf erhebliche Probleme schließen. So verzeichneten zum Beispiel die drei medizinischen Fakultäten in Hessen im Zeitraum 1975/76 annähernd 6700 Medizinstudenten bei 417 voll- und 426 teilzeitbeschäftigten Lehrkräften*. Geht man davon aus, daß drei teilzeitbeschäftigte Lehrkräfte einer vollzeitbeschäftigten Lehrkraft entsprechen, so bedeutet dies pro Lehrkraft etwa 12 Studenten. Im Vergleich hierzu

* Quelle: The World Directory of Medical Schools, 5. Ausgabe, WHO, 1979.

kommen in Großbritannien an der medizinischen Hochschule mit den höchsten Immatrikulationsziffern 4,2 Studenten auf eine vollzeitbeschäftigte Lehrkraft.

Wisconsin, der Partnerstaat von Hessen mit 4,6 Millionen Einwohnern, verzeichnete im Zeitraum 1975/76 etwa 1300 Medizinstudenten, und an der University of Wisconsin kamen 1,6 Studenten auf eine Lehrkraft. Zur Zeit ist die Zahl der Immatrikulationen an den medizinschen Hochschulen in den USA und Großbritannien rückläufig. An zahlreichen medizinischen Hochschulen in den USA, die aktiv in Forschungsprogrammen tätig sind, gibt es zudem mehr Lehrpersonal als Studenten. Obwohl ich keine Daten über Forschungstätigkeiten, Patientenbetreuung und Lehrverpflichtungen im außermedizinischen Bereich geprüft habe, glaube ich aufgrund meiner Erfahrungen an medizinischen Hochschulen in den drei Ländern, daß sich die Unterschiede nicht allein durch diese Faktoren erklären lassen. Da für eine entsprechende Zahl von Studenten weniger Lehrpersonal zur Verfügung steht, haben die Medizinstudenten in der Bundesrepublik weniger Gelegenheit, in großen Vorlesungen Fragen zu stellen, sie kommen nur sehr selten mit Patienten in Berührung, und in einem Anatomie-Seminar in Hessen beispielsweise lernen an einer Leiche etwa 18 Studenten, in den USA dagegen nur vier.

Um die Mindestanforderung für die Anerkennung als medizinische Hochschule in den USA zu erfüllen, wird von einer medizinischen Hochschule erwartet, daß pro Medizinstudent und Seminar etwa 8 bis 10 mit akuten Fällen belegte Lehrbetten zur Verfügung stehen.* Mit anderen Worten, von einer medizinischen Hochschule in den USA, die pro Jahr 100 Studenten aufnimmt, würde man die Bereitstellung von 800 bis 1000 Lehrbetten mit akuten Fällen verlangen. Dabei muß man wissen, daß die durchschnittliche Verweildauer in einem amerikanischen Akutkrankenhaus etwa 6 bis 7 Tage beträgt. Um dieselben klinischen Ausbildungsmöglichkeiten für Studenten zu erreichen, würde eine medizinische Hochschule in der Bundesrepublik, die pro Jahr 400 Studenten aufnimmt, daher wesentlich mehr als 4000 Lehrbetten mit akuten Fällen benötigen.

Berichten zufolge werden an Medizinstudenten in der Bundesrepublik offenbar auch weniger Anforderungen in den Examina gestellt, verglichen mit den USA. Dozenten an deutschen Hochschulen, denen diese Ausbildungsbedingungen für Mediziner in Großbritannien oder in den USA vertraut sind, geben in der Regel zu, daß die Qualität der medizinischen Ausbildung in der Bundesrepublik geringer ist, da den Studenten nicht genügend Lehrkräfte zur Verfügung stehen und sie nicht genügend klinische Erfahrungen sammeln können. Dies ist offenbar ein Problem, das über den Bereich der Psychiatrie weit hinausgeht; manche behaupten sogar, daß

* Schofield, J. R., New and Expanded Medical Schools: Midcentury to 1980's, San Fransisco, Jossey Bass 1985.

es sich für die Psychiatrie nicht in dem Maße stellt, weil die Schüler an bundesdeutschen Gymnasien eine bessere Grundlage in psychosozialen Fächern erhalten als ihre amerikanischen Altersgenossen.

Auch die Facharztausbildung scheint, verglichen mit den hohen Standards anderer gesellschaftlicher Bereiche in der Bundesrepublik un den medizinischen Ausbildungsstandards anderer Länder wie beispielsweise der USA, kaum angemessen zu sein. Assistenzärzte, die sich auf ihre Facharztqualifikation vorbereiten, werden an den Krankenhäusern in erster Linie beschäftigt, um Patienten zu behandeln, und nicht, um dort ausgebildet zu werden, wie dies in den Weiterbildungsprogrammen für Assistenzärzte in den USA vorgesehen ist. Zwar wird auch an manchen Krankenhäusern in der Bundesrepublik dafür gesorgt, daß Assistenzärzte eine qualitativ hochwertige Ausbildung erhalten (zum Beispiel durch Seminare, Vorführung von Fällen, Diskussion wissenschaftlicher Veröffentlichungen, gegenseitige Beurteilung und Besprechung von Diagnosen und Behandlungsabläufen, Durchsicht von Krankenakten), an anderen Krankenhäusern gibt es solche festgelegten Programme aber nicht. In diesen Einrichtungen hängt die Qualität der Ausbildung vom persönlichen Einsatz des vorgesetzten Arztes und des auszubildenden Assistenzarztes ab. Für die Anerkennung als Facharzt scheint in der Bundesrepublik ebenfalls weniger Fachwissen gefordert zu sein als für die Facharztqualifikation in den USA. In den im Rahmen dieser Studie untersuchten Einrichtungen wurde die Effizienz der Facharztausbildung von den Ärzten im allgemeinen niedrig eingestuft. Lediglich die Effizienz in der Forschung wurde noch niedriger bewertet. Wie in Gesprächen festzustellen war, scheint dies ein allgemeines Problem zu sein, das nicht auf die Psychiatrie oder auf Hessen beschränkt ist.

3) *Hemmnisse innerhalb der Einrichtungen.* Häufig kommt zu einer nicht den Standards* entsprechenden Facharztausbildung noch hinzu, daß es in einigen Krankenhäusern keine aktiven Qualitätssicherungsprogramme gibt. Bei manchen psychiatrischen Abteilungen waren deutliche Bemühungen um eine aktive Qualitätssicherung zu erkennen, z. B. durch Nachsorgeuntersuchungen, Durchsicht der Krankenakten, eine Vielzahl von Schulungskonferenzen mit Vorführungen von Fällen, wissenschaftliche Vorlesungen usw., und zwar nicht nur für Psychiater, sondern auch für das übrige Fachpersonal. In anderen Einrichtungen gibt es solche Maßnahmen zur Qualitätsprüfung und -sicherung kaum; vielmehr bleibt die Qualität der Behandlung hier der persönlichen Motivation der einzelnen Ärzte überlassen. So reicht zum Beispiel die Zeit, die pro Monat für Schulungskonferenzen aufgewendet wird, nach Angaben von Psychiatern von durchschnittlich 4 Stunden in einer Einrichtung bis zu 10 Stunden in einer anderen Einrichtung. Obwohl Maßnahmen zur Qualitätssicherung in Form von Arbeitskontrolle durch

* Meiner Ansicht nach sind die deutschen Standards mindestens so hoch und in mancher Hinsicht höher als die amerikanischen. In diesem Fall verwende ich als Standard jedoch die amerikanischen Kriterien.

Kollegen die Selbständigkeit des einzelnen Arztes einschränken, stellten wir in unserer Umfrage signifikante Korrelationen zwischen derartigen Maßnahmen und der Zufriedenheit der Ärzte fest.

Auch die Forschung ist ein Mittel, bessere Behandlungsmöglichkeiten für Patienten zu finden und Fortschritte in der medizinischen Technologie kontinuierlich anzuwenden. Einige Ärzte äußerten zwar den Wunsch, im Bereich der Forschung zu arbeiten, gaben aber auch an, daß in den meisten Einrichtungen kaum Forschung betrieben würde.

Ein etwas überraschendes Ergebnis war die relativ geringe Bedeutung, die der gemeindenahen Psychiatrie und der Versorgung durch multidisziplinäre Teams beigemessen wurde, sowohl in der Bewertung des ihnen entgegengebrachten Interesses und der Bemühungen um sie, als auch hinsichtlich ihrer Effektivität, obgleich diese Ziele in der Fachöffentlichkeit weithin vertreten werden. In manchen Einrichtungen verhindern z. B. systembedingte Zwänge wie ein ungünstiger Standort oder das Fehlen von Institutsambulanzen, die erfolgreiche Realisierung der gemeindenahen Patientenversorgung. Es ist überdies verständlich, daß die Erreichung dieser Ziele nicht leicht ist und daß es zum Beispiel bei der Teambetreuung allein der Arzt ist, der seine Selbständigkeit aufgibt, daß Entscheidungen länger dauern und daß es bei der starken Fluktuation unter den Psychiatern sehr schwer ist, ein effizientes Team aufzubauen. Die Psychiater sind sich auch nicht darüber einig, ob die gemeindenahe Patientenversorgung und/oder die Teambetreuung für den Patienten tatsächlich besser sind oder nicht. Das mangelnde Interesse einiger Psychiater an der gemeindenahen Patientenversorgung ist insofern verständlich, als sie nicht dem medizinischen Modell der psychiatrischen Versorgung entspricht.

Vorbeugung und/oder Früherkennung und Behandlung psychischer Krankheiten ist eines der Hauptziele, die in dem Enquête-Bericht genannt werden. In den meisten Einrichtungen habe ich allerdings wenig Hinweise darauf gefunden, daß größere Anstrengungen unternommen wurden, diese Ziele zu erreichen. Doch auch hier gilt diese Beobachtung nicht allein für die Psychiatrie. Auf meine Frage: „Warum versuchen die mächtigen Ärzteorganisationen nicht, ihren Einfluß geltend zu machen, wie amerikanische und britische Ärztevereinigungen es tun, um bestimme Krankheitsursachen, z. B. das Rauchen, in den Griff zu bekommen?" lautete die übliche Antwort: „Das ist Sache des öffentlichen Gesundheitsdienstes." Der öffentliche Gesundheitsdienst besitzt jedoch weder den Einfluß noch die Mittel, um Initiativen zu ergreifen, wie sie von Ärztevereinigungen und Krankenhäusern ausgehen könnten. Wirksame Bemühungen von seiten der psychiatrischen Krankenhäuser, Maßnahmen zur psychischen Gesundheitsvorsorge mit anderen öffentlichen Einrichtungen, z. B. Schulen, zu koordinieren, würden allerdings einen entsprechenden Auftrag und Mittel voraussetzen, damit sie diese Rolle in ihren Gemeinden übernehmen können.

Ein weiteres institutionelles Hemmnis für die Kontinuität der Versorgung psychisch Kranker ist die starke Rotation der Assistenzärzte. Um eine angemessene Facharztausbildung zu erhalten, müssen Assistenzärzte Erfahrungen mit verschiedenen Arten von Patienten und Therapien sammeln, so daß die Rotation für ihre Ausbildung durchaus nützlich ist. Die Verantwortung für die Kontinuität der Patientenversorgung lastet aber damit auf den Schultern des Stammpersonals. Manche Krankenschwestern und -pfleger berichteten uns, daß sie ihre Arbeitsabläufe nicht fortwährend den Anforderungen der Assistenzärzte anpassen könnten, da ständige Änderungen Patienten und Personal zu stark belasten würden. Häufige Veränderungen tragen aber nicht zu einer reibungslosen Teamarbeit bei, weder im Krankenhaus noch im ambulanten Bereich, so daß die Kontinuität der Versorgung nicht gewährleistet ist. Außerdem schränken sie die Selbständigkeit des Arztes ein, der fast immer der „Neue“ im Team ist.

Möglichkeiten des Landes zum Abbau von Hemmnissen und Beschränkungen

Für die meisten der eingangs geschilderten Probleme ist das Land weder ursächlich verantwortlich, noch kann es darauf direkt Einfluß nehmen. Das Sozialministerium hat selbst auf der Ebene der Landesregierung keinerlei Kompetenzen in Bereichen wie der medizinischen Ausbildung. De facto sind die Regierungen der Bundesländer ganz allgemein mit erheblich weniger Befugnissen auf dem Gebiet des Gesundheitswesens ausgestattet als die Regierungen in den USA oder in Großbritannien.

Trotzdem hat das Land erhebliche Möglichkeiten, als Initiator vor Veränderungen zu wirken, wie Verbesserungen bei der Planung und bei den Einrichtungen gezeigt zu haben. Vielleicht könnte das zusätzlich zu seiner regulatorischen und treuhänderischen Aufgabe auch stärker die Rolle des Fürsprechers für psychisch Kranke übernehmen. Hierzu gibt es drei Möglichkeiten: (1) durch Unterstützung von Untersuchungen zur Feststellung des Bedarfs und zur Beurteilung der Wirksamkeit von laufenden Programmen und Demonstrationsprogrammen, (2) indem das Land als Katalysator wirkt, um gemeinsam mit anderen öffentlichen Stellen Wege zu finden, Entwicklungshemmnisse abzubauen, und (3) durch Förderung von Fortbildungsmaßnahmen für Bedienstete der Landesbehörden, für Verwaltungsfachleute und ärztliche Leiter im Gesundheitswesen.

(1) Unterstützung von Untersuchungen

Eine wertvolle Fürsprecherrolle spielt das Land bereits, indem es Demonstrationsprojekte zur Verbesserung der Versorgung psychisch Kranker in Hessen unterstützt. Es wäre zu wünschen, daß auch die Haushaltsmittel gefunden werden, um diese Rolle auf die Unterstützung von Untersuchungen auszudehnen, in denen die Wege, wie den Bedürfnissen psychisch Kranker entsprochen werden kann, auf ihre Effizienz untersucht werden. Es gibt zum Beispiel offenkundige Meinungsunterschiede über die Effizienz verschiedener Maßnahmen im Rahmen der gemeindenahen Patientenversorgung und der Teambetreuung. Darüber hinaus ergab unsere Untersuchung, daß die durchschnittliche Verweildauer für anscheinend vergleichbare akute psychiatrische Fälle zwischen 15 Tagen in einer Einrichtung (die Patienten wurden nicht in eine andere Einrichtung zur stationären Behandlung überwiesen) und 60 Tage in einer anderen Einrichtung beträgt. Bei diesen Schwankungen stellt sich die Frage, welche Lösung für die Patienten am besten ist. Wir fanden außerdem Hinweise, die vermuten lassen, daß höhere Pflegesätze in einem Zusammenhang mit niedrigeren Gesamtkosten pro stationärem Aufenthalt stehen. Mit anderen Worten, es ergeben sich Fragen sowohl nach der Effizienz der verschiedenen Lösungsansätze als auch nach ihrer Wirksamkeit und ihren Vorzügen für die Patienten und für die Gesellschaft.

Unsere Untersuchung zeigte, daß unter Psychiatern ein Interesse an erheblich mehr Forschungsarbeit besteht. Vielleicht könnte das Land Hessen die Einrichtungen bei der Beschaffung von Mitteln für Forschungsvorhaben unterstützen, deren Ziel es ist, effizientere und wirksamere Wege zu finden, psychisch Kranke zu heilen, und Möglichkeiten zur Förderung der psychischen Gesundheit und Vorbeugung gegen Erkrankungen zu untersuchen. Auch die hessischen Universitäten sind an Forschungen im Bereich des Gesundheitswesens interessiert und könnten in diesem Zusammenhang wertvolle Hilfe leisten. Interne Forschungen zum Gesundheitswesen innerhalb des Sozialministeriums könnten ebenfalls hilfreich sein. Die Bundesrepublik ist im Bereich der medizinischen Forschung zwar sehr aktiv, scheint aber trotz ihrer Möglichkeiten auf dem Gebiet des Gesundheitswesens (d. h. Organisation des Gesundheitswesens) weniger Forschung zu betreiben als ihre Nachbarstaaten, wie beispielsweise die Niederlande, Belgien, Großbritannien, Frankreich, Schweden.

(2) Katalysatorfunktion

In der Bundesrepublik scheinen sich die Machtbefugnisse im Gesundheitswesen auf eine Vielzahl von Gruppierungen zu verteilen, zum Beispiel Ärzteorganisationen, konkurrierende Krankenkassen, Arbeitgeber und Arbeitnehmer sowie die verschiedenen Landes- und Bundesbehörden, um nur die wichtigsten zu nennen. In den vergangenen Jahren wurden Veränderungen daher durch Konsens zwischen diesen Gruppierungen erzielt und nicht allein durch Regierungsbeschlüsse wie in Großbritannien und den USA. Die meisten Gruppierungen scheinen grundsätzlich gegen Veränderungen zu sein; sie fürchten, dabei an Einfluß zu verlieren. Folglich haben sich Veränderungen im Gesundheitswesen der Bundesrepublik stets langsam vollzogen. Dennoch ist es angesichts der bevorstehenden Ärzteschwemme und der Kostenexplosion ratsam, diese Probleme jetzt anzugehen und nicht erst, wenn die Situation noch kritischer geworden ist.

In seiner Fürsprecherrolle für Verbesserungen im Gesundheitswesen könnte das Land die treibende Kraft sein, um die Hauptakteure bei der Suche nach den wahren Problemen, nach alternativen Lösungsmöglichkeiten und bei der Verteilung der Verantwortlichkeiten für die Lösung der Probleme zusammenzuführen. Bei der Planung von Einrichtungen hat das Land bereits gezeigt, daß es in der Lage ist, mit Problemen fertig zu werden. Da viele Probleme der psychiatrischen Versorgung allgemein systembedingt sind, könnte das Sozialministerium eventuell Hilfe von anderen Behörden und Berufsverbänden erhalten und versuchen, die Kostenübernahmepraxis der Krankenkassen dahingehend zu ändern, daß Anreize für intensivere Behandlungen, kürzere Verweilzeiten und mehr Institutsambulanzen geschaffen werden. Möglicherweise können gezieltere Untersuchungen, die vom Sozialministerium gefördert werden könnten, dazu dienen, den Krankenkassen den Gesamtnutzen und die Kostenwirksamkeit verschiedener Berechnungsgrundlagen vor Augen zu führen. Die Abteilung für medizinische Ausbildung im Ministerium für Wissenschaft und Kunst hat bereits ihr Interesse zumindest an gemeinsamen Tagungen zwecks Erörterung unserer Untersuchungsergebnisse bekundet. In Zusammenarbeit mit der Landesärztekammer und anderen Dienststellen und Institutionen könnte das Sozialministerium vielleicht Sonderkommissionen einrichten, die sich mit der Qualität der medizinischen Ausbildung, der Kontinuität und Koordination der Patientenversorgung und anderen wesentlichen Fragen der Verhütung und Behandlung psychischer Krankheiten und der Wiedereingliederung der Patienten zu befassen hätten. Darüber hinaus könnte das Land Anreize für die Einführung unterstützender kommunaler Maßnahmen schaffen, um die Durchsetzung einer gemeindenahen Patientenversorgung zu erleichtern.

(3) Verbesserung der Ausbildung für Führungskräfte im Gesundheitswesen

Die Ausbildung zur Ausübung leitender Funktionen im Gesundheitswesen ist in der Bundesrepublik nicht so gut wie in anderen westlichen Ländern. Diese Ausbildung soll Bediensteten von Behörden, Verwaltungsfachleuten, Sachbearbeitern, die mit der Bewilligung und Bewirtschaftung von Haushaltsmitteln betraut sind, sowie Ärzten und sonstigen Fachkräften, die in einem der größten Unternehmen eines jeden Industrielandes in leitender Funktion sind, Einblicke in Zusammenhänge und allgemeines Wissen vermitteln. Die meisten Führungskräfte im Gesundheitswesen sind aufgrund ihrer Ausbildung auf dem Gebiet der Rechtswissenschaften, des Finanzwesens, der Medizin oder der Krankenpflege eng auf ihr Fachgebiet fixiert. Die Ausbildung zur Wahrnehmung von Verwaltungsaufgaben im Gesundheitswesen,wie sie in anderen Ländern vorgesehen ist, vermittelt Einblicke in die Erfordernisse des Gesundheitsdienstes und die Möglichkeiten und Technologien zur Erfüllung dieser Erfordernisse. So ist z. B. das Verständnis für die Ziele und Programme der modernen Psychiatrie wichtig für Verwaltungsfachleute, deren Aufgabe es ist, Mittel für die Bereitstellung von Dienstleistungen im Rahmen der psychiatrischen Versorgung zu bewilligen. Diese

Ausbildung vermittelt auch Kenntnisse im Management und auf anderen Fachgebieten, so daß diese Kenntnisse, z. B. in juristischen Fragen, angewandt werden können, um den Erfordernissen des Gesundheitswesens wirkungsvoll Rechnung zu tragen. Ebenso kann die medizinische Ausbildung durch eine Ausbildung im Bereich des Management ergänzt werden, die Ärzten, die in leitender Funktion tätig sind, ebenfalls helfen soll, Ziele im Gesundheitswesen durchzusetzen. Eventuell kann das Land einen solchen Ausbildungsgang zunächst für seine eigenen Bediensteten einführen und dann in Zusammenarbeit mit anderen Stellen weitere Fortbildungsmaßnahmen organisieren.

Schlußbemerkung

Die ständige Verbesserung in der Versorgung psychisch Kranker ist offensichtlich nur durch das Zusammenwirken der einzelnen Ärzte und sonstigen medizinischen Fachkräfte, der ärztlichen Direktoren und anderen Mitglieder der Krankenhausleitung, der Krankenkassen, Ärzteorganisationen, Gewerkschaften und verschiedenen Behörden des Landes und der Gemeinden zu erreichen. Sie alle sind zwar an einer Verbesserung der Versorgung interessiert, benötigen aber auch bestimmte Anreize und die Zusammenarbeit mit anderen. Die Ergebnisse unserer Untersuchung zeigen, daß die potentielle Effizienz an Hemmnissen scheitert, die im System selbst, in der Ärzteschaft un in den psychiatrischen Einrichtungen zu suchen sind. Daher muß gemeinsam nach Lösungen gesucht werden, um den offenbar wachsenden Problemen, die einer beständigen Entwicklung im Gesundheitswesen entgegenstehen, Einhalt zu gebieten.

Versorgungskonzepte und Versorgungsstrategien für psychisch Kranke und Behinderte in den letzten zehn Jahren in den Niederlanden

M. Richartz

Zehn Jahre Reformpolitik im Lichte zweier regierungsamtlicher Leitlinien

Für den auf dieser Tagung angestrebten internationalen Vergleich trifft es sich gut, daß die entscheidenden regierungsamtlichen Leitlinien in den Niederlanden beinahe zeitgleich mit dem Erscheinen der Enquête und den nachfolgenden Maßnahmen erlassen worden sind. Im Jahr 1974 erschien der Regierungsentwurf zur Neuordnung der gesamten medizinischen und psychosozialen Versorgung, der ganz abgestellt war auf die *Vereinheitlichung* und *Regionalisierung* der klinischen und amublanten Dienste, die bis dahin auch im psychiatrischen und psychosozialen Bereich einen bunten Flickenteppich bildeten. Ursachen dafür lagen im niederländischen System der, ursprünglich konfessionellen, „Versäulung", das in unserem Land eine große Vielfalt von freien Trägern („Stiftungen") hervorgebracht hatte. Als das Ziel der Regionalisierung und Vereinheitlichung u. a. durch die Gründung der Regional-Institute für Ambulante Geistige Gesundheitspflege (RIAGG's) und der klinischen psychomedizinischen Regionalzentren (Allgemeine Psychiatrische Krankenhäuser = APZ) nahezu überall erreicht war, erschienen 1984 die neuen regierungsamtlichen Leitlinien. Diese zielen in einer Periode der Sparhaushalte nun viel stärker auf eine Neubestimmung der *inhaltlichen* Prioritäten, die bei der Vergabe und Verwendung der Mittel für psychiatrische und psychosoziale Versorgung zu beachten sind („Nieuwe Nota Geestelijke Volksgezondheit" des Ministeriums für Wohlfahrt, Volksgesundheit und Kultur, 1984, Nr. 18463). Die Leitlinien wurden im Mai 1985 ausführlich im Parlament diskutiert und ohne eingreifende Änderungen verabschiedet. In der betreffenden Vorlage formuliert der zuständige Staatssekretär die Ausgangspunkte und Ziele wie folgt:

> „Ansatzpunkt für meine Politik ist die Interessenlage und die Situation des Patienten. Für ihn ist wichtig:
> 1. eine Verbesserung der psychiatrischen und psychosozialen Versorgung,
> 2. eine Versorgungsstruktur, die bevölkerungsnah ist, sich regional gleichmäßig verteilt und die sozialen Kontaktmöglichkeiten des Patienten so wenig wie möglich beeinträchtigt. Dafür brauchen wir *von der Organisation her* ein flächendeckendes, integriertes Versorungssystem, das sich aus vielen kleineren Einheiten zusammensetzt, und *vom Inhalt her* ein Versorgungsangebot, das sich den Bedürfnissen der Patienten und ihren Problemen anpaßt."

Ob und in welcher Weise die heutigen Strukturen, die personellen und institutionellen Voraussetzungen, wie sie seit der Veröffentlichung der Leitlinien von 1974 entstanden sind, bereits dieser Absichterklärung entsprechen oder erst in Zukunft erreichbar sind, sollte nun näher geklärt werden. Neben meinen eigenen Erfahrungen und Quellenstudien mache ich dabei Gebrauch von dem Material, das mir freundlicherweise vom Niederländischen Zentrum für Geistige Volksgesundheit (NcGv) zur Verfügung gestellt wurde (und wofür ich insbesondere Dr. Paul Schnabel danke).

Dabei wäre zu prüfen, ob sich Belege finden lassen für die Behauptungen von P. *Schnabel* (1985), die ich hier thesenhaft zitiere:

– „Die niederländische Variante der Psychiatriereform ist allerdings eine pragmatische geblieben: politisch durchgesetzt, aber inhaltlich nicht politisiert; ideologisch inspiriert, aber nicht dogmatisiert; sachlich beeinflußt, aber trotzdem relativ autonom.“

– „Zeitgemäß hat sich (dabei) der Schwerpunkt allmählich verlagert: von Antipsychiatrie zurück zur Psychiatrie, von den psychosozialen Problemen und Psychotherapie zu Sozialpsychiatrie und invalidisierenden psychiatrischen Krankheiten“, d. h. den Langzeitpatienten.

– In diesem Sinne wurden „in den letzten zehn Jahren, von der Außenwelt kaum beachtet, eine psychiatrische Reformpolitik größeren Umfangs durchgeführt, die zwar noch nicht abgeschlossen ist, sich aber doch soweit entwickelt hat, daß eine Darstellung dieser Politik sich nicht mehr auf Pläne, Entwürfe oder Gesetzesvorhaben zu beschränken braucht. Die niederländische Reformpolitik hat sich inzwischen schon landesweit als Praxis durchgesetzt.“

Und schließlich:

– „Mit Schweden gehören die Niederlande noch immer zu den elaboriertesten Wohlfahrtsstaaten der Welt, und politisch wird das System des Sozialstaates noch immer und ungebrochen von jeder der drei großen Parteien (Sozialisten, Christdemokraten, Konservative/Liberale) getragen.“

Einige historische und aktuelle Randbemerkungen über das System der psychiatrischen und psychosozialen Versorgung in den Niederlanden

Ursprünglich entstand die institutionelle Vielfalt auf dem Gebiet der psychiatrischen und psychosozialen Versorgung in unserem Land aus vorwiegend konfessionellen Initiativen. Solche freien Bürgerinitiativen sind bis in jünste Zeit überhaupt bestimmend gewesen für den gesamten ausführenden Bereich des Sozial-, Gesundheits- und Kulturwesens. Erst sehr viel später, eigentlich erst nach dem Zweiten Weltkrieg, entstand ein ausgebautes System der sozialrechtlichen Sicherung, wodurch die freien Träger, die Stiftungen, vollständig finanzierbar wurden durch die gesetzlichen Krankenversicherungen und durch die öffentliche Hand. Die Situation kann beschrieben werden als ein sozial- und wohlfahrtstaatlich gestütztes, überbautes und gesteuertes System von lokalen Initiativen und Institutionen, die als Rechtspersonen eine Art öffentlich rechtlichen Charakter haben. Der Einfluß der staatlichen, provinziellen und kommunalen Verwaltungen macht sich daher nur geltend in Form von gesetzlichen Normierungen, Festlegung der finanziellen Rahmenbedingungen und aufsichtsführenden und regulierenden Eingriffen. Nur ausnahmsweise treten der Staat, die Provinzen oder die Kommunen selber als Träger auf. Trotz des enggeknüpften sozialstaatlichen Fangnetzes blieb also das Subsidiaritätsprinzip bis heute erhalten und wird vor dem ideengeschichtlichen Hintergrund einer einst kalvinistisch begründeten Selbstverantwortung der Bürger auch weiterhin als verbindlich anerkannt. „Das System könnte man als sozialstaatliches Franchising bezeichnen: der Staat macht selber nicht viel, aber er macht vieles möglich und überwacht fast alles" (Schnabel 1985).

Einige demographische, epidemiologische und gesundheitspolitische Basisinformationen

Bevor ich, gleichsam mit den Empfehlungen der Enquête-Kommission im Hinterkopf, näher eingehe auf die Lage der psychiatrischen und psychologischen Versorgung, möchte ich Ihnen noch einige allgemeine Informationen geben, die mir für ein besseres Verständnis der Situation von Bedeutung scheinen.

Die *demographische* Situation ist in den Niederlanden gekennzeichnet durch eine verhältnismäßig hohe Bevölkerungsdichte, durch eine starke Urbanisierung, vor allem im Westen des Landes („Randstad-Holland"), weiterhin durch einen hohen Anteil von alten und hochbetagten Bürgern in der Gesamtbevölkerung und durch einen erheblich geschrumpften Umfang der erwerbstätigten Bevölkerung.

Tabelle 1: Demographische Daten

	Mill.	%
Einwohner	14,7	100
davon:		
erwerbstätige Ausländer	0,6	10,0
Einwohner, ansässig		
in der „Randstad-Holland"	5,0	34,0
(urbanes Ballungszentrum im Westen des Landes)		
erwerbstätige Berufsbevölkerung	6,0	41,0 (= 100 auf:)
arbeitslos	0,69	11,5
erwerbsunfähig	0,79	13,5

Anmerkung: – Im Vergleich mit der BRD ist der Anteil der Erwerbsunfähigen relativ hoch. Ursache: ein nicht unbedeutender Teil der Arbeitslosigkeit ist verdiskontiert in der Invaliditäts-Ziffer.
– korrigiert für 1987.

Die nächste Tabelle zeigt die psychiatrische und psychosoziale *Morbidität*, wie sie durch die sozialpsychiatrische Forschungsgruppe an der Universität Groningen aufgrund des Filtermodells von Goldberg und Huxley (1980) ermittelt wurde (das Modell erlaubt es, epidemiologische Daten gleichzeitig aufgrund einer enger- und einer weitergefaßten Definition von Morbidität zu erfassen und wiederzugeben).

Tabelle 2: Psychiatrische und psychische Morbidität in den Niederlanden pro 1000 Einwohner (Erwachsene) pro Jahr

		‰
I	In der Gesellschaft (epidemiologische Forschungsergebnisse: repräsentative Stichproben der Bevölkerung)	120–240
II	Beim Hausarzt angemeldet oder vom Hausarzt als psychisches Problem erkannt	165–200
III	Vom Hausarzt an spezialisierte Behandlung verwiesen, von Patienten selbst, oder von anderen Instanzen (Schule, Sozialarbeit, Polizei) bei Ambulatorien und Polikliniken angemeldet	34
IV	Klinische Behandlung (Psychiatrie, Psychogeriatrie), (Neu-Aufnahmen und bereits Aufgenommene)	10

Quelle: P. Schnabel, 1985, durch R. Giel ermittelt nach dem „Filter"-Modell v. D. Goldberg und P. Huxley (London 1980)

Die *Kosten* für die psychiatrische und psychosoziale Versorgung werden fast ausnahmslos von den gesetzlichen Kranken- und Pflegefallversicherungen getragen. Im stationären Bereich werden die Tagessätze aufgrund der geltenden Richtlinien jährlich mit jedem Krankenhaus neu verhandelt und kostendeckend festgelegt; im ambulanten Bereich der Regional-Institute für Ambulante Geistige Gesundheitspflege (RIAGG) gilt eine Pauschalfinanzierung*, deren Höhe durch die Zahl der jährlich behandelten Patienten bzw. Klientensysteme ermittelt wird (nur die Leistungen für methodische Psychotherapie bedürfen eines übrigens recht einfachen Antragsverfahrens und werden von der Kasse individuell vergütet).

Die nächsten beiden Tabellen zeigen die Kosten der Versorgung, aufgegliedert nach den verschiedenen Bereichen der „Geistigen Gesundheitspflege".

* in Form eines festen, jährlichen Sockelbetrages pro RIAGG, ergänzt durch einen variablen Zuschuß pro 100 000 Einwohner (je nach Größe des Versorgungssektors bzw. des Urbanisierungsgrades).

Tabelle 3: Kosten, Personal, Betten/Plätze, Besetzung (Stand 1987), stationär, teilstationär, ambulant (Psychogeriatrie)

	Mill. Hfl.	Personal	Betten/ Plätze	Belegungsgrad %	Anzahl der Inst. (1983)
Psych. Kr. (PKH+PAAK+PUK)	2 112	27 190	23 035	95,3	82
Einricht. f. geistig Behinderte	2 198	27 869	30 542	99,0	158
Wohnheime	566	6 554	12 991	99,0	416
Teilstationär:					
TKs+Tagesstätten	424	4 872	14 035	99,0	272
RIAGG	476	4 619[2])	(143 350)[1])	–	59
Total	5 776	71 104	80 603	–	1 087

[1]) Zahl der „Klientensysteme" (1 oder mehrere Personen)
[2]) Tabelle korrigiert für ultimo 1987

Quelle: Vereinigung der Niederländ. Krankenversicherungen (Ziekenfondsmagazine 1/85, S. 3)

Tabelle 4: Kosten und Finanzierung (in Hfl.), 1 DM = 1,10 Hfl.

– BSP	Hfl. ± 320 Milliard.		
– Gesundheitsbereich	Hfl. ± 27,6 Milliard.		
davon für Psychiatrie	Hfl. ± 3,5 Milliard.		
Intramural			
	insgesamt	pro Pflegetag	Kostenträger
* PKA	Hfl. 1,411 Mia	Hfl. ± 224,–	KK/AWBZ
* AK–PA/PUK	Hfl. 0,205 Mia	Hfl. ± 480,–	KK
* Psychogeriatrie	Hfl. 1,092 Mia	Hfl. ± 192,–	AWBZ
Semimural	Hfl. 0,125 Mia		AWBZ/Staat
Extramural		pro Einrichtung	
* RIAGG	Hfl. 0,36 Mia	Hfl. ± 4 160 000,–	AWBZ
* Alk. + Drog.	Hfl. 0,045 Mia	Hfl. ± 960 000,–	Staat
* Poli. Psychiatrie	Hfl. 0,062 Mia	Hfl. ± 800 000,–	KK

KK = Krankenkasse
AWBZ = Pflegefallversicherung (Volksversicherung) „Allgemeine Wet Bijzondere Ziektekosten"
Staat = öffentliche Mittel

Regionalisierung und Neugliederung der Versorgungsbereiche

Das Versorgungssystem ist trotz des ausgebauten Netzes von ambulanten und poliklinischen Institutionen immer noch stark bettenzentriert. Zu einem massiven Auszug von Langzeitpatienten aus den klinischen Einrichtungen, zu einer „Deinstitutionalisierung" wie in den USA und Italien ist es nicht gekommen. Weil im Laufe der letzten zwanzig Jahre sich zunächst einmal die Versorgung von geistig Behinderten und von psychogeriatrischen Patienten institutionell und professionell von der Psychiatrie losgelöst hat, kam es eher zu einer Ausgliederung von Betten aus der Psychiatrie als zu einem echten Bettenabbau: „Transmuralisierung" statt „Deinstitutionalisierung". Es gibt etwa 64000 (4,5‰) Betten für psychiatrische, geistig Behinderte und psychogeriatrische Patienten in drei „kategorial" von einander unterschiedenen Versorgungsbereichen (wovon der psychiatrische lediglich 1,6‰ umfaßt). Die nächste Tabelle zeigt eine Übersicht über die Inzidenz- und Prävalenzziffern in der stationären Versorgung.

Tabelle 5: Patienten in der intramuralen Psychiatrie 1983

	Punktprävalenz (Stichtag)	Inzidenz	Jahresprävalenz
– Psychiatrische Krankenhäuser	22 000	26 000	48 000
– Psychiatr. Abt. Allgem. Krankenh. Psychiatr. Universitätskliniken	2 250	22 000	24 000
– Psychogeriatrische Pflegeheime	20 000	9 000	29 000

Quelle: P. Schnabel, 1985

Die gesamte „Geistige Gesundheitspflege" besteht heute aus den folgenden Teilbereichen:

- den psychiatrischen Kliniken mit eigenen Polikliniken;
- den Regional-Instituten für Ambulante Geistige Gesundheitspflege, die neben ihren sozialpsychiatrischen Funktionen wie mobile Krisenintervention und ambulante Betreuung von Langzeitpatienten zuständig sind für die ambulanten Hilfen bei psychosozialen Problemen von Klienten und Klientensystemen aller Altersgruppen und für Psychotherapie;
- den psychogeriatrischen Behandlungs- und Pflegekliniken, die zusammen mit den sozialgeriatrischen Diensten bei den RIAGG's und dem übrigen Bereich für Alterskranke zum sogen. „geriatrischen Circuit" gehören;

- den intramuralen Einrichtungen für geistig Behinderte, die wiederum zusammenarbeiten mit den sozialpädagogischen Diensten in den Kommunen und Landkreisen;
- den klinischen Institutionen für Suchtkranke, die ebenfalls funktionell verbunden sind mit den sogen. Beratungsstellen für Suchtkranke und -gefährdete (den CAD's);
- den intramuralen Einrichtungen für psychisch kranke Straftäter, die dem Justizministerium unterstellt sind und in den Reklassierungs- und distrikt-psychiatrischen forensischen Diensten ihre gemeindenahen Entsprechungen haben.

Alle genannten Bereiche sind bezüglich ihrer intramuralen Teile mit Ausnahme der sozialtherapeutischen Anstalten für seelisch kranke Straftäter gemeindenah oder zumindest relativ gemeindenah angesiedelt und eingebunden in ein Standard- oder übergeordnetes Versorgungsgebiet. Dabei ist anzumerken, daß in den Niederlanden 20 bis 30 Kilometer schon als weit gelten, wenn es um die psychiatrische und psychosoziale Versorgung geht. Die Tabelle 6 informiert über die nach Diagnosen aufgeschlüsselten Patienten, die sich 1980 im Vergleich zu 1970 noch nach zehnjähriger Verweildauer in stationärer Behandlung in psychiatrischen Krankenhäusern befanden. Der Rückgang bestimmter Diagnosegruppen, am auffälligsten bezüglich der Oligophrenie widerspiegelt teils das Entstehen neuer intramuraler Versorgungsbereiche, teils aber auch (z. B. bezüglich der Schizophrenie) die Erweiterung des komplementären bzw. des teilstationären Behandlungsangebotes.

Tabelle 6:

	Patientenzahlen 1970	1980	1980/1970 × 100
Schizophrenie	6553	4242	65
Oligophrenie	3569	1392	39
Übrige organ. St.	978	501	51
Persönl. Störungen	327	630	192
Übrige Psychosen	311	233	75
Affekt. Psychosen	235	225	96
Sen. Demenz	173	138	80
Neurosen	94	175	186
Sucht	33	50	152

Diagnostische Verteilung der Patientenpopulation mit einer Verweildauer von mindestens 10 Jahren in „Allgemeinen Psychiatrischen Krankenhäusern (APZ)" in klinischer Behandlung.
Quelle der Erhebung: Zentr. Register bei Hauptinsp. Geist. Volksges. – Gesundh. Minist. (nach Giel, 1984)

Aus meinen Bemerkungen möge deutlich geworden sein, daß die erste Phase der Reform (seit 1974) zunächst einmal gerichtet war auf

1. die Ausgliederung einzelner Versorgungsbereiche aus dem im engeren Sinne psychiatrischen Bereich und auf
2. eine regionale Einbindung und – wo notwendig – gemeindenahe Ansiedlungen weitgehend entflochtener klinischer und sonstiger intramuraler Einrichtungen.

Regionalisierung und „Echelonnierung"

Mit dieser nahezu abgeschlossenen institutionellen Auffächerung des Systems, das in den Niederlanden mit dem allen Bürgern geläufigen Begriff „Geistige Gesundheitspflege" (Geestelijke Gezondheidszorg) umschrieben wird, in sehr verschiedene gemeindenahe Versorgungsbereiche, wurde eine Integration der verschiedenen Dienste als ein konkretisierbares Ziel denkbar. Schon die regierungsamtlichen Leitlinien von 1974 teilten mit Blick auf die Regionalisierungs- und regionalen Budgetierungspläne den gesamten Bereich der medizinischen, psychiatrischen und psychosozialen Versorgung in zwei Linien oder Echelons ein. Diese sind von Bedeutung, weil die Versorgung in den Niederlanden an der Basis und vor Ort schon seit langem zentriert ist um das erste Echelon, nämlich die Hausärzte, die Bezirksfürsorge und die Gemeindeschwester. Durch die gesetzlichen Krankenversicherungen ist das Überweisungsmonopol der Hausärzte für die fachärztlichen Leistungen jüngst noch einmal verstärkt worden. Mit Ausnahme der RIAGG's kann im Prinzip nur der Hausarzt Zugang zu ihnen verschaffen, es sei, es handelt sich um Notfälle. Hausärzte sind in den Niederlanden deutlicher als in der Bundesrepublik als Familienärzte tätig. Die „Hausarztmedizin" vermittelt in der Ausbildung ein stärker gemeinde- und sozialmedizinisch profiliertes Berufsbild als es dem Arzt für Allgemeinmedizin eigen ist. Im Laufe der letzten zehn Jahre haben sich im ganzen Land in wachsender Zahl Hausärzte zusammen mit Sozialarbeitern und Gemeindeschwestern auf privater Grundlage assoziiert zu „hausärztlichen Gesundheitszentren". Die medizinische Fakultät in Maastricht verfügt auch für den Unterricht während des Basiskurrikulums und für die Forschung über mehrere solcher Gruppenpraxen. Die Studenten orientieren sich bereits während des ersten Studienjahres im Projektunterricht über die Versorgung im ersten Echelon. Als Ärzte erhalten sie dort eine Ausbildung zum Hausarzt. Von den etwa 6000 Hausärzten betreut ein jeder 2000–2500 Patienten. Jeder Bürger hat im Prinzip einen Hausarzt. Die Fachärzte sind fast ohne Ausnahme im Krankenhaus tätig. Nervenärzte des deutschen Typs können seit kurzem nicht mehr ausgebildet werden, die Weiterbildungen für Psychiatrie und Neurologie verlaufen seitdem getrennt und dauern viereinhalb respektive fünf Jahre. Weitaus die meisten Psychiater sind in einem Dienstverhältnis tätig in den klinischen und ambulanten Einrichtungen. Private Facharztpraxen außerhalb der Institutionen sind so selten geworden, daß ihre Zahl unbekannt ist*. Es gibt noch einige wenige niedergelassene Psychothera-

* Inzwischen gibt es (seit 1985) wieder eine wachsende Zahl von Psychiatern und Psychotherapeuten, die – sei es auf Teilzeitbasis, sei es Vollberuflich – in freier Praxis tätig sind.

peuten. Die fachärztlichen Leistungen und die Institutionen, in denen sie erbracht werden, gehören damit zum zweiten Echelon der regionalen Versorgung. Für den Bereich der Psychiatrie und der „Geistigen Gesundheitspflege" kann man besser von spezialisierten Leistungen sprechen, weil sie trotz der ärztlichen Einweisungsermächtigung und Verantwortung für die Behandlung im klinischen und poliklinischen Bereich in einer stärker multidisziplinären, teamgebundenen Weise erbracht werden. Die folgende tabellarische Übersicht zeigt, nach den beiden Echelons aufgelistet, welche

Tabelle 7

Echelonnierung der Versorgung	
Erstes Echelon:	Anzahl (soweit bekannt)
– Hausärzte (davon 7,2% in Gesundheitszentren)	6000
– Gemeindeschwestern (davon 9,3% in Gesundheitszentren)	
– Bezirksfürsorge (davon 10,5% in Gesundheitszentren)	
– Familien- und Haushaltshilfe („gezinszorg")	
– Nachbarschaftshaus	
Zweites Echelon:	
1. Extramural	
– RIAGG's mit u. a.	59
○ Sozialpsychiatr. Dienst	
○ Sozialgeriatrischer Dienst	
○ Dienste für Ehe- und Erziehungsprobleme, Kinder- und Jugendpsychiatrie, Psychotherapie	
– psychiatrische Polikliniken	144
– private Praxen (Psychiater, Psychotherapeuten)	
2. Semimural	
– Teilstationäre Behandlungsmöglichkeiten: TK's	64
– Wohnheime	120
– Tagesstätten	80
3. Intramural	
– allgemeine psychiatrische Krankenhäuser (PKH's)	43
– psychiatrische Abteilung an Allgemeinkrankenhäusern (PAAZ) } – psychiatrische Universitätskliniken (PUK's) }	84
– psychogeriatrische Kliniken/Pflegeheime	178
– kategoriale psychiatrische Krankenhäuser (Kinderpsychiatrie; Alkoholkranke und Drogensüchtige; psychisch kranke Straftäter)	34

Institutionen in welcher Zahl an der psychiatrischen, psychogeriatrischen und psychosozialen Versorgung beteiligt sind. Sie stellen zusammen mit Einrichtungen für geistig Behinderte die „Geistige Gesundheitspflege“ als Ganzes dar.

Regionalisierung, Bettensubstitution und Integration der Dienste

Am Beispiel der Provinz Limburg möchte ich veranschaulichen, wie sich die Reform bis heute konkretisiert hat und welche Ziele zur Zeit noch angestrebt werden.

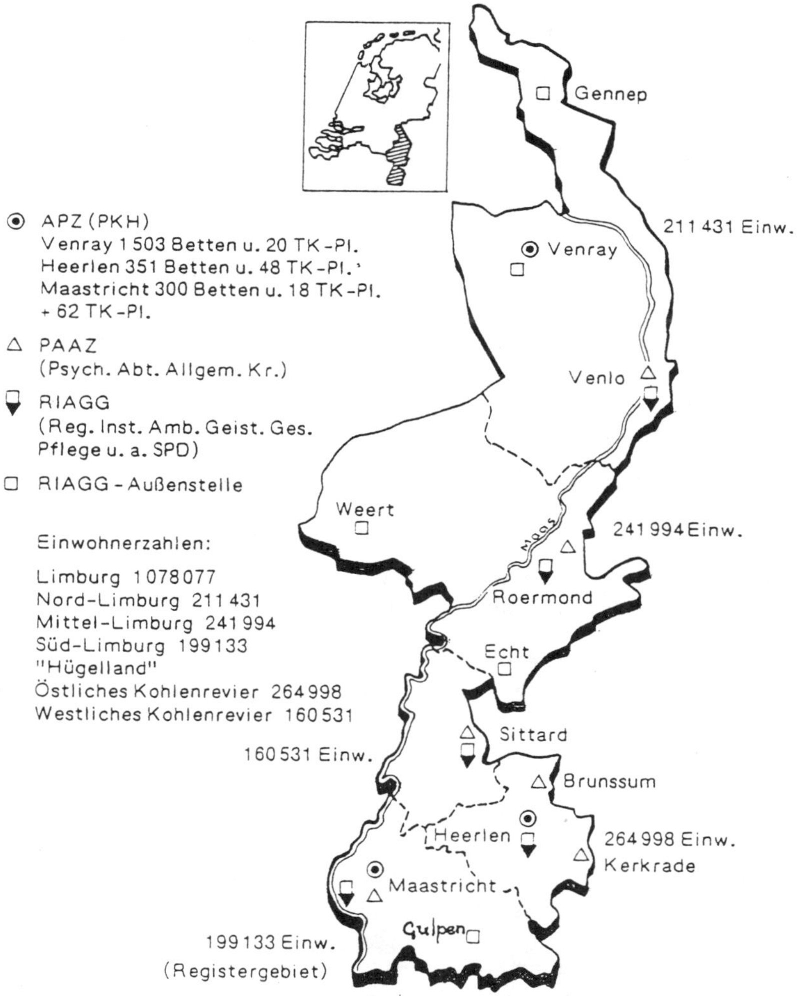

Abb. 1: Psychosoziale/psychiatrische Versorgung in der Provinz Limburg (NL).

Limburg ist die südlichste Provinz unseres Landes und liegt als ein schmales, langgestrecktes Gebiet zwischen Belgien im Westen und der Bundesrepublik Deutschland im Osten. Es besteht aus drei übergeordneten Regionen: Nord-, Mittel- und Süd-Limburg. Die südliche Region ist wegen der größeren Bevölkerungsdichte in drei Standardversorgungsgebiete eingeteilt, während die bevölkerungsärmeren Regionen Nord- und Mittel-Limburg zugleich Standardversorgungsgebiete sind. In jedem Standardversorgungsgebiet befinden sich klinische, poliklinische und ambulante Dienste der Regional-Institute für Ambulante Geistige Gesundheitspflege (RIAGG's). Durch den Einzugsbereich der RIAGG's wird das Standardversorgungsgebiet definiert. Die psychiatrischen Krankenhäuser versorgen teilweise noch ein übergeordnetes Versorgungsgebiet: z. B. ist das Psychomedizinische Regionalzentrum „Vijverdal", unsere Klinik, zuständig für zwei Standardversorgungsgebiete von 200 000 respektive 160 000 Einwohnern. Um auch die klinischen Einrichtungen bevölkerungsnäher ansiedeln und gemeindenahe strukturieren zu können, wurden am Anfang der siebziger Jahre in Maastricht und Heerlen zwei PKH's mit etwa 350 Betten gebaut, wohin auch die meisten Langzeitpatienten aus der damals noch sehr großen Anstalt Venray zurückverlegt wurden.

Die RIAGG's, die durchschnittlich über 60 Planstellen verfügen, sind zuständig für die ambulante Psychotherapie und die psychosozialen Hilfen, ferner für die Vor- und Nachsorge von Langzeitpatienten und die ambulante Betreuung von psychogeriatrischen Patienten. Auch wurde ihnen die Verantwortung aufgetragen für die Ausführung, Organisation und Koordination eines regionalen Bereitschaftsdienstes (ambulante Krisenintervention und Notfallpsychiatrie).

Dieser mobile Bereitschaftsdienst kann, wie im Fall unserer Aufnahmeregionen, wesentlich zur Vereinheitlichung der psychiatrischen Aufnahmen beitragen, eine der wichtigen Voraussetzungen für eine optimale Ausschöpfung aller ambulanten und teilstationären Behandlungsmöglichkeiten. Ganz im Sinne der Empfehlungen der Reformleitlinien von 1974 haben sich inzwischen die klinischen Einrichtungen und die RIAGG's in Maastricht und Sittard zu einem Verbund zusammengeschlossen, um nun in den Rechtspersonen von zwei Regional-Instituten für (ambulante *und* klinische) Geistige Gesundheitspflege (soggen. RIGG's) die gemeinsamen Versorgungsaufgaben besser aufeinander abzustimmen und teilweise auch gemeinsam auszuführen.

Zum ersten gemeinsamen Projekt dieser Art wurde der bereits erwähnte Dienst für Krisenintervention und Notfallpsychiatrie, mit dem es möglich wurde, den mobilen Bereitschaftsdienst innerhalb der Versorgungsregion rund um die Uhr zu organisieren. Dabei gelang es einerseits, die Krisenintervention bei psychosozialen Krisen mit der ambulanten Notfallpsychiatrie innerhalb eines Dienstes zu verbinden, andererseits, die beiden Problembereiche methodisch und institutionell voneinander zu unterscheiden. Neben einem Krisenzentrum in einem Wohnhaus in Maastricht verfügen wir in unserem Psychiatrischen Zentrum über eine kleine Bettenabteilung für Notfallspsychiatrie.

Da wir in der Region Maastricht und Umgebung (200 000 Einwohner) seit 1981 über ein Fallregister – das zweite in den Niederlanden – verfügen, besitzen wir für die Evaluation unserer Aktivitäten auf dem soeben genannten Gebiet ein sehr nützliches epidemiologisches Hilfsmittel (auch für vergleichende Registerstudien).

Ein zweites gemeinsames Versorgungsprogramm beinhaltet ein Sozialpsychiatrisches Zentrum, das wir zur Zeit u. a. nach dem Modell des District Service Center des Maudsley Hospitals in London errichten mit dem Ziel, in einer engen Zusammenarbeit zwischen Klinik und RIAGG zu einer besser integrierten Betreuung von Langzeitpatienten in der Gemeinde zu gelangen. Diese Betreuungsform soll eine personale Kontinuität mit einer größeren Vielfalt von räumlich getrennten Wohn-, Arbeits- und Freizeitsituationen verbinden. Dabei würde sich zeigen, wieviel Betten wir schließlich durch teilstationäre und komplementäre Einrichtungen *substituieren* können. Dieser Integrations- und Neustrukturierungsprozeß verläuft im Vergleich mit dem zuerstgenannten Kriseninterventionsprojekt viel träger, und es dauerte auch viel länger, bis er in Bewegung kam.

Die Beispiele, die ich hier aus unserer Region angeführt habe, sind durchaus typisch für die Situation auch in anderen Versorgungsregionen. Zwar gibt es deutliche lokale Unterschiede. Sie betreffen jedoch mehr die unterschiedlichen, historisch gewachsenen Ausgangsbedingungen, weniger die Konzepte, die sich nach langen Beratungen in den diversen Gemeinden vor Ort und im Land schließlich niedergeschlagen haben in den Leitlinien von 1974 und 1984. An diesen Beratungen waren übrigens schon früh die Patienten beteiligt, vertreten durch ihre Patientenorganisationen und Patientenräte. Sie gewannen darüber hinaus auch einen Einfluß im Parlament. In jeder Institution und in jeder Region gibt es heute Patientenräte und Patienten-Vertrauensleute, die hinsichtlich ihrer Einflußmöglichkeiten über verbriefte Rechte verfügen. Eine Selbstorganisation der Angehörigen kam im Vergleich mit anderen Ländern erst spät zustande; erst jetzt fängt man an, sich auf die Rechte und Interessen diesen, sich nun zunehmend Gehör verschaffenden Gruppe von Angehörigen zu besinnen.

Regionalisierung und Aus-, Weiter- und Fortbildung

Nachdem sich durch Regionalisierung und zunehmende Integration der bunte Flickenteppich zu einer gemeindepsychiatrischen Form der „Geistigen Gesundheitspflege" geordnet hatte, entstand am Anfang der achtziger Jahre ein Bedürfnis, auch die diversen Aus-, Weiter- und Fortbildungsgänge auf diesem Gebiet in einem regionalen Rahmen zu ordnen und legislativ zu vereinheitlichen. Insbesondere bestand eine Notwendigkeit, die psychotherapeutischen Ausbildungen, zu denen neben den Ärzten und Psychologen seit etwa 1970 auch durch Zusatzausbildungen qualifizierte Sozialarbeiter und sozialpsychiatrisches Pflegepersonal Zugang hatten, gesetzlich zu regeln. Hier war es nämlich zu einem Wildwuchs gekommen.

Da alle genannten Berufsgruppen, sofern ihre Vertreter zu Psychotherapeuten ausgebildet waren, auch direkt und indirekt an Kassenleistungen beteiligt waren, entstand ein Bedürfnis, diesen Zugang durch einen Titelschutz zu beschränken und qualitativ schärfer zu kontrollieren*.

In dem gerade in parlamentarischen Beratungen befindlichen Gesetzeswerk, das alle paramedizinischen Berufsqualifikationen einheitlich regelt (BIG), wurde die Berufsqualifikation für Psychotherapeuten aufgrund eines eklektischen vierjährigen Weiterbildungslehrganges normiert und mit einer Eintragung in ein staatliches Psychotherapeutenregister verbunden.

Diese und andere Weiterbildungen sollen im ganzen Land durch acht Regional-Institute für Fort- und Weiterbildung (sogen. RINO's, „Regionale Instellingen voor Nascholing en Opleiding") mit den entsprechenden didaktischen Fachabteilungen realisiert und in dieser Struktur staatlich anerkannt werden. Die RINO's sind den universitären Zentren angegliedert. Sie werden finanziell getragen von den Versorgungseinrichtungen eines Gebietes, das mehrere Standardversorgungsgebiete umfaßt.

Auch für die fachärztliche Weiterbildung auf dem Gebiet der Psychiatrie werden zur Zeit ähnliche Strukturen in Form von regionalen Weiterbildungskonsortien geschaffen.

Kritische Bilanz von zehn Jahren Psychiatriereform und Ausblick

Ich habe versucht, das psychosoziale und psychiatrische Versorgungssystem in den Niederlanden zu schildern. Wie wir sahen, ist es einerseits gekennzeichnet durch eine große institutionelle Vielfalt andererseits ist es trotz seiner Gemeindenähe immer noch uneinheitlich strukturiert, organisatorisch verzettelt und überdies belastet durch träge verlaufende bürokratische Entscheidungsprozesse. Die Zusammenarbeit zwischen den ambulanten Diensten der RIAGG's und den klinischen Abteilungen waren bis vor kurzem alles andere als befriedigend. Sie war nicht nur wegen der organisatorischen Spaltung erschwert, sondern zusätzlich belastet durch ideologische Voreingenommenheiten und überzogene optimistische Erwartungen. Diese Erwartungen wurden teilweise durch die psychotherapeutischen und antipsychiatrischen Strömungen der sechziger und siebziger Jahre beeinflußt und trugen dazu bei, daß sich beide Teile der Versorgung als zwei eigenständige therapeutische Kulturen zu etablieren begannen. In der ambulanten Versorgung der RIAGG's richtete man seine Aufmerksamkeit

* Allerdings müssen für die Krankenkassen die Indikationen für die psychotherapeutischen Leistungen nach wie vor von einem Psychiater gestellt werden, die Ausführung kann dann aber einem anerkannten nicht-ärztlichen Psychotherapeuten delegiert werden.

zunehmend auf „motivierte Klienten", weswegen in diesen Institutionen vor allem psychotherapeutische Behandlungsmethoden und Haltungen gefördert und bevorzugt wurden. Das führte zur Konsequenz, daß nicht wenige Vertreter handlungsorientierter Berufe, z. B. Sozialarbeiter und sozialpsychiatrische Krankenschwestern zu Psychotherapeuten weitergebildet wurden und ihre ursprünglichen beruflichen Kompetenzen kaum noch gefragt waren. Hausbesuche und praktische sozialpsychiatrische Interventionen, die sich auf allmähliche Veränderungen innerhalb der konkreten Lebenssituation von Patienten richten, gerieten zum Teil in Mißkredit und bekamen einen geringeren professionellen und sozialen Status.

Zu dieser hier skizzierten Entwicklung gehörte, daß die beträchtliche qualitative und quantitative Erweiterung des ambulanten psychosozialen Versorgungsangebotes eher zu einer Markterweiterung für vermeintliche „psychosoziale Glücksgüter" (Achterhuis, 1983) geführt hatte, zu einer Begegnung von vielen sozialen Übeln und Konfliktbereichen mit (gesundheits-)politisch fragwürdigen psychohygienischen Mitteln (Castel et al., 1979) als zu einer Verbesserung der ambulanten Versorgung und Rehabilitation von Langzeitpatienten.

Während noch 1969 mehr als die Hälfte aller aus stationärer Behandlung entlassenen Patienten in die Nachsorge der Sozialpsychiatrischen Dienste der RIAGG's überwiesen wurden, waren das 1978 nur 28% (Havemann, 1982).

Die Polikliniken der psychiatrischen Kliniken verdoppelten im gleichen Zeitraum ihre Vor- und Nachsorgefunktion (von 10% 1970 auf 20% 1978), während sich die Rücküberweisungen an den Hausarzt ohne systematische Nachsorge verdreifachten (von 6,6% auf 21%). Von einer systematischen und kontinuierlichen Nachsorge konnte also keine Rede mehr sein; überdies bewirkt sie, wie in einer Registerfallstudie (ten Horn, 1982) nachgewiesen wurde, keine Vorsorge im Sinne einer Verhütung von psychiatrischen Wiederaufnahmen. Psychotische Patienten, die sich in Nachsorge befinden, werden mindestens so häufig wieder aufgenommen wie psychotische Patienten ohne Nachsorge (ten Horn, 1982). Nur die Zahl der vorherigen Aufnahmen haben, statistisch gesehen, eine Voraussagekraft hinsichtlich des Wiederaufnahmerisikos, nicht jedoch die ambulante Betreuung, wie sie zur Zeit geboten wird (ten Horn, 1982).

Ähnlich kritische Bemerkungen könnten gemacht werden über den rehabilitativen Wert des ebenfalls sehr differenzierten und reichhaltigen Systems der Werkstätten für Behinderte. Auch dieses System kommt – zumal seit der Verschärfung der ökonomischen Krise – kaum noch den psychiatrischen

* Inzwischen hat sich (seit 1985) hier wieder eine deutliche Korrektur vollzogen, u. a. durch den Einfluß der 1985 durch das Gesundheitsministerium erlassenen Richtlinien, die die Erkennungsnormen bei den RIAGG's ausdrücklich an den Schwerpunkt der sozialpsychiatrischen Betreuung von Langzeitpatienten knüpfen.

Langzeitpatienten zugute. In den letzten Jahren wurden die Werkstätten und die Arbeitsstellen für Behinderte zunehmend besetzt mit in ihrer Erwerbsfähigkeit vergleichsweise wenig eingeschränkten psychosozial Behinderten teilweise sogar mit voreilig medikalisierten Arbeitslosen.

Auch der Wohnheimsektor ist in seiner organisatorischen und finanziellen Struktur noch sehr uneinheitlich und in manchen Regionen überdies noch unterentwickelt (obzwar es zu einer „Verschubung" von Patienten in private Heime wie in der BRD nicht gekommen ist).

Inzwischen beginnen sich auch in den Niederlanden die Auffassungen über die Problematik der Langzeitpatienten zu wandeln. Sie sind weniger ideologisch und stärker beeinflußt durch die großen Verlaufsstudien der letzten beiden Jahrzehnte, und sie sind stärker ausgerichtet auf ein therapeutisches und rehabilitatives Handeln, das sich einer wissenschaftlichen Überprüfung nicht verschließt.

Die bereits mehrfach zitierten regierungsamtlichen Leitlinien für die Neustrukturierung der „Geistigen Gesundheitspflege" von 1984 enthalten eine Reihe von zusammenhängenden Vorschlägen und Zielvorgaben, die förderlich sein können für eine Korrektur von Fehlentwicklungen und die Überwindung von noch vorhandenen partikularischen Abgrenzungen. Die nächste Tabelle zeigt eine zahlenmäßige Übersicht über die wichtigsten Ziele, die man in den nächsten Jahren erreichen will.

Tabelle 8: Planungsrichtlinien Psychiatrie

	Planziffer pro 1000 Einwohner	Situation 1983	Zahl der Betten/Plätze 1983
Psychiatrische Krankenhäuser			23 000
Psychiatr. Abt. Allg. Krankenh.	1,2	1,6	2 000
Psychiatr. Universitätskliniken			500 (1800 sonstige)
– Teilzeitbehandlungsplätze	0,2	0,1	2 500
– Beschütztes Wohnen	1,8	0,2	2 800
– Psychogeriatrie	12,5 (65+)	10,0 (65+)	20 300

Quelle: P. Schnabel, 1985

Schließlich möchte ich noch die folgenden regierungsamtlichen Absichtserklärungen erwähnen:

– Ein besserer funktioneller und organisatorischer Zusammenhang klinischer, teilstationärer, komplementärer und ambulanter Dienste, die für die Behandlung und Rehabilitation chronischer und von Chronizität bedrohter Patienten von Bedeutung sind, soll in den Versorgungsgebieten mit Vorrang durchgesetzt werden. Entsprechende Dienste bisher getrennt operierender Institutionen vereinigen sich zu „multifunktionellen Einheiten" und integrieren sich innerhalb eines Regionalinstitutes für Geistige Gesundheit (RIGG).

- Im Anstaltsbereich sollen, bezogen auf das ganze Land, jährlich 250, ab 1988 500 Betten durch teilstationäre Behandlungsplätze ersetzt werden. Im regionalen Verbund wird das bereits bestehende, aber noch uneinheitliche System von beschützenden Wohnheimen weiter ausgebaut (RIWB, Regional-Institut für Beschütztes Wohnen).
- Die Betreuung von Klienten mit leichten psychosozialen Beeinträchtigungen soll zurückverlagert werden in die Dienste der allgemeinärztlichen und fürsorgerischen Basisversorgung („erste Versorgungslinie"), die für diese Aufgabe systematisch verstärkt werden soll (u. a. durch den weiteren Ausbau der multidisziplinären allgemeinärztlichen Gruppenpraxen, der Bezirksfürsoge und der Familienhilfe).
- Die stationäre Aufnahme soll im Standardversorgungsgebiet strikt vereinheitlicht werden. Dafür wird eine gemeinsame Ambulanz gegründet, die ausgerüstet ist mit einem mobilen, in Teams operierenden Bereitschafts- und Kriseninterventionsdienst.
- Das Versorgungssystem wird einer strengen Qualitätskontrolle unterworfen (durch wissenschaftliche Evaluation und durch die „Hauptinspektion Geistige Volksgesundheit" beim Gesundheitsministerium).

Literatur (in englischer und deutscher Sprache)

BREEMER ter Stege, C. P. C. u. a., Mental health care in the Netherlands, NcGV Reihe 57, Utrecht 1983.

Cramer, M. (Hrsg.) Sozialpsychiatrische, theoretische u. praktische Beiträge aus den Niederlanden; in: Gemeindepsychologische Perspektiven 4; Orientierungshilfen zu einem beruflichen Selbstverständnis, Tübingen, Köln, DGVT/GWG, 1983, S. 189–264.

GIEL, R., Der neue chronische Patient: Wie kann er beschrieben werden?, in: Andel van, H. und W. Pittrich (Hrsg.), Neue Konzepte der Behandlung und Rehabilitation chronisch psychisch kranker Menschen, Schriftenreihe des Landschaftsverbandes Westfalen-Lippe, Abt. Gesundheitswesen, Münster 1984.

HAVEMAN, M. J., Dehospitalisation of psychiatric care in the Netherlands, Acta Psychiatr. Scand. 1986: 73/456-453.

RICHARTZ, M. u. a., Regionale Formen der Zusammenarbeit psychosozialer Dienste bei der Rehabilitation von Langzeitpatienten in den Niederlanden am Beispiel Süd-Limburg, Janssen Symposium, Neuss 1985.

RICHARTZ, M., Von der psychiatrischen Anstalt zum Regional Zentrum für seelische Gesundheit in den Niederlanden, in: Payk, TH. R. u. U. Trenckmann (Hrsg.), Kommunale Psychiatrie, Stuttgart-N. Y., 1986.

SCHNABEL, P., Neuere Tendenzen in der psychiatrischen und psychotherapeutischen Versorgung der Niederlande, Vortragsserie No. 5, Ludwig-Bolzmann-Institut für Medizinsoziologie, Wien 1985.

Schaufeli, W., Psychosoziale Versorgung in den Niederlanden, Rehburg-Loccum, Psychiatrie Verlag, 1985.

Versorgungskonzepte und Versorgungsstrategien für psychisch Kranke und Behinderte in den letzten Jahren in Frankreich

P. Noël

„Die allgemeinen Strategien zur Entwicklung der Behandlung von psychisch Kranken und Behinderten in Frankreich" basieren auf der Sektorisierung, deren allgemeine Grundsätze Ihnen bekannt sind. Hier sei lediglich daran erinnert, daß dies bedeutet, die Vorsorge, die Diagnose, die Fürsorge, die Krankenhausbehandlung und die ambulante Behandlung einer geographisch festgelegten Population von ungefähr 70 000 Einwohnern einem einzigen Team anzuvertrauen. Auf der Grundlage dieser Prinzipien haben sich die Teams entweder im Rahmen der psychiatrischen Krankenhäuser (die die Stelle der Irrenhäuser aus der Zeit vor dem Krieg eingenommen haben) oder vollkommen neuer Strukturen organisiert und entwickelt. Vor 1970 war dies noch dem Gutdünken lokaler Institutionen anheimgegeben; seit den 70er Jahren gibt es eine geordnete und für ganz Frankreich gültige Verfahrensweise. Gegenwärtig existieren 789 Sektoren für allgemeine Psychiatrie und 285 Sektoren für Kinder- und Jugendpsychiatrie*, deren Ziel es ist, Landes-einheitlich eine gleichwertige Krankenbehandlung für alle ohne wirtschaftliche, geographische oder nosographische (krankheitsspezifische) Diskriminierung zu gewährleisten. Dieses Vorhaben ist also sehr ehrgeizig, und jeder Dogmatismus wäre verfehlt. Die Sektorisierung ist jedoch vor allem eine Praxis, und zwar in dem Sinne, daß sie einer Population zur Verfügung steht und die Kontinuität der Behandlung ermöglicht.

Wenn wir nun versuchen, die strategischen Entwicklungslinien der Sektorisierung seit 1970 zu verfolgen, so können wir meiner Überzeugung nach drei Perspektiven ausmachen, die nicht notwendigerweise konvergieren, da sie von so verschiedenen Stellen wie dem Gesundheitsministerium, dem Finanzministerium oder den Psychiatern ausgehen.

1) – *Eine Entwicklungsrichtung* ist durchweg beibehalten worden: die Einrichtung neuer Sektoren; eine geduldige und stetig fortschreitende Arbeit, deren Rahmen durch zwei in jüngster Zeit (1985) verabschiedete Gesetzestexte abgesteckt wird. Damit besitzt der psychiatrische Sektor nun endlich eine gesetzliche Grundlage; die zum Sektor seit 1960 veröffentlichten ministeriellen Rundschreiben enthielten nur Empfehlungen und Anregungen. Innerhalb dieser allgemeinen Entwicklungsrichtung kann man bestimmte, zeitlich aufeinander folgende Prioritäten ausmachen:

– *Dezentrierung des Sektors bezüglich seines Krankenhausmittelpunktes.* Vorrangig vor jeder anderen Struktur ging es in jedem Sektor um die Eröffnung eines Zentrums für psychische Gesundung, dessen Zweck es ist,

* Diese letzteren entsprechen den Sektoren 2 und 3 der allgemeinen Psychiatrie, daher die Bezeichnung „Intersektoren", unter der sie lange Zeit bekannt waren.

Kranke aufzunehmen und ambulant zu behandeln, das aber auch dem Team als Ausgangspunkt für seine Informations-, Koordinations- und damit auch seiner der Vorsorge gewidmeten Tätigkeit dienen soll. Dies war die konkrete Verwirklichung des extramuralen Kankenhausbereichs des Sektors in Anwendung der Rundschreiben von 1972 und 1974.

– *Anbindung immer zahlreicherer psychiatrischer Sektoren an allgemeine Krankenhäuser.* So besitzt 1986 ein Drittel der Sektoren eine Psychiatrieabteilung innerhalb eines allgemeinen Krankenhauses; sie sind damit vollkommen unabhängig von den psychiatrischen Krankenhäusern. Diese Vorgehensweise ist unter anderem deshalb interessant, weil sie es ermöglicht, die Psychiatrie wieder in die medizinischen Fächer einzugliedern, die psychiatrischen Interventionen bei solchen Patienten zu begünstigen und zu erleichtern, die in anderen Bereichen des Krankenhauses untergebracht sind, das Image der Psychiatrie bei den übrigen Krankenhausärzten wie auch bei den Kranken und deren Angehörigen zu modifizieren und eine zentrale Einweisungsstelle für dringende Fälle zu schaffen.

– *Suche nach einer Lösung für das schwierige Problem der Notfälle.* Ein ministerielles Rundschreiben aus dem Jahre 1979 geht auf dieses Problem ein: es vertritt die Ansicht, daß jeder Sektor (oder jede Sektorengruppe) in der Lage sein sollte, Tag und Nacht Patienten aufzunehmen und bei Notfällen die geeigneten Maßnahmen zu ergreifen. Soll aber das Sektoren-Team in erster Linie intervenieren?

– *Anpassung der Sektorierung an bestimmte Alters- oder Diagnosegruppen.* Dazu gehören z. B. die Jugendlichen, die Drogensüchtigen, ältere Personen, deren Probleme die Grenzen der Kompetenz der bloßen Psychiatrie sprengen sowie der Phantasie und der engen Verbindungen zu anderen Instanzen bedürfen, womit nicht nur die für die Krankenbehandlung zuständigen Strukturen gemeint sind. Ein letztes Beispiel: Einrichtung von Psychiatrie-Sektoren im Bereich der Haftanstalten (Dekret von 1986).

2) – *Die finanzielle Perspektive.* Seit 1978 ist auf die Krankenhauskosten immer größerer Druck ausgeübt worden: verlangsamte Zunahme der Ausgaben, deren Zuwachsrate nun unter derjenigen der Inflationsrate liegt. Einführung des Gesamtetats (budget global) im Jahre 1983: Streichung der Tageskosten, die durch eine jährliche, gleichbleibende und von der Anzahl der behandelten Kranken unabhängige Pauschale ersetzt worden sind. *Einstellung der Schaffung neuer Stellen jeder Art:* die Entwicklung extramuraler Strukturen in der Psychiatrie muß also durch eine Neuordnung der Arbeitszeit des Krankenhauspersonals erfolgen. Wir stehen so vor der schwierigen Aufgabe, im Gemeinwesen eine Behandlungsstrategie weiterzuentwickeln und die dazu erforderlichen Mittel aus dem Krankenhausetat zu bestreiten.

Diese Strategie der Beschränkung der Haushaltsmittel muß im Zusammenhang mit dem IX. Plan gesehen werden, in dem namentlich die Entwicklungsrichtung auf dem Gebiet des Gesundheitswesens festgelegt wird. Der

1984 der Öffentlichkeit vorgelegte Plan beschäftigt sich in den folgenden Zeilen mit der Psychiatrie: „Bezüglich der Psychiatrie:

- 12000 nicht belegte Betten werden gestrichen,
- 28000 Betten werden durch Betten oder Plätze für ambulante, den Bedürfnissen angemessenere Behandlung oder für extramurale Unterbringung insbesondere älterer oder behinderter Personen ersetzt,
- 7500 besonders altersschwache Betten werden modernisiert ...

Besonders im Bereich der Psychiatrie wird die Streichung der Betten zu einer Umorientierung des Personals in Richtung auf Tätigkeiten im Außerbereich führen müssen ...".

3) – *Die Strategie des öffentlichen Dienstes.* Ich will hier nicht mehr von den ministeriellen Richtlinien sprechen, sondern von der theoretischen Orientierung der praktischen Ärzte selber und der Arbeitsgruppen der Verwaltung. Im Dienste der Öffentlichkeit stehen, das bedeutet, effizient und wettbewerbsfähig zu sein. Die Irrenanstalt war weder das eine noch das andere, das psychiatrische Krankenhaus erfüllte diese Forderung kaum besser, nur der Sektor kommt dem nahe. Man kann sagen, daß die Psychiatrie des öffentlichen Dienstes es dem Sektor zu verdanken hat, wenn sie nicht mehr gleichbedeutend ist mit Einsperrung und Sklerose. Dennoch besitzt der Sektor keine Monopolstellung. Den im Sektor tätigen Psychiatern ist häufig vorgeworfen worden, sie respektierten die freie Arztwahl nicht. Diese Kritik ist von Mal zu Mal weniger gerechtfertigt. Die freie Arztwahl der Patienten und der Familien ist Praxis geworden – und nicht allein aus dem Grund, daß die Möglichkeiten der Privatpsychiatrie sich beträchtlich erweitert haben. Wir leben nicht mehr in den 50er Jahren, in denen die Anzahl der im öffentlichen Dienst tätigen Psychiater nur ein paar Hundert betrug und die freiberuflichen Psychiater noch spärlicher gesät waren. Die Möglichkeit der Wahl zwischen öffentlicher und privater psychiatrischer Versorgung vor allem im Bereich der ambulanten Behandlung ist eine Realität; bei den stationär behandelten Patienten hingegen ist sie vielleicht weniger häufig gegeben, da es weniger Privatkliniken gibt, die sie aufnehmen können.

Im übrigen sind diese beiden Laufbahnen nicht vollkommen undurchlässig: sie werden von Kranken nacheinander oder abwechselnd in Anspruch genommen, und die einen wie die anderen melden Bedarf an Verbundmöglichkeiten. Außerdem werden die Fälle, da Psychiater im öffentlichen Dienst eine Teilzeitbeschäftigung ausüben, immer häufiger*.

* Zwar hat sich die medizinische Demographie in Frankreich wie auch in den übrigen westlichen Ländern erheblich entwickelt, die Zunahme der Anzahl der Psychiater in Frankreich ist jedoch noch schneller vor sich gegangen und es gibt jetzt mehr als 10 Psychiater pro 100000 Einwohner. 1952 waren es, alle Fachrichtungen zusammengenommen, 760 und 1986 ungefähr 7000. Darunter waren im Jahr 1982 nur 1850 und im Jahre 1985 nur 2952 Psychiater, die ganztägig im öffentlichen Dienst tätig waren. ⅔ der Psychiater sind demnach als freiberufliche Psychiater niedergelassen und nur ⅓ steht ganztägig im öffentlichen Dienst. Es sei hier daran erinnert, daß im Jahr 1982 die Lage in Deutschland genau umgekehrt war: 3200 Psychiater im öffentlichen Dienst gegenüber 1700 privatärztlichen Psychiatern.

Viele Kollegen, die während ihrer Assistenzarztzeit in unseren Sektoren ausgebildet worden sind, lassen sich zwar in freien Praxen nieder, möchten aber ihre Verbindung zum Sektor zum Teil aus wirtschaftlichen Gründen nicht abreißen lassen, vor allem aber auch, um die praktische Ausübung ihres Berufes möglichst breit zu fächern und an ärztlichen Interventionen beteiligt zu sein, die anders geartet sind als die Dualität Arzt–Patient. Wir fördern diese Entwicklung, vertreten deshalb aber nicht die Ansicht, daß ein Sektor ausschließlich mit teilzeitbeschäftigten niedergelassenen Ärzten funktionieren könnte.

Zwischen öffentlicher und privater Versorgung gibt es noch eine dritte Möglichkeit: die Vereine ohne Erwerbszweck, die aufgrund der Initiative von Familien, Gemeinden oder der nationalen Erziehungsbehörde (Education Nationale) ins Leben gerufen worden sind, die Institutionen besonders auf dem Gebiet der sogenannten unangepaßten Kindheit (z. B. medizinisch-pädagogische Anstalten) verwalten, mit denen die Kinder- und Jugendpsychiater der Sektoren ihr Vorgehen abstimmen müssen, um unnötige Doppelgleisigkeiten und Unklarheiten der Aufgabenverteilung zu vermeiden.

Wir können also sagen, daß zwischen diesen drei Möglichkeiten gewählt werden kann, jedoch verdiente der Inhalt der freien Wahl selbst, daß man sich des längeren mit ihm beschäftigt. Dennoch sei hier gesagt, daß eine Perspektive der Gegenseitigkeit erforderlich ist:

- Notwendigkeit für die im Sektor arbeitenden Teams, die anderen Möglichkeiten nicht nur zu respektieren, sondern auch mit ihnen zusammenzuarbeiten.
- Ebenso ist es aber auch erforderlich, daß die von den im öffentlichen Dienst tätigen Teams angebotene Behandlung und Fürsorge nicht nur aus wirtschaftlichen Erwägungen gewählt werden kann, sondern auch aufgrund ihrer Qualifikation: die Qualität der Aufnahme, der Diagnose, der Behandlung. Die große Anzahl der Patienten, die sich vertrauensvoll an den öffentlichen Dienst wenden und da insbesondere an die ambulanten Strukturen, könnte ein Beweis dafür sein, daß die öffentliche Psychiatrie wettbewerbsfähig wird.

Bei dem Versuch, im Jahre 1986 eine Bilanz der Sektorisierungspolitik zu ziehen, fallen drei wichtige Orientierungen ins Auge:

1) – *Die Veränderung in der Krankenhauseinweisung.* Teils dank eines ehrgeizigen „Humanisierungs"-Programms der Räumlichkeiten verfügen jetzt viele Sektoren in ihren Außenstellen zur stationären Behandlung, und zwar entweder im allgemeinen oder im psychiatrischen Krankenhaus, über einen fühlbar verbesserten Komfort, jedoch ist der Hotelservice-Komfort einer Privatklinik noch fast überall höher*. Die Krankenhausstationen sind

* In Maison Blanche, einem bedeutenden Psychiatrie-Krankenhaus in der Pariser Region, gibt es zur Zeit 1415 Betten (gegenüber 2400 im Jahre 1970) und innerhalb dieser Zahl verfügen wir über 269 Einzelzimmer, also kaum 20% der verfügbaren Betten.

zu echten Behandlungsstätten geworden. Hier einige Zahlen zum Beispiel: die Aufenthaltsdauer im Krankenhaus ist beträchtlich zurückgegangen, auf 90 Tage im Schnitt*. Die Krankenhauseinweisungen bei ein und demselben Patienten sind in verschiedene Abschnitte aufgeteilt worden und die Gesamtzahl der Einweisungen hat zunächst stark zugenommen, um dann schließlich in jüngster Zeit, wohl unter den Auswirkungen der Behandlungsalternativen, wieder abzunehmen. Zur gleichen Zeit hat die Zahl der in Krankenhäuser eingewiesenen Patienten abgenommen; während es vor zehn Jahren noch 120000 waren, betrug die Zahl am 1. 1. 1983 nur noch 89319. In der Maison Blanche 1970 noch 2150 Aufnahmen, 1976 noch 1870 und 1986 nur mehr 1100. In meinem eigenen Arbeitsbereich 1970: 140, 1976: 90 und 1986: 65 Aufnahmen.

Die Gesamtzahl der Psychiatrie-Betten in Frankreich entspricht zur Zeit einem Index von 1,87 pro 1000 Einwohner.

2) – *Die Veränderung bei der therapeutischen Versorgung.* Gewiß soll die Bedeutung der Medikamente hier nicht unterschätzt werden, aber man kann die Psychiatrie nicht auf eine biologische, pharmakologische Dimension reduzieren. In Zukunft kann die Behandlung insbesondere der psychotischen Langzeitkranken von vielen Sektoren multidisziplinär durchgeführt werden: Psychotherapie, in vielen Fällen auf der analytischen Richtung basierend und von Psychiatern oder Psychologen praktiziert, körperlich orientierte Therapien, Musik- oder Spieltherapien, aber auch institutionelle Therapien, deren Mitwirkende das Pflegepersonal und die Gesamtheit des para-medizinischen und des Heilgymnastik-Personals sind. Auf diese Weise ist man bestrebt, die Psychotiker in begleitende Maßnahmen einzubinden wobei die dazu erforderliche Kraft und Motivation nur in Team-Arbeit aufgebracht werden können.

3) – *Das Entstehen einer echten Vorsorge:*

– durch Information und gegenseitige Absprache der Sozialfürsorge-Dienststellen, des Lehrpersonals, der Allgemeinmediziner, der Familien, der Polizei, der Justiz ... zum Zweck einer frühzeitig einsetzenden Behandlung: psychische Krankheiten und Probleme des Kleinkindes und der Adoleszenz, der vorzeitig in den Ruhestand Versetzten und aller Menschen. Dies erfolgt am ehesten in Form von „Personenbeschreibungen" – eine langwierige Arbeit, die innerhalb der Gemeinschaft ständige Anwesenheit und Meinungsaustausch voraussetzt.
– durch die Eingliederung in das kulturelle Leben der Stadt mit der Aussicht auf einen besseren, kollektiven psychischen Gesundheitszustand und – prosaischer – auf eine mögliche Weiterentwicklung der Vorstellungen, die über die psychischen Krankheiten verbreitet sind, durch Tätigwerden namentlich der Medien, obwohl man die Erfahrung hat

* 114 Tage im Jahre 1982
128 Tage im Jahre 1980.

machen müssen, daß eine Fernsehsendung zur Falle werden kann, wenn man keine Kontrolle über die gestellten Fragen und den Filmabschnitt ausüben kann.

Die nun folgenden Fragen beziehen sich auf die politischen, verwaltungstechnischen, gesetzgeberischen Dimensionen und auf die finanziellen und strukturellen Probleme ihrer Umsetzung in die Praxis. Wir behandeln sie hier zusammen und, soweit möglich, in der chronologischen Reihenfolge der Ereignisse im Verlauf der letzten zehn Jahre.

Vorweg aber die politische Dimension: Wir können die Behauptung wagen, daß das Projekt der Sektorisierung und ihre Einführung ungeachtet der Zusammensetzung der verschiedenen parlamentarischen Mehrheiten seit 1945 niemals in Frage gestellt worden ist. Gewiß, um dieses Vorhaben gesetzlich zu verankern, hat es bis 1985 gedauert: das ist eine lange Zeit; aber vielleicht ist es auch dieser Vorsicht, dieser beharrlichen Arbeit vor Ort, der unermüdlichen Unterrichtung der gewählten Volksvertreter zu verdanken, daß der Inhalt der gesetzlichen Regelung niemals in Grund und Boden verdammt wurde und auf keine ideologisch inspirierte Opposition getroffen ist.

Dies bedeutet aber nicht, daß die politische Schlacht schon gewonnen ist, bloß weil 1985 zwei Gesetze verabschiedet worden sind. Zum einen, weil die Sektorisierung noch unterentwickelt ist, vor allem bei den Alternativen zur Krankenhauseinweisung, und daher auch noch nicht auf sicheren Füßen steht. Und zum anderen, weil sich eine Frage unausweichlich stellt: Sektorisierung, gewiß, aber für welche Psychiatrie? Eine Psychiatrie, die den verschiedenen theoretischen Strömungen offensteht, unter denen die Psychoanalyse in Frankreich nach wie vor einen wichtigen Platz einnimmt? Oder eine Psychiatrie, die von der Neurologie beherrscht wird und von dem ausschließlichen Glauben an eine biologische und pharmakologische Psychiatrie durchdrungen ist?

1) – Wenn wir nun die Ereignisse chronologisch betrachten, so begegnet uns in dem Gesetz vom 30. Juni 1975 ein gutes Beispiel für die Bedeutung politischer Überlegungen. Dieses Gesetz ist nun seit zehn Jahren in Kraft und soll Verbesserungen für die Behinderten ermöglichen. Dank seiner konnte den erwachsenen arbeitsunfähigen Behinderten* ein minimales Gehalt erwirkt werden. Aber diese positive Maßnahme hatte ihre Kehrseite: die psychisch Behinderten werden darin definiert als Personen, die eine unveränderliche und endgültige Beeinträchtigung ihrer Fähigkeiten aufweisen. Dies bedeutet also, daß man zwei Kategorien von psychisch Kranken definiert; die eigentlichen Kranken, die behandelt werden müssen, und die Behinderten, die der Fürsorge, ja vielleicht sogar einer instrumentellen

* Nach offiziellen Schätzungen kamen 500 000 Personen in den Genuß von Behinderten-Beihilfen für Erwachsene und 90 000 Kinder, deren Familien Sondererziehungs-Beihilfe bekamen.

Umstrukturierung bedürfen. Nach dieser Logik sind dann auch die Anstalten aufgeteilt worden, Krankenanstalten einerseits und medizinisch-soziale oder medizinisch erzieherische Anstalten andererseits, wobei diese letzteren für die Behinderten bestimmt sind. Diese Aufspaltung kann wohl dazu dienen, die Familien zu beruhigen: „Mein Kind ist behindert, nicht geistig krank." Jedoch kann sie auch der Grund für überaus bedenkliche Weichenstellungen sein, die eine künstliche Trennung zwischen Krankenbehandlung und Fürsorge herbeiführen.

2) – Die Jahre 1981 bis 1983 waren gekennzeichnet von der großen Hoffnung, daß in einer zweiten Anstrengung zugunsten des Sektors Alternativer eingerichtet und die psychiatrischen Großkliniken zum allmählichen Absterben gebracht werden können: eine bedeutende Ministerrede und die Einberufung eines Arbeitsausschusses (Arbeitsgruppe Doktor DEMAY, zu der auch ich gehörte) dienten diesem Zweck. Das Internierungsgesetz von 1838 war gleichfalls Gegenstand des Reformprogramms. Jedoch haben die neuen wirtschaftlichen Leitlinien bewirkt, daß diese Vorhaben in der Schublade geblieben sind. Zum Gesetz von 1838 sei hier nur erwähnt, daß es nur noch 15% der Krankenhauseinweisungen regelt und daß die Sektorisierung die Entwicklung in Richtung auf eine Normalisierung der meisten Krankenhauseinweisungen verstärkt hat, indem sie die psychischen Leiden hinsichtlich der Verwaltungsformalitäten den anderen Krankheiten gleichgestellt hat.

3) – Im Jahre 1984 wird das Krankenhausgesetz vom Parlament verabschiedet: es stärkt die Autorität der Krankenhausdirektoren, und es scheint das bis dahin bestehende Gleichgewicht zwischen den Verwaltungsdirektoren und den Ärzten zu gefährden. Hier sei daran erinnert, daß es in Frankreich keine Ärzte als Direktoren gibt und daß die Ärzte, insbesondere die Psychiater, eine möglicherweise willkürliche Machtausübung ihrer Kollegen von der Verwaltung fürchten. In diesem Gesetz ist aber auch die Zusammenfassung der Krankenhausstationen in „départements" (départementalisation) verankert. Zahlreiche Ärzte sind dagegen Sturm gelaufen, um so mehr, als der Entwurf sehr ungeschickt präsentiert worden ist und die Einsparungsabsichten, die dahinter standen, durchblicken ließ. Eine große Anzahl von Psychiatern hat ihrerseits gegen diese neuen Leitlinien angekämpft, obgleich die darin enthaltene kollegiale Konzeption der ärztlichen Arbeit sehr verführerisch war; dieses Gesetz betraf in der Tat ausschließlich die Krankenhäuser und ließ den extramuralen Bereich vollkommen unerwähnt.

4) – Aber 1984 ist auch das Jahr eines neuen Statuts für alle Krankenhausärzte und also insbesondere für die Psychiater; dieses Statut ist heftig diskutiert worden: es schafft ein einziges, für alle gültiges Statut und beseitigt gleichzeitig die Grade des Assistenzarztes und des stellvertretenden Arztes (assistent et adjoint). Die bei dieser Gelegenheit den Jüngeren eingeräumten Verbesserungen werden de facto durch eine Verlängerung

der Laufbahn und durch komplizierte Beförderungsmechanismen wieder aufgehoben, und sie machen den Beruf letzten Endes weniger attraktiv. So gibt es zum Beispiel zur Zeit mehrere hundert ganztägige Stellen für Krankenhauspsychiater, die unbesetzt sind.

5) – Im Jahre 1985, wenige Monate vor dem Ende der Legislaturperiode, verabschiedete das Parlament zwei Gesetze, kraft derer der Sektor Gegenstand der offiziellen Politik in Sachen Psychiatrie wird. In ihnen werden die administrativen und finanziellen Dimensionen definiert:

- Die Verantwortung für jeden Sektor übernimmt die zugehörige Krankenhausanstalt, und der Krankenhausdirektor ist beauftragt, die Schaffung von Alternativen zur Krankenhauseinweisung zu fördern.
- In Zukunft werden die Ausgaben für die Sektorisierung im Haushalt der Krankenhausanstalt ausgewiesen.

Die Reform vereinheitlicht die Finanzierung der Sektoren: von Januar 1987 an sind die Bereiche sowohl innerhalb als auch in Zukunft außerhalb des Krankenhauses Sache der Sozialversicherung; die Kassenführung wird vom zuständigen Krankenhaus vorgenommen, und zwar nach Modalitäten, bei denen der Gesamthaushalt beteiligt ist, wie wir weiter oben ausgeführt haben. Es liegt also eine doppelte Finanzreform vor:

- Die gesamte Finanzierung des Sektors ist Sache der Sozialversicherung.
- Wie beim Krankenhaus gibt es auch hier keine Tageskosten mehr. Statt dessen gibt es eine Jahresgesamtpauschale, die jeden Monat zu einem Zwölftel angewiesen wird.

Zwar entsprachen die Vereinheitlichung der Finanzierung und die einheitliche Geschäftsführung den Wünschen der Psychiater, dennoch besteht hier Anlaß zu einigen Anmerkungen:

a) Die Psychiater hatten ebensowenig wie die Sozialversicherung die Umstände vorhergesehen, unter denen der Staat sich seiner Verpflichtungen hinsichtlich der Ausgaben im Bereich außerhalb der Krankenhäuser entledigen würde. Diese auf 2½ Milliarden Francs jährlich geschätzten Ausgaben sind vom Staat einbehalten worden; jetzt hat die Sozialversicherung Befehl erhalten, die Gesamtheit des Sektors zu übernehmen, jedoch unter Zuhilfenahme der eigenen Finanzmittel, das heißt über die Beiträge der Versicherten.

b) Den Begriff der ambulanten Behandlung kennt die Sozialversicherung nur im Zusammenhang mit den freiberuflichen Ärzten, das heißt die Bezahlung pro Leistung nach einem genauen Leistungsverzeichnis. Ambulante Behandlung im Sektor, multidisziplinäre Arbeit, Gruppenaktivitäten, die Einbildung der Psychotiker in begleitende Maßnahmen – all das ist Neuland für die Sozialversicherung.

c) Der Begriff Vorsorge ist der Sozialversicherung fast gänzlich unbekannt: die Vorsorge ist nicht Teil der „Krankenversicherung“. Wie sollte sie sich unter diesen Umständen bereit finden, den Wert des Herstellens von Verbindungen und der Informations- und Koordinationsarbeit zu veranschlagen und dafür Mittel bereitzustellen, um so mehr, als der Wert dieser Arbeit gar nicht veranschlagt werden kann.

d) Wie wird die von der Sozialversicherung ausgeübte Kontrolle aussehen? Wie werden die Befugnisse der Gutachter-Ärzte der Kassen der Sozialversicherung beschaffen sein? Wird es noch andere Eingriffe als diejenigen dieser Ärzte geben?

e) Die Direktoren der Krankenhäuser sind nun also für den Bereich außerhalb des Krankenhauses ebenso verantwortlich wie für den Bereich innerhalb des Krankenhauses. Es ist noch zu früh, um die Auswirkungen zu beurteilen, da 1986 ein Jahr des Übergangs gewesen ist und wir in den letzten Wochen gerade über den Haushaltsentwurf 1987 diskutiert haben, in dem zum ersten Mal die für die Bereiche außerhalb der Krankenhäuser vorgesehenen Mittel ausgewiesen sind.

6) – Schließlich wurden am 14. Mai 1986, genau einen Tag vor den Wahlen ein Ministerialdekret und eine ministerielle Durchführungsverordnung für die Sektorierungsgesetze veröffentlicht. Statt hier im einzelnen auf sie einzugehen, fügen wir sie als Anlage bei. Sie finden dort:

- die Paragraphen des Dekrets, die die Aufgaben des Sektors definieren,
- die Verordnung, die eine Modelliste der Ausstattungsgegenstände aufstellt, die die Sektoren einzeln oder zu mehreren gemeinsam beschaffen können.

7) – Es ist bekannt, daß die Parlamentswahlen eine andere poltische Mehrheit ergeben haben, und es machte sich die Befürchtung breit, daß Texte, die am Tage vor den Wahlen veröffentlicht worden waren, argwöhnisch betrachtet und erneut in Frage gestellt werden könnten. Bisher ist jedoch nichts zur Erhärtung dieser Hypothese vorgefallen.

8) – Wir schließen dieses Kapitel mit dem Versuch, auf die Frage nach den strukturellen Problemen zu antworten. Inhalt dieser Frage ist zweifellos: Wo liegen die Schwächen der Arbeitsweise der Sektoren? Die wichtigsten scheinen mir die folgenden zu sein:

a) Die beträchtlichen Unterschiede der Mittel der Sektoren je nach Region, ja sogar zwischen zwei benachbarten Sektoren. Es gibt Sektoren-Teams, die nur für ein paar wöchentliche Konsultationen in amtsärztlichen Stellen (dispensaires) das Krankenhaus verlassen; andere verfügen nur über eine einzige amtsärztliche Stelle und besitzen vor allem in den Kinder-Sektoren keine Betten für stationäre Behandlung. Hier werden die Einweisungen „andernorts" vorgenommen. Die Ursachen für diese Ungleichheiten sind vielfältig: Ungleichheit der Motivationen des Oberarztes des Sektors, Regionen, die von den Ärzten bei ihrer Standortwahl vernachlässigt werden (der Norden zum Beispiel im Gegensatz zu Paris oder zum Süden Frankreichs), unterschiedliche Interessenlagen der örtlichen Volksvertreter (je nach Département variierten die Ausgaben für psychische Gesundheitspflege im alten System zwischen 1 und 10).

b) Die Versuchungen der Selektion. Wenn man sich sachgemäß um die Kranken kümmern will, kann man in Anbetracht der unzureichenden Mittel, die zur Verfügung stehen, in der Tat versucht sein, die eigentliche Aufgabe der öffentlichen Einrichtungen, eben allen offenzustehen, zu vergessen und sich dabei zweier Ausflüchte bedienen:

– von jedem Patienten einen festen Wohnsitz im Sektor zu verlangen und somit die häufig schwierige Bevölkerungsschicht der Personen ohne festen Wohnsitz außer acht zu lassen. Paris, wo viele solcher Menschen leben, hat dieses Problem gelöst, indem es den verschiedenen Sektoren abwechselnd Patienten jeweils auf mindestens fünf Jahre zugewiesen hat.
– in exzessivem Maße die Strukturen für Behinderte einzusetzen. Gewiß ist es für stabilisierte Kranke, die glücklicher in einem Altersheim oder beschützten Wohnformen leben können, gerechtfertigt, sie diesen Veränderungen auszusetzen, vor allem wenn die Möglichkeit besteht, ihnen dort weiterhin besondere Pflege zukommen zu lassen, aber es gibt dabei gewisse Mißbräuche, die einer Abweisung gleichkommen.

c) Die Aufteilung in Sektoren für Allgemein-Psychiatrie und Sektoren für Kinder und Jugendliche (das ist die offizielle Bezeichnung, die die Aufteilung in Erwachsene und Kinder umfaßt). Die Erklärung für die gesonderte Entwicklung der Sektoren für Kinder ist in dem jüngsten Stand der Kinderpsychologie als solcher zu suchen sowie in dem vordringlichen Bedürfnis, die theoretischen und praktischen Grundlagen zu vertiefen, die einen spezifischen Charakter haben. Sonst bestünde die Gefahr, daß die den Kindern zukommenden Behandlungsmethoden als die „armen Verwandten" einer allgemeinen Psychiatrie angesehen werden, deren Schwerpunkte im übrigen woanders liegen.

d) Das Hindernis, das die großen psychiatrischen Krankenhäuser darstellen. Sie liegen häufig weit entfernt von den Sektoren, für die sie zuständig sind (so liegt zum Beispiel Maison Blanche eine ¾ bis 1½ Stunden von den ihm zugeordneten Sektoren entfernt). Sie haben sehr viel Personal: dasjenige der Behandlungsstationen kann in den Bereich außerhalb des Krankenhauses gehen, und das bedeutet eine Neuordnung der Arbeitszeit des Personals, von der weiter oben die Rede war. Das Personal der allgemeinen und der fachärztlichen Stationen muß jedoch an Ort und Stelle eingesetzt werden, woraus sich die Pläne zur Teilumwandlung dieser großen Krankenhäuser in medizinisch-soziale Einrichtungen erklären. Auf diese Weise kommt der Widerwille gegen ihre völlige oder partielle Zerstörung zum Ausdruck, obwohl dies neben dem symbolischen Wert, den eine solche Handlung besitzen würde, die Möglichkeit schüfe, ganz neu anzufangen und zwar in einer bedarfsnahen Form.

e) Schließlich, und vielleicht am wichtigsten, das unzureichende Personal. Die Neuordnung der Arbeitszeit des Personals hat in der Tat ihre Grenzen. Nehmen wir ein Beispiel: die Abteilung, die ich leite, verfügt in Maison Blanche über eine Bettenstation mit 50 Pflegekräften und über eine ambulante Behandlungsstation in Paris im Sektor mit fünf Pflegekräften. Ärzte, Psychologen, Sozialhelfer und Krankengymnastiklehrer-/innen teilen ihre Zeit zwischen den beiden Zentren. Eine Therapie-Wohnung für Patienten, die schon seit Jahren im Krankenhaus sind, konnte vor einigen Wochen fünf Kilometer vom Krankenhaus entfernt eröffnet werden. Demnächst wird ein Teilzeit-Tageszentrum aufgemacht: zur Versorgung dieser beiden zusätzlichen Stellen muß sich jede Berufsgruppe ein wenig von der Zeit nehmen, die sie bisher den beiden anderen Strukturen gewidmet hatte. In Zusammenarbeit mit zwei anderen Sektoren werden ungefähr in einem Jahr ein Tag und Nacht geöffnetes Krisen- und Auffangzentrum mit ein paar Betten für kurze Verweilzeiten und eine Auffangstelle für die Zeiten aufgemacht, zu denen das ambulante Behandlungszentrum geschlossen ist (jeden Tag nach 20 Uhr und während des ganzen Wochenendes). Hier wird ein festes Team erforderlich sein: wird das zu vereinbaren sein mit der Bemühung, die Qualität der Behandlung in der Krankenhausstation unverändert aufrechtzuerhalten?

Mit der Beantwortung der letzten Frage wollen wir schließen: *Welche Tendenzen gibt es in Frankreich bei der Entwicklung „der Behandlung, die den psychisch Kranken und den psychisch Behinderten" zukommen soll?*

1) Die erste erkennbare Tendenz besteht in der *Beschränkung der Mittel und deren Folgen.* Diese Beschränkung beruht auf:

- den Haushaltseinschränkungen. Wir haben darüber weiter oben berichtet. Für bestimmte Teams bedeutet das eine Sackgasse, für alle ist es eine beunruhigende Entwicklung.
- der demographischen Entwicklung der Ärzte und insbesondere der Psychiater. Vor kurzem sind Maßnahmen ergriffen worden, um die demographische Entwicklung zu kontrollieren und „die Inflation" der Ärztezahl bremsen zu können: Die Anzahl der Medizinstudenten wird nach und nach erheblich verringert, die Assistenzarztzeit zur Facharztausbildung ist soeben einer tiefgreifenden Umwandlung unterworfen worden, und die Anzahl der Assistenzärzte wird beträchtlich reduziert. Wird es dadurch möglich werden, Alternativen zur Krankenhauseinweisung zu entwickeln, worin in Zukunft die zweite große Anstrengung des Sektors und sein Hauptziel zu sehen ist?

2) *Modifizierung des Profils der Sektoren-Teams*

- weniger oder keine Assistenzärzte bzw. Studenten, vielleicht eine größere Anzahl von Teilzeit-Ärzten, erweiterte Zugangsmöglichkeiten für freiberufliche Psychiater, aber auch für Allgemeinärzte: man wird ihre

Mitarbeit bei der ersten Hilfe, bei Antworten auf die Frage, wer bei Notfällen „in erster Linie" tätig werden soll, und bei der Zusammenarbeit in gewissen Fällen der Betreuung von Patienten stärker in Anspruch nehmen müssen. Auf diese Rolle sind die Allgemeinärzte jedoch schlecht vorbereitet, und hier liegt das ganze Problem der Unangemessenheit des Medizinstudiums. Vielleicht sollten sich die Psychiater des öffentlichen Dienstes, die ganze Generationen von Psychiatern ausgebildet haben, mehr der psychiatrischen Weiterbildung der Allgemeinärzte widmen, falls die Universität ihnen den Gefallen tut, es ihnen zu erlauben.

- die wahrscheinliche Streichung des spezifischen Diploms der psychiatrischen Krankenpfleger im Sinne der Gemeinschafts-Regelungen der EG würde dazu führen, daß es für Krankenpfleger und Krankenschwestern der allgemeinen Medizin und der Psychiatrie nur noch ein gemeinsames Diplom gibt, was in anderen Ländern durchaus üblich ist; für Frankreich jedoch würde das eine starke Veränderung des Berufsprofils mit sich bringen, ohne daß man sicher sein könnte, daß dies unter Berücksichtigung der Besonderheit der Krankenwärterrolle im psychiatrischen Sektor ein Fortschritt wäre.
- die Motivationen laufen sowohl bei den paramedizinischen Mitarbeitern als auch bei den Ärzten (namentlich den Teilzeit-Ärzten) Gefahr, Änderungen zu erleiden, wodurch die Team-Arbeit gefährdet werden könnte. Das Gegenmittel gegen diese Gefahr ist mit Sicherheit die Kollegialität, allerdings unter der Voraussetzung, daß sie aus einem gemeinsamen therapeutischen Projekt erwächst und nicht aus einer bloßen Nivellierung der Laufbahnen oder der angestrebten Ziele. Also, offenere, aber weniger homogene Teams.

3) *Mehr Zusammenarbeit der Sektoren untereinander*

Nicht nur den Haushalt betreffende Überlegungen legen das nahe, sondern auch andere Gründe: Einheiten zur Behandlung bestimmter Kategorien von Patienten und Diagnosen können nur existieren, wenn sich mehrere Sektoren zusammentun, möglicherweise über die „Departementalisierung".

4) *Die Gefahr des Ausschlusses durch:*

- die Entwicklung einer Selektion in umgekehrter Richtung:
- die Krankheitsformen mit rasch regressiver Entwicklung bei der freiberuflichen und der Hochschul-Psychiatrie,
- die schweren Langzeiterkrankungen bei der Sektoren-Psychiatrie, was zu einer doppelgleisigen Psychiatrie führen würde, und dies steht in krassem Widerspruch zur Idee der Sektorisierung.
- der Ausschluß bestimmter Diagnosen aus dem Bereich der Psychiatrie in öffentlicher Trägerschaft. Dies betrifft die Alkoholiker, denen gegenüber die Tendenz besteht, ihre Psychopathologie zu negieren und in ihrem Leiden nichts weiter als schlechte Ernährungsgewohnheiten zu sehen, was die Möglichkeit eröffnet, sie vorzugsweise den „Zentren für Nahrungsmittelhygiene" zuzuleiten. Was die Drogensüchtigen angeht, so hat

der derzeitige Justizminister eine sehr harte Kritik an der sie betreffenden Behandlungspolitik geübt.

5) Gewiß, die Psychose ist eine Tatsache; und die gespaltene Beziehungsstruktur (faille relationelle), die Wiederholung werden in 10 oder in 20 Jahren stets aufs neue Gegenstand unserer Bemühungen sein – mit Sektorisierung oder ohne. Dies zwingt zur Bescheidenheit. Und dennoch ist deutlich zu sehen, daß nach 10 oder 20 Jahren der Sektorisierung die Kranken nicht mehr ganz und gar dieselben sind; die Krankheitsbilder haben sich verändert wie auch die Modalitäten der Fallbetreuung, und es kann dabei in Zukunft vor allem ‚Diskontinuitäten' innerhalb der Kontinuität geben: die gleichen Kranken können anderswo als im Krankenhaus leben und dennoch genau wissen, daß in diesem „anderswo" der Kampf gegen die Prozesse des Chronisch-Werdens in gleicher Weise weitergeführt werden muß.

Anhang

DÉCRET N° 86–602 DU 14 MARS 1986 relatif à lutte contre les maladies mentales et à l'organisation de la sectorisation psychiatrique. (*Journal officiel* du 19 mars 1986)

Art. 8. – Chaque établissement assurant le service public hospitalier auquel sont rattachés un ou plusieurs secteurs psychiatriques est responsable de la lutte contre les maladies mentales dans ce ou ces secteurs.

Art. 9. – La prévention, le diagnostic et les soins prévus à l'article L. 326 du code de la santé publique et à l'article 4 *ter* de la loi du 31 décembre 1970 modifiée sont assurés notamment:

1° Dans les services spécialisés comportant ou non es possibilitiés d'hébergement total, ou d'hébergement de jour ou de nuit;
2° A la résidence des patients;
3° Dans les établissements sanitaires, sociaux ou résident les patients;
4° Par des séjours thérapeutiques temporaires;
5° Par des actions d'information auprès de la population et des professionnels concernés.

ARRÊTÉ DU 14 MARS 1986 relatif aux équipements et services de lutte contre les maladies mentales, comportant ou non des possibilités d'hébergement. *(Journal officiel* du 19 mars 1986)

Art. 1er. – Sans préjudice de l'application de l'article 9 du décret n° 80–284 du 17 avril 1980 sur les unités de consultation et de soins pour malades externes, les équipements et services de lutte contre les maladies mentales ne comportant pas hébergement mentionnés à l'article 3 de la loi du 31 décembre 1985 susvisée peuvent comprendre notamment:

– des centres médico-psychologiques, qui sont des unités de coordination et d'accueil en milieu ouvert, organisant des actions de prévention, de diagnostic, de soins ambulatoires et d'interventions à domicile, mises à la disposition d'une population. Ils peuvent comporter des antennes auprès de toute institution ou établissement nécessitant des prestations psychiatriques ou de soutien psychologique;

– des centres d'accueil permanent qui sont des centres médico-psychologiques habilités à répondre à l'urgence psychiatrique, ouverts vingt-quatre heures sur vingt-quatre, disposant notamment d'une permanence téléphonique reliée avec les organismes d'aide médicale urgente et organisant l'accueil, l'orientation et, le cas échéant, les soins d'urgence ambulatoires et à domicile nécessaires. Ces centres peuvent comporter quelques lits pour des prises en charge ne pouvant dépasser quarante-huit heures;

– des hôpitaux de jour assurant des soins polyvalents, individualisès et intensifs prodigués dans la journée, le cas échéant à temps partiel;

– des atelier thérapeutiques utilisant des techniques de soins particulières, groupes ergothérapiques notamment, en vue du réentraînement à l'exercice d'une activité professionnelle ou sociale;
– des centres d'accueil thérapeutique à temps pàrtiel visant à maintenir ou à favoriser une existence autonome par des actions de soutien et de thérapeutique de groupe;

– des services d'hospitalisation à domicile qui organisent des prises en charge thérapeutiques à domicile, associées s'il y a lieu à des prestations d'entretien nécessitées par l'état dépendance du patient.

Art. 2. – Les équipements et services de lutte contre les maladies mentales comportant hébergement, mentionnés à l'article 3 de la loi du 31 décembre 1985 susvisée, peuvent comprendre notamment:

– des unités d'hospitalisation à temps complet;
– des centres de crise qui sont des centres d'accueil permanent disposant de quelques lits permettant des prises en charge intensives et de courte durée pour répondre aux situations d'urgence et de détresse aiguës;
– des hôpitaux de nuit organisant des prises en charge thérapeutiques de fin de journée et une surveillance médicale de nuit et, le cas échéant, de fin de semaine;
– des appartements thérapeutiques qui sont des unités de soins, à visée de réinsertion sociale, mis à disposition de quelques patients pour des durées limitées et nécessitant une présence importante, sinon continue, de personnels soignants;
– des centres de post-cure: unités de moyen séjour destinées à assurer, après la phase aiguë de la maladie, le prolongement des soins actifs ainsi que les traitements nécessaires à réadaptation en vue du retour à une existence autonome;

– des services de placement familial thérapeutique qui organisent le traitement des malades mentaux de tous âges, placés dans des familles d'accueil, pour lesquels le maintien ou le retour à leur domicile ou dans leur famille naturelle ne paraît pas souhaitable ou possible.

Literatur

J. M. ANGLERAUD, G. BLES et Coll., Psychiatres: l'explosion démographique Psychiatrie Française, septembre/octobre 1984, 15, 5, pages 5 à 46.

Le IXème Plan. Politique de Santé. Information Psychiatrique, Volume 60, N° 2, février 1984, pages 205 à 209.

G. BLES, De l'impuissance à l'efficacité: Quelle psychiatrie, quels psychiatres pour demain? Premiéres Journées Nationales de la Psychiatrie, Avignon 5, 6, 7 mai 1983.

J. P. DESCOMBEY, Pratiques de secteur et Idéologie Premières Journées Nationales de la Psychiatrie, Avignon 5, 6, 7, mai 1983 Compte rendu en 2 volumes. Editions PRIVAT.

J. P. TACHON, Secteurs et destin des secteurs L'Information Psychiatrique, volume 62, 7/1986, pages 867 à 977.

F. CAROLI, G. MASSE, Les situations d'urgence en psychiatrie 1 volume, 1985, DOIN Editeur, Paris.

J. DEMAY, Notes pour une réflexion sur la loi du 30 juin 1975 et ses textes d'application. L'information Psychiatrique, volume 52, N° 5, mai 1976, pages 625 à 634.

Groupe de travail dirigé par J. DEMAY. Une voie française pour une psychiatrie différente. Document établi à la demande du Ministre de la Santé. Juillet 1982. C. E. M. E. A. VST, N° 146, avril-mai 1983, pages 3 à 42.

Lois sur le Secteur, décrets et arrêtés d'application.

- Loi du 27 juillet 1985, L'Information Psychiatrique, Volume 61, N° 8, octobre 1985, page 1097.
- Loi du 31 décembre 1985, L'Information Psychiatrique, Volume 62, N° 2 fevrier 1986, pages 201 à 203.
- Decret du 14 mars 1986, et Arrêté du 14 mars 1986, L'Information Psychiatrique Volume 62, N° 5, mai 1986, pages 651 à 653.

Versorgungskonzepte und Versorgungsstrategien für psychisch Kranke und Behinderte in den letzten 10 Jahren in Italien

K. Ernst

Herr Kollege *Raffaello Misiti* aus Rom wollte uns dieses Thema vortragen. Sein unerwarteter Tod hat diesen Plan zunichte gemacht. Er hätte aus eigener Tätigkeit und umfassender Kenntnis gesprochen.

Diese Information kann ich Ihnen nicht ersetzen. Meine Ausführungen bilden die Zusammenfassung einer Arbeit von Cécile Ernst und mir, die kürzlich im „Nervenarzt"* erschienen ist. Wir haben dort über einen Besuch in der Region Lombardei und über die uns zugänglich gewordene Literatur referiert. Für den heutigen Anlaß habe ich den Stoff dem Fragenkatalog dieser Tagung angepaßt. Die statistischen Daten für die Lombardei wurden aufgrund der neuesten offiziellen, aber z. T. noch nicht publizierten Zahlen nachgeführt. Für die *Literatur* wird auf die erwähnte Originalarbeit verwiesen.

1. Gesetzliche Grundlagen

Das sogenannte *„Triestiner Gesetz" von 1978,* das auf die Bewegung um *Franco Basaglia* zurückzuführen ist und das die psychiatrische Versorgung in ganz Italien reformieren sollte, ist in der psychiatrischen Welt berühmt geworden. Dieses Gesetz Nr. 180, wie es auch genannt wird, hat bekanntlich Neuaufnahmen und – ab Jahresbeginn 1981 – auch Wiederaufnahmen in staatliche psychiatrische Kliniken verboten. Insbesondere sollten auf diese Weise die alten psychiatrischen Provinzspitäler, die etwa unseren psychiatrischen Landeskrankenhäusern entsprechen, *aussterben.* Damit sollte ein besseres, vor allem dezentralisiertes Versorgungssystem die alte Anstaltspsychiatrie ersetzen. Die psychiatrische Behandlung sollte grundsätzlich ambulant durchgeführt werden. Nur soweit nötig waren an Allgemeinspitälern psychiatrische Bettenstationen einzurichten, die 15 Betten nicht übersteigen durften.

Dieser Teil des Gesetzes ist bekannt. Weniger bekannt ist ein anderer Teil. Dieser bestimmt, daß die psychiatrische Versorgung ein Zweig des Nationalen Gesundheitsdienstes sei. Diese *„Medikalisierung"* der Psychiatrie war mindestens so revolutionär wie der anstaltsreformerische Bestandteil des Gesetzes. Denn vorher war die Psychiatrie gleichsam *„kriminalisiert"* gewesen. Der Untersuchungsrichter hatte die erfolgte Hospitalisierung zu bestätigen oder aufzuheben. Er tat in der Regel das erstere, weil er sich fachlich unzuständig fühlte, ein Entlassungsrisiko einzugehen. Zudem erfolgte für

* Ernst, K., Ernst, C.: Italienische Psychiatrie: Augenschein in der Lombardei. Nervenarzt *57* (1986) 494–501.

jede psychiatrische Hospitalisierung in eine staatliche Institution ein Eintrag ins Strafregister. Das bedeutete für einen ehemals hospitalisierten Patienten nichts weniger als die inskünftig lebenslange Unmöglichkeit, eine staatliche Anstellung zu finden.

Das neue Einweisungsgesetz ordnet das Patientenrecht anders. Der psychisch Kranke kann in eine der neu konzipierten geschlossenen Bettenstationen eines Allgemeinspitals eingewiesen werden. Auf Antrag von zwei Ärzten kann der Sindaco, d. h. der Gemeindepräsident, seine dortige Zurückhaltung anordnen. Diese muß vom Vormundschaftsrichter sanktioniert werden. Eine andauernde Hospitalisierung ist wöchentlich neu zu bestätigen. Ein Rekurs an das Vormundschaftsgericht ist möglich. Da aber dem Patienten gegenüber keine Rechtsmittelbelehrung vorgeschrieben ist, scheint es selten zu Rekursen zu kommen. In den von uns besuchten psychiatrischen Spitalabteilungen hat kein Kollege je die Gutheißung eines Rekurses erlebt. Wie das Rekurswesen in anderen Regionen praktisch gehandhabt wird, ist uns nicht bekannt. Allerdings ist die Verweildauer in den Bettenstationen in der Regel kurz. Darauf wird noch zurückzukommen sein.

2. Administrative Struktur

Die 93 Provinzen Italiens sind seit dem Zweiten Weltkrieg in 20 administrativen Regionen zusammengefaßt. Diese Regionen (und nicht die früheren Provinzen) sind heute die für den Gesundheitsdienst maßgebenden Verwaltungsbezirke. Man könnte sie etwa mit den deutschen Ländern oder den Schweizerischen Kantonen vergleichen.

Das Gesundheitswesen einer Region ist in lokale Organisationseinheiten eingeteilt, die den Namen *Unità Socio-Sanitaria Locale (USSL)* tragen. Zu einer solchen Einheit gehört ein Spital mit den nötigen Ambulatorien. Je nach der Größe dieser USSL kommt auf eine bis mehrere von ihnen eine psychiatrische Organisationseinheit, eine *Unità Operativa di Psichiatria (UOP).* Das Einzugsgebiet einer solchen UOP umfaßt 100 000 bis 250 000 Einwohner. Eine UOP besteht je nach ihrer Größe aus einem bis mehreren *Ambulatorien* und aus einer in der Regel geschlossen geführten psychiatrischen *Station* von höchstens 15 Betten an einem Allgemeinspital. Hinzu kommen je nachdem noch sozialpsychiatrische *Übergangseinrichtungen* wie Wohnheime, geschützte Wohnungen und Tageskliniken. Beschützte Werkstätten in unserem Sinn scheinen wenig bekannt zu sein. Hingegen trifft man gelegentlich auf einfallsreiche Initiativen wie genossenschaftlich geführte Reinigungsteams oder Gärtnereiequipen für Patienten. Gesamtstatistisch spielen solche Aktivitätsgruppen freilich eine geringe Rolle.

In der Lombardei kamen 1985 auf 75 USSL 45 UOP. Drei davon haben wir kennengelernt. Ihre *geschlossenen Spitalabteilungen* betreuen zur Hauptsache offensichtlich schwer Psychosekranke. Deshalb erstaunt die kurze mittlere Aufenthaltsdauer von 12 Tagen. Freilich handelt es sich bei knapp zwei

Dritteln der Fälle um Wiederaufnahmen. Die Mehrzahl der Kranken stammt aus der sozialen Unterschicht. Zustandsbilder offensichtlicher neuroleptischer Überdosierung haben wir kaum gesehen. Man bekommt nicht den Eindruck eines schwerwiegenden Mangels an Betreuungspersonal; aber man bekommt keine Beschäftigungsmöglichkeiten für die Kranken zu Gesicht. Man wird sich indessen hüten, dies als Beweis für eine allgemeine pflegerische Vernachlässigung zu betrachten. Das Allgemeinspital färbt ganz einfach auf seine psychiatrische Abteilung ab.

Diese neuen Psychiatriezentren bilden aber nur *eine* Seite der stationären psychiatrischen Versorgung. Neben ihr existieren nämlich die früheren psychiatrischen Provinzspitäler weiter, wenn auch zahlenmäßig in reduziertem Umfang. Sie werden „Ex-Ospedali" genannt. Wir konnten zwei von ihnen besichtigen. Sie wurden zum größeren Teil geschlossen geführt, obwohl sie keine Aufnahmestationen mehr besitzen. Dies ist indessen verständlich: wie bei uns, so verbleiben auch in Italien nur die schwerstkranken, verhaltensgestörten und unselbständigen Patienten in der Klinik. Dabei entsteht keineswegs der Eindruck körperlicher Verwahrlosung der Kranken und vor allem nicht derjenige häufiger medikamentöser Überdosierung. Hingegen herrscht für unsere Begriffe eine Atmosphäre bedrückender Untätigkeit der Kranken. Das Durchschnittsalter der Patienten ist nicht hoch, die Mehrzahl ist mittleren Alters. *Diese Population wird in absehbarer Zeit nicht aussterben.*

Spezielle psychogeriatrische Abteilungen sind uns in den Ex-Ospedali nicht gezeigt worden. Ein großer Teil der betagten zerebral Kranken scheint sich in Institutionen zu befinden, die nicht dem nationalen Gesundheitsdienst unterstehen. Nur so ist es zu erklären, daß in ganz Italien die psychiatrischen Hospitalisationen wegen organischer Psychosen seit 1978 um 39% abgenommen haben – dies obwohl in Italien wie überall die Hochbetagten prozentual zunehmen.

3. Psychisch Kranke außerhalb des Nationalen Gesundheitsdienstes

In Italien ist die stationäre psychiatrische Behandlung der Fixer, soweit sie nicht körperlich krank sind, innerhalb des staatlichen Gesundheitssystemes gesetzlich untersagt. Es ist die erklärte Absicht des Gesetzes, die „Medikalisierung" der Abhängigen zu verhindern. Auch für *Alkoholiker* fehlt die Tradition der stationären Entzugsbehandlung. Nur psychotische Ausnahmezustände, etwa Delirien, alkoholhalluzinatorische Erregungszustände oder akute Korsakow-Psychosen gelangen vorübergehend in die psychiatrischen Stationen an Allgemeinspitälern. Die übrige Betreuung der Alkoholkranken obliegt der Polizei, den Fürsorgeämtern und den Vormundschaftsbehörden.

Im übrigen gibt es mindestens drei Arten von *stationären Institutionen* für psychisch Kranke, die dem Nationalen Gesundheitsdienst *nicht* unterstehen. Ihre Patienten erscheinen deshalb in den offiziellen staatlichen Statistiken nicht automatisch. Es handelt sich bei diesen Institutionen keineswegs um neue Erscheinungen, sondern um Einrichtungen, die schon vor dem Reformgesetz von 1978 bestanden haben und deren lange Traditionen durch dieses Gesetz nicht berührt worden sind.

1) *Religiöse Alten- und Krankenheime.* Sie werden durch katholische Orden geführt, teils mit deren eigenen Mitteln, teils mit staatlicher Unterstützung als sogenannte „Ospedali convenzionati". Sie beherbergen hauptsächlich chronisch Kranke und Altersdemenzen und stehen im Ruf eines sehr bescheidenen Pflegestandards. Auch wird ihnen von den italienischen Psychiatern eine ungenügende medizinische Versorgung nachgesagt. Ihr tatsächliches Niveau dürfte sehr unterschiedlich sein. Umfassende Erhebungen über ihre qualitativen Leistungen sind mir nicht bekannt. Wir konnten sie auch nicht ansehen, weil sie nicht ärztlich geleitet sind und weil die kollegialen Beziehungen, die uns sonst den Weg bahnten, hier versagten.

2) *Psychiatrische Privatkliniken.* Gemeint sind hier die kleineren, nicht religiös geführten, im engeren Sinne privatwirtschaftlich betriebenen Privatkliniken und psychiatrischen Sanatorien. Es wird immer wieder behauptet, daß diese Privatspitäler als Ersatz für die abgebauten staatlichen Psychiatriebetten „aus dem Boden schießen" und daß sie nur für die vermögliche Klientel zugänglich seien. Das mag in einzelnen Regionen zutreffen. Um Rom herum zählte man 1982 16 solche Privatkliniken. Für Italien als Ganzes spielen diese Sanatorien aber im Vergleich zu den religiösen Krankenheimen zahlenmäßig eine kleine Rolle.

Nimmt man die religiösen und privatwirtschaftlichen psychiatrischen Kliniken *zusammen,* so ist die Gesamtzahl der psychiatrischen Patienten, die in Italien an einem Stichtag im weiteren Sinne „privat" bzw. nicht staatlich hospitalisiert waren, von 20000 im Jahre 1966 auf 17000 im Jahre 1981 gesunken. Diese Institutionen sind also *nicht* an die Stelle der reduzierten staatlichen Psychiatrie getreten. Dabei sind allerdings die kleineren Privatkliniken wahrscheinlich unvollständig erfaßt. Wichtiger als dieser Umstand ist es, im Auge zu behalten, daß solche Gesamtzahlen die kolossalen Unterschiede zwischen der nördlichen und südlichen Hälfte des Landes nicht wiedergeben. Im Norden ist die psychiatrische Versorgung weitaus besser.

3) *Spitäler für psychisch kranke Rechtsbrecher.* Es gibt in ganz Italien sechs „Ospedali Giudiziarii" mit insgesamt 1900 Betten, wovon 580 für Frauen eingerichtet sind. Diese als ausbruchssicher geltenden Institutionen haben wegen ihres niedrigen Behandlungsstandards einen ausgesprochen schlechten Ruf. Seit dem Triestiner Gesetz von 1978 haben ihre Pflegetage bis 1981 um 10 Prozent zugenommen. Das ist wenig. Man kann auch hier nicht von einer massiven Verlagerung der Psychiatrie „vom Spital ins Gefängnis" sprechen, wie dies manchmal pauschal behauptet wird.

4. Die statistische Entwicklung der stationären Versorgung.

Die Statistiken des Nationalen Gesundheitsdienstes ergeben zweierlei:

1) Das Reformgesetz von 1978 war in bezug auf die *Eintritte* wirksam: diese sind in Italien von insgesamt gut 100000 im Jahre 1975 auf etwa 40000 im Jahre 1980 gesunken (die religiösen und privaten Institutionen sind in diesen Zahlen nicht erfaßt).

2) Der Rückgang des *Krankenbestandes* dagegen hat schon zehn Jahre früher eingesetzt. Er war die Folge des 1968 erlassenen Gesetzes Nr. 431. Dieses Gesetz wird bei der Diskussion der Entwicklung in Italien viel zu wenig berücksichtigt. Es bestimmte seinerzeit, daß die staatlichen psychiatrischen Kliniken auf höchstens 625 Betten zu reduzieren seien, und es schrieb die Einrichtung von Ambulatorien vor. (Auch ohne entsprechende Gesetze hat freilich in den 60er Jahren überall in der Welt eine Reduktion der psychiatrischen Betten stattgefunden.) Diese Bestandsabnahme war zwar drastisch, aber nicht radikal: wiederum beschränkt auf die alten psychiatrischen „Ospedali“ bzw. „Ex-Ospedali“ lauten die Zahlen für 1965, 70, 75 und 80 in Tausend: 92, 83, 67 und 38.

3) In der *südlichen Hälfte* Italiens ist das Triestiner Gesetz kaum durchgesetzt worden. Zu einer mäßigen Bettenreduktion seit ungefähr Mitte der 70er Jahre ist es zwar auch dort gekommen. Das Gesetz Nr. 180 von 1978 hingegen bildet sich z. B. in der Kurve der psychiatrischen Krankenbestände Apuliens überhaupt nicht ab, weder in der staatlichen noch in der religiösen Institution.

Aufgegliedert nach Trägern der stationären Institutionen für psychisch Kranke lauteten die *Bestandszahlen für einen Stichtag* im Jahre 1981, absolut und pro tausend Einwohner für das ganze Land:

Staatliche Ex-Ospedali:	ca. 38000 = 0,68‰
religiöse und private Kliniken:	ca. 17000 = 0,30‰
neue psychiatrische Spitalabteilungen:	ca. 2800 = 0,05‰
Italien (56 Mio. Einwohner)	ca. 57800 = 1,03‰

Dieser Bettenschlüssel von 1,03‰ liegt also innerhalb des Bereiches von 0,9–1,3‰, den *Häfner und Mitarbeiter** als vernünftigen Bedarf an psychiatrischen Betten für westliche Industrieländer aufgrund von sorgfältigen epidemiologischen Studien errechnet haben. – Man soll sich bekanntlich hüten, Unvergleichbares, nämlich die nördliche und die südliche Hälfte Europas, zu vergleichen. Ich habe dies hier trotzdem getan, weil ich zeigen wollte, daß Italien, soweit die statistischen Daten reichen, bisher entgegen

* Häfner, H., Klug, J., Gebhardt, H.: Brauchen wir noch Betten für psychisch Kranke bei hinreichender Vor- und Nachsorge? In: Siedow, H. (Hrsg.): Standorte der Psychiatrie, Band 3, Urban u. Schwarzenberg, München 1983, S. 73–109.

vielen legendären Berichten *keine sensationell niedrigen, psychiatrischen Bettenschlüssel, keine radikale Deinstitutionalisierung und keine Entasylierung* verwirklicht hat. Die meisten psychisch Schwerkranken befinden sich immer noch in großen stationären Institutionen, während der zahlenmäßige Beitrag des neuen Systems der psychiatrischen Abteilungen an Allgemeinspitälern klein ist.

Dies gilt auch für die reichste und größte Region Italiens, die *Region Lombardei* mit ihren 9 Millionen Einwohnern. Auch hier war 1985 ein Stichtagsbestand von 647 Kranken in den neuen Psychiatrieabteilungen an Allgemeinspitälern verschwindend klein. Beherrscht wird das Bild durch die alten psychiatrischen Restkliniken mit etwa 4000 und die Ordenskrankenheime mit etwa 2000 Patienten. Hinzu kommen 792 Betten in Wohnheimen. Wie man uns sagte, befinden sich darüber hinaus nicht wenige psychisch Schwerkranke in neurologischen Kliniken und medizinischen Spitalabteilungen. Depressive Kranke und ihre Familien bevorzugen die Hospitalisierung in nicht-psychiatrischen Kurhäusern, Erholungsheimen und Sanatorien. Berücksichtigt man zusätzlich die Abwesenheit der Suchtkranken, so nähert sich der psychiatrische Gesamtbettenbestand dieser Region ebenfalls dem Bereich, der in westlichen Industrienationen als normal gilt: In der Lombardei waren 1982–85 an Stichtagen mindestens 7000 psychisch Kranke, d. h. 0,8 Promille der Gesamtbevölkerung, hospitalisiert.

5. Die ambulante Versorgung

Sie ist grundsätzlich und theoretisch das Zentrum der psychiatrischen Versorgung. Wir besitzen zu wenig zuverlässige Unterlagen für die gesamtitalienischen Konsultationszahlen. Eine umfassende statistische Darstellung ist deshalb nicht möglich. Unsere Eindrücke in der Lombardei gingen dahin, daß die meisten Ambulatoriums-Patienten *schwere chronische Psychosekranke tiefer sozialer Herkunft* sind. In keiner Weise handelt es sich um eine Elite besonders angenehmer und ansprechender Patienten, die durch heikle Behandlungs-Teams ausgelesen werden. Die meisten Kranken hatten bereits psychiatrische Hospitalisierungen hinter sich.

Ein einzelnes Phänomen ist uns in die Augen gesprungen, und zwar eines, das die gesamte schweizerische Psychiatrie in den Schatten stellt. Es handelt sich um das Ausmaß, in dem *Hausbesuche* durchgeführt werden. Von den rund 47 000 Patienten, die 1985 ambulant behandelt worden sind (und die 5,3 Promille der ca. 9 Mio. Einwohner der Region entsprechen) wurden rund ¼, nämlich 11 000 Patienten, zu Hause aufgesucht. Und dies nicht nur pro Fall sporadisch, sondern im Mittel 9–10mal pro Patient. Dies machte 1985 108 000 Hausbesuche aus.

Wahrscheinlich ist die Zahl der Hausbesuche pro Einwohner innerhalb der Schweiz mit Abstand am größten im Kanton Genf. Ich kann nicht auf die Gründe eingehen, warum dies so ist. Sicher aber kommt man auch in Genf höchstens auf halb so viele Hausbesuche pro Einwohner wie in der Lombardei. Denkt man angesichts der Wegzeiten an den Personalbedarf und damit an die Kosten, so staunt man – und man begegnet an Ort und Stelle auch gelegentlich entsprechender Kritik am Aufwand. Zu Konflikten mit den niedergelassenen Ärzten kommt es deswegen nicht. Diese sind froh, von der Sorge mit den mühsamen und unzuverlässigen Psychosekranken entlastet zu werden.

6. Zusammenfassende Schlußfolgerungen

1) Was eine *radikale Deinstitutionalisierung* werden sollte, wurde eine *partielle Verlagerung* der staatlichen in die außerstaatliche bzw. private stationäre Psychiatrie. Ohne Zweifel sind zahlreiche schlimmste Zustände in psychiatrischen Kliniken beseitigt worden. Andererseits erheben sich Zweifel, ob die Lebensqualität der entlassenen und der in andere Institutionen verlegten Kranken besser geworden ist.

2) Die frühere *„Kriminalisierung"* der Psychiatriepatienten ist wirksam beseitigt worden. Die Verwirklichung der *Freiheitsrechte des Patienten* hängt indessen davon ab, ob der hospitalisierte Kranke eine Rechtsmittelbelehrung erhält und ob die personelle Dotierung der Rekursinstanz es dieser ermöglicht, die Rekurse individuell zu prüfen, statt routinemäßig zu entscheiden. (Es handelt sich dabei um ein ubiquitäres Problem, das am Beispiel der italienischen Praxis lediglich illustriert werden kann; nämlich um die allgemeine Gleichung der Rechtsprechung: *gründlich + speditiv = teuer.)*

3) Die stationäre Behandlung von *Drogensüchtigen* gehört in Italien von Gesetzes wegen nicht zu den Aufgaben der staatlichen Psychiatrie. Auch nichtpsychotische *Alkoholiker* werden kaum psychiatrisch hospitalisiert. Für die Familien schwer Suchtkranker bedeutet dies oft, daß sie sich durch das öffentliche Gesundheitswesen im Stich gelassen fühlen. Diese Entwicklung hat sich vielleicht dadurch akzentuiert, daß die publizistisch aktiven italienischen Psychiater der 70er Jahre ihr Interesse ganz auf diejenigen Psychosen konzentrierten, die wir als „endogen" bezeichnen, die sie aber umgekehrt als gesellschaftliche Artefakte interpretierten.

4) *„La nouva cronicità":* Sie ist zum psychiatrischen Thema Nr. 1 in Gespräch und Fachliteratur geworden. Sie entspricht der Erkenntnis, daß die Maxime „Freiheit heilt" den Verlauf der Psychosen nicht verändert hat. Viele Schizophreniekranke chronifizieren keineswegs nur in den Kliniken, sondern ebenso sehr in der ambulanten Behandlung oder unbehandelt zu Hause. Auch wir kennen dieses Phänomen aus unserem eigenen Alltag. Aber in Italien hat es in informierten und betroffenen Kreisen die größere Brisanz erlangt. Die Hoffnung, durch die Abschaffung der Spitäler den Hospitalismus und durch die Abschaffung des Hospitalismus die chronischen Geisteskrankheiten abschaffen zu können, hat in der italienischen Psychiatrie vor 10 bis 15 Jahren noch tiefere Wurzeln geschlagen als bei uns, und entsprechend härter wird heute die Ernüchterung formuliert. Wie

bei uns, so beginnen auch in Italien die *Angehörigen,* denen bei der ganzen Entwicklung die Hauptlast zugemutet wird, sich in Selbsthilfeorganisationen zusammenzuschließen. Diese Gruppen versuchen, ihre Stimme auch politisch zur Geltung zu bringen.

5) *Die ambulante Psychiatrie* hat mindestens stellenweise einen vorbildlichen Ausbau erfahren. In der Region Lombardei wird ein eindrucksvolles System der *Hausbesuche* praktiziert. Damit wird außer der Hilfe an Kranke und Angehörige auch ein wertvoller *Ausbildungseffekt* bei Ärzten, Schwestern, Pflegern und Sozialarbeitern erzielt: Die Kenntnis dessen, was eine Psychose zu Hause bedeutet, wird zum besten Antidot gegen eine wirklichkeitsferne Antipsychiatrie innerhalb des psychiatrischen Personals.

Die italienischen Kollegen, die diese Seite der Psychiatrie aufgebaut haben und praktizieren, sprechen mit Schwung und Zuversicht von ihrer Arbeit. Trotzdem sie ihre weiteren Ausbaupläne angesichts der begrenzten finanziellen Mittel mit romanischem Realitätssinn kommentieren, leben sie im Bewußtsein dessen, der auf dem richtigen Weg ist. Die Kollegen in den Ex-Ospedali fürchten dagegen nicht ohne Grund, daß der Staat durch Streichung der Sanierungsmittel ihre nur offiziell, nicht aber faktisch aussterbenden Kliniken verwahrlosen läßt. Aber auch sie möchten um keinen Preis zur alten Anstaltspsychiatrie zurückkehren. Die älteren unter ihnen haben die frühere fürchterliche Wirklichkeit noch in lebendiger Erinnerung. Dem Gast gegenüber diskutieren sie ihre Probleme mit einer bemerkenswerten Liberalität, Urbanität und Offenheit. Wenn das schöne Wort von Franco Basaglia „Freiheit heilt" für Geisteskranke auch nicht in der Weise stimmt wie es gemeint war, so enthält es doch eine Wahrheit für den Psychiater, der sich frei von jeder standespolitischen Verpflichtung fühlt, etwas zu verbergen.

Herausragende Tendenzen nach dem Inkrafttreten der psychiatrischen Reform in Italien*

R. Misiti †

1. Geographische Verschiedenheit und Planungsmängel

Sieben Jahre nach seiner Verabschiedung im Jahre 1978 zeichnet sich die Durchführung des Reformgesetzes über die psychiatrische Versorgung durch eine starke Unbeständigkeit und Unregelmäßigkeit aus: eine Unregelmäßigkeit in der zeitlichen Abfolge und Realisierung; eine geographische Unausgewogenheit; eine auffällige Verschiedenheit der Einrichtungen und Modelle.

Rückblickend läßt sich sagen, daß die Zahl der Insassen psychiatrischer Anstalten im ersten Durchführungsjahr um etwa 10 000 zurückging. Dies ist eine beachtliche Beschleunigung im Vergleich zu der stetigen, aber langsamen Abnahme in den Jahren vor der Reform, insbesondere wenn man beachtet, daß die Abnahme in den südlichen Regionen (laut C.N.R. Daten) stärker war, und daß gerade in den Anstalten, welche schon Jahre vorher einen Prozeß der Öffnung und Modernisierung in Gang gesetzt hatten, keine Entlassungsbeschleunigung zu registrieren war. Dies ist sicherlich ein Zeichen dafür, daß der Wille zur Gesetzesdurchführung vorhanden war, außerdem bezeugt es die Anwesenheit einer Anzahl von Personen, die als „nicht-psychiatrische" Fälle einzustufen waren. Andererseits gab es auch einige Bedenken in bezug auf das Schicksal der Entlassenen und auf die Vorbereitung, die ihnen und ihrer Umgebung zuteil geworden war.

Es gab Vorfälle von einfacher Aussetzung ganzer Gruppen von Patienten, Fälle von Verantwortungsablehnung und Aussetzung, von „Versetzung" von einer psychiatrischen Anstalt in eine andere ganzheitliche Institution (Heim, Siechenhaus usw.). In den darauffolgenden Jahren registrierte das Gesundheitsministerium ein Nachlassen der Ausweisungen (3000 bis 5000 pro Jahr), für sich noch kein negatives Zeichen, war es dennoch besorgniserregend, wenn es eine Einstellung der Erneuerungsarbeit bedeutete. Dabei blieb die Aufnahme- und Einlieferungspraxis unverändert, so daß aus diesen Gründen Druck auf eine Änderung des Gesetzes hin ausgeübt wird, genau diesen Punkt betreffend.

Auch bei der Ausstattung der Krankenhäuser ist die bisherige Entwicklung sehr unregelmäßig gewesen, und vor allen Dingen bei der Einrichtung extramuraler Stützstrukturen, wie Heime, Sozialzentren, Arbeitsgemeinschaften usw., gab es unglaubliche Verzögerungen.

Die Ingangsetzung von neuen Projekten fand in allen Bereichen zu unterschiedlichen Zeitpunkten statt, sodaß die Gegenden, die hohe Entlassungs-

* Zur Veröffentlichung posthum übersandt vom Istituto di Psichologia, Rom.

quoten aufwiesen, gleichzeitig diejenigen waren, die mit der Errichtung von externen Diensten und Strukturen hinterherhinkten. Im Kern hat man ein Gefüge von unkoordinierten Eingriffen und Entscheidungen, die nicht auf eine vorausdenkende Planung basierten.

Die geographische Verschiedenheit war nicht nur von Region zu Region ausgeprägt (wo es unterschiedliche Gesetzgebungen geben kann), oder von Provinz zu Provinz (die für die psychiatrische Betreuung vor der Reform und in der ersten Durchführungsphase verantwortlich war), sondern auch von Stadt zu Stadt und in größeren Städten von Viertel zu Viertel. Die Durchführung oder deren Unterbindung und die Durchführungsdauer hängen von einer Vielzahl von Faktoren ab: Situationsgefüge vor der Reform; Anwesenheit einflußreicher privater Einrichtungen in dem betreffenden Gebiet; Anwesenheit von fortschrittlichen Meinungsbewegungen oder von Gruppen aktiver Professioneller; Verhältnis zwischen letzteren und den Verwaltungsbeamten und Politikern; lokale Machtstruktur und Sozialpolitik (Fürsorgepolitik, Klientelenwirtschaft, Machtgremien), Stärke der Ärztelobbies; Massenmedien; Schwierigkeiten wirtschaftlicher und organisatorischer Art. Das Problem scheint weniger technischer Art zu sein, sondern vielmehr ausgesprochen gesellschaftspolitischer Natur.

Diese Entwicklungsverschiedenheit übersteigt um einiges den vom Gesetzgeber verfügten Rahmen, welcher ohnehin schon zu weit gesteckt ist. Sie ist nicht nur als vorübergehende Erscheinung besorgniserregend (Verspätungen, Verzerrungen und Mängel eines empfindlichen Sektors), sondern auch als Zukunftsproblem, wenn man bedenkt, daß über 40% der italienischen Provinzen noch nicht einmal das Gesetz von 1904 in Kraft gesetzt hatten.

Dennoch bleibt als wichtigster Aspekt die strukturale und qualitative Unterschiedlichkeit in der Art der errichteten Dienste, d. h. in den verschiedenen Modellen, die nicht geographisch festzumachen sind, sondern oft am gleichen Ort im gleichen Zeitraum in Erscheinung treten.

2. Aspekte und Organisationsmodelle

Wenn wir den Stand der Reform und die Entwicklungstendenzen, die wir den Daten entnehmen, auf eine übersichtliche und damit vereinfachte Art beschreiben wollten, würden wir die folgende Gliederung vorschlagen.

Es lassen sich grundsätzlich drei Modelle für Errichtung psychiatrischer Leistungen nach der Reform skizzieren. Natürlich sind dies ideale Typisierungen, auf ihrer Basis lassen sich jedoch Tendenzen und Widersprüche im laufenden Reformierungsprozeß erkennen. Zahlreiche tatsächliche Situationsgefüge sind zwischen dem einen und dem anderen Situationstypus anzusiedeln, gerade insofern, als es sich um sich wandelnde Strukturen handelt.

Modell A: Klinikwesen

Bei diesem Modell bleibt das Gesetz sowohl theoretisch, wie auch praktisch unverwirklicht, es werden weder regionale noch außerklinische Strukturen geschaffen. Parallel zur psychiatrischen Anstalt existieren eine oder mehrere Psychiatriestationen im Allgemeinkrankenhaus. Dies bedeutet, daß eine Entlassung aus der Irrenanstalt, falls sie stattfindet (und Entlassungen waren zuweilen auch zahlreich), einer regelrechten Aussetzung des Ex-Insassen gleichkommt, sowohl aus medizinisch-psychiatrischer Sicht, wie auch in Hinsicht auf die Betreuung (abgesehen von der Möglichkeit zur Beihilfe). Die Entlassung erfolgt ohne Verweisung auf Hilfsstrukturen oder andere Unterstützungsmöglichkeiten. Im Endeffekt erweist sich die Entlassung als eine Last für die völlig hilflosen Familien, oder als Verwahrlosung und soziale Isolation des Individuums, selten erfolgt eine Einweisung bei spezialisierten privaten Einrichtungen. Die Krankenhäuser, von Krisen und zahllosen Aufnahmeanträgen erdrückt, verrichten keine Arbeit im therapeutischen Sinne, sondern setzen ausschließlich sedierende Mittel ein, zur großen Unzufriedenheit des Personals. Ein starker Rückgriff auf Psychopharmaka ist zu verzeichnen; eine außerordentlich hohe Frequenz von Ein- und Ausweisungen (turn-over); Insuffizienz des Personals und der Strukturen; das langsame, aber sichere Auftreten der charakteristischen Merkmale einer „kleinen Irrenanstalt“, mit einem Eingang und einem Ausgang. Auch hier gleicht die Entlassung einer Aussetzung: keine Vorbereitungen wurden von außen getroffen, keine Einrichtung zur Unterstützung und Selektierung hat die Entlassung verfolgt und eine Wiedereingliederung vorbereitet. In diesen Kreislauf lassen sich höchstens noch neue ganzheitliche Einrichtungen einreihen, in die Alte oder chronisch Kranke eingewiesen werden, und die meistens mit Psychiatrie wenig gemein haben (Altersheime, Einrichtungen für chronisch Kranke oder auch Wohnheime).

Dieses Modell, das gerade in den ersten Jahren nach der Reform und vor allen Dingen im Süden Verbreitung fand, tendiert unausweichlich in Richtung einer zweiten Neuordnung. Dies geschieht jedoch mit einer ungeheuren Langwierigkeit, unter Schwierigkeiten verschiedener Art und begleitet von schwerwiegenden Schäden und Belastungen für die Benutzer, die Familien, die involvierten Arbeitskräfte und die öffentliche Meinung. Die Ursachen für eine solche Entwicklung sind vielfältig. Insbesondere sind dies: Unverständnis, offenes Entgegentreten oder Unfähigkeit gegenüber der Reform; noch größere politische, praktische und berufliche Schwierigkeiten beim Anstreben von Neuerungen; das Vorherrschen eines Machtdenkens im ärztlich-klinischen Bereich.

Modell B: Ambulanzwesen

Das zweite Modell beinhaltet die „simulierte“ Inkraftsetzung der Reform, in Wirklichkeit nur ein Zerrbild, insofern, als sich zur psychiatrischen Anstalt und zur Krankenhausstation einige psychiatrische Zentren auf ambulanter

Basis gesellen. Aufgrund der Öffnungszeiten, der Personalsituation, der Strukturen, der zur Verfügung stehenden Mittel und der Art der Leistungen stellen diese Zentren jedoch keinen Ersatz für eine normale Anstalt dar sondern fungieren vielmehr als bloße Ergänzung zum psychiatrischen Versorgungswesen und zum Krankenhausangebot. Als eigentliche Wirkung zeigt sich, daß sich mit der Zeit hinsichtlich der Benutzer eine Selektion einstellt, derzufolge ein neuer Patientenstamm behandelt wird (gerade nicht der, der aus der Anstalt entlassen wurde oder sich noch dort befindet) verschieden hinsichtlich des Alters, des Einkommens und des Krankheitsbildes. Es handelt sich um Zentren, die einige Stunden am Tag geöffnet sind. Medikamente und Gespräche anbieten, dieses ein-, zweimal die Woche oder noch weniger, und somit eigentlich nur eine hergebrachte Form der sozialen Fürsorge übernehmen. Des weiteren sind sie in den meisten Fällen abgeschnitten vom Krisenverlauf, in den weiterhin die Ordnungskräfte oder der Hausarzt eingeschaltet werden und schließlich auch der Krankenhausdienst. Außerdem haben diese Zentren keinen Kontakt zum lokalen Geschehen, d. h. zu den Institutionen, den Lebensräumen, der Bevölkerung des Stadtteils oder der Umgebung. Sie verfügen nicht über die Mittel zur nächtlichen Unterbringung oder auch für den Tagesaufenthalt, für die Rehabilitation, für elementare Formen der Wiedereingliederung in die Gesellschaft, wie sie auch nicht über Mensen, Labors, oder ein Angebot an Beschäftigungsmöglichkeiten verfügen.

Dieses Modell hat sich sofort in den großen Städten etabliert und hat natürlich an den Nachteilen, wie sie bei Modell A zu finden sind, kaum etwas ändern können. Diese sind das weitere Bestehen der psychiatrischen Anstalten in Koexistenz mit sich selbst überlassenen, überfüllten und maßlos überlasteten Krankenhäusern, sowie das Zurückgreifen auf private Strukturen. Typisch für dieses Phänomen ist der hohe Anstieg an stationären Zwangseinweisungen in Städten wie Rom oder Neapel, die auf nationaler Ebene im ersten Reformjahr um 60% gesunken waren (verglichen mit den Zahlen der früheren Zwangseinweisungen). Dies geschieht aufgrund der Probleme, die sonst bei einer Einweisung der Person ins Krankenhaus eintreten, und der Tatsache, daß dies die einzige Einrichtung ist, die man im Fall einer „Krise“ in Anspruch nehmen kann.

Dieses Phänomen betrifft allerdings nicht nur die Städte, es wird sich in Zukunft verbreiten. Außerdem besteht die Möglichkeit, daß es sich in Richtung auf Modell C hin wandelt, doch dies hängt von einer Reihe von Faktoren ab, beispielsweise vom Druck, den die Benutzer und die öffentliche Meinung ausüben können (ein Druck, der jedoch genauso auf die Wiederherstellung der Zustände vor der Reform hinwirken könnte).

Modell C: Alternative zur Irrenanstalt

Das dritte Modell beinhaltet die Bildung einer komplexen gesundheitlich-sozialen Struktur. Dabei wird auf die Entlassung aus der Irrenanstalt, auf deren Schließung und auf eine unterschiedliche Verwendung der Strukturen hingewirkt. Der Kern dieser Lösung ist das Bezirkszentrum aufgrund der Tatsache, daß der Krankenhausaufenthalt nur eine mögliche Alternative darstellt. Dieses Zentrum ist in bezug auf die Öffnungszeiten, die zur Verfügung stehenden Mittel und das Personal in einer Weise ausgestattet, daß es den Tagesaufenthalt der Benutzer ermöglicht, verschiedene Beschäftigungsmöglichkeiten therapeutischer, sozialer und alltäglicher Arbeit anbietet, und für bestimmte Fälle Übernachtungsmöglichkeiten bereitstellt (Schlafstätten). Es bietet die Möglichkeit zur Vermittlung finanzieller Beihilfe, zu Wohnungen, Mahlzeiten, Arbeit, usw. Es steht in Verbindung mit Allgemein- und Fachärzten der Umgebung, mit Schulen, mit der Polizei, den Vereinigungen und der Bevölkerung und bildet einen Bezugspunkt für die Probleme psychisch Leidender und Diskriminierter. Die einzelnen Zentren zeigen sich flexibel hinsichtlich ihrer Angebotsvielfalt, ihres Ortes, des Personals und ihrer Zielgruppe.

In diesem Modell sind Theorie und Praxis des Reformgesetzes verwirklicht, leider ist es noch nicht sehr verbreitet. Es ist weiterhin kein starres, uniformes Modell, denn da es sich den verschiedenen Umgebungen anpassen muß, bevorzugt es je nach dem bestimmte Eingriffe oder Mittel (es ist ein Unterschied, ob man in einem städtischen Randgebiet oder in einer Gebirgsgegend arbeitet). Um den Unterschied zwischen Modell B und Modell C besser zu verbildlichen, kann man beispielsweise die Daten über die Dienstleistungen einiger Zentren in der Stadtmitte Roms während einiger Monate des Jahres 1980 mit denen eines Zentrums in Triest aus dem Jahre 1978 vergleichen. Allerdings ist bei diesem Vergleich zu beachten, daß die Kriterien nicht in jedem Punkt korrespondieren. Es ist festzustellen, daß die Leistungen der römischen Modelle zu 50% aus Psycho- bzw. Gesprächstherapien und zu 20% aus der Verschreibung von Medikamenten bestanden; weiterhin stehen 15% als „andere Leistungen", welche nicht unter „finanzielle Unterstützung", „Sicherstellung", „schulisch-berufliche Hilfestellung" oder „Einweisung" fallen. Die Leistungen des Triestiner Modells lassen sich wie folgt aufschlüsseln: etwa 30% Hausbesuche (Beschäftigung mit dem Lebensraum der Patienten), 23% „Betreuungen" (bei Rentenproblemen, Wohnungs- und Arbeitssuche, bei Problemen mit Anträgen und Bürokratie, usw.), etwa 20% fallen der Ausgabe von Pharmaka zu, und etwa 25% betreffen Psychotherapien und Gespräche (im weitesten Sinne). Hierbei ist anzumerken, daß Maßnahmen wie die Bereitstellung einer Mensa, eines Tages- und Nachtdienstes und bestimmte andere Dienstleistungen diese Leistungen ergänzen.

Nach den uns bekannten Daten über die Verteilung von Dienstleistungen auf die drei Modelle, dürften die meisten bei Modell B zu finden sein, ein großer Teil bei Modell A, und eine geringe Anzahl bei Modell C. Wie jedoch schon erwähnt, müssen wir einen Wandel von Modell A zu Modell B und eine schwächere Tendenz zum Übergang von Modell B zu Modell C konstatieren.

Hier tauchen jedoch zwei Probleme auf. Zum ersten ist es keinesfalls ausgeschlossen, daß sich ein großer Teil der kommunalen Versorgungsbereiche für mehrere Jahre auf Modell B einrichtet, was wenigstens eine partielle Anwendung des Gesetzes bedeutet, wobei die Kommunen durch die Einrichtung von Zweigstellen für die psychiatrische Versorgung die jetzigen Koordinationsprobleme bewältigen könnten. Zum zweiten geht es um qualitative und substantielle Unterschiede, die bei einer scheinbaren Verwirklichung von Modell C eintreten könnten. Die Vorhersage, die wi- auszusprechen wagen, geht dahin, daß sich die Mehrheit der Dienstleistungen auf halber Strecke zwischen Modell B und Modell C einpendeln wird. So würde man die größten Mängel der zweiten Modells überbrücken, eine sinnvolle Organisation würde eintreten, doch man würde weder die gesammelten Erfahrungen, die für Modell C sprechen, noch den Geist, welcher hinter der italienischen Antiinstitutionalisierungsbewegung stand, in das Konzept integrieren. D. h. ein neues, viertes Modell wird entstehen, oder sagen wir besser, daß sich das Modell C aufgrund seiner Vielfältigkeit und den verschiedenen, qualitativ unterschiedlichen Möglichkeiten, die es bietet, zu einem neuen Modell verändern läßt.

Modell D: Rationalisierung

Bei diesem Modell, dessen Idee aus den Modellen B und C entstanden ist werden durch das Zentrum Mittel zur Beschäftigung und zum Aufenthalt bereitgestellt (Tagesklinik; Betten; Wohnungen; usw.); die angebotenen Dienstleistungen werden insbesondere in Richtung auf den Aufenthalt erweitert (Hausbesuche, Anstaltsbesuche); das Zentrum integriert sich besser in die Gesamtheit der gesundheitlichen Dienste und der Krankenhäuser, und vor allen Dingen muß es an den psychiatrischen Notfalldienst angeschlossen sein. Jedenfalls ist dieses alles zu verwirklichen, ohne daß es zur Schließung der Anstalten kommt, vielmehr wird eine neue Palette von Diensten angeboten (ähnlich B, nur effektiver), und zwar nicht als Ersatz für die psychiatrische Anstalt – diese wird sogar vorausgesetzt.

Des weiteren fußen diese Tendenzen in Italien auf denselben Erfahrungen, die man in anderen Ländern schon gemacht hat (z. B. in den USA), nämlich, daß es eine Illusion ist zu meinen, daß die regionale Arbeit oder eine Arbeit auf „kommunaler Ebene“ an sich zur Überwindung der Anstalt oder des Aussetzungsproblems führen kann. In Wirklichkeit verlangt die Überwindung der Anstalt eine gezielte und koordinierte Zusammenarbeit der verschiedenen Organisationen. Ohne diese Zusammenarbeit erlebt man die Aufrechterhaltung des anstaltlichen Erbes, d. h. die pure Aussetzung oder die Einweisung der chronisch Kranken und der mittel- und aussichtslosen Fälle in andere Einrichtungen. Zwar würde diese Lösung tatsächlich die Schließung der Anstalten bedeuten, doch in Wirklichkeit kann sie nur einer neuen Diskriminierung und Aussetzung gleichkommen. Und für die Krankenhäuser würde es die Wandlung in kleine, dezentralisierte Anstalten bedeuten.

Einige andere Kriterien sollten bei der Errichtung der regionalen Dienststellen nicht außer acht gelassen werden: Schwerkranke sollten nicht unbehandelt bleiben, da sie sonst zu einer Reihe von Einweisungen in Privatanstalten oder Krankenhäuser verdammt würden; die psychiatrischen Anstalten sollten ihre Entlassungspraxis fortsetzen können, und es sollte die Möglichkeit vorhanden sein, den ärmsten und diskriminiertesten Patientenschichten (Penner, Landstreicher usw.) differenzierte und komplexe Hilfe anzubieten.

Am Rande dieser Überlegungen tritt das Problem der überhöhten Kosten für die psychiatrischen Hilfen bei der Errichtung von Regionalzentren auf. In der Tat werden diese Kosten nicht nur zeitweise in die Höhe steigen, sondern sich in einer bestimmten Höhe einpendeln, wenn der Kreis der Regionalzentren kein Ersatz für öffentliche und private Anstalten werden soll (enorme Kosten kommen hier auf manche Regionen zu) und wenn keine Einschränkung bei den Krankenhausgeldern gemacht werden soll.

Wenn dieses neue Modell keine Alternative zur psychiatrischen Anstalt und zu der Aussetzungs- und Diskriminierungspraxis oder zu keiner der oben beschriebenen Lösungen werden soll, dann muß auf hoher Ebene eine subtile qualitative Analyse der Zielgruppe, der Dienstleistungen, des Außendienstes und der Zukunft der Entlassenen vorangehen. Aus diesem Grunde messen wir der richtigen Einschätzung von Leistungskriterien, von Wegen und Mitteln, die eine solche Lösung ermöglichen, eine so große Bedeutung zu. Und diese Untersuchung sollte sicherlich nicht auf einer „Kosten-Nutzen"-Analyse basieren, wie sie in den USA als „Bewertung der Leistungen" gedient hat.

Der „amerikanische" Ausgang der psychiatrischen Reform, dessen bekannte negative Folgen theoretisch hätten vermieden werden können, ist nach unserer Einschätzung durch drei grundlegende Faktoren begründet:

a) Eine Sparpolitik im Bereich der öffentlichen Gelder, die sich hauptsächlich auf das Fürsorgewesen, die Gemeindeverbände und auf Erneuerungsinitiativen auswirkt, statt die anderen Ausgaben zu treffen (Steckenbleiben der Reformen von Bürokratie und Betreuungswesen). Eine solche Politik vereinigt sich dann mit Unfähigkeit im Verwaltungswesen und Unempfindlichkeit und Ignoranz gegenüber den Problemen der psychischen Gesundheit; von offenem Konservativismus oder Sabotageakten von Seiten der lokalen Verwaltungsbeamten und Politiker gar nicht zu sprechen.

b) Die Rollen- und Identitätssuche der neuen Arbeitskräfte und der neuen Dienststellen, die sie zu einer begrifflichen, technischen und organisatorischen Unflexibilität in der Berufsausübung führt, und damit zu einer Selektierung der Zielgruppe nach den eigenen Bedürfnissen.

Diese Identitätssuche bedingt das Akzeptieren einer Rolle, die genau festgelegt ist und keine Veränderungen im Rahmen des gesundheitlichen Gefüges erlaubt; sie erzwingt die Geringschätzung der eigenen Einflußmöglichkeit im Beruf. Somit bildet sich ein Patientenstamm heraus, der leichter zu handhaben ist, bei dem sich binnen kurzer Zeit positive Ergebnisse zeigen, und dies durch eine eingegrenzte Arbeit, was Dienststellen und Interventionsmethoden betrifft. Diese Situation bekräftigt außerdem die Ärzteschaft in ihrer Logik, mehr Fachkräfte auszubilden, den Einflußbereich des Gesundheitswesens zu erweitern, zahlreiche und ausgedehnte Stationen im Krankenhaus für die Behandlung der „anderen" schwerkranken Patienten einzurichten. Diese Ausgangslage würde auch das Verwaltungswesen erfreuen, da es mit einer Organisation konfrontiert ist, die gut aufgeteilt, genau definiert und überschaubar ist, programmierbar und von der Öffentlichkeit anerkannt ist.

c) Tieferliegende Faktoren auf gesellschaftlicher Basis drängen uns in diese Richtung; Faktoren, wie der Verlust der Gemeinschaft, die Identitätskrise, der Verlust einer gesellschaftlichen Ethik, die Neuorganisation des beruflichen und städtischen Alltags, die wirtschaftliche Entwicklung (gekennzeichnet von Phasen der Inflation und Arbeitslosigkeit, und Phasen von Konsumschüben). Diese Phänomene, begleitet von Konflikten, Unsicherheiten, Isolation, Ängsten, Ärger und Leid, erzeugen die Verbreitung psychischer Störungen und die Entfernung der Betroffenen von Gemeinschaft, Familie oder Freundeskreis hin zu privaten oder öffentlichen Institutionen. Die spontane Nachfrage wird nicht nur von einem Zusammenwirken von Institutionen gedeckt, vielmehr ist die Existenz eines solchen Zusammenwirkens mit die Ursache dieser Nachfrage. Insgesamt sehen wir für die nächsten Jahre eine „Rationalisierungslogik" für die Neuordnung der Dienste, und eine „Modernisierung" des italienischen Betreuungswesens voraus, die sich positiv (man bedenke die heutigen Mängel, die Leistungsunfähigkeit und Unterqualifizierung), aber hauptsächlich negativ auswirken wird. Diese Tendenz wird unser Land mit den Erfahrungen anderer Länder (USA, Frankreich, Großbritannien) konfrontieren, sie wird es aber auch von den Zielsetzungen und Konzepten der Antiinstitutionalisierungsbewegung entfernen. Diese Bewegung war und ist eine Minderheit; dennoch ist sie über einen bedeutenden Zeitabschnitt hinaus maßgebend gewesen, auch auf internationaler Ebene, indem sie die innovativsten Inhalte, über die sich seit über 20 Jahren die Elite der internationalen Wissenschaft die Köpfe heißredet, in die Reform hatte mit einfließen lassen. Genau um diese Inhalte ging es nämlich anläßlich der vielen Zusammenkünfte, die unter Anregung der Mental Health Division der Weltgesundheitsorganisation stattfanden. Dies geschah unter dem gemeinsamen Einverständnis, daß Interpretationsmodelle für die Vielgestaltigkeit psychischer Krankheiten vorgeschlagen werden müssen, und daß adäquatere Erkennungs- und Eingriffsmöglichkeiten gegeben sein müssen, damit die Organisation der psychischen Versorgung einen höheren Standard erreicht. Wenn wir die Grundsätze des Reformgesetzes nicht in unsere Überlegungen aufnehmen, oder sie umgekehrt in überzogener Form anwenden, laufen wir Gefahr, uns auf paradoxe Weise Modellen zu nähern, die jetzt schon diskutabel sind oder sogar im Kreuzfeuer der Kritik stehen. Die bekannte Folge ist die wachsende Spezialisierung und Rollenfestlegung des Personals im psychiatrischen Sektor, die eventuell einen Prozeß ankündigt, wie er sich in den USA vollzieht, der durch eine Flucht hin zur Privatwirtschaft (Privatanstalt) gekennzeichnet ist.

Dies alles schließt nicht aus, daß die innovativsten und revolutionärsten Keime, die in die Reform Eingang fanden und von der Bewegung ausgingen, möglicherweise als Basis für vergangene und zukünftige Mustererfahrungen dienen werden sowie als externe und interne Kritikpunkte dieses neuen Aspektes der Erneuerung des Anstaltswesens.

Realismus und Wille

Antonio Gramsci, ein bekannter italienischer Denker und Politiker, behauptete, daß es zur Veränderung der Dinge zweier Voraussetzungen bedarf, des „Pessimismus der Vernunft" und des „Optimismus der Willenskraft". Auch wir glauben, daß sonst der Realismus unabwendbar zu einer bestimmten starren Ideologie wird. Das fügt sich problemlos in das „realistische" Bild ein, daß wir beispielsweise im Zusammenhang mit dem Problem der chronisch Kranken oder der schwer geistig Behinderten gezeichnet haben. Leona Bacharch und Richard Laub schreiben in einer kürzlich erschienenen Arbeit*, nachdem sie den ideologischen Charakter vieler Aufgaben der Antiinstitutionalisierungsbewegung unterstrichen haben, daß es Zeit sei, den Tatsachen ins Auge zu schauen und den Untergang vieler Projekte bezüglich dieser Patienten wahrzunehmen. Es gehe darum, zu akzeptieren, daß eine Rehabilitierung dieser Patienten unrealistisch ist**, und anzuerkennen, daß externe Einrichtungen für das alltägliche Leben dieser Patienten äußerst inadäquat sind. Man werde sich wohl mit dem Gedanken eines „vermenschlichten" Status quo anfreunden müssen, der eine neue Institutionalisierung zwar nicht ausschließt, aber nicht unter Inanspruchnahme der Anstalten.

Wenn die Wahrnehmung der Realität eine ständige Wandlung beinhaltet, dann kann aus unserer Sicht ein schonungsloser Realismus eine Bequemlichkeitshaltung bedeuten. Zum Beispiel scheint es mir übereilt, ganze Patientengruppen als unheilbar abzustempeln. Natürlich soll das Problem untersucht und aufgezeigt werden, jedoch sollte dies nicht bedeuten, daß

* „Conceptual issues in the evaluation of the deinstitutionalisation movement", in: G. J. Strahler u. W. R. Tash (Hrsg.) *Innovative Approaches to Mental Health Evaluation,* Academic Press, N. Y., 1982.

** „For a majority of the most severely mentally disabled, then, rehabilitation in the sense of achieving *competitive employment, high levels of social functioning, and a general return to the "mainstream" of society (sic!)* is probably not, according to current knowledge, a realistic goal. Unfortunately, it is just these patients, whose needs are greatest who typically receive the least attention in community-based programms."

man all jene langwierigen und mühsamen Versuche zur Heilung und Wiedereingliederung unterläßt, die in jedem einzelnen Fall unternommen werden müssen. Es sollte auch nicht bedeuten, daß Ziele unter dem Motto „Alles oder Nichts" angestrebt werden, sondern daß man möglichst alle Stufen der Rehabilitierung und der sozialen und beruflichen Wiedereingliederung in eine Behandlung einbezieht. Eine Haltung des Aufgebens (die zu technisch ist, da sie die praktischen Erfahrungen des jeweiligen erneuten Versuchens nicht auswertet), kann sich auf die Patienten als „Pygmalion-Effekt" auswirken.

Es mangelt an optimistischem Veränderungswillen, und der Pessimismus und Optimismus der Vernunft können unter Umständen zu einer bequemen Haltung der Rationalisierung werden.

II. Spezielle Versorgungskonzepte

Probleme der beruflichen und sozialen Rehabilitation psychisch Kranker und Behinderter in Großbritannien

D. H. Bennett

Ich bin den Organisatoren dieses Symposiums sehr dankbar, daß sie mir die Gelegenheit gegeben haben, gleichsam Inventur zu machen und einmal nachzusehen, was auf dem Gebiet der Rehabilitation psychisch Kranker und Behinderter in Großbritannien geschieht und was in den letzten zehn Jahren in Gang gekommen ist. Ich halte weder meinen letzten Überblick über die Situation noch meine Analyse der Probleme für psychisch Kranke oder Behinderte für überholt. Aber ich bin doch sehr beeindruckt von den Veränderungen, die auf dem Gebiet der Rehabilitation stattgefunden haben und dies vor allem in den letzten paar Jahren.

Besonders auffällig ist ein deutlicher Umschwung in der öffentlichen Meinung in Großbritannien bzgl. der psychisch Kranken. Zwar ist die Rehabilitation noch immer ein integraler Bestandteil aller psychiatrischen Dienste, und es ist auch eine beachtliche Anzahl von Chefärzten auf dem Gebiet der Rehabilitation ernannt worden, doch wir finden heute einen durchaus anderen Typus von rehabilitativen Diensten vor als jenen, über den wir vor zehn oder zwölf Jahren sprachen. Diese Dienste sind, ohne daß wir es sofort erkannt haben, für die Öffentlichkeit zugänglicher geworden und werden von ihr auch in höherem Maße akzeptiert, während sich gleichzeitig die Arbeit der Primärversorgung (Primary Health Care Team) verbessert hat. Man hat das Ausmaß dieser Veränderungen noch kaum zur Kenntnis genommen, welche am besten durch die relativ große Zahl von Fachärzten illustriert wird, die heutzutage im Rahmen von Einrichtungen der psychiatrischen Primärversorgung Sprechstunden abhalten (STRATHDEE und WILLIAMS 1984). Einige sind der Meinung, daß während des letzten Jahrzehnts die psychiatrische Primär- und die Sekundärversorgung tendenziell näher zusammengerückt sind in dem Maße, wie die Hausärzte in der Lage sind, Patienten direkt an Psychologen und manchmal auch an die örtlichen Fachkrankenpflegekräfte für Psychiatrie zu überweisen. Das Ausmaß dieser Entwicklung ist schwer zu beurteilen; sicher ist jedoch, daß sich die Einstellung der Öffentlichkeit zu diesem Problem verändert hat, und ich vermute, sie hat sich sehr tiefgreifend verändert.

Als ich für die Enquête-Kommission einen Bericht über die Rehabilitation psychisch Kranker in Großbritannien schrieb, war die „National Schizophrenia Fellowship" aufgrund eines Briefes von John Pringle in der „Times" gerade gegründet worden. Nach all diesen Jahren hat nun die „Times" eine Reihe von Artikeln über Schizophrenie veröffentlicht, die eine beträchtliche Auswirkung zeigten. Diese Artikelserie weist ebenso wie das Wachstum der „National Schizophrenia Fellowship" und die herausragende Entwicklung der Organisation MIND auf die Veränderungen im Nachdenken über Schizophrenie und andere schwerwiegende Krankheiten hin.

Dies in aller Klarheit darzustellen, ist deshalb schwierig, weil der Entwicklung selbst ein Moment der Verwirrung anhaftet. Ohne Zweifel ist unsere Gesellschaft weniger „ehrerbietig" geworden; immer weniger wird fraglos anerkannt. In den westlichen Demokratien erwarten wir von immer mehr Menschen, daß sie sich in die Diskussion über anstehende Fragen einmischen und zwischen komplizierten Handlungswegen zu entscheiden wissen (ROBB 1961). Sie sollen sich auf vielen Gebieten eine Meinung bilden, und dazu gehört auch der Bereich der psychischen Krankheit. Sie versuchen dies auch nach bestem Wissen und Gewissen, und sie sind tendenziell eher bereit, ihre Ansichten öffentlich zu vertreten, als noch vor wenigen Jahren. Natürlich haben sie nicht immer recht, aber sie sind mehr und mehr willens, die Ansichten der Fachwelt in Zweifel zu ziehen. Irgendwann in den siebziger Jahren ging die Psychiatrie „an die Öffentlichkeit", und „dem Gebiet der psychischen Krankheit wurde sowohl durch offenkundige praktische Aktivitäten, als auch durch eine breitere gesellschaftliche Bewußtseinsbildung deutlich höhere Bedeutung zugebilligt" (MARTIN 1984).

Mitte der siebziger Jahre begann auch die Regierung, ihre breiteren politischen Zielsetzungen darzustellen, insbesondere in dem Weißbuch mit dem Titel „Better Services for the Mentally Ill" (1975). Dieses Weißbuch machte keinen Hehl aus der Tatsache, daß das Verhältnis der Ausgaben für stationäre Versorgung psychisch Kranker und Behinderter im Gegensatz zu den sozialpsychiatrischen Diensten sich immer noch bei 20:1 bewegte. In der Folgezeit wurde versucht, auf dem Wege des Finanzverbundes (Joint Financing) Gelder aus dem Bereich der Gesundheitsdienste auf die örtlichen Regierungen zu übertragen, um dort Entwicklungen zu finanzieren, von denen man annahm, sie würden den Druck auf die Gesundheitsversorgung erleichtern. Obgleich die örtlichen Behörden in der Annahme dieser finanziellen Hilfen extrem vorsichtig waren und keine großen Geldmengen übertragen wurden, förderten diese Initiativen doch die Einrichtung von gemeindenahen Diensten und halfen, einige aufzubauen. In den vergangenen acht Jahren haben wir von Seiten einer Regierung, die darauf bedacht ist, die öffentlichen Ausgaben zu vermindern, eine größere Aktivität in der Festlegung von Prioritäten gesehen, ebenso wie auf dem Gebiet der Finanzierung und Verwaltung von Diensten für psychisch Kranke. Es gab keinen Richtungswechsel; MARTIN sprach 1984 von „einem undramatischen Voranschreiten auf den schon gut vorgezeichneten Wegen". Insbesondere war diejenige Initiative, die unter dem Titel „Care in the Community and Joint Finance" (1983) ins Leben gerufen wurde und nach welcher dem einzelnen Patienten jeweils ein individueller Finanzierungsmodus zugeordnet wurde, so daß sie aus dem Krankenhaus „mit ihrem Budget" in die gemeindenahen Dienste überwechseln konnten, darauf angelegt, die Verkleinerung der psychiatrischen Krankenhäuser zu ermöglichen.

Der Mental Health Amendment Act, der ebenfalls 1983 verabschiedet wurde, war aufgrund der intensiven Aktivitäten einer Bürgerrechtslobby zustande gekommen, die der Meinung war, daß viele psychisch kranke Menschen einen gewissen Schutz vor der unwillkürlichen oder zumindest undurchsichtigen Handlungsweise der Psychiater brauchten. Das vorhergehende Gesetz von 1959 hatte die rechtlichen Einschränkungen der Behandlung verringert. Einige der Kautelen in diesem Gesetz wurden 1985 wieder eingeführt, um den Patienten zu schützen. Im großen und ganzen waren die Veränderungen geringfügig und haben keine große Bedeutung, aber es wurde eine Kommission – Mental Health Act Commission – eingerichtet, welche ihre Aufgaben ernst nimmt und sogar vorhat, sie nach Möglichkeit auszuweiten. Eine Forderung des Gesetzes war, daß psychisch Kranke mit den geringstmöglichen Einschränkungen und so wenig wie möglich von anderen Kranken getrennt behandelt würden, wie es ihre jeweilige Krankheit oder Behinderung zuließe. Dies hatte natürlich sehr deutliche Auswirkungen auf die Art der Behandlung und vielleicht auch auf die Nutzung der psychiatrischen Krankenhäuser, wobei man gleichzeitig den Sorgen der Angehörigen gerecht zu werden versuchte, daß die psychisch Kranken gut untergebracht und gut versorgt sein sollten. Diese geänderten gesetzlichen Bestimmungen signalisieren eine Veränderung in der öffentlichen Meinung bezüglich der psychisch Kranken, die zumindest ich nicht vorausgesehen hatte, als ich früher darüber schrieb. Auch eine weitere Entwicklung hatte ich nicht vorausgesehen. Es hat sich ein deutlicher Einstellungswandel bei den Familien ergeben. Ich war davon ausgegangen, daß die Entwicklung der psychiatrischen Rehabilitation durch Art und Umfang der wohlfahrtsstaatlichen Angebote, durch die Ausbildung und Kompetenz derjenigen Ärzte, die in der Primärversorgung tätig sind, durch die Zugänglichkeit von Ambulanzen und durch die Arbeitsweise der stationären Dienste beeinflußt würde (BENNETT 1975). Während ich zwar die Bedeutung der Familien gesehen hatte, hatte ich doch nicht den Einstellungswandel bei den Angehörigen psychisch Kranker vorausgesehen, der in den folgenden Jahren stattfinden sollte, noch auch die tiefgreifenden Auswirkungen, die diese Entwicklungen haben sollten.

1984 verfolgten JOHNSTONE und andere die Karriere von 120 chronischen Patienten, die den St.-Louis-Kriterien zur Diagnose der Schizophrenie entsprachen (FEIGHNER et al. 1972). Diese Patienten waren während eines Zeitraums von fünf Jahren aus dem psychiatrischen Krankenhaus entlassen worden. 105 von ihnen konnten wiedergefunden und mit 94 konnte Kontakt aufgenommen werden. 64 von ihnen, die in Großbritannien außerhalb von Krankenhäusern lebten, waren bereit, Auskünfte zu geben. 18% waren so weit wiederhergestellt, daß keine deutlichen Symptome mehr zu erkennen waren, und sie schienen zufriedenstellend wiedereingegliedert zu sein. Mehr als 50% jedoch zeigten eindeutige psychotische Züge. Keiner der befragten Patienten wollte in das Krankenhaus zurückkehren; „erstaunlicher noch war jedoch die Tatsache, daß die Angehörigen, die viele Probleme nannten, die für sie aus der Krankheit der Patienten erwuchsen, nur selten den Wunsch äußerten, daß ihr Patient ins Krankenhaus zurückkehren möge. Die derzeitige Politik, Patienten aus den großen psychiatrischen Krankenhäusern in die Gemeinde zu entlassen, wurde allgemein, sowohl von den Patienten wie auch von ihren Angehörigen, unterstützt, soweit diese Studie sie erfaßte." Gleichzeitig jedoch waren die Angehörigen der Meinung, daß die für die Entlassungspolitik Verantwortlichen sich nicht darüber im klaren seien, wie schwer sie als Angehörige belastet würden, wenn solche Patienten aus dem Krankenhaus entlassen werden. JOHNSTONE und andere stellen in einer Studie über mehrere hundert Schizophrenie-Patienten, die aus stationärer Behandlung entlassen wurden, fest, daß „die Fürsorge und Toleranzspanne der Angehörigen die Autoren beeindruckten; nach Auskunft der Angehörigen war derjenige Patient die Ausnahme, bei welchem die ursprüngliche Aufnahme ohne Probleme vonstatten gegangen war" (JOHNSTONE et al. 1986).

Der in Australien arbeitende HOULT (1986) ist der Meinung, daß für das therapeutische Personal in den Krankenhäusern die Aufnahme des Patienten zwar den Anfang einer Behandlungsepisode darstelle, die Aufnahme andererseits jedoch für den Patienten und seine Familie der Kulminationspunkt von wochen- oder monatelang sich verschlimmerndem Leiden ist, das viel früher hätte gelindert werden können. HOULT fährt fort mit einem Zitat aus STEIN und TESTS Ergebnissen (1976) über umfassende gemeindenahe Versorgungsprogramme, welche von einem relativ großen Team mit Nachdruck umgesetzt wurden. Er verwendet einen ähnlichen Ansatz mit zwei Gruppen von Patienten. Nur 12 der 65 Patienten in der experimentellen Gruppe mußten stationär aufgenommen werden, verglichen mit 58 von 65 Patienten seiner Kontrollgruppe, die nicht so intensiv versorgt wurde. HOULT arbeitet mit einem aktiven Team, das 24 Stunden am Tag und auch an den Wochenenden erreichbar ist. Die Team-Mitglieder, die über die Art und Weise des Umgangs mit den Problemen des Patienten entscheiden, sind zu Verhandlungen mit der Familie und mit dem Patienten bereit, damit der Behandlungsplan für beide akzeptabel wird. Diese Situation ist sehr deutlich von jener unterschieden, in welcher das Krankenhaus der Brennpunkt der meisten psychiatrischen Dienste ist und zugleich über die Masse sowohl an Personal als auch an Finanzkraft verfügt (HOULT 1986; REYNOLDS and HOULT 1984). Die Erfahrung von Pionieren auf diesem Gebiet in Australien und den Vereinigten Staaten (TEST und STEIN 1976) ebenso wie in Großbritannien macht somit sowohl eine neue Haltung in Bezug auf die Behandlung als auch gewandelte Einstellungen von Patienten und Angehörigen deutlich. Ich will damit nicht sagen, daß wir die Krankenhäuser auflösen sollten oder daß wir Schwestern und Psychiater nicht brauchen. Vielmehr will ich mit dem Gesagten aufzeigen, daß eine neue Haltung gegenüber den psychisch Kranken entstanden ist, seit ich meinen Artikel geschrieben habe, und daß diese neue Haltung einen tiefgreifenden Effekt in Großbritannien gehabt hat.

Als erstes hat sie zu einem enormen Rückgang in der Zahl der Patienten in psychiatrischen Krankenhäusern geführt. War die Gesamtzahl der vollstationär behandelten Patienten 1955 noch 155 000, so hat sich diese Zahl inzwischen mehr als halbiert. Auf jeden Fall gibt es heute weniger als 65 000 Patienten in den Krankenhäusern und ungefähr die Hälfte von ihnen sind älter als 65 Jahre. Diese Verkleinerung der Population in psychiatrischen Krankenhäusern hat den Trend zu einer älteren, nicht arbeitenden Population von Patienten in den Krankenhäusern verstärkt. Wenn wir uns noch einmal die Krankenhäuser anschauen, die ich in meinem Artikel von vor ungefähr zehn Jahren genannt hatte, so ergibt sich folgendes Bild: St. Wulstan's (das einzige regionale Krankenhaus, das in Großbritannien auf die Rehabilitation von psychisch Langzeitkranken spezialisiert war) hat seine Tore geschlossen. Die 50 Patienten, die nicht entlassen werden konnten, wurden in das nahegelegene Powick-Hospital verlegt, das seinerseits in ungefähr zwei Jahren geschlossen wird. Glenside-Hospital in Bristol ist vielleicht in typisches Beispiel für ein psychiatrisches Krankenhaus mit einer alternden Population. Weit weniger der Patienten, die sich noch dort befinden, wollen arbeiten oder sind dazu in der Lage, als vor zehn Jahren. Die Folge davon war eine Verringerung der Zahl der Patienten in der Arbeitstherapie, die fast völlig aufgegeben wurde. Die verbliebenen Patienten waren in die Industrial Therapie Organisation (ITO) verlegt, die sich in der Kommune befindet. Netherne Hospital hat schon heute den Großteil seiner blühenden Arbeitstherapie nach außerhalb der Mauern des psychiatrischen Krankenhauses verlegt.

Die Zuverdienstmöglichkeit für Patienten der staatlichen Gesundheitsversicherung ist auf £ 22,- pro Woche gestiegen. Aber die Sozialhilfeempfänger – und das ist die Mehrheit – können nur £ 4,- pro Woche ohne Anrechnung auf ihre Sozialhilfe verdienen, was natürlich ein lächerliches Trostpflaster ist. So sind heute viele Werkstätten der Arbeitstherapie und viele Arbeitsprogramme nur noch blasse Schatten dessen, was sie vor einigen Jahren einmal darstellten, und haben sich den gegenwärtigen Bedürfnissen nicht angepaßt. „Ein Großteil der Arbeitstherapie ist heute bloße ritualisierte Krankenhausaktivität, welche oft eine überalterte Gruppe versorgt, ohne daß sie ein Teil eines allgemeinen Behandlungsplans wäre" (DICK 1984). DICK meint, dies sei zu begrüßen, da die Patienten woandershin verzogen sind und ihre Behandlung sich in natürlicheren Umfeldern vollzieht. Dr. Alan WHITEHEAD, der Direktor des „British Institute of Industrial Therapie" (BIIT), stellte vor kurzem fest, daß die Entwicklung der Arbeitstherapie „nach dem stürmischen Wachstum der sechziger Jahre nun in einigermaßen ruhigen Bahnen verläuft. Arbeitstherapie in den Krankenhäusern wird nicht mehr länger als eine Pionierunternehmung verstanden, die es den Patienten ermöglichen würde, ein reicheres Leben innerhalb der Institution zu führen, sondern wird zunehmend als eine statische Therapieform angesehen, der die Chefärzte mehr und mehr mit Indifferenz gegenüberzustehen scheinen" (WHITEHEAD 1986). Im folgenden führt er aus, daß die Entwicklung von „modernen" Therapieformen sowohl innerhalb des Krankenhauses wie in der Gemeinde dazu geführt hat, daß die Arbeitstherapie bei den Leuten, die in der Rehabilitationsarbeit professionell tätig sind, ein Negativ-Image gewonnen hat. WHITEHEAD bezieht sich hier auf die Entwicklung, nach welcher Beschäftigungstherapeuten, Psychologen und auch Pflegepersonal sich darauf spezialisiert haben, Alltagsbewältigungsstrategien zu vermitteln und zu trainieren. Dies ist von großer Bedeutung für diejenigen Patienten, welche die notwendige Arbeitsfähigkeit für eine dauernde Beschäftigung nicht besitzen, damit sie in der Gemeinde ihr eingeschränktes Leben leben können. Daneben wächst bei den Sozialarbeitern und Ärzten das Interesse an der Angehörigenarbeit. Das genannte Negativ-Image der Arbeitstherapie mag ihr nicht gerecht werden, dennoch hat es in der gegenwärtigen Situation dazu geführt, sie mindestens abzuwerten, soweit Formen der therapeutischen Begleitung oder der Rehabilitation von gemeindenahen psychiatrischen Teams organisiert werden. Das Nettoergebnis ist schlicht, daß in den späten achtziger Jahren wohl nur noch eine sehr beschränkte Anzahl von sehr rudimentären Abteilungen für Arbeitstherapie in den Krankenhäusern für ältere und nicht entlassungsfähige Langzeitpatienten sorgen und in einem geringen Umfang Arbeitsaufträge abwickeln. Daneben wird es eine große Zahl von gemeindenahen Werkstätten für Arbeitstherapie geben welche eine beträchtliche Masse von Auftragsarbeiten erledigen werden Diese Veränderungen in den Abteilungen für Arbeitstherapie spiegeln auch die Veränderung in der Arbeitsmarktlage in Großbritannien insgesamt wider. Wie Sie wissen, hat die Zahl der Arbeitslosen in Großbritannien wie in anderen Ländern deutlich zugenommen. Obgleich es immer noch möglich ist, für Patienten Arbeitsplätze zu finden, ist dies doch sicherlich sehr viel schwieriger geworden. Es gibt zwar auch neue Berufszweige und Arbeitsplätze, aber viele von ihnen verlangen auch neue Fertigkeiten und die Fähigkeit, mit neuen Technologien umzugehen und sie anzuwenden. Selbst wenn weniger spezialisierte Arbeitsplätze zur Verfügung stehen, sind die Behinderten und die psychisch Kranken nicht leicht dort unterzubringen. Es ist allgemein bekannt, daß die psychisch Kranken unter den ersten sind, die Beschäftigungsschwierigkeiten bekommen, wenn die Arbeitsplätze knapp werden (MARSDEN und DUFF 1975).

Trotz dieser Lage haben SHEPHERD und andere (1984 b) darauf hingewiesen, daß die sozialen und beruflichen Behinderungen der heutigen psychiatrischen Langzeitpatienten denjenigen in erstaunlichem Maße gleichen, die in den frühen sechziger Jahren beschrieben wurden. Er vermutet, daß „wenngleich gemeindenahe Versorgung einige oberflächliche Aspekte der Hospitalisierung verbessert haben mag, der harte Kern der sekundären und tertiären sozialen Behinderungen immer noch bestehen bleibt“. Derzeit jedoch haben wir in Großbritannien die Frage der Arbeit auf die Seite geschoben. WATTS und BENNETT (1983) haben dafür plädiert, daß Rehabilitationsprogramme auf solche Zielsetzungen . . ., die individuellen Bedürfnissen des Patienten angemessen sind. Die Rehabilitation wurde traditionellerweise als eine Maßnahme angesehen, die für eine verhältnismäßig kleine Menge von Patienten eine relativ enge Bandbreite von Tätigkeiten vorhält. In Großbritannien bedeutete dies oft einfach, chronisch schizophrenen Patienten in Landzeitkrankenhäusern industrielle Arbeit anzubieten. In den Vereinigten Staaten scheint die Rehabilitation derzeit ihr Augenmerk darauf zu richten, einige individuelle Fertigkeiten zur Alltagsbewältigung zu entwickeln, und sich um die breiteren Einflüsse der sozialen Umwelt wenig zu kümmern.

Doch Arbeit spielt nicht mehr dieselbe vorherrschende Rolle in der Rehabilitation, wie sie es einmal tat. Viele der Patienten, die arbeitsfähig waren, haben das Krankenhaus verlassen oder werden nicht mehr für längere Perioden aufgenommen. Heute sind unsere Bemühungen darauf gerichtet, denjenigen, denen noch vor fünf Jahren keiner ein Leben in der Außenwelt zugetraut hätte, die Möglichkeit zu eröffnen, den schützenden Raum der Institution zu verlassen. Dies bedeutet, daß wir nicht mehr nur diejenigen rehabilitieren, die sich in die Gesellschaft *eingliedern* können, sondern auch diejenigen, die sich nur *anpassen* können, in dem Sinne, daß sie den Erwartungen der Gesellschaft gerecht werden, ohne doch in der Lage zu sein, den Gang der Ereignisse mitzubestimmen oder Verantwortung für andere Menschen zu übernehmen. Auch die am schwersten Behinderten werden entlassen werden, aber sie werden sich nur dann in das Leben in der Gemeinde *eingewöhnen* können, wenn ihnen Zufluchtsräume und Unterstützung angeboten werden.

Ich möchte dafür plädieren, daß die Rehabilitation ihren Horizont erweitern sollte. Sie sollte sich mit einem weiteren Spektrum von psychiatrischen Problemen als nur der Schizophrenie befassen und sollte depressiv Kranke, Neurosekranke und Patienten mit Persönlichkeitsstörungen mit einbeziehen. Auch sollte es andere Möglichkeiten geben als nur psychiatrische Krankenhäuser für chronisch Kranke. Zu warten, bis die Behandlung abgeschlossen ist, bevor man Rehabilitation in Betracht zieht, heißt, zu lange zu warten, und wir scheinen heute am Ende der Ära der „späten" Rehabilitation zu stehen. Schließlich sollten die Rehabilitationsbemühungen nicht nur auf Arbeit und Beschäftigung ausgerichtet sein, sondern eine größere Bandbreite an sozialen Funktionen mit einbeziehen. Gleichzeitig müssen wir davor warnen, das Interesse an der Rolle der Arbeit in der psychiatrischen Rehabilitation zu verlieren, wobei wir nicht vergessen dürfen, daß viele Menschen, wie z. B. Mütter, ohne Bezahlung arbeiten. Ein Rehabilitatsionsprogramm, das die Arbeitsfähigkeit eines Patienten erhalten hilft, hält auch soziale Fähigkeiten lebendig, die in vielen anderen Rollen notwendig sind. So müssen wir unseren Horizont erweitern, brauchen jedoch noch immer weitere Forschung, um herauszubekommen, wie wir die Rehabilitation effektiver gestalten können.

Wirtschaftsformen nach dem Wertmarkenprinzip und ähnliche verhaltenstherapeutische Methoden werden modifiziert, und das Verhalten der Patienten wird zunehmend außerhalb des Krankenhauses in einer Umgebung beurteilt und beeinflußt, die es den Patienten ermöglicht, die Dinge, welche sie tun können, für sich selbst zu tun. Es wird mehr Wert auf unterstützende soziale Kontakte und auf die Notwendigkeit der Angehörigenarbeit gelegt, worunter die Bereitschaft gemeint ist, mit den Angehörigen zu sprechen und ihre Hilfe und Kooperation einzuwerben. Die Problemlage läßt keine einfache Antwort zu, doch gegenwärtig scheint qualitativ hochwertige Rehabilitationsarbeit nicht von auf das Individuum konzentrierten Arbeitsweisen abzuhängen. Die Rehabilitationsprogramme sollten „klare Erwartungen" formulieren, „die Gelegenheit bieten, in normalen sozialen Rollen zurechtzukommen, und Räume zur Verfügung stellen, wo die Klienten Lob und Ermutigung für ihre Anstrengungen innerhalb des Kontextes einer freundschaftlichen Beziehung erhalten" (SHEPHERD 1984 a).

Ich habe vorgeschlagen, daß dies möglich werden könnte, wenn die Krankenhausstrukturen normaler würden oder wenn das Verhalten der Patienten außerhalb der Krankenhäuser in realistischeren sozialen Umgebungen beurteilt und beeinflußt würde (BENNETT 1982). Es scheint, daß wir in Großbritannien die letztere Lösung aufgreifen werden.

So stellen wir in Großbritannien eine Richtungsänderung in der Rehabilitation fest; sie bezieht sich, wie wir gesehen haben, nicht länger auf ausgewählte Patienten mit einer „guten Prognose". Rehabilitation meint heute *alle* Patienten, und die Rehabilitationsbemühungen gelten nicht mehr schwerpunktmäßig dem Ziel, den Patienten *Arbeit im Krankenhaus,* sondern ihnen ein *Leben außerhalb der Institution* zu ermöglichen. Auch als Professionelle gilt unser Hauptaugenmerk heute nicht mehr so sehr der Fähigkeit des Patienten zu arbeiten, als vielmehr seiner Fähigkeit zu kommunizieren, sich selbst zu versorgen und den Alltag zu bewältigen.

Wir scheinen derzeit die Entwicklung eines Typus von „unterstützender Rehabilitation" zu beobachten. Dies bedeutet, daß die Patienten nicht länger auf die Rehabilitationsmaßnahmen „vorbereitet" und dann als geeignet ausgewählt werden. Wir scheinen uns auf eine Situation zuzubewegen, in der die Patienten nach Möglichkeit schon in ihren eigenen Wohnungen als eine Alternative zur Aufnahme ins Krankenhaus aktiv rehabilitiert werden, und es sieht so aus, als würden zu diesem Zweck Ressourcen aus den psychiatrischen Krankenhäusern herausverlegt werden. Obwohl die Forschung auf die weiterhin fortbestehende hohe Rückfallrate hingewiesen und als Gründe dafür die Familiensituation, psychosoziale Faktoren und Non-Compliance mit der Medikation identifiziert hat, sind die Versorgungsangebote immer noch so organisiert, daß sie eher den Rückfall behandeln als sein Auftreten verhindern oder an einem früheren Punkt behandelnd eingreifen (HOULT 1986). Natürlich können nicht alle Patienten mit diesen neuen Versorgungsformen zurechtkommen, und wir werden weiterhin stationäre Einrichtungen für chronische Patienten benötigen, insbesondere für diejenigen, welche in ihrem Verhalten so dekompensiert sind, daß sie außerhalb der Krankenhäuser nicht toleriert werden können. In HOULTs Studie waren es diese Patienten, die einen längeren Krankenhausaufenthalt benötigten. Aber selbst wenn die stationäre Unterbringung notwendig ist, so ist es doch möglich, die „malignen" Hospitalismus-Formen durch Formen eines „benignen" „Residentialismus" zu ersetzen (GARETY und MORRIS 1984). Wir fühlen uns heute in Großbritannien in einer Übergangsphase. Wir befassen uns weniger mit der Beschäftigung des behinderten Patienten innerhalb des Krankenhauses und viel mehr mit seinem sozialen Leben außerhalb der Mauern. Wie wir alle brauchen die Behinderten Arbeit, denn sie müssen sich nützlich fühlen; allem Anschein nach aber wird Arbeit nur für eine Minderheit der Patienten als berufliche Tätigkeit möglich sein, für die Mehrheit wird es die Arbeit der Selbsterhaltung und Alltagsbewältigung bedeuten.

Literatur

BENNETT, D. H. (1975). Einige Bemerkungen zur Rehabilitation psychisch und geistig Behinderter in Großbritannien. Anhang zum Bericht über die Lage der Psychiatrie in der Bundesrepublik Deutschland (Psychiatrie-Enquête) BT-Drucksache 7/4201, S. 797–827.

BENNETT, D. H., (1982). Psychiatrie der 80er Jahre in Großbritannien, Chapter in Bergener M (Ed) Psychiatrie der 80er Jahre, pp. 147–156, Verlag Karl Thiemig, München

Department of Health & Social Security (1975). Better Services for the Mentally Ill (Cmnd) 6233, HMSO, London

Department of Health & Social Security (1983). Care in the Community and Joint Finance H. C. (83) 6

HMSO, London DICK, D. (1984). Occupation or work: The real issue. Chapter in Rehabilitation: The way ahead or the end of the road (Ed. Herbst, K. G.) Mental Health Foundation, London

FEIGHNER, J. P., ROBINS, E., GUZE, S. B., WINOKUR, G. und MUNOZ, R. (1972). Diagnostic criteria for use in psychiatric research. Archives of General Psychiatry *26* 57–63 („St. Louis Criteria")

GARETY, P. and MORRIS, I. (1984). A new unit for long-stay psychiatric patients: organization, attitudes and quality of care. Psychological Medicine *14* 183–192

HOULT, J (1986). Community care of the acutely mentally ill. British Journal of Psychiatry *149* 137–144

JOHNSTONE, E. C., OWENS, D. G. C., GOLD, A., CROW, T. J. and MACMILLAN, F. (1984). Schizophrenic patients discharged from hospital – a follow-up study.
British Journal of Psychiatry *145* 586–590

JOHNSTONE, E. C., CROW, T. J. JOHNSON, A. L. and MACMILLAN, F. (1986). The Northwick Park study of first episodes of schizophrenia: I Presentation of the illness and problems relating to admission. British Journal of Psychiatry *148* 115–119

MARSDEN, D., and DUFF, E. (1975). Workless. Some unemployed men and their families. Penguin Books, Harmondsworth

MARTIN, F. M. (1984). Between the Acts: Community mental health services 1959–1983. Nuffield Provincial Hospitals Trust, London

REYNOLDS, I. and HOULT, J. E. (1984). The relatives of the mentally ill: A comparative trial of community-orientated and hospital-orientated psychiatric care. Journal of Nervous and Mental Disease *172* 480–489

ROBB, J. H. (1961). Decentralisation and the citizen. Chapter in Decentralization in New Zealand Government Administration (ed) Roberts, J. L. Oxford University Press, Oxford

SHEPHERD, G. (1984[a]). Institutional Care and Rehabilitation. Longman, London
SHEPHERD, G. (1984[b]). The current role of work in the rehabilitation of the psychiatric patient. Chapter in Rehabilitation: The way ahead or the end of the road (Ed. Herbst, K. G.) Mental Health Foundation, London
STRATHDEE, G. and WILLIAMS, P. (1984). A survey of psychiatrists in primary care the silent growth of a new service. Journal of Royal College of General Pratitioners *34* 615–618
TEST, M. A. and STEIN, L. I. (1976). Practical guidelines for the community treatment of markedly impaired patients. Community Mental Health Journal *12* 72–82
WATTS, F. N. and BENNETT, D. H. (1983). Theory and Practice of Psychiatric Rehabilitation. Wiley, London
WHITEHEAD, A. (1986). The national position of industrial therapy. Unpublished paper for the British Institute of Industrial Therapy Council meeting.

Probleme der beruflichen und sozialen Rehabilitation psychisch Kranker und Behinderter in der Bundesrepublik Deutschland

H. Kunze

Der Begriff „Rehabilitation" hat eine unterschiedliche Bedeutung je nach dem Zusammenhang, in dem er gebraucht wird. Dies vergessen oft Fachleute einerseits und Vertreter der Sozialleistungsträger andererseits. Verständigung setzt die Kenntnis der Begriffsbedeutungen beider Seiten voraus und erfordert die Übersetzung in die Sprache der jeweils anderen Seite.

Der *fachliche* Rehabilitations-Begriff, wir wir ihn von den Engländern – vor allem von BENNETT und WING – gelernt haben, ist weiter als derjenige der Reha-Leistungsträger (24, 25, 20). Er bezeichnet einen Prozeß,

> „der eine körperlich oder psychisch behinderte Person befähigt, in einem soweit als möglich normalen sozialen Kontext den bestmöglichen Gebrauch von ihren verbliebenen Fähigkeiten zu machen" (2).

Wiedereingliederung (z. B. in Arbeit) ist das optimale Ziel, aber im Sinne dieses fachlichen Begriffes haben auch alle anderen Behinderten einen Anspruch auf Rehabilitation, auch die, die kostentechnisch Pflegefälle geworden sind.

Dieser fachliche Rehabilitations-Begriff deckt sich sinngemäß mit dem des § 10 Sozialgesetzbuch (SGB) I, Allgemeiner Teil:*

> Wer körperlich, geistig oder seelisch behindert ist oder wem eine solche Behinderung droht, hat unabhängig von der Ursache der Behinderung ein Recht auf die Hilfe, die notwendig ist, um
> 1. die Behinderung abzuwenden, zu beseitigen, zu bessern, ihre Verschlimmerung zu verhüten oder ihre Folgen zu mildern,
> 2. ihm einen seinen Neigungen und Fähigkeiten entsprechenden Platz in der Gemeinschaft, insbesondere im Arbeitsleben, zu sichern.

Doch begründet dieser § 10 SGB I noch keine konkreten Leistungsansprüche. Diese ergeben sich erst aus den verschiedenen Gesetzen der Sozialleistungsträger (gesetzliche Krankenversicherung, Rentenversicherung, Arbeitslosenversicherung) sowie dem Bundessozialhilfegesetz (BSHG) unter bestimmten Bedingungen: Ein Leistungsanspruch kann sich gründen auf bezahlte Beiträge (Sozialleistungsträger) oder auf finanzielle Bedürftigkeit (BSHG); die Leistungszuständigkeit sowie die Art der Hilfe hängt weiter

* Vgl. auch § 1 Abs. 2 Gesetz über die Angleichung der Leistungen zur Rehabilitation: „Die medizinischen, berufsfördernden und ergänzenden Maßnahmen und Leistungen der Rehabilitation im Sinne dieses Gesetzes sind darauf auszurichten, körperlich, geistig oder seelisch Behinderte möglichst auf Dauer in Arbeit, Beruf und Gesellschaft einzugliedern."

ab vom Rehabilitations-Ziel sowie einer entsprechenden Erfolgsprognose (4, 6, 21, 23).

Ich will im folgenden nicht primär nach Leistungszuständigkeiten vorgehen, sondern nach inhaltlich definierten Lebensbereichen: Arbeit, Wohnen, Freizeitgestaltung*. Denn psychische Behinderung ist keine nur an eine isolierte Person gebundene Eigenschaft, sondern ist immer im Zusammenhang mit konkreten Handlungsfeldern zu sehen. Dies wird in der fachlichen Definition (in Anlehnung an: 19) von psychischer Behinderung zum Ausdruck gebracht:

> Eine Person ist psychisch behindert, wenn sie infolge einer psychischen Erkrankung in der Ausübung der von ihr erwarteten sozialen Funktionen und Rollen (in Beruf, Familie, soziale Gruppe etc.) nicht nur vorübergehend erheblich beeinträchtigt ist.

Im Rehabilitations-Prozeß können unterschiedliche Maßnahmen verschiedener Kostenträger erforderlich sein. Eine regelhafte Phasenfolge von medizinischen, beruflichen und sozialen Rehabilitations-Maßnahmen ist nicht bedarfsgerecht. Vielmehr kommt es darauf an, flexibel medizinische, berufliche und soziale Hilfen kombinieren zu können, wobei der Schwerpunkt im Rehabilitations-Verlauf wechseln kann. Die Kostenzuständigkeit richtet sich nach dem jeweils überwiegenden Ziel (sog. Dominanz-Theorie). Wenn z. B. eine Wohnhilfe erforderlich ist, damit das Ziel der beruflichen Rehabilitations-Maßnahme erreicht wird, dann ist die Wohnhilfe Teil der beruflichen Rehabilitations-Maßnahme.

Ich gehe zunächst ein auf die Rehabilitation in den Lebensbereichen *Arbeit, Wohnen, Freizeit* sowie auf die besondere Rolle des *ambulanten gemeindepsychiatrischen Dienstes.* Anschließend fasse ich die wichtigsten *finanziellen* und *strukturellen Probleme* zusammen. Zum Schluß will ich darauf hinweisen, daß die Entwicklung des Reha-Bereiches von entscheidender Bedeutung für den Übergang von der anstaltszentrierten zur gemeindepsychiatrischen Versorgung ist.

Arbeit

In der Bundesrepublik wurde seit Anfang der 70er Jahre ein inzwischen flächendeckendes Netz der beruflichen Reha aufgebaut: 38 Berufsbildungswerke (BBW), 20 Berufsförderungswerke (BFW) und ca. 350 Werkstätten für Behinderte (WfB). Aber nur einzelne von ihnen sehen sich bis jetzt in der Lage, psychisch Behinderte aufzunehmen. Einige Spezialeinrichtungen erproben eine Kombination von medizinischen und beruflichen Rehabilitations-Maßnahmen, wie das Berufliche Trainingszentrum (BTZ) Wiesloch, das Reha-Werk Straubing oder das BFW Isny.

* vgl. auch WING sowie CIOMPI in diesem Band sowie 13. – Donald F. EARLY, Glenside Hospital in Bristol (England) baute schon in den 60er Jahren voneinander unabhängige „Stufenleitern“ für berufliche und häusliche Rehabilitation außerhalb des Krankenhauses auf (12).

Die entwickelten Strukturen der beruflichen Rehabilitation (4, 6) einerseits und andererseits die besonderen Rehabilitations-Bedürfnisse psychisch Behinderter, insbesondere mit Vorerkrankungen aus dem Kreis der Psychosen, passen nicht zueinander. Dies sind die Gründe für die sehr geringe Inanspruchnahme der Vielfalt von beruflichen Rehabilitations-Maßnahmen durch psychisch Behinderte, obwohl 1974 mit dem Reha-Angleichungsgesetz auf der formal-rechtlichen Ebene die Gleichstellung psychisch Behinderter mit anderen Behinderten gesetzlich verankert wurde. Als Hinweis auf die extrem geringe Inanspruchnahme beruflicher Rehabilitations-Maßnahmen sei angeführt: Am Psychiatrie-Budget (Kernbudget: alle Kostenträger, aber ohne Selbstzahler, Eigenanteile von Kranken und Angehörigen) des Oberbergischen Kreises war die Bundesanstalt für Arbeit nur mit 0,9% beteiligt (18).

Drei für berufliche Rehabilitation wichtige Aspekte will ich hervorheben:

a) Im Unterschied zu geistig Behinderten, aber ähnlich wie bei Körperbehinderten, bringen psychisch Behinderte eine große Vielfalt von beruflichen Ausbildungen und beruflichen Vorerfahrungen mit. Um in der Rehabilitation daran anknüpfen zu können, ist eine starke Differenzierung beruflicher Rehabilitations-Felder erforderlich. Dies läßt sich nur in weitgehend überregionalen Zentren verwirklichen, *wenn* diese Vielfalt von Maßnahmen in Sonderinstitutionen angeboten werden soll.

b) Psychische Behinderungen sind nicht statisch, sondern oft von langfristig schwer vorhersehbaren Schwankungen gekennzeichnet. Zu diesen Schwankungen tragen krankheitsimmanente Faktoren einerseits und die hohe Umfeldabhängigkeit andererseits bei. Dies erfordert, daß die Diagnostik, Prognostik und Rehabilitation sich entsprechend der individuellen Entwicklung des Behinderten schrittweise vollziehen, und daß die Dauer und Reihenfolge von Rehabilitations-Maßnahmen möglichst flexibel gestaltet werden können. Die starke Umfeldabhängigkeit psychischer Behinderungen hat zur Folge, daß stabilisierende wie belastende Wirkungen in verschiedenen Lebensbereichen (Wohnen, Arbeit, Freizeit) durch Rückkoppelungseffekte eng miteinander verknüpft sind.

   Dies erfordert ein wohnortnahes Angebot von beruflichen Rehabilitations-Maßnahmen, das eine soziale Entwurzelung möglichst vermeidet und gleichzeitig medizinische und soziale Hilfen integriert und kontinuierlich ermöglicht, die vor, während und nach der beruflichen Rehabilitations-Maßnahme zur Stabilisierung wichtig sind.

c) Rehabilitative Maßnahmen, auch berufliche, sind um so wirksamer, je realitätsnäher sie sind.

Wenn sich Rehabilitations-Angebote orientieren an

- der Umfeldabhängigkeit psychischer Behinderungen,
- der Realitätsnähe von Rehabilitations-Maßnahmen und
- der Kontinuität von sozialen und begleitenden therapeutischen Beziehungen,

dann müssen sie *regional* organisiert und *wohnortnah* angeboten werden bei guter Integration mit der übrigen psychiatrischen Versorgung. Die WfB kann als zur Zeit einziges regional orientiertes Angebot der beruflichen Rehabilitation nur einen Teil des Bedarfs an Hilfen für psychisch Behinderte abdecken. In dieser Situation bietet sich an, Rehabilitations-Ausbildungs- und Umschulungsplätze in bestehenden überbetrieblichen Bildungseinrichtungen und in Betrieben der Region zu schaffen. BBW's und BFW's könnten bei entsprechender personeller Ausstattung für aus ihrer Umgebung kommende psychisch Behinderte Angebote machen. Für psychisch Behinderte, die durch eine Aufnahme in ein BBW oder BFW sozial entwurzelt werden, sind berufliche Rehabilitations-Maßnahmen von zweifelhaftem Wert.

Die differenzierte Vielfalt von beruflichen Rehabilitations-Maßnahmen unterschiedlicher Kostenträger (berufsvorbereitende, berufsbildende Maßnahmen, beschützte Arbeit, Hilfen zur Erlangung und zur Erhaltung eines Arbeitsplatzes sowie begleitende Beratung am Arbeitsplatz) zu schaffen, ist die eine Aufgabe. – Diese Angebote für den Rehabilitanden unabhängig von der Kostenträgerschaft nutzbar zu machen und das Rehabilitations-Verfahren entsprechend den individuellen Entwicklungsschritten des Rehabilitanden flexibel zu gestalten, ist die zweite Aufgabe. Dazu schlagen wir einen *ambulanten Fachdienst* für berufliche Rehabilitation* vor. Die Rehabilitanden brauchen eine qualifizierte kontinuierliche Betreuung durch möglichst konstante Bezugspersonen, die ihnen im Rehabilitations-Verfahren von der Rehabilitations-Beratung und -Anstragstellung bis hin zur Wiedereingliederung beratend zur Seite stehen und nachgehende Hilfen im Arbeitsleben anbieten. Ein solcher ambulanter Fachdienst übernimmt diese Aufgaben für den Rehabilitanden und koordiniert gleichzeitig die im Einzelfall erforderliche Zusammenarbeit von beteiligten Einrichtungen und Diensten sowie von Leistungsträgern.

Dies sind die Grundgedanken eines Konzeptes für die berufliche Rehabilitation psychisch Behinderter, das von einer vom Bundesminister für Arbeit finanzierten Projektgruppe** in ständiger Beratung mit einem Arbeitskreis beim BMA*** entwickelt wurde (7).

Eine noch nicht beantwortete schwierige Frage ist allerdings, ob die verschiedenen Leistungsträger der beruflichen Rehabilitation sich auf eine regionale Organisationsform für einen solchen Fachdienst, der Leistungen verschiedener Träger integriert und in Kontinuität anbietet, verständigen wollen und können.

* Es geht hier um eine funktionale Aufgabenbeschreibung. Die organisatorische und praktische Realisierung kann je nach örtlichen Bedingungen durchaus verschieden sein.

** K. Lehmann, Julia Pohl, H. Kunze, F. Arnoldt

*** Arbeitskreis zur Klärung von Fragen im Bereich der beruflichen Rehabilitation psychisch Behinderter

Sozialpolitik, die zum Ziel hat, die berufliche Rehabilitation psychisch Behinderter zu verbessern, muß auch dafür sorgen, daß die Rehabilitanden anschließend in Arbeit vermittelt werden können – auf dem offenen oder ggfs. besonderen Arbeitsmarkt (3, 11). Bei der heutigen Arbeitsmarktlage besteht die große Gefahr, daß viele Rehabilitanden keinen Arbeitsplatz finden und deshalb über den befristeten Status des Arbeitslosen anschließend zum Sozialhilfeempfänger werden. Unter solchen Umständen wäre ggfs. Berentung statt Rehabilitation das kleinere Übel.

In welchem Maße psychisch Kranke und Behinderte im arbeitsfähigen Alter schon aus dem Arbeitsleben *ausgegliedert* sind, machen folgende Zahlen deutlich: Von etwas über 1000 Männern im Alter von 18 bis 64 Jahren, die 1984 in unser Psychiatrisches Krankenhaus aufgenommen wurden, waren nur noch knapp ein Viertel berufstätig oder in Ausbildung, aber rund die Hälfte als arbeitslos gemeldet (weitere 10% ohne Arbeit und 13% Frührentner oder Rente beantragt). In einer Günzburger Untersuchung ging es um im Jahre 1979/80 entlassene Patienten, die erstmals in stationärer psychiatrischer Behandlung gewesen waren. Die Rückkehr ins Berufsleben im Jahr nach der Entlassung hatten nur etwa ein Drittel der Patienten problemlos geschafft (22).

Sozialpolitische Entscheidungen des Gesetzgebers über konkrete Anreize und Hilfen für Arbeitgeber sowie eine entsprechende Öffentlichkeitsarbeit könnten bessere Voraussetzungen schaffen. In diesem Zusammenhang wäre auch eine ausreichende Förderung der Firmen für psychisch Behinderte (sogenannte Selbsthilfefirmen) dringlich. Immerhin schafft das in diesem Jahr novellierte Schwerbehindertengesetz die Voraussetzung dafür, Arbeitgebern, die Schwerbehinderte beschäftigen, zum Ausgleich für deren Minderleistungen Lohnkostenzuschüsse zu zahlen, zunächst auf zwei Jahre befristet, jedoch mit der Möglichkeit der erneuten Beantragung.

In einem sozialen Rechtsstaat, in dem Arbeit knapp wird, stellt sich die Frage: Sollen Mitbürger, die psychisch behindert sind, zusätzlich durch Arbeitslosigkeit benachteiligt werden?

Wohnen

Den Lebensbereich Wohnen betreffend haben sich in den letzten beiden Jahrzehnten verschiedene Formen entwickelt: Übergangswohnheim, (Dauer-)Wohnheim. Als relativ selbständige Wohnform ist die ambulant betreute Wohngemeinschaft oder die ambulant betreute Zweier- und Einzelwohnung hervorzuheben. Therapeuten haben früher immer nur an Wohngemeinschaften als kleinste Einheit gedacht, entweder weil damit hohe therapeutische Ziele verbunden waren, oder weil wir das Alleineleben den Behinderten nicht zutrauten. Wir haben aber die Erfahrung machen müssen, daß ein Teil der Behinderten allein – oder zu zweit – besser zurechtkommt und zufriedener ist als in Wohnformen mit größerer Gemeinschaft (3, 5, 8, 9, 10, 13).

Das alte, seit langem kaum noch praktizierte *Konzept der Familienpflege* könnte eine Renaissance erleben, wenn eine von der Familie unabhängige Arbeit oder Beschäftigung für den Behinderten und eine qualifizierte, ggfs. auch aktiv aufsuchende ambulante Betreuung gewährleistet werden.

Die Wohnformen unterschieden sich nach Ziel, Art und Intensität der Betreuung, dem Stellenwert, der dem gemeinsamen Wohnen beigemessen wird, und hinsichtlich der Perspektive: Übergang oder unbefristetes Wohnen. Schließlich ist noch zu unterscheiden, ob das Wohnangebot Teil einer medizinischen oder beruflichen Rehabilitations-Maßnahme ist (z. B. Wohnheim der WfB) oder davon unabhängig.

Die Zuordnung zu Kostenträgern ist unterschiedlich, zum Teil umstritten. Klar ist die Zuständigkeit des überörtlichen Sozialhilfeträgers für das Dauerwohnheim und des Leistungsträgers einer beruflichen Rehabilitations-Maßnahme, wenn das Wohnen ergänzend für eine berufliche Rehabilitations-Maßnahme erforderlich ist.

Seit über 10 Jahren verweigern die Leistungsträger für *medizinische Rehabilitation* (Rentenversicherungsträger und Krankenkassen) den *Übergangseinrichtungen* die Anerkennung als Einrichtung für Psychosekranke im Sinne von § 1236 bzw. 184 a der RVO. Bisher waren die Rehabilitanden in diesen Einrichtungen – von Ausnahmen abgesehen – entweder Selbstzahler, oder die Sozialhilfe übernahm die Kosten bei finanzieller Bedürftigkeit (mit Rückgriff auf Vermögen und Einkommen). Durch Beiträge erworbene versicherungsrechtliche Ansprüche auf medizinische Rehabilitation konnten bisher in geeigneten Einrichtungen – und das wären für Psychosekranke gemeindenah arbeitende Übergangseinrichtungen – nur ausnahmsweise eingelöst werden (8, 14).

Es sieht allerdings so aus, als ob ein extrem vorsichtiger Einstieg der Leistungsträger für medizinische Rehabilitation unmittelbar bevorsteht mit der Akzeptierung des Konzeptes einer regional orientierten *Rehabilitationseinrichtung* (eine [!] Einrichtung pro Bundesland). Fachleute haben jedoch die Sorge, daß die festgeschriebene Mindestgröße von 50 Plätzen wieder zu überregionaler Aufnahmepraxis führt. Weiterhin muß befürchtet werden, daß die Integration in die regionale psychiatrische Versorgung als Voraussetzung für Kontinuität der Hilfen nicht ausreichend realisiert werden kann, weil die Kostenträger nach herkömmlichen Vorstellungen von administrativer Transparenz klare Abgrenzungen verlangen (Prinzip der kostenträgerhomogenen Kästchen: Inhalt und Grenzen eines Angebotes werden durch die Kostenzuständigkeit bestimmt, z. B. Entwöhnung für Suchtkranke, die bei der Bundesversicherungsanstalt für Angestellte versichert sind, oder: medizinische Rehabilitation in einer Rehabilitationseinrichtung und daneben eine Übergangseinrichtung).

Jahrelang haben sich örtlicher und überörtlicher Sozialhilfeträger – wie zwei völlig unabhängig konkurrierende Kostenträger – wechselseitig die

Zuständigkeit für betreute Wohngemeinschaften einschl. betreuter Zweier- und Einzelwohnungen zugeschoben. Soweit mir bekannt, ist bis jetzt nur in Baden-Württemberg, Nordrhein-Westfalen und in Hessen eine Einigung erreicht worden, wonach der örtliche Sozialhilfeträger für das Wohnen und der überörtliche für die ambulante fachliche Betreuung aufkommt.*

Freizeit

Völlig unzureichend sind Hilfen zur Tages- und Freizeitgestaltung. Nicht alle Behinderten können oder wollen arbeiten, abgesehen von der Zeit, die auch Arbeitenden bleibt. Viele psychisch Behinderte haben größte Schwierigkeiten, sich selbst zu beschäftigen sowie Freizeitangebote und Aktivitäten in der Gemeinde zu nutzen. Viele leben mitten in der Gemeinde, aber *völlig isoliert.* Was fehlt, sind Tagesstätten, Clubs, Teestuben usw., in denen Laienhelfer und Fachleute (mit größter Zurückhaltung) den psychisch Behinderten behilflich sind, aus ihrer Isolation herauszukommen. – Die Regelfinanzierung dieser ganz wichtigen gemeindepsychiatrischen Angebote ist ungeklärt.

Ambulanter gemeindepsychiatrischer Dienst

Ich verlasse jetzt die Ebene der verschiedenen Lebensbereiche Arbeit, Wohnen und Freizeit und komme zum ambulanten gemeindepsychiatrischen Dienst**, dem in einem gemeindepsychiatrischen Versorgungskonzept eine *Schlüsselrolle im komplementären Bereich* zukommt, insbesondere für chronisch psychisch Kranke und Behinderte, bei denen es nicht um zeitlich befristete medizinische oder berufliche Reha-Maßnahmen geht (vgl. auch Beiträge von CIOMPI sowie RUDAS in diesem Band und 1, 5).

Für diesen Personenkreis macht der ambulante gemeindepsychiatrische Dienst ein unbefristetes, unter Umständen lebensbegleitendes Therapie- und Hilfsangebot, das Kontinuität gewährleistet durch verschiedene, zeitweise notwendige medizinische, psychiatrische und soziale Hilfen hindurch. Der ambulante gemeindepsychiatrische Dienst arbeitet in dieser Funktion mit Angehörigen, Nachbarn, Arbeitgebern, niedergelassenen Ärzten, somatischen wie psychiatrischen Krankenhäusern/Abteilungen, Behörden usw. in der Region eng zusammen. Ein wichtiges Ziel ist, das soziale Netzwerk des Behinderten wieder tragfähiger zu machen und bedarfsgemäß zu ergänzen.

In der Regel ist der ambulante gemeindepsychiatrische Dienst als sozialpsychiatrischer Dienst auf der kommunalen Ebene nicht zuständig für

* Das Land Berlin hat mit den Krankenkassen eine Vereinbarung über die Finanzierung von therapeutischen Wohngemeinschaften und Übergangsheimen abgeschlossen. Allerdings werden auch die Wohngemeinschaften als Einrichtung über Tagessätze finanziert (Psychiatrieplanung in Berlin 1984).

** Konkrete Formen: z. B. Sozialpsychiatrischer Dienst, psychiatrischer Dienst. Die konkrete Aufgabenstellung kann im Einzelfall unterschiedlich sein, auch bei gleichem Begriff.

Behinderte, die auf Kosten des überörtlichen Sozialhilfeträgers in Heimen untergebracht sind. Eine regelmäßige Betreuung dieser Personen in Heimen durch einen von der Einrichtung unabhängigen ambulanten Dienst könnte aber wichtige Anstöße für weitere rehabilitative Schritte über das Heim hinaus geben.

Ein ambulanter gemeindepsychiatrischer Dienst unterscheidet sich von anderen Beratungsstellen, deren Angebot ein Hilfesuchender annehmen oder ablehnen kann. Viele psychisch Kranke und Behinderte sind aber infolge ihrer Behinderung nicht in der Lage, von sich aus Hilfen zu suchen deswegen arbeitet ein solcher ambulanter Dienst ggfs. auch aktiv aufsuchend. Und da er sowohl für die guten als auch die schlechten Zeiten seiner Klienten da ist, beteiligt er sich aus fachlicher Sicht auch an den hoheitlichen Aufgaben des Gesundheitsamtes, wenn es z. B. um Zwangseinweisungen nach dem Landesunterbringungsgesetz geht.

Ein ambulanter gemeindepsychiatrischer Dienst hat eine integrierende Funktion sowie eine Art Letzt-Verantwortung analog zur Aufnahmepflicht eines Psychiatrischen Krankenhauses bzw. einer Abteilung auf der klinisch-stationären Seite.

Träger dieser Dienste sind Kreise oder kreisfreie Städte, aber auch freie Träger. An der Finanzierung beteiligen sich der Kreis bzw. die Stadt sowie das Land, in einigen Bundesländern auch die Krankenkassen. Die Arbeit dieser Dienste erspart den Krankenkassen indirekt Kosten, abgesehen davon, daß die Angebote von der Funktion her zum Teil als ambulante Behandlung anzusehen sind.

Von einem flächendeckenden Netz ambulanter gemeindepsychiatrischer Dienste oder gar einer angemessenen Ausstattung sind wir allerdings noch weit entfernt.

Finanzierungsprobleme

Ich möchte die wichtigsten Finanzierungsprobleme im Bereich der Rehabilitation und die daraus entstehenden Realisierungsprobleme zusammenfassen (16, 17).

Alle beschwören den Grundsatz *„ambulant vor stationär"*. Nur ist die Praxis im gesamten Bereich der Rehabilitation umgekehrt. Die Rentenversicherungsträger schließen die ambulante medizinische Rehabilitation kategorisch aus und behaupten, ambulante Hilfe sei immer ärztliche Behandlung in der Zuständigkeit der Kassen. Das Rehabilitations-Ziel der Wiederherstellung bzw. Sicherung der Erwerbsfähigkeit (§ 1236 bzw. 184 a RVO) läßt sich aber auch mit ambulanten Mitteln erreichen. In der Regel wäre eine Kombination von stationären und anschließenden ambulanten Maßnahmen viel wirksamer, wenn der Rehabilitand nicht die Therapeuten wechseln muß. Nur dann kann die Kontinuität von stationär und ambulant realisiert werden, wenn Rehabilitations-Hilfe gemeindenah angeboten wird. Nur dann kann das reale soziale Umfeld systematisch und praktisch einbezogen werden. – Im Bereich der beruflichen Rehabilitation gibt es als ambulante Hilfe bisher nur die Rehabilitations-Beratung vor beruflichen Rehabilitations-Maßnahmen sowie die begleitende Hilfe am Arbeitsplatz durch die Hauptfürsorgestellen.

Wenn die Kostenübernahme der Krankenkassen für stationäre Behandlung endet und der Patient nicht in ambulante Behandlung entlassen werden kann, muß der Betroffene die weiteren Kosten für Hilfen in Einrichtungen selber zahlen oder Sozialhilfe beantragen mit der Konsequenz, daß Vermögen, Einkommen und ggfs. Rente eingesetzt werden. Seine für medizinische und berufliche Rehabilitation durch Beiträge erworbenen Ansprüche können nicht – oder kaum – nach dem Grundsatz *„Rehabilitation vor Rente"* eingelöst werden. Die für medizinische und berufliche Rehabilitation von den Leistungsträgern vorgesehenen Einrichtungen und die Abfolge der Maßnahmen sind für Psychosekranke, die größte Gruppe in der Psychiatrie, entweder nicht geeignet, oder wenn sie geeignet sind, wie die regional arbeitenden Übergangseinrichtungen, werden die Kosten vom Leistungsträger der medizinischen Rehabilitation nicht übernommen (8).

Berentungen von psychisch Behinderten im arbeitsfähigen Alter sind immer noch um ein Vielfaches häufiger als Rehabilitations-Maßnahmen zur Verhinderung von Berentung. An Schizophrenie erkrankte Versicherte hatten 1979 eine 60mal schlechtere Chance als Neurose-, psychosomatisch und Suchtkranke, eine medizinische Rehabilitations-Maßnahme zu bekommen, statt Frührentner zu werden (14).

Wie auch die Untersuchungen zum Psychiatrie-Budget im Oberbergischen Kreis zeigen, tritt die eigentlich nur subsidiär zuständige *Sozialhilfe* praktisch als *regelhaft zuständiger Kostenträger* für Rehabilitation auf, oder der Betroffene wird vom Behandlungsfall kurzschlüssig zum Pflegefall umdefiniert (Selbstzahler oder zu Lasten der Sozialhilfe). Unser gegliedertes System der sozialen Sicherung funktioniert in der Praxis nicht, wenn es um die Rehabilitation von Behinderten aus der Psychiatrie geht (17, 18).

Selbst bei Sozialhilfeträgern sind ambulante und offene Hilfen viel schwieriger zu realisieren als stationäre, weil zwischen dem örtlichen und überörtlichen Sozialhilfeträger das St.-Florians-Prinzip gilt. Im Oberbergischen Kreis entfielen von den von der Sozialhilfe übernommenen Kosten: 4% für den sozialpsychiatrischen Dienst und häusliche Pflege auf den örtlichen Träger und 96% für Hilfe in stationären Einrichtungen auf den überörtlichen Träger. Viele Kreise und Städte glauben, durch ihre Verbandsumlage für den überörtlichen Träger hätten sie schon genug für psychisch Kranke und Behinderte getan. Den Ländern wurde kürzlich vom Bund die Kompetenz übertragen, die Zuständigkeiten für den örtlichen und überörtlichen Sozialhilfeträger nach § 100 BSHG zu verändern. In welchem Land wurde davon Gebrauch gemacht, um den rehabilitationsbehindernden Interessenkonflikt zwischen der örtlichen und überörtlichen Ebene zu neutralisieren?

Das Thema *Pflegeversicherung* scheint mit Rehabilitation nichts zu tun zu haben, jedoch schließt der fachliche Rehabilitations-Begriff und der § 10 Sozialgesetzbuch I auch den kostentechnisch definierten Bereich der Pflege ein. Es gilt auch hier, das Ziel im Auge zu behalten, „in einem soweit als möglich normalen sozialen Kontext den bestmöglichen Gebrauch von den verbliebenen Fähigkeiten zu machen".

Wenn nun das Pflegerisiko versichert wird, bleiben dann die psychisch Behinderten wieder außen vor, weil die Kriterien für Pflegebedürftigkeit nur solche der körperlichen Gebrechlichkeit berücksichtigen?

Strukturelle Probleme im Rehabilitations-Bereich

Die zentrale gesundheitspolitische Frage heißt: Entwickeln sich rehabilitative (einschl. komplementärer) Hilfen *regional integriert,* oder – wie bisher eher – *überregional spezialisiert* (16)? Die Vielfalt von Einrichtungsträgern sowie der Druck der Kostenträger, je für sich eigene kosten- bzw. maßnahmehomogene Kästchen zu schaffen, können zu folgender (konstruierter) Situation in einer Region führen: Für psychisch Kranke und Behinderte im arbeitsfähigen Alter gibt es

- eine Rehabilitations-Einrichtung des Deutschen Paritätischen Wohlfahrtsverbandes,
- ein Übergangsheim des Diakonischen Werkes,
- ein Dauerwohnheim der Caritas,
- Wohngemeinschaften eines Hilfsvereins,
- Begegnungsstätte zur Freizeitgestaltung von einer Selbsthilfegruppe von Angehörigen,
- eine Werkstatt für Behinderte eines Vereins aus juristischen Personen (Berufsförderungswerke und Berufsbildungswerke liegen weit entfernt und haben sich auf psychisch Behinderte [noch] nicht eingestellt),
- ambulante Nachsorge durch niedergelassene Nervenärzte, den sozialpsychiatrischen Dienst sowie die Institutsambulanz des psychiatrischen Krankenhauses.

Bei dieser Trägervielfalt ist erfahrungsgemäß die Durchlässigkeit der Einrichtungen sowie die bedarfsgerecht flexible Kombination von Hilfen für Rehabilitation unzureichend. Um dennoch den Rehabilitanden die bedarfsgemäße Vielfalt der Rehahilfen anbieten zu können, ist jeder bestrebt, auch die anderen Rehahilfen selber vorzuhalten. Um auf eine betriebswirtschaftlich vernünftige Größe zu kommen, werden auch Behinderte überregional aufgenommen (insbesondere solange dort die Hilfe-Defizite noch größer sind).

Es geht angesichts dieser Strukturen darum, die *institutionellen* Voraussetzungen (vgl. 13, Kap. Rehabilitation) zu schaffen für

- wohnortnahe problemspezifische Hilfen statt wohnortfremde Hilfen, die alle Lebensbereiche abdecken (müssen, weil wohnortfern),

- die flexible, bedarfsgemäße Kombination von Hilfen der verschiedenen Achsen Arbeit, Wohnen, Freizeit,
- die Abstufung von Hilfen ohne Bruch von tragenden sozialen und therapeutischen Beziehungen,
- die Kontinuität von Hilfen auch bei Wechsel der kostentechnischen Hilfeform.

Das gegliederte System der sozialen Sicherung muß ja nicht dadurch schon ins Wanken geraten, daß Einrichtungsträger die Rehabilitations-Angebote, die von verschiedenen Leistungsträgern zu bezahlen sind, personenbezogen integrieren (z. B. befristete und unbefristete Wohnhilfen abgestuft bis zur ambulanten Nachsorge), statt sich kostenträgerbezogen zu spezialisieren (z. B. nur Übergangswohnheim).

Es gibt aber auch antirehabilitative Tendenzen bei Therapeuten. Daß Therapeuten Behinderte loslassen, kann behindert werden

- durch das Eigeninteresse der Einrichtung an Vollbelegung möglichst ohne Wechsel der Bewohner und das Interesse der Mitarbeiter an der Sicherung der Arbeitsplätze,
- durch narzißtische Selbstüberschätzung der Therapeuten in bezug auf hohe Rehabilitations-Ziele, die nur sie selber, aber nicht andere erreichen können,
- durch die unzureichende Beachtung des Grundsatzes, daß weniger an Hilfe ggfs. besser sein kann als mehr Hilfe,
- durch die Schwierigkeit, sich als Therapeut von den Besten zu trennen: den besten Mitarbeitern in der Werkstatt, den stabilsten Bewohnern im Wohnheim, den interessiertesten Gruppenmitgliedern usw.

Zur Vermeidung der genannten Fehlentwicklungen kann ein wichtiges Strukturmerkmal von rehabilitativen Diensten der *Primat von ambulanten Arbeitsformen,* zumindest ihre Gleichberechtigung sein (vgl. CIOMPI in diesem Band sowie 5, 7). Der ambulant arbeitende Dienst sichert die Kontinuität und die Fortschritte (und ggf. Rückschritte) des Behinderten durch stationäre Hilfeformen hindurch. Er übt sozusagen von außen einen Sog auf den Behinderten in einer Einrichtung aus (z. B. eine WfB oder ein Wohnheim). Ich verweise auf den ambulanten Fachdienst für berufliche Rehabilitation. Ein anderes Beispiel aus meinem Arbeitsbereich: Die Sozialarbeiter der Sozialpsychiatrischen Beratungsstelle des Landkreises kommen wöchentlich ins Krankenhaus, besuchen ihnen bekannte Patienten und beteiligen sich an den Entlassungsvorbereitungen.

Eine solche institutionalisierte „Sog"-Wirkung von der Position eines ambulanten Dienstes aus wäre besonders wichtig im großen außerpsychiatrischen Heimbereich (13). Damit meine ich Heime, Alten- und Pflegeheime, in denen ehemalige Patienten aus den psychiatrischen Krankenhäusern leben, ohne fachliche Betreuung, auch nicht von außen. Sozialpsychiatrische Dienste, deren Träger zur Ebene der örtlichen Sozialhilfe gehören, sind aber für

Behinderte in Einrichtungen, für die der überörtliche Sozialhilfeträger zahlt, nicht zuständig.

Schluß: Die Folgen unzureichender rehabilitativer Angebote

Die 1975 vorgelegte Psychiatrie-Enquête orientierte ihre Vorschläge für die Neuordnung der Versorgung psychisch Kranker und Behinderter an den Prinzipien

- der gemeindenahen Versorgung,
- der bedarfsgerechten und umfassenden Versorgung aller psychisch Kranken und Behinderten,
- der bedarfsgerechten Koordination aller Versorgungsdienste,
- der Gleichstellung psychisch Kranker mit körperlich Kranken.

Über 10 Jahre danach stehen wir noch ganz am Anfang, diese Prinzipien im Bereich der Rehabilitation psychisch Kranker und Behinderter zu realisieren. Wie in anderen westlichen Industrienationen zuvor, können wir auch in der Bundesrepublik Deutschland beobachten: Die Psychiatrie-Reform kommt im rehabilitativen Bereich viel langsamer voran als im Bereich für ambulante und stationäre Behandlung.

Der *Rückstand im Rehabilitations-Bereich* hat verschiedene Folgewirkungen: In den frühen 70er Jahren führte die forcierte Klinifizierung zahlreicher Anstalten zu einer Verlagerung des Hospitalismusproblems in außerpsychiatrische Heime, die die kustodiale Versorgungstradition der Anstaltspsychiatrie fortsetzen (13).

Andere psychiatrische Krankenhäuser ohne entwickelte komplementäre Angebote in ihrem Einzugsbereich haben immer noch große Langzeitbereiche mit chronischen Patienten. Sie geraten unter den Druck der Kostenträger sowie ihres Krankenhausträgers, *Pflegebereiche* oder Heime auf dem Gelände des Krankenhauses abzugrenzen (15). Diese Strategie ist in verschiedener Hinsicht sehr problematisch, u. a. weil damit das Ziel der heimatnahen Versorgung für die meisten dieser chronischen Patienten aufgegeben wird. Es gibt allerdings auch Patienten, deren Bezug zum früheren Heimatort nach Jahrzehnten nicht mehr reaktivierbar ist, bei denen deshalb das Rehabilitations-Ziel heißen muß: Normalisierung der Lebensräume und Verselbständigung soweit wie möglich, aber ohne erneute Entwurzelung.

Bei unzureichender Entwicklung gemeindepsychiatrischer Rehabilitations-Hilfen werden auch heute chronisch psychisch Kranke und Behinderte in psychiatrischen Krankenhäusern fehlplaziert, selbst dann, wenn die Zuständigkeit für klinisch-stationäre Behandlung an eine psychiatrische Abteilung an einem Allgemeinkrankenhaus mit Vollversorgungsauftrag übergeht. Das bisher zuständige psychiatrische Krankenhaus behält eine *Lückenbüßerfunktion für fehlende rehabilitative Hilfen.* Von psychiatrischen Krankenhäusern wie psychiatrischen Abteilungen müssen dann aber auch weiterhin chronisch psychisch Kranke und Behinderte in außerpsychiatrische Heime ohne geeignetes Personal verlegt werden und verschwinden damit aus dem Zuständigkeitsbereich der Psychiatrie.

Literatur

1 BAUER, M. u. H. K. ROSE, Aktion Psychisch Kranke (Hrsg.): Ambulante Dienste für psychisch Kranke (Tagungsberichte, Band 6), Köln: Rheinland-Verlag 1981

2 BENNETT, D. H.: Einige Bemerkungen zur Rehabilitation psychisch und geistig Behinderter in Großbritannien, in: Bundesminister für Jugend, Familie und Gesundheit: Anhang zum Bericht über die Lage der Psychiatrie in der Bundesrepublik Deutschland, Drucksache 7/4201 1975, S. 797–827.

3 BOSCH, G. u. C. KULENKAMPFF, Aktion Psychisch Kranke (Hrsg.): Komplementäre Dienste, Wohnen und Arbeiten, Tagungsberichte Band 11, Köln: Rheinland-Verlag 1985

4 Bundesarbeitsgemeinschaft für Rehabilitation (Hrsg.): Wegweiser, Eingliederung von Behinderten in Arbeit, Beruf und Gesellschaft, 4. Auflage, Frankfurt/Main 1982

5 Bundesarbeitsgemeinschaft der Träger Psychiatrischer Krankenhäuser: Zielsetzung und Orientierungsdaten für komplementäre Einrichtungen einer regionalisierten psychiatrischen Versorgung (1983), Geschäftsstelle: Landschaftsverband Westfalen-Lippe, 4400 Münster

6 Bundesminister für Arbeit und Sozialordnung (BMA): Leitfaden für Behinderte, Bonn 1985

7 Der Bundesminister für Arbeit und Sozialordnung (Hrsg.):
(a) Die berufliche Eingliederung psychisch Behinderter – Vorschlag für ein behindertengerechtes System der beruflichen Eingliederung, Bonn 1987
(b) Psychisch Behinderte im System der beruflichen Rehabilitation (Bestandsaufnahme), Forschungsbericht 174, Bonn 1988

8 Bundesminister für Jugend, Familie und Gesundheit (Hrsg.): Übergangswohnheim für psychisch Kranke: Projekt „Elisabeth-Lutz-Haus" Mannheim (1976–1979), Modellverbund „Ambulante psychiatrische und psychotherapeutische/psychosomatische Versorgung", Stuttgart: Kohlhammer 1982

9 Deutscher Verein für öffentliche und private Fürsorge (Frankfurt): Wohngemeinschaften für psychisch Kranke und Behinderte, Rahmenempfehlungen vom 17. 3. 1983, in: Nachrichtendienst des Deutschen Vereins 63 (1983), S. 5

10 DIMMECK, B. und A. VELTIN: Wohngruppen/Wohngemeinschaften: Modellverbund „Ambulante psychiatrische und psychotherapeutische/psychosomatische Versorgung", Schriftenreihe des Bundesministers für Jugend, Familie, Frauen und Gesundheit Band 167, Stuttgart: Kohlhammer 1986

11 DÖRNER, K. (Hrsg.): Lebenslänglich arbeitslos, weil minderwertig, Gütersloh; Verlag Jakob van Hodis, 1986

12 EARLY, D. F.: Die Wiedereingliederung von psychiatrischen Patienten in Arbeit und Wohnung, in: Reimer, F. (Hrsg.): Arbeitstherapie – Praxis und Probleme in der Psychiatrie, Stuttgart: Thieme 1977

13 KUNZE, H.: Psychiatrische Übergangseinrichtungen und Heime, Stuttgart: Enke 1981

14 KUNZE, H.: Rehabilitation chronisch psychisch Kranker als sekundäre Prävention, Das Öffentliche Gesundheitswesen 45 (1983), S. 333–336

15 KUNZE, H.: „Vorwärts – Zurück zur Heil- und Pflegeanstalt". Zukünftige Entwicklungen Psychiatrischer Krankenhäuser, in: Heimann, H. u. H. J. Gaertner (Hrsg.): Das Verhältnis der Psychiatrie zu ihren Nachbardisziplinen, Berlin: Springer 1986

16 KUNZE, H.: Administrative Psychiatrie: Über strukturelle Widerstände gegen die Realisierung gemeindepsychiatrischer Ziele. Medizin, Mensch, Gesellschaft 11 (1986), Teil 1: 134–141; Teil 2: 274–281
17 Prognos AG (Hrsg.): Modellprogramm Psychiatrie – Finanzierung von Einrichtungen und Diensten, Stuttgart: Poller 1984
18 Prognos AG (Hrsg.): Modellprogramm Psychiatrie: Regionales Psychiatrie-Budget, Band 181 der Schriftenreihe des Bundesministeriums für Jugend, Familie und Gesundheit, Stuttgart: Kohlhammer 1986
19 SCHUBART, C.; R. SCHWARZ, B. KRUMM, H. BIEHL: Schizophrenie und soziale Anpassung, Berlin: Springer 1986
20 SHEPHERD, C.: Institutional Care and Rehabilitation, London: Longman (paperback) 1984
21 Verband Deutscher Rentenversicherungsträger (VDR): Empfehlung für die sozialmedizinische Beurteilung von psychisch Kranken und Behinderten, Deutsche Rentenversicherung (1985), Heft 4, S. 207–236
22 VOGEL, R.; V. BELL; ST. BLUMENTHAL; N.-U. NEUMANN; R. SCHÜTTLER: Die berufliche Reintegration ersthospitalisierter psychisch Kranker im ersten Jahr nach ihrer Entlassung, Rehabilitation 25 (1986), 106–111
23 THUST, W.: Recht der Behinderten, Weinheim: Beltz 1980
24 WATTS, F. N. und D. H. BENNETT (Hrsg.): Theory and Practice of Psychiatric Rehabilitation, Chichester: John Wiley 1983
25 WING, J. K. und B. MORRIS (Hrsg.): Handbook of Psychiatric Rehabilitation Practice. Oxford: Oxford University Press 1981

Entwicklungstendenzen bei der Versorgung psychisch Kranker und behinderter alter Menschen

C. Müller

Die Organisatoren dieser Tagung haben das Thema klar gefaßt: es soll um einen internationalen Vergleich gehen und, was meine Aufgabe betrifft, um einen Vergleich der psychogeriatrischen Versorgung in den verschiedenen Ländern, aber auch um einen Vergleich mit der Situation wie wir sie hier 1979 diskutiert haben. Dieser Aufgabe will ich mich gerne unterziehen, muß aber sogleich einige einschränkende Bemerkungen machen: Erwarten Sie von mir nicht eine erschöpfende Aufzählung des Bestehenden. Es hätte großer Mittel bedurft, die mir nicht zur Verfügung standen, um eine Bestandsaufnahme korrekt durchzuführen. Ich hätte nicht nur eine europäische Enquête durchführen müssen, sondern mich auch an Ort und Stelle über die verschiedenen Versorgungsstrategien informieren müssen.

Erwarten Sie aber auch nicht von mir ein Sammelreferat aller einschlägigen Arbeiten aus den letzten 7 Jahren zu unserem Thema. Sie sind überaus zahlreich, vor allem im europäischen wie im nordamerikanischen Rahmen. Das Wort Entwicklungs*tendenzen* soll also in den Vordergrund gerückt werden. Es tröstet mich, daß Sie von mir nicht einen vollständigen Rechenschaftsbericht, sondern einige Gedanken erwarten. Mitgestalter der schweizerischen Psychogeriatrie war ich, Beobachter bin ich heute, dies nur um meinen Ausgangspunkt zu klären.

Als *erstes* fällt mir zu den neueren Tendenzen ein, daß das *Problembewußtsein* ganz ohne Zweifel zugenommen hat. Dafür kann man viele Argumente ins Feld führen, die allerdings nicht nur die spezielle Psychogeriatrie, sondern das Alter und seine Nöte ganz allgemein betreffen. Denken wir an die unzähligen Zeitungsartikel, an Radio- und Fernsehberichte, an Ausschüsse und Kommissionen, die tagten und weiter tagen. In einer Resolution hat der Europarat beschlossen, daß den alten Menschen genügend materielle Ressourcen garantiert werden müssen, daß ihr Verbleiben im Arbeitsprozeß durch Erziehung und Information gefördert werden müsse. Weitere Punkte dieser Resolution sind, daß alte Menschen so lange wie möglich in ihrer angestammten Wohnung bleiben, daß eine gute ärztliche Betreuung und die spezielle Ausbildung von Fachkräften vorgekehrt werden müsse und daß endlich eine permanente wissenschaftliche Arbeit zur Verbesserung der sozialen und medizinischen Dienste vorzusehen sei. Die Weltversammlung über Altersfragen hat 1982 in Wien einen internationalen Aktionsplan vorgelegt, dieser wurde durch die Vereinten Nationen aufgenommen, und 1984 lag eine Auswertung der weltweiten Umsetzung dieses Aktionsplanes vor.

Andere internationale Gremien tagten, z. T. auch in Deutschland. Diese Tatsachen entnehme ich der Broschüre des deutschen Zentrums für Altersfragen, eines Zentrums, das im Laufe der letzten Jahre sich publizistisch besonders hervorgetan hat durch eine wertvolle Bücherreihe. Universitäten für das 3. Alter wurden geschaffen, Forschungsstipendien vergeben, Fachzeitschriften gegründet, Lehrbücher geschrieben.

Kurz, Sie sehen, es wurde getagt und geredet und geschrieben, und das war wichtig; ob auch gehandelt wurde, werden wir später erörtern.

Jedenfalls glaube ich behaupten zu können, daß das Problembewußtsein in weite Kreise gedrungen ist und daß in Gemeinde-, Kreis- und Landesparlamenten die Wichtigkeit der Altersfrage erkannt wurde. Das ist ein Fortschritt. Ob aber die Einstellung dem einzelnen alten Menschen gegenüber sich geändert hat, ist für mich eine offene Frage. Herr *Schmitz-Scherzer* sagt ja und meint, das negative Altersbild sei in den letzten 10 Jahren schwächer geworden. Vielleicht.

Zweitens wissen wir manches besser. Die *Epidemiologie* oder besser *Demographie* ist ein Feld, auf dem sich viele Forscher getummelt haben. Die Prognosen über die Bevölkerungsentwicklungen, über die ich 1979 hier berichtete, scheinen sich zu bewahrheiten: Der prozentuale Anteil der über 60jährigen in der europäischen Bevölkerung wird weiter ansteigen, von heute rund 15% auf 20%, und dies in einigen Jahrzehnten *(Gilliand)*. Interessant ist jedoch die Auffassung von *K. Schwarz,* wonach die absolute Zahl der alten Menschen bis ins Jahr 2010 nur wenig zunimmt, der prozentuale Anteil an der Gesamtbevölkerung dagegen erheblich, dies ganz einfach wegen der sinkenden Natalität.

Die verlängerte Lebensdauer wird sich dahin auswirken, daß die Zahl der über 80jährigen sprunghaft auf das dreifache, bezogen auf heute, ansteigen wird *(Gilliand)*. Da nun aber eindeutig eine Relation besteht zwischen Altersklasse und Häufigkeit der psychischen Störungen, was wir auch in der Lausanner Enquête bestätigen konnten, müssen wir uns auf eine starke Zunahme psychogeriatrischer Patienten gefaßt machen. Dies ganz kurz zum Thema Demographie. Und was die Epidemiologie betrifft kann ich auch hier berichten, daß nach meiner Ansicht die Kenntnisse sich vertieft haben. *Cooper* und andere Forscher aus dem Häfnerschen Institut haben immer genauere Daten herausgearbeitet, über die ich hier nicht im einzelnen referieren will. Das Vertiefen des Wissens gilt aber auch für andere Bereiche.

Als erstes will ich kurz die *Pathologie* streifen. Zahlreiche Arbeiten, z. B. diejenigen von *Lauter,* haben sich mit der senilen Demenz befaßt und ihre Entstehungsbedingungen untersucht. Wir erkennen heute besser die Komplexität der Vorgänge, die zu dieser schweren Krankheit führen, man hat versucht, Merkmale in der Vorgeschichte zu finden, die auf eine spätere dementielle Entwicklung hindeuten *(Wertheimer)*, die Slow-virus Forschung ist fortgeschritten, die Demenzstadien sind meßbarer geworden, der Alzheimerschen Krankheit wurden viele Studien gewidmet. Hat dies etwas mit den Versorgungsstrategien zu tun? Ich glaube ja, indem nämlich die genauere Kenntnis der Ursachen auch einen Weg zur Prophylaxe öffnen könnte.

In bezug auf die *Therapie* wissen wir vor allem besser, was *nicht* wirkt, nämlich die Großzahl der angepriesenen Geriatrika, obschon wir hier gerne *Kanowski* folgen, der vor einem übereilten Kapitulieren warnt.

Im psychotherapeutischen Bereich hat uns *Radebold* gezeigt, wie hoffnungsvoll eine intensive Betreuung sein kann.

Doch wichtiger für unser Thema scheint mir folgendes zu sein: Wir wissen heute besser, wie verheerend das *Misplacement* sein kann, wie die Amerikaner es nennen. Mehrere Untersuchungen in verschiedenen europäischen Ländern haben es bestätigt: noch heute leben zu viele alte Menschen in psychogeriatrischen Abteilungen der Landeskrankenhäuser, die eigentlich in einem gut geführten Altenheim unterzubringen wären, und umgekehrt gibt es in Altenheimen eine große Zahl von psychisch schwer gestörten Patienten, die eigentlich einer gezielten fachärztlichen Hilfe bedürften.

Das Beseitigen dieser Misplacements gehört meines Erachtens zu den vordringlichsten Aufgaben der modernen Psychogeriatrie. Allerdings stoßen wir auch auf Grenzen der Möglichkeiten: solange es nicht um eine globale, staatlich gelenkte Organisation der Betreuung alter Menschen geht, wird es auch Misplacements geben. Hier wird die Frage der persönlichen Freiheit, die Frage auch der Wahl der Unterbringung durch die Familie akut. Es sollte meines Erachtens kein Schematismus einreißen, und wir sollen uns bewußt sein, daß das Misplacement unter Umständen auch Ausdruck eines begrüßenswerten Pluralismus sein kann, so daß es wohl darum gehen wird, nur die krassen Auswüchse in den Griff zu bekommen.

Was wir ferner heute besser als früher in seiner überragenden Bedeutung erkennen, ist die *Polymorbidität.* Auch ihr wurden zahlreiche Arbeiten gewidmet. Während man sie früher nur gewissermaßen en passant erwähnte, ist sie heute zu einem Hauptthema geworden. Die Befunde sind eindeutig, und sie haben auch an zahlreichen psychogeriatrischen Zentren zu Konsequenzen geführt: Eine klare und eindeutige Bejahung der *pluridisziplinären Betreuung.* Das will also heißen, daß es nicht genügt, wenn psychogeriatrische Einheiten einen Internisten konsiliarisch beiziehen. Besser ist es, wenn von vorneherein die Arbeit geteilt wird. In Lausanne haben wir beispielsweise die Situation, daß der psychogeriatrische Dienst, der als selbständige Organisation eine Bevölkerung von rund 210 000 Einwohnern versorgt, von einem neurologisch gut ausgebildeten Psychiater und einem Internisten gemeinsam geleitet werden. Aber auch anderswo hat sich die Erkenntnis durchgesetzt, daß die überragende Bedeutung der Polymorbidität auch die pluridisziplinäre Betreuung mit sich zieht. Dies vor allem auch deshalb, weil wir heute besser als früher wissen, wie sehr psychische Störungen im Alter mit gestörten Körperfunktionen in Verbindung gebracht werden können, denken wir nur an die Sinnesorgane, aber auch an ankylosierende Prozesse, die im Sinne eines circulus vitiosus Untätigkeit und damit Abhängigkeit, und im Gefolge der Abhängigkeit Depression mit sich ziehen. Unterzieht man alltägliche Vorkommnisse im Altersheim oder der psychogeriatrischen Abteilung einer genaueren Prüfung, so ergeben sich oft frappante Zusammenhänge in diesem zirkulären Geschehen. So haben wir in Lausanne das Straucheln und Stürzen psychogeriatrischer Patienten untersucht, aber auch komplexere Dinge wie z. B. die Rolle der gestörten Thyreoideafunktion. *Lauter* hat mit seinen Mitarbeitern die Kommunikationsmuster zwischen dementen Patienten und dem Pflegepersonal studiert.

Polymorbidität und pluridisziplinäre Betreuung führen nun aber geradewegs zu dem wichtigen Problem der *Organisation* in der psychogeriatrischen Versorgung. Soll es weiterhin spezifische Abteilungen, Kliniken, Spitäler, Ambulanzen für die Psychogeriatrie geben, oder soll sie mit der allgemeinen Geriatrie kombiniert werden? Diese Diskussion wurde schon vor Jahren geführt, und sie ist noch heute nicht zu Ende.

Beide Möglichkeiten wurden erprobt und empfohlen, und es will mir heute scheinen, daß beide Lösungen ihre Vor- und Nachteile haben. Die rein psychogeriatrische Abteilung schließt die Gefahr der Ghettoisierung in sich; die gemischte Abteilung die der unzureichenden Ausschöpfung aller rehabilitativen Möglichkeiten für die psychisch gestörten alten Menschen.

Zwei Dinge gilt es hier zu bedenken: die Größe der zu versorgenden Bevölkerung und die Lokalisierung der Psychogeriatrie in oder außerhalb des allgemeinen Krankenhauses. Ist die zu versorgende Bevölkerung klein, z. B. im Sinne des französischen Sektors mit 50–60 000 Einwohnern, dann wird sich sicher niemand finden, der einen sowohl von der Erwachsenenpsychiatrie wie der allgemeinen Medizin unabhängigen psychogeriatrischen Dienst aufziehen würde. Ist das Bezirkskrankenhaus groß genug, um eine eigene Geriatrieabteilung zu betreiben, so wird es wohl kaum tunlich sein, daneben, im selben allgemeinen Krankenhaus, noch eine spezielle Psychogeriatrie einzurichten.

Viel zu reden hat die Unterscheidung von „assessment unit“ und „custodial care unit“ gegeben. Wir finden interessante Ausführungen dazu bei *Comfort.* Die „assessment unit“ figurierte ja auch in dem Programm der deutschen Bundesenquête. Sie existiert seit langer Zeit in England. Was ich 1979 sagte, kann ich heute wiederholen: Trotz der Vorteile, die eine „assessment unit“ hat, die nämlich erlaubt, alte Patienten für eine kurze Krisenintervention und vor allem für eine rasche diagnostische Abklärung aufzunehmen finde ich doch diese Trennung problematisch, weil das alleinige Bestehen einer „custodial care unit“ mit unbegrenzter Aufenthaltsdauer zur Zweiklassen-Psychogeriatrie führt. Wir befinden uns mit dieser Überlegung in unmittelbarer Nachbarschaft der Erwachsenenpsychiatrie, wo ja auch immer wieder um die Frage gestritten wird, ob Langzeitpatienten mit Akutkranken in ein und derselben Institution betreut werden sollen.

Comfort redet einerseits der Verschmelzung von geriatrischer und psychogeriatrischer Abteilung am allgemeinen Krankenhaus das Wort, hebt aber dann doch auch die Vorteile der Trennung hervor, die für ihn vor allem darin bestehen, daß die „assessment unit" die beste Ausbildung für zukünftige Psychogeriater garantiert.

Doch fahren wir fort mit der Aufzählung dessen, was wir heute besser wissen: Das *Verhältnis von sozialer Hilfe zur psychogeriatrischen Therapie.* Hier hat sich einiges geklärt. Es wird heute besser erkannt, daß es um eine Mischung von beidem geht und daß dies ein ganz typisches Merkmal der Psychogeriatrie ist. *Léger,* einer der führenden französischen Psychogeriater, hat kürzlich besonders pointiert darauf hingewiesen. Während in der Erwachsenenpsychiatrie diese beiden Dimensionen leicht auseinanderzuhalten sind, ist dies in der Psychogeriatrie kaum möglich. Soziale Hilfe allein genügt nicht, um die psychische Störung zu verhindern oder zu lindern, umgekehrt gibt es aber kaum eine Altersstörung, wo eine soziale Hilfe in irgendeiner Form, sei es nun materielle Unterstützung, Hauspflege, Gemeinschaftsküche usw. nicht nötig wäre.

Im Zusammenhang mit dieser Mischung von sozialer Hilfe und Therapie kann heute gewiß gesagt werden, daß die alten rigiden Strukturen, wo es um „Fürsorgefälle" ging, denen eine rein finanzielle Hilfe zukam, abgebaut wurden und daß die Sozialhilfestellen sich viel intensiver als früher mit Fragen der Rehabilitation auseinandersetzen.

In bezug auf die Hauspflege hat übrigens eine Basler Studie von *H. B. Staehelin* nachgewiesen, daß diese sich je länger je mehr auf ein differenziertes Netz von Institutionen stützen muß, z. B. indem ein zu Hause gepflegter alter Mensch teilweise doch ins Tageszentrum geht, oder aber daß kurzfristige Heimaufenthalte nötig sind, um die Familie zu entlasten, resp. der Hauspflegerin Ferien zu gestatten.

Zur finanziellen Situation der über 65jährigen noch ein kurzer anekdotischer Beitrag: in den letzten Jahren wurden von Soziologen in der Schweiz große Zufallstichproben von über 65jährigen im Hinblick auf ihre materielle Situation untersucht. Die Ergebnisse stimmten keineswegs überein. Während die eine, die sehr sorgfältig durchgeführt wurde, zum Schluß kam, daß praktisch alle erfaßten Personen in materiell genügenden, ja komfortablen Verhältnissen lebten, kam eine andere zum Schluß, daß es eine bedeutende Zahl von unter dem Existenzminimum lebenden Alten in der Schweiz gebe.

Endlich, und das ist der letzte Punkt meines optimistischen Katalogs, haben wir bessere Kriterien entwickelt, um die *altersbedingten Handicaps* zu messen. Hier sei an die Arbeiten von *Bergener* und seinen Mitarbeitern zu erinnern. Das Messen der Handicaps ist die beste Voraussetzung, um die bereits erwähnten Misplacements zu verringern.

Zum gesteigerten Problembewußtsein gehört auch, daß heute mehr als früher die *architektonischen Belange* ernst genommen werden. Psychogeriatrie verlangt nach Architekten, die die besonderen Bedürfnisse der alten Menschen verstehen. Zwar werden leider auch heute noch technisch vollkommene, aber seelenlose Bauten aufgestellt, aber insgesamt sind doch Fortschritte zu verzeichnen hinsichtlich der Gestaltung der Räume und insbesondere der sanitären Einrichtungen. Der Technik hat sich ein weites Feld eröffnet, um mit modernsten Mitteln ein hohes Maß an altersgemäßem Komfort zu erreichen. Damit nimmt auch der Widerstand alter Menschen, in eine Institution einzutreten, ab. Und schließlich haben wir im Gegensatz zu früher häufiger, und zum Glück häufiger, mit *kleinräumigen Planungen* zu tun, und der Wahn, der auch zeitweilig die Erwachsenenpsychiatrie beherrschte, daß nämlich für zahlenmäßig große Bevölkerungsgruppen auch große Institutionen geplant werden müßten, ist verflogen. „Small is beautiful" gilt auch hier, und es ist ganz selbstverständlich, daß wir alle im Alter lieber in einer kleinen überschaubaren Institution als in einem Mammutinstitut leben wollen.

Bisher habe ich über Tendenzen gesprochen, die sich in Einstellungen und Planungen niederschlagen. Was ist denn aber wirklich *besser geworden?*

Hier würde ich als erstes den *Komfort* nennen. Wer eine psychogeriatrische Abteilung in Holland besucht hat (z. B. Ermelo), kann nur staunen: Hotelzimmer mit Luxusmöbeln und Spannteppichen für schwer demente, z. T. inkontinente, alte Patienten. Das mag eine Ausnahme sein. Trotzdem glaube ich daß die materielle Prosperität der meisten europäischen Länder sich auch in den Institutionen für Alte spiegelt. Gewiß gibt es Unterschiede, und es ist nicht zu vergessen, daß noch zu viele Alterspatienten in ungenügend ausgerüsteten Institutionen dahinvegetieren müssen. Aber reale Fortschritte sind da.

Weiter: Die *Diversifikation* hat Fortschritte gemacht. Es gilt nicht mehr die alte Alternative: Landeskrankenhaus oder Altenheim, sondern die Liste der Übergangseinrichtungen hat sich bedeutend verlängert. *Österreich* hebt mit Recht den Unterschied zwischen Altenwohnheim und Altenpflegeheim hervor. In Lausanne verfügen wir über ein vollausgerüstetes psychogeriatrisches Krankenhaus, dem ein Tagesspital angeschlossen ist. Daneben besteht eine psychogeriatrische Ambulanz, die auch Hausbesuche und Krisenintervention am Domizil macht, ein der Ambulanz angeschlossenes Tagesspital, ein Altenklub, eine Organisation zur Vermittlung von Heimplätzen, ein Netz von mehr oder weniger medizinisch betreuten Heimen, usw. Interessant ist hier die französische Lösung, die u. a. von *Balier* geschildert wird: die Schaffung von Tageszentren für alte Menschen, die, so wie ich es verstehe, eine Mittelstellung zwischen Altenklub und psychogeriatrischem Tagesspital einnehmen.

Was ist zu *kritisieren,* was ist nicht besser geworden in den letzten Jahren? Folgendes: Das Abschieben aus der Familie, aber auch das Abschieben der undankbaren, der therapeutisch nicht befriedigenden Fälle aus der Psychogeriatrie. Wie in der Erwachsenenpsychiatrie kann sich dieses Abschieben unter den höflichsten und plausibelsten Argumenten vollziehen: man sei nicht genügend ausgebildet oder ausgerüstet, man müsse sich auf Zielpopulationen konzentrieren, man müsse der Forschung den Vorrang lassen, usw., usw. Störend empfinde ich auch die nicht aufhörende Diskussion um Prioritäten, auf die ich schon eingegangen bin: „assessment unit“ oder „custodial care unit“ – Abteilung am Landeskrankenhaus oder im allgemeinen Krankenhaus. Dieses Streiten um Prioritäten sollten wir lieber bleiben lassen. Und hier komme ich zu meinem Steckenpferd: die Sektorisierung. Wenn nämlich im Rahmen der Sektorisierung einer von uns oder meinethalben auch eine Gruppe voll für die psychisch kranken Alten einer klar umschriebenen Bevölkerung verantwortlich ist, dann vergeht ihnen das Debattieren über Prioritäten sehr schnell. Er muß sich dann nämlich mit derselben Kraft den kurzfristig Hospitalisierten wie den Langzeitpatienten annehmen und kann keine Taschenspielertricks anwenden, um einem undankbaren Problem aus dem Weg zu gehen. Unbefriedigend ist immer auch noch der *Unterricht in Psychogeriatrie* an unseren medizinischen Fakultäten. *Comfort* schreibt, daß es 1980 in USA keinen einzigen Lehrstuhl für Gerontopsychiatrie gab. Dasselbe gilt heute für Frankreich. In Deutschland zeigen sich zaghafte Ansätze, in der Schweiz hat Wertheimer als einziger eine außerordentliche Professur. Es ist nicht einzusehen, warum man Lehrstühle für Kinderneurologie, für gynäkologische Zytologie, für Herzchirurgie, für Arbeitsmedizin, für medizinische Statistik und was weiß ich schafft und dabei das riesige Gebiet der Alterspsychiatrie beiseite läßt. Die Bundesenquête hatte sich für einen Facharzttitel in Geriatrie ausgesprochen. Wir sind noch weit davon entfernt.

Ich habe 1979 von der Gefahr der Technokratie gesprochen. Ich wiederhole heute diese Warnung. Wir können die Auflösung der Familie nicht verhindern und an der Tatsache nicht vorbeisehen, daß der Trend zum Zweitauto und zur Reise auf die kanarischen Inseln mit Kind und Kegel dem Verbleib im Familienverband des alten psychisch gestörten Menschen zum Verhängnis wird. Wir leben nicht in China, wo noch heute eine Psychogeriatrie undenkbar ist, weil nämlich jede Familie sich schämen würde, ihren alten Großvater oder die Großmutter, auch wenn sie schwer dement ist, außerhalb des Familienverbandes pflegen zu lassen. Wir sollen auch nicht in den Irrtum verfallen, es sei alles bei uns zum besten bestellt, da wir ja mit Neubauten, Diversifikationen und Personalaufstockung das Nötige getan hätten. Viele von uns, die hier sitzen, werden später einmal in die Lage kommen, daß sie nicht mehr allein aufs Klosett gehen können, daß sie beim Essen die Suppe verschütten, daß sie nachts unruhig sind und Angst haben. Und dann wird es von großer Bedeutung sein, wer sich um uns kümmert und wie. Nicht so sehr die Sauberkeit des Klinkerbodens im psychogeriatrischen Tagesspital oder das Vorhandensein eines Computer-Tomographs oder der Ausbildungsgrad der türkischen oder algerischen Hilfspflegerin, die uns betreut, wird maßgebend sein, sondern der Respekt und die Liebe, mit der sie uns umgibt.

BALIER C.: Les centres de jour pour personnes âgées. Actualités en gérontologie *14:* 6–11, 1978

BERGENER M., BEHRENDS K., ZIMMERMANN R.: Psychogeriatrische Versorgung in Nordrhein-Westfalen. Ergebnisse eines interdisziplinären Forschungsprojektes. Psychiatrische Praxis *1:* 18–33, 1974

BERGENER M., HUSSER J., MEHNE P.: Gegenwärtige Lage und künftige Perspektiven der gerontopsychiatrischen Versorgung in der BRD. Zeitschrift f. Gerontologie *9:* 112–127, 1976

COMFORT A.: Practice of geriatric psychiatry. New York, Elsevier, 1976

COOPER B., VINZELBERG-SOMMER M.: Psychische Erkrankungen im Alter. Epidemiologie u. Versorgungsbedarf. In: H. Häfner, H. Heimann (Hrsg.), – Gerontopsychiatrie. Stuttgart, G. Fischer-Verlag, 1981. Pp. 3–20

COOPER B., SOSNA U.: Psychische Erkrankungen in der Altenbevölkerung. Nervenarzt *54:* 239–249, 1983

GILLIAND P.: La population vieillit. Quelques perspectives démographiques et sociales. Uni Lausanne *48*/3: 45–53, 1986

HÄFNER H., HEIMANN H. (Hrsg.): Gerontopsychiatrie. Stuttgart, G. Fischer-Verlag, 1981

KANOWSKI S.: Therapeutische Dimensionen in der Behandlung psychiatrischer Störungen im höheren Lebensalter. In: H. Häfner, H. Heimann (Hrsg.), Gerontopsychiatrie. Stuttgart, G. Fischer-Verlag, 1981. Pp. 131–146

KULENKAMPFF C., PICARD W. (Hrsg.): Die Psychiatrie-Enquête in internationaler Sicht. Köln, Rheinland-Verlag, 1979

LAUTER H.: Das Altern und die Altersdemenzen. In: H. Häfner, H. Heimann (Hrsg.), Gerontopsychiatrie. Stuttgart, G. Fischer-Verlag, 1981. Pp. 49–56

LÉGER J.-M.: persönliche Mitteilung

MÜLLER C.: Psychiatrische Institutionen. Ihre Möglichkeiten und Grenzen. Berlin, Springer, 1981

MÜLLER C., WERTHEIMER I.: Abrégé de psychogériatrie. Paris, Masson, 1981

OESTERREICH K., WAGNER O., REGIUS A.: Gerontopsychiatrie Heidelberg: Dokumentation. Z. Gerontol. *17:* 373–380, 1984

RADEBOLD H.: Formen und Möglichkeiten der Psychotherapie im Alter. Psychother. med. Psychol. *11*/36: 337–343, 1986

SCHMITZ-SCHERZER R.: Folgerungen aus dem Wiener Aktionsplan aus der Sicht der deutschen Gesellschaft für Gerontologie. In: Umsetzung des Internationalen Aktionsplans . . ., Pp. 81–86

SCHWARZ K.: Auswirkungen der demographischen Entwicklung auf die Altenpolitik. In: Umsetzung des Internationalen Aktionsplans . . ., Pp. 23–35

STÄHELIN H.B.: Voraussetzungen der Pflege zuhause: Basler Erfahrungen. In: B. Fischer, S. Lehrl (Eds), Geriatrics, Pregeriatrics, Rehabilitation. Current lit. review *2*/3: Nr. 57, 1986

UMSETZUNG des Internationalen Aktionsplans von Wien in praktische Politik in der Bundesrepublik Deutschland. Workshop . . . Okt. 1984, Hrsg.: Deutsches Zentrum für Altersfragen, Frankfurt, Berlin, 1985

ZIMMER R., LANDERER C., EHRHARDT W., LAUTER H.: Verhaltens- und Kommunikationsmuster dementer Patienten und des Pflegepersonals auf einer Gerontopsychiatrischen Station in einem Alten- und Pflegeheim. In: B. Fischer, S. Lehrl (Eds), Geriatrics, Pregeriatrics, Rehabilitation. Current lit. review *2*/3: Nr. 51, 1986

Zur Evaluation komplementärer Versorgungssysteme für langfristig psychisch Kranke und Behinderte

L. Ciompi

Zusammenfassung

Nach einleitenden Feststellungen zum heutigen Stand des Wissens wird über eine seit rund 15 Jahren vorangetriebene Serie von eigenen Arbeiten zum Rehabilitationsgeschehen und zu Nutzen und Kosten komplementärer Einrichtungen berichtet. Im Verein mit der Literatur zeigt sich, daß solche Einrichtungen die Hospitalisationszeiten abkürzen, die Wiedereingliederungschancen erhöhen, die psychopathologische Entwicklung nicht nachteilig beeinflussen und offenbar kostengünstiger arbeiten als die herkömmlichen psychiatrischen Krankenhäuser. Indessen sind diese Erkenntnisse aus methodologischen Gründen zu relativieren, einerseits weil es sich nur um Teilbefunde aus einem überaus komplexen Zusammenhangsgefüge handelt, und andererseits weil eine quantifizierende Evaluation, und insbesondere die neuerdings aufkommenden Nutzen-Kosten-Analysen viele der im psychiatrischen Feld wichtigsten Variablen und Werte gar nicht zu erfassen vermögen. Als Schlußfolgerung drängt sich in der Betreuung von Langzeitkranken eine Schwerpunktverlagerung vom stationären auf den halbstationären und ambulanten Bereich nach dem „Spitex-Prinzip“ auf. Zur Bewerkstelligung dieser Umstellung wird die freie Verschiebbarkeit von Personal und finanziellen Mitteln innerhalb eines einheitlich geleiteten, geographisch begrenzten psychiatrischen Versorgungssektors gefordert.

Problemstand und bisherige allgemeine Erkenntnisse

Je mehr sich komplementär zum traditionellen psychiatrischen Krankenhaus allenthalben moderne, sozialpsychiatrisch orientierte Versorgungssysteme mit einer Vielzahl von flankierenden Übergangseinrichtungen entwikkeln, desto mehr steigt auch das Bedürfnis nach vergleichender Evaluation. Sowohl der Kliniker wie auch der Politiker und Verwaltungsmann möchte wissen, welche Behandlungsmethoden und Organisationsformen am effizientesten sind und deshalb weiter gefördert werden sollten. Auch die Frage der vergleichsweisen Kosten gewinnt zunehmend an Aktualität.

Allerdings sind gültige Untersuchungen zu diesem neuartigen Problem noch ausgesprochen selten. Dies hängt namentlich, wie kürzlich Cooper et al. (1985) kompetent dargelegt haben, mit komplexen methodologischen Problemen zusammen. Evaluation, das heißt Leistungsbewertung, ist auf verschiedensten Ebenen möglich, von der Effizienz eines einzelnen Behandlungsverfahrens oder einer Institution bis zu derjenigen komplexer Dienste, ja eines ganzen regionalen oder nationalen Versorgungssystems. Entsprechend variabel sind die Erfolgskriterien. Die bisherigen Evaluationsversuche betreffen meist nur isolierte Probleme oder Versorgungsgebiete ohne Quervergleich. Auch hinsichtlich der Auswirkungen verschiedener Versorgungssysteme ganzer Länder liegen in Form von WHO-Daten erst ganz grobe und dazu qualitativ größtenteils problematische Anhaltspunkte vor (vgl. May 1976, Freeman et al. 1985). Psychiatriestatistische Zahlen sind in vielen Ländern, so z. B. auch in der Schweiz, oft lückenhaft und widersprüchlich (vgl. Ciompi 1987). Immerhin ist parallel zur Entwicklung komplementärer Dienste in manchen – aber nicht allen – europäischen Ländern eine Verkleinerung psychiatrischer Spitäler und eine Verminderung der insgesamt nötigen Bettenzahl wahrscheinlich (vgl. Tab. 1 und 2).

Tabelle 1: Anzahl psychiatrischer Betten 1977–1982 (nach Freeman et al. 1985)

	1972	1982	Differenz
Bundesrepublik	103 473	119 750	+ 15,7%
Frankreich	129 047	139 613	+ 8,9%
Italien	118 972	83 580	– 29,7%
Österreich	13 497	12 498	– 7,4%
Schweiz	18 401	12 011	– 34,7%
UK	162 269	120 678	– 25,6%

Tabelle 2: Anzahl psychiatrischer Krankenhäuser mit mehr als 1000 Betten, 1972–1982 (nach Freeman et al. 1985)

	1972	1982	Differenz
Bundesrepublik	?	?	?
Frankreich	52	?	?
Italien	55	20	– 63,6%
Österreich	5	4	– 20,0%
Schweiz	3	0	– 100,0%
UK	55	18	– 67,3%

Im deutschen Sprachraum finden wir erste evaluative Untersuchungen lokaler komplementärer Versorgungssysteme unter anderem von Häfner et al. (1982, 1986) aus Mannheim, von Rudas et al. (1986) aus Wien sowie von Müller (1976) und uns selber (Literatur s. unten) aus Lausanne und Bern. Weitere evaluative Untersuchungen laufen zur Zeit m. W. in verschiedenen sog. „Modellregionen" in der Bundesrepublik. Besonders interessant ist auch eine kürzlich erschienene Studie von Haselbeck aus Hannover (1987). Trotz der Lückenhaftigkeit unseres Wissens lassen sich aus diesen Arbeiten und der dort verarbeiteten, namentlich angelsächsischen Literatur doch bereits recht klar die folgenden *allgemeinen Trends* erkennen: Die Implementierung von flankierenden, sozialpsychiatrischen Einrichtungen führt im allgemeinen zu

- Verminderung und Verkürzung der Krankenhausaufenthalte
- Reduktion der nötigen Bettenzahl
- Verbesserung von Rehabilitationschancen und Lebensqualität für Langzeitkranke
- gleicher oder besserer langfristiger psychopathologischer Entwicklung
- geringeren Gesamtbehandlungskosten

Eigene Untersuchungen

Im folgenden möchte ich zur Illustration einiger der obigen Punkte zusammenfassend über eine Serie von eigenen evaluativen Untersuchungen auf lokaler Ebene berichten. Sie begleiteten den Aufbau flankierender Dienste in Lausanne und Bern und sind allesamt Teil einer über 15jährigen Forschungsarbeit und Reflexion, welche wesentlich um das Problem der Behandlung und Wiedereingliederung von meist schizophrenen Langzeitpatienten kreist. Am Anfang stand die *Untersuchung lebenslanger Verläufe Schizophrener* und die Beschäftigung mit dem *Problem der schizophrenen „Endzustände“*. Ähnlich wie zuvor schon Bleuler (1972) und nachher auch Huber et al. (1979) hatten Christian Müller und ich 1976 bekanntlich zeigen können, daß langfristig der Krankheitsverlauf wesentlich vielgestaltiger und auch deutlich besser ist als bisher allgemein angenommen (Ciompi und Müller 1976). Bemerkenswerterweise gilt dies nach der neuen Replikationsstudie von Harding et al. (im Druck) in USA selbst noch für die angeblich besonders ungünstigen DSM-III-Schizophrenien. Die übereinstimmend in allen genannten Untersuchungen nur in etwa ⅓ der Fälle beobachtete schwere Chronifizierung erscheint deshalb nicht mehr als die obligate und irreversible Spätfolge dieser schweren psychischen Krankheit, sondern als eher seltene und prinzipiell reversible, höchst komplexe und zum Teil artefaktartige Konsequenz des Zusammenwirkens einer Vielzahl von biologischen und psychosozialen, ökonomischen und kulturellen Faktoren, darunter auch der verfügbaren Versorgungsstruktur (Ciompi 1980).

In der Folge konzentrierten wir unsere Forschungsarbeit auf Fragen der beruflichen und sozialen *Rehabilitation von Langzeitpatienten* in sozialpsychiatrischen Übergangsinstitutionen. Zunächst mußten methodologische Probleme geklärt werden, namentlich der Begriff der Rehabilitation selber (Ciompi et al. 1977, 1978). Unter anderem war dabei zu berücksichtigen, daß die Wiedereingliederung psychiatrischer Patienten fast immer *graduell* über mehrere Stufen, in vielen Fällen nur *partiell,* das heißt nicht bis zur vollen Autonomie, und wegen der nicht seltenen Rückfälle im Unterschied zur Somatik unter Umständen *repetitiv* vor sich gehen muß. Das Problem war, diesen komplexen Sachverhalt für die Forschung adäquat zu operationalisieren. Dies gelang schließlich einigermaßen befriedigend anhand des *Konzepts der Wohn- und Arbeitsachse* als der zwei praktisch wichtigsten Schauplätze der sozialen und beruflichen Wiedereingliederung (s. Tabelle 3).

Tabelle 3: Wohnachse und Arbeitsachse

Wohnsituation	Arbeitssituation
1. geschlossene Spitalabteilung	1. keine Arbeit
2. offene Spitalabteilung	2. spitalinterne Ergotherapie
3. Tages- oder Nachtspital	3. spitalinterne Arbeitstherapie
4. Übergangs- und Wohnheime	4. spitalinterne Rehabilitationswerkstätte
5. geschützte Wohngemeinschaften	5. externes Rehabilitationszentrum oder geschützte Werkstätte
6. halbgeschütztes Wohnmilieu	6. halbgeschützte Arbeitsstellen (= Spezialarrangements)
7. normales Wohnmilieu (= allein oder in Familie)	7. normale Arbeitsstelle

Dieses Konzept fand in der Folge wohl deshalb weitherum so guten Anklang, weil es erlaubt, alle tatsächlich vorliegenden Elemente eines modernen sozialpsychiatrischen Dienstes zu berücksichtigen und sowohl Fort- wie Rückschritte adäquat als Verschiebungen auf den beiden, in vielfältiger Weise miteinander kombinierbaren Achsen zu erfassen. Damit sind nicht nur valide und leicht objektivierbare Erfolgskriterien, sondern ebenfalls für den einzelnen Patienten relevante Ziele bzw. Teilziele bezeichnet, auf welche mit spezifischen Trainings- und andern Methoden dann auch im Einzelfall sinnvoll hingearbeitet werden kann.

Mit diesem Instrumentarium untersuchten wir zunächst in einer prospektiven Studie bei 81 in komplementären Einrichtungen behandelten, meist schizophrenen Langzeitpatienten die *Erfolgschancen innerhalb eines Jahres und die wichtigsten beeinflussenden Faktoren* (Ciompi et al. 1979). Wenn man als Mißerfolg ein Verbleiben bzw. einen Rückfall in eine Situation geringerer Autonomie (Stufen 1–4 auf der Wohnachse und 1–5 auf der Arbeitsachse), als Erfolg dagegen eine Verschiebung, resp. ein Verbleiben in einer Situation größerer Autonomie (Stufen 5–7 auf der Wohnachse und 6–7 auf der Arbeitsachse) definiert, so erzielten wir innerhalb eines Jahres 72% Erfolge auf der Wohnachse und 36% Erfolge auf der Arbeitsachse. Kombinierte Erfolge auf beiden Achsen zugleich waren in 26% der Fälle, kombinierte Mißerfolge auf beiden Achsen in 20% der Fälle, und ein sog. „Nullresultat", das heißt ein Erfolg auf der einen, aber ein Mißerfolg auf der andern Achse in 53% der Fälle zu verzeichnen. Mit diesen Verläufen waren unter mehr als 30 untersuchten Ausgangsvariablen überraschenderweise weder die Diagnose noch der psychopathologische Ausgangsbefund und weitere Krankheitsvariablen, wohl aber eine Reihe von psychologischen und sozialen Faktoren signifikant korreliert. Eine besonders wichtige Rolle spielten die – meistens konvergierenden – Ausgangserwartungen sowohl der Patienten selber wie auch der Betreuer und der Familienangehörigen: Wenn positive Veränderungen erwartet bzw. erhofft wurden, so waren die Erfolgschancen wesentlich größer, und umgekehrt. Ein guter Erfolgsprädiktor war ferner die bisherige Dauer der beruflichen Ausgliederung, ein schon in der ersten Woche positives Verhalten am Arbeitsplatz (insbesondere gute Kontakte zu Kollegen und Betreuern), sowie eine gemäß den modifizierten Bellakschen Skalen (vgl. Bellak et al. 1973, Ciompi et al. 1984) befriedigende Ichstärke und soziale Kompetenz. Schließlich hatten mit ihrer sozialen Situation deutlich unzufriedene, das heißt für Veränderungen besser motivierte Patienten signifikant bessere Erfolgschancen als zufriedene.

Angesichts der überragenden Bedeutung von Erwartungshaltungen versuchten wir als nächstes, in einer prospektiven Einjahresstudie die *Zukunftserwartungen von dauerhospitalisierten chronisch Schizophrenen günstig zu beeinflussen* (Dauwalder et al. 1984). Obwohl dies nicht in signifikantem Ausmaß gelang und deshalb auch kaum Effekte dieser Beeinflussung auf den Verlauf feststellbar waren, erwiesen sich doch wiederum die Erwartungen der Patienten selber und mehr noch der Betreuer und Familienangehörigen als die wichtigsten Verlaufsprädiktoren, während psychopathologische Variablen erneut von nur untergeordneter Bedeutung waren. Vermutlich handelt es sich zum Teil um den Effekt von „sich selbst erfüllenden Prophezeiungen“. Im übrigen konnten erstaunlicherweise selbst bei dieser ausgesprochen ungünstigen Population von langjährig dauerhospitalisierten Schizophrenen innerhalb eines Jahres noch 17% Erfolge auf der Wohnachse und 30% Erfolge auf der Arbeitsachse gebucht werden (kombinierte Erfolge in 17%).

Damit erhebt sich die weitere Frage, inwiefern solche kurzfristigen Erfolge von Dauer seien. Ihr gingen meine Mitarbeiter Hubschmid und Aebi (1986) in einer *katamnestischen Untersuchung* von *107 wiederum meist schizophrenen Langzeitpatienten* nach, die seinerzeit alle in unserem Rehabilitatioszentrum in Bern ein mehrmonatiges Arbeitstraining absolviert hatten. Die durchschnittliche Nachbeobachtungszeit betrug 7,6 Jahre. Dabei zeigte sich erfreulicherweise, daß mehr als ¾ unserer ehemaligen Rehabilitanden nach wie vor außerhalb von psychiatrischen Institutionen lebten. 68% waren arbeitstätig, davon etwa ⅔ in der freien Wirtschaft. Gänzlich unabhängig von Institutionen oder von den Eltern lebten etwa die Hälfte der Probanden. Daß jedoch bei den meisten von ihnen erhebliche soziale Probleme weiterbestanden, zeigte sich u. a. an der Tatsache, daß an die 90% immer noch psychiatrisch betreuungsbedürftig blieben, 85% keinen engern Bezugspartner besaßen und 77% nach wie vor eine Invalidenrente bezogen (vgl. Abb. 1). Ganz ähnliche Verhältnisse fanden Hubschmid et al. (1988) in einer Nachuntersuchung von ehemaligen Wohnheiminsassen.

Gewissermaßen den Kulminationspunkt dieser Serie von Untersuchungen zur Effizienz von komplementären Diensten bildete schließlich die *Nutzen-Kosten-Evaluation der Jahresleistung 1983* der von mir geleiteten Sozialpsychiatrischen Universitätsklinik Bern (vgl. Hess et al. 1986). Zu ihr gehört

Abbildung 1: Rehabilitationserfolg unter verschiedenen Aspekten (n = 107, Hubschmid und Aebi, 1986)

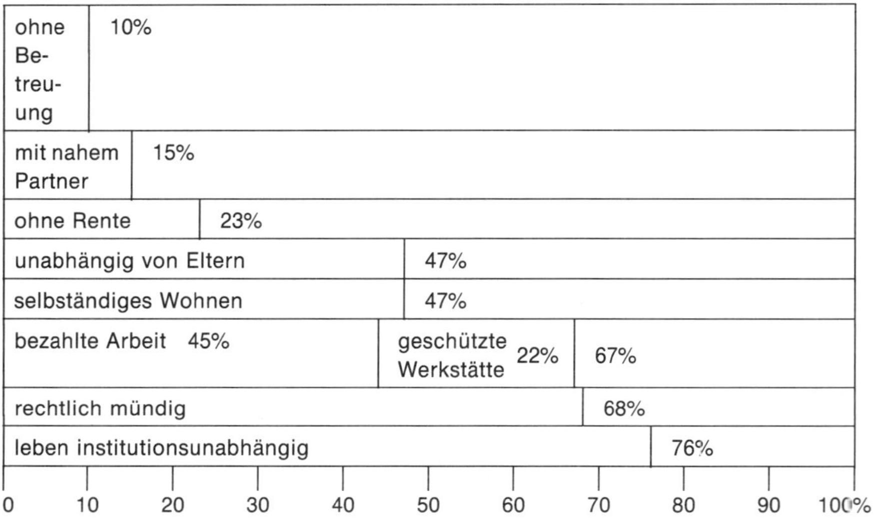

ein gemeindepsychiatrisches Ambulatorium mit 3 quartierbezogenen mobilen Equipen, eine Tagesklinik, eine Kriseninterventionsstation, ein Rehabilitationszentrum, eine geschützte Werkstätte, ein Wohnheim, ein Patientenclub und mehrere beschützende Wohngemeinschaften. Insgesamt 49 Mitarbeiter (davon 21 Akademiker) in 42 Planstellen betreuten 1983 total 1271 Patienten aus der Region Bern und Umgebung (rund 350 000 Einwohner) darunter vorwiegend chronisch Schizophrene sowie schwere Depressionen und Persönlichkeitsstörungen. Als Jahresleistung ließen sich über 9000 ambulante Konsultationen, darunter mehr als 1000 Hausbesuche, sowie an die 27 000 halbstationäre oder stationäre Pflegetage ausweisen.

Der Erfolg der Betreuung wurde mit dem oben beschriebenen, nun schon mehrfach bewährten Instrumentarium erfaßt: Bei jedem einzelnen Patienten mußte das Betreuerteam zu Jahres- bzw. Behandlungsbeginn die jeweils angestrebten Behandlungsziele sowohl auf der Wohn- wie auf der Arbeitsachse verbindlich festlegen. Bei den meist bereits in normalen Wohn- und/oder Arbeitsverhältnissen lebenden, aber ständig rehospitalisationsgefährdeten Patienten des Ambulatoriums erwies sich neben der Rückfallverhütung eine zusätzliche Zielsetzung auf zwei weiteren wichtigen „Achsen", nämlich auf der sog. Unterhalts- und Betreuungsachse als sinnvoll (vgl. Tabelle 4).

Zu Jahres- bzw. Behandlungsende wurde das Erreichen oder Nichterreichen dieser Ziele durch unabhängige Evaluatoren aus der Forschungsgruppe festgestellt. Es ergaben sich 73% Erfolge auf der Arbeitsachse, 71% auf der

Tabelle 4: Unterhalts- und Betreuungsachse

Unterhaltssituation	Betreuungsdichte
1. nicht erwerbstätig, abhängig von Familie	1. Vollhospitalisation
2. nicht erwerbstätig, abhängig von Fürsorge	2. Teilzeithospitalisation (Tages- oder Nachtklinik)
3. nicht erwerbstätig, 100% Rente	3. ambulant, mehrere Betreuer
4. teilweise erwerbstätig, 50% Rente	4. ambulant, 1 Betreuer ca. wöchentlich
5. Einkommen aus Erwerbstätigkeit, unter Existenzminimum	5. ambulant, 1 Betreuer ca. monatlich
6. Einkommen aus Erwerbstätigkeit, über Existenzminimum (inkl. Schüler, Studenten, Hausfrauen, Rentner)	6. keine professionelle Betreuung
7. nicht beurteilbar, irrelevant	7. nicht beurteilbar, irrelevant

Wohnachse, 80% auf der Unterhaltsachse und 71% auf der Betreuungsachse. Bei diesen hohen Erfolgsquoten ist allerdings in Rechnung zu stellen, daß entsprechend den typischen Aufgaben der gemeindepsychiatrischen Betreuung realistischerweise bei einem erheblichen Teil unserer Patienten das Team vor allem die Verhütung eines Rückfalls, das heißt das keineswegs selbstverständliche Halten einer schon zu Behandlungsbeginn günstigen Wohn-, Arbeits-, Unterhalts- oder Betreuungssituation als Jahresziel ins Auge gefaßt hatte (Einzelheiten hierzu s. Hess et al. 1986).

Mit der gleichzeitigen Erfassung aller für diese Jahresleistung aufzuwendenden, direkten Personal-, Medikamenten-, Betriebs- und Gebäudekosten ergab sich aus diesen Daten eine Basis für eine zumindest partielle Nutzen-Kosten-Analyse. Als jährliche Gesamtkosten ermittelten wir über 3,7 Millionen Franken (Einnahmen aus Krankenkassenbeiträgen etc. rund 1,7 Millionen Franken), was im Durchschnitt pro Patient und Jahr Kosten von rund 3000 Franken, pro Patient und Tag etwas über 30 Fr., und pro Pflegetag in sozialpsychiatrischen Übergangsinstitutionen 92 Fr. ergab, das heißt rund 40–55% weniger als bei einer Vollhospitalisation in den umliegenden psychiatrischen Krankenhäusern (vgl. Tabelle 5a und c). Relativ teuer kam mit durchschnittlich über 129 Fr. allerdings eine ambulante gemeindepsychiatrische Intervention zu stehen, wobei jedoch berücksichtigt werden muß, daß es sich hier oft um Hausbesuche und Kriseninterventionen durch gleichzeitig mehrere Betreuer, oder um zeitraubende Koordinationskontakte mit Drittpersonen (Angehörige, Vormünder, Behörden, Sozialdienste etc.) handelte. Eine Detailanalyse zeigte darüber hinaus, daß in unsern relativ *teuersten* Funktionsbereichen, nämlich der Kriseninterventionsstation und der Tagesklinik, die Pflegetagskosten von ähnlicher Größenordnung waren wie die *durchschnittlichen* Pflegetagskosten in der psychiatrischen Klinik. In den billigsten dagegen, nämlich dem Wohnheim und den beschützenden Wohngemeinschaften, waren sie rund 7–10mal geringer (vgl. Tabelle 5 b).

Tabelle 5: Vergleichsweise Kosten in sozialpsychiatrischen Übergangsinstitutionen und in umliegenden psychiatrischen Kliniken

a) **Gesamte Jahreskosten** 1983 der Sozialpsychiatrischen Universitätsklinik (Saläre, Betriebs- und Gebäudekosten etc.)	SFr.	3 777 697,65
Durchschnittliche Kosten 1983		
– pro Patient und Jahr	SFr.	2 972,20
– pro Pflegetag in sozialpsychiatrischen Übergangseinrichtungen	SFr.	92,40
– pro ambulante gemeindepsychiatrische Konsultation	SFr.	129,10
b) **Pflegetagskosten 1983 in sozialpsychiatrischen Unterbereichen**		
– Kriseninterventionsstation	SFr.	210,30
– Tagesklinik	SFr.	196,00
– Rehabilitationswerkstätte	SFr.	160,90
– Geschützte Werkstätte	SFr.	59,00
– Wohnheim	SFr.	31,00
– Wohngemeinschaften	SFr.	15,70
c) **Durchschnittliche Pflegetagskosten 1983 in umliegenden psychiatrischen Krankenhäusern**		
– Psychiatrische Universitätsklinik Waldau	SFr.	208,00
– Psychiatrisches Landeskrankenhaus Münsingen	SFr.	159,40
– Psychiatrisches Landeskrankenhaus Bellelay	SFr.	154,30

Daß solche Unterschiede stark zugunsten von komplementären Einrichtungen ins Gewicht fallen, beweist eine ergänzende Untersuchung von Hülsmeier (1985) bei 53 Langzeitpatienten, bei denen seit der Versetzung in eine von unsern 10 beschützenden Wohngemeinschaften im Durchschnitt jährlich die im Spital verbrachte Zeit bei gleichzeitiger Verbesserung der Lebensqualität und subjektiven Zufriedenheit im Vergleich zu vorher ums 10- bis 20fache gesunken war. Unsere Teilergebnisse stimmen damit gut mit den (allerdings ebenfalls nur partiellen) Nutzen-Kosten-Analysen von Vinni et al. (1980) aus Finnland, Häfner et al. (1986) aus Deutschland und einer ganzen Reihe von angelsächsischen Autoren überein, die mit wenigen Abweichungen alle auf erheblich *geringere Gesamtbehandlungskosten in komplementären im Vergleich zu traditionellen stationären Einrichtungen* hindeuten (vgl. May 1971, Sheehan et al. 1974, Sharfstein et al. 1976, Weisbrod et al. 1980, Bond 1984).

Nur ganz am Rande erwähne ich zum Abschluß noch eine weitere, seit zwei Jahren angelaufene Serie von evaluativen Untersuchungen, die Nutzen und Kosten einer neuartigen, weitgehend neuroleptikafreien *milieutherapeutischen Behandlung akuter Schizophrener in unserer therapeutischen Wohngemeinschaft „Soteria Bern“* vergleichend zu erfassen versucht. Die ersten Erfahrungen sind, wie wir kürzlich berichten konnten, ermutigend (vgl. Ciompi und Bernasconi 1986); die Vergleichsdaten mit konventionellen Behandlungsmethoden stehen allerdings noch aus.

Abschließende Bemerkungen

Eine detaillierte Diskussion der vorstehend berichteten Befunde ist an dieser Stelle nicht möglich. Ich muß mich damit begnügen, dafür auf die zitierten Publikationen zu verweisen und hier bloß einige allgemeine Bemerkungen und Überlegungen anzufügen.

Praktisch am wichtigsten ist sicher die Tatsache, daß aus den referierten Arbeiten in guter Übereinstimmung mit der übrigen Literatur (vgl. z. B. Wing 1964, Freudenberg 1967, Ekdawi 1972, Watts und Bennett 1979, Katz 1983) deutlich hervorgeht, daß mit Hilfe komplementärer Dienste rehabilitative Bemühungen bei psychiatrischen Langzeitpatienten möglich, sinnvoll und auch vergleichsweise kostengünstig sind. Selbst innerhalb der relativ kurzen Zeitspanne von nur einem Jahr vermögen sie bei einem erheblichen Prozentsatz der Fälle zumindest zu Teilerfolgen zu führen. Dabei hängen die Erfolgschancen offenbar mehr von situativen und psychosozialen Faktoren, insbesondere von Motivation und Zukunftserwartungen sowohl der Patienten selbst wie ihrer Umgebung, als von der eigentlichen Krankheit selber ab.

Allerdings handelt es sich bei allen bisherigen Evaluationsversuchen komplementärer Dienste, wie schon mehrfach erwähnt, nach wie vor bloß um *Teilbefunde*. Auch manche technischen und methodologischen Probleme, wie etwa dasjenige der relevanten Erfolgskriterien oder Kontrollpopulationen, sind bei den meisten der bisher vorliegenden Studien, mit Einschluß unserer eigenen, noch keineswegs immer befriedigend gelöst – ganz zu schweigen von den Schwierigkeiten einer zuverlässigen und vergleichbaren Datensammlung beispielsweise auf nationaler oder gar internationaler Ebene. Weitgehend ausgeklammert bleiben sowohl die – eigentlich doch viel wichtigeren – subjektiven Auswirkungen solcher neuer Einrichtungen auf Lebensqualität und Entwicklungsfähigkeit der Patienten und ihrer Familien, wie auch die komplexen sozialen und volkswirtschaftlichen Folgen, die mit der Verkürzung der Hospitalisationszeiten, der Wiedereingliederung in die Arbeit, der Verlagerung der Langzeitbetreuung vom Krankenhaus in die Gemeinde einhergehen. Viel zu wenig zum Ausdruck kommen in den obigen Befunden und Zahlen auch die enorme Geduld, der nötige „lange Atem“, die hohe Toleranz für unvermeidliche Stillstände und Rückschläge, die die Betreuer, Angehörigen und Betroffenen selber bei allen Bemühungen um eine Wiedereingliederung chronischer Patienten unbedingt aufzubringen haben. Doch selbst wenn solche Hürden überwunden wären, so bedürfte sicher alle Evaluation im psychiatrischen Feld, vor allem aber die neuerdings auftauchenden Nutzen-Kosten-Analysen, immer noch der Relativierung: Insbesondere kann es niemals darum gehen, nun etwa für die ohnehin überall benachteiligte Gruppe der psychisch Kranken auch noch die billigste aller möglichen Behandlungsmethoden herauszufinden! So stellt sich zu Recht die Frage auch nicht in der übrigen Medizin. Wohl aber ist der Versuch sicher sinnvoll, zu untersuchen, wie die verfügbaren, begrenzten Mittel so wirksam wie nur möglich eingesetzt werden können.

Vieles aus den berichteten Befunden deutet also darauf hin, daß eine Verlagerung des Schwerpunkts in der langfristigen Betreuung auch schwer behinderter Patienten vom traditionellen psychiatrischen Krankenhaus in komplementäre Einrichtungen mit wesentlichen Vorteilen verbunden ist. Freilich gibt es auch Nachteile, darunter vielleicht am gewichtigsten die wachsenden Kommunikations- und Kontinuitätsschwierigkeiten, die für Betreuer, Patienten und Angehörige mit zunehmender Diversifizierung und Dezentralisierung sozialpsychiatrischer Einrichtungen entstehen. Jedenfalls bleiben (verkleinerte und möglichst in somatische Spitäler integrierte) stationäre Pflegemöglichkeiten zur Intensivbehandlung insbesondere von gravierenden, akuten Störungen weiterhin sicher unverzichtbar.

Das Problem, mit dem wir alle damit konfrontiert sind, ist, die erwähnte Gewichtsverschiebung auf vernünftige Weise zustandezubringen. Vernünftig aber ist es sicher nicht, wenn zwischen den bestehenden, traditionellen psychiatrischen Krankenhäusern und modernen komplementären Einrichtungen künstliche Gräben aufgerissen werden. Im Gegenteil: die psychologischen, organisatorischen und vor allem auch *administrativen* Grenzen zwischen ihnen sollten so durchlässig wie nur möglich werden! Ganz kontraproduktiv ist es insbesondere, wenn ein möglicher Betten- bzw. Patientenabbau in psychiatrischen Spitälern infolge überholter Reglemente durch die Angst vor einem gleichzeitigen Personalabbau blockiert wird. Die einzig sinnvolle Lösung ist es m. E. vielmehr, einem einheitlich geleiteten Team innerhalb eines geographisch begrenzten Bevölkerungssektors eine umfassende Betreuungsaufgabe zu übertragen und in diesem Rahmen eine *freie Verschiebbarkeit von vorhandenen Stellen und finanziellen Mitteln zwischen spitalinternem und externem Bereich zu gewährleisten* – ein betriebswirtschaftlich ebenso zweckmäßiges wie zur Verbesserung der Behandlungskontinuität von Langzeitpatienten therapeutisch sinnvolles entscheidend wichtiges Postulat, von dessen Verwirklichung man indessen hierzulande, wie ich höre, meistenorts noch ebenso meilenweit entfernt ist wie bei uns!

BELLAK, L., HURVICH, M., GEDIMAN, H. K.: Ego functions in schizophrenics, neurotics and normals. Wiley, New York-London-Sidney-Toronto 1973

BOND, G.: An economic analysis of psychosocial rehabilitation. Hosp. Community Psychiatry 5: 356–362, 1984

CIOMPI, L.: Ist die chronische Schizophrenie ein Artefakt? Argumente und Gegenargumente. Fortschr. Neurol. Psychiat. 48: 237–248, 1980

CIOMPI, L., DAUWALDER, H. P., AGUÉ, C.: Ein Forschungsprogramm zur Rehabilitation psychisch Kranker. I. Konzepte und methodologische Probleme. Nervenarzt 48: 12–18, 1977

CIOMPI, L., DAUWALDER, H. P., AGUÉ, C.: Ein Forschungsprogramm zur Rehabilitation psychisch Kranker. II. Querschnittsuntersuchung einer Population von chronischen Spitalpatienten. Nervenarzt 49: 332–338, 1978

CIOMPI, L., DAUWALDER, H. P., AGUÉ, C.: Ein Forschungsprogramm zur Rehabilitation psychisch Kranker. III. Längsschnittuntersuchung zum Rehabilitationserfolg und zur Prognostik. Nervenarzt 50: 366–378, 1979

CIOMPI, L., AGUÉ, C., DAUWALDER, H. P.: Objectifying psychodynamic changes in psychotherapy with a simplified version of the Ego Function Scales. In: Bellak L. (ed.), The Broad Scope of Ego Function Assessment, chapter thirteen, New York, John Wiley, 1984

CIOMPI, L., BERNASCONI, R.: „Soteria Bern". Erste Erfahrungen mit einer neuartigen Milieutherapie für akute Schizophrene. Psychiat. Praxis 13: 172–176, 1986

COOPER, B., DILLING, H., KANOWSKI, S., REMSCHMIDT, H.: Die wissenschaftliche Evaluation psychiatrischer Versorgungssysteme: Prinzipien und Forschungsstrategien. Nervenarzt 56: 348–358, 1985

DAUWALDER, H. P., CIOMPI, L., AEBI, E., HUBSCHMID, T.: Ein Forschungsprogramm zur Rehabilitation psychisch Kranker, IV. Untersuchungen zur Rolle von Zukunfterwartungen bei chronisch Schizophrenen, Nervenarzt 55/1984, 257–264

EKDAWI, M. Y.: The Netherne resettlement unit: results of ten years, British Journal of Psychiatry 121/1972, 417–424

FENTON, F. R. et al.: A comparative trial of home and hospital psychiatric treatment: Financial costs. Canad. J. Psychiat. 27: 177–187, 1982

FREEMAN, H. L., FRYERS, T., HENDERSON, J. H.: Mental Health Services in Europe: 10 years on. WHO, Geneva, 1985

FREUDENBERG, R. K., Theory and practice of the rehabilitation of the psychiatrically disabled, Psychiatric Quaterly 41/1967, 698–710

HÄFNER, H., AN DER HEIDEN, W.: Evaluation gemeindenaher Versorgung psychisch Kranker. Ergebnisse von 4 Jahren wissenschaftlicher Begleitung der Aufbauphase des Mannheimer Modells. Arch. Psychiatr. Nervenkr. 232: 71–95, 1982

HÄFNER, H., AN DER HEIDEN, W., BUCHHOLZ, W., BARDENS, R., KLUG, J., KRUMM, B.: Organisation, Wirksamkeit und Wirtschaftlichkeit komplementärer Versorgung Schizophrener. Nervenarzt 57: 214–226, 1986

HARDING, C. M., BROOKS, G. W., ASHIKAGA, T., STRAUSS, J. S., BREIER, A.: The Vermont longitudinal study of persons with severe mental illness. I: Methodology, study sample, and overall status 32 years later. Am. J. Psychiatry 144: 718–726, 1987

HASELBECK, H.: Ambulante Dienste als Alternativen zum psychiatrischen Krankenhaus? Enke, Stuttgart 1987

HESS, D., CIOMPI, L, DAUWALDER, H. P.: Nutzen-Kosten-Evaluation eines sozialpsychiatrischen Dienstes. Nervenarzt 57: 204–213, 1986

HUBSCHMID, T., AEBI, E.: Berufliche Wiedereingliederung von psychiatrischen Langzeitpatienten. Eine katamnestische Untersuchung. Social Psychiatry 21: 152–157 1986
HUBSCHMID, T, PFISTER, F., SPALINGER, J.: Wiedereingliederung auf der Wohnachse – Eine katamnestische Untersuchung. Psychiatr. Praxis 15: 78–83, 1988
HÜLSMEIER, H.: Erfahrungen mit Wohngemeinschaften für psychisch Kranke. Psychiat. Prax. 13: 144–152, 1985
KATZ-GARRIS, L., et al.: Psychiatric rehabilitation: an outcome study. Rehabilitation Counseling Bulletin 26: 329–335, 1983
MAY, P. R. A.: Cost efficiency of treatment for the schizophrenic patient. Amer. J Psychiat. 127: 1382–1385, 1971
MAY, A. R.: Mental Health Services in Europe. WHO, Geneva, 1976
MÜLLER, C.: Die Entwicklung vom Großspital zur gemeindenahen Psychiatrie. Nervenarzt 47: 295–299, 1976
RUDAS, S.: Veränderung der psychiatrischen Versorgung – Ergebnisse einer Psychiatriereform aus der Sicht der Planung, Koordination und evaluierenden Verlaufsbeobachtung. Österr. Krankenhaus-Zeitung 27: 349–366, 1986
SHARFSTEIN, S. S., NAFZIGER, J. C.: Community care: Costs and benefits for a chronic patient. Hosp. Comm. Psychiat. 27: 170–173, 1976
SHEENAN, D. M., ATKINSON, J.: Comparative costs of state hospital and community-based inpatient care in Texas: Who benefits most? Hosp. Comm. Psychiat. 25: 242–244, 1974
VINNI, K., SILLANPAA, A., ANTTINEN, E.: Cost study of mental health services. In: Strömgren, Dupont, Nielsen (eds.) Epidemiological research as basis for the organization of extramural psychiatry. Acta Psychiat. Scand. 285, Vol. 62, 1980
WATTS, F. N., BENNETT, D. H.: Previous occupational stability as a predictor of employment after psychiatric rehabilitation. Psychological Medicine 7: 709–712, 1977
WEISBROD, B. A., TEST, M. A., STEIN, L. I.: Alternative to mental hospital treatment. II. Economic benefit-cost analysis. Arch. Gen. Psychiat. 37: 400–405, 1980
WING, J. K., BENNETT, D. H., DENHAM, H.: Industrial rehabilitation of long-stay schizophrenic patients, Medical Research Council Memo 42. HMSO, London, 1964

Probleme der Aufgabenverteilung und Aufgabenabgrenzung in einem System extramuraler Dienste

G. Bosch

Wenn man heute, im Wissen über die Entwicklung der letzten 10 Jahre und die inzwischen gemachten Erfahrungen, die Empfehlungen der Psychiatrie-Enquête zu den damals neuen teilstationären, komplementären, ambulanten und rehabilitativen Institutionen wieder liest, wird man erstaunt feststellen, daß sie nur an ganz wenigen Stellen erkennen lassen, daß es bei einer inhaltlichen Aufgabenverteilung und Aufgabenabgrenzung nichtstationärer Dienste Probleme geben könnte.

Es wird bei einer solchen Lektüre schnell klar, daß nicht wenige der damaligen abgrenzenden Definitionen in der Praxis nicht zum Tragen kamen und in ihrer restriktiven Einengung heute auch fragwürdig erscheinen. Liest man beispielsweise, daß in Übergangsheimen grundsätzlich arbeitsfähige Patienten untergebracht werden und beschützende Werkstätten als sogenante „spezielle rehabilitative Dienste" zumindest von ihrer Gewichtung her ganz der beruflichen Wiedereingliederung auf dem freien Arbeitsmarkt dienen; liest man, daß solche Dienste von komplementären Diensten – also auch von allen beschützten Wohnformen – grundsätzlich getrennt vorgehalten werden sollten, obwohl sie, wie es heißt, die gleiche Klientel bedienen, oder daß psychosoziale Kontaktstellen vor allem als Orientierungs- und als Zuweisungsinstanz zu den fachpsychiatrischen Einrichtungen tätig werden sollten, so wissen wir heute, daß diese Dienste sich nicht innerhalb solcher Begrenzungen entwickelt haben und auch nicht entwickeln konnten.

Man wird zunächst kritisch feststellen, daß sich die Enquête mit dem Einfluß faktischer Gegebenheiten, etwa dem der Finanzierungsmöglichkeiten auf die neuen Dienste wenig beschäftigte, obwohl bei unserem gegliederten Versicherungssystem schon der Zwang, zwischen Behandlungs- und rehabilitativen Maßnahmen zumindest deklaratorisch unterscheiden zu müssen und diese wiederum von allen sozialen Hilfen abzugrenzen, bei bestimmten Diensten tendenziell zu inhaltlich einheitlichen und damit verengenden Festlegungen ihrer Aufgabenstellungen führt. Solche Zusammenhänge sind jedoch nicht Gegenstand dieses Referates. In ihm soll unter Absehen von äußeren Zwängen und von der Problematik der Koordination bei verschiedenen Trägerschaften danach gefragt werden, ob Definitionen, Strukturen, Zielsetzungen und die jeweils zu erfassende Klientel in der Tat so eindeutig bestimmbar und so einfach voneinander abgrenzbar sind, wie wir damals glaubten oder uns und andere glauben machen wollten.

Zur Frage der Aufgabenabgrenzungen psychiatrischer Dienste gehört natürlich auch eine Definition der Aufgaben, die unbedingt vollstationär bewältigt werden müssen. Andererseits enthalten nicht spezialisierte Institutionen, die im sogenannten „Vorfeld“ tätig sind, einen nicht zu unterschätzenden Anteil relevanter „psychiatrischer“ Versorgungsaspekte. Thema und Umfang dieses Referats erlauben jedoch nicht, auf solche Aspekte einzugehen. Damit bleibt auch eine differenzielle Betrachtung der traditionellen Großinstitutionen und ihre Abhebung zu psychiatrischen Abteilungen an Allgemeinkrankenhäusern außer acht, obwohl bei ihr sicherlich nicht nur die größere regionale Nähe und die Berührung zur allgemeinen Medizin konstituierende Unterscheidungsmerkmale sind. Die folgenden Ausführungen werden sich aber auf professionelle, zumindest semiprofessionelle nichtstationäre Dienste beschränken müssen.

In der Tat suggeriert der Enquête-Text in bezug auf die oben genannten Parameter einer Versorgung psychisch Kranker und Behinderter schon durch die systematische Gliederung wie durch die Art der Beschreibung eine sehr weitgehende Klarheit. Zunächst erscheinen die Dienste einer zeitlichen Abfolge im Gesundungs- und Rehabilitationsprozeß zugeordnet. Darauf weisen schon Begrifflichkeiten wie Vorfeld und Nachsorge hin: Wenn dem Vorfeld letztlich vor allem eine rechtzeitige Screening-Funktion für die Zuweisung zukommt und Nachsorge, wie es die Wortwahl ja nahelegt, als zusätzliche Bemühungen nach einer „eigentlichen“ Behandlung verstanden wird, mag dies zunächst zeigen, wie sehr hier vom muralen, stationären Behandlungssektor aus gedacht und konzipiert wurde, der in dieser Eigentlichkeit nicht in Frage gestellt wird. Tatsächlich zeigt die Aufreihung der Dienste in ihrer Reihenfolge dann ein Verständnis als Stufen auf dem Weg zur Gesundung und Wiedereingliederung, deren jede folgende gegenüber der vorangehenden durch eine Zurücknahme institutioneller Protektion gekennzeichnet ist. Wenn die Enquête, sicher richtig, bemerkte, daß eine in vollstationäre und ambulante Behandlung dichotomisierte Versorgung sich nicht zu einem Gesamtsystem ergänzt und die Lücke mit neuen Diensten füllen wollte, so läßt Konzeption und Beschreibung dieser Dienste doch deutlich erkennen, daß sie kaum irgendwo als Alternativen, sondern als intermediäre Institutionen gedacht sind, denen reale Durchläufe der Klientel entsprechen. So erscheinen Tageskliniken überwiegend als Instrumente der Anschlußbehandlung, die als Zwischenstufen den harten Übergang vom stationären zum ambulanten Bereich überbrücken, den die traditionelle „Entlassung“ beinhaltet. Auch bei geschützter Unterbringung – auf der Ciompischen Wohnachse also – beinhaltet die Beschreibung eine den Gesundungs- und Wiedereingliederungsprozeß begleitende lineare Abnahme von Protektion und professionellen Hilfen: Während letztere in der Nachtklinik noch zum Tragen kommen sollten, treten sie bei Übergangsheimen bereits in den Hintergrund. Die Schilderung von beschützenden Wohngruppen und Wohnungen und sogar die nicht zum Tragen gekommene Empfehlung von Familienpflege zeigen deutlich dieses Denken in Rehabilitationsstufen, wobei konsequent stets betont wird, daß die Betreuungsmodalitäten darauf abzielen müssen, die Betreuten zunehmend unabhängig von den Betreuern zu machen. Es ist verständlich, daß bei einem solchen

Versuch, die einzelnen Institutionen als Stufen in einem realen Prozeß gegeneinander abzusetzen, die sogenannten Wohnheime von Übergangsheimen abgegrenzt werden mußten. Noch deutlicher wird dies bei Betrachtung der auf der Arbeitsachse anzusiedelnden Einrichtungen. Arbeit wird fast ausschließlich als therapeutisches oder als Trainingsinstrument beschrieben, und es ist charakteristisch, daß Einrichtungen wie Behindertenwerkstätten, überhaupt alle Formen beschützter Arbeit bis hin zum beschützten Arbeitsplatz, als Übergänge geschildert und konsequenterweise unter der Rubrik „spezielle rehabilitative Dienste" subsumiert wurden.

Transponiert man Definition und Begrifflichkeiten für die Dienste auf ihr bezogenes Objekt, den Patienten, so schält sich die Vorstellung quasi obligatorischer und vor allem einliniger Durchgänge heraus: Der im „Vorfeld", in letzter Instanz in der „Vorschalt"- oder „Abweis"-Ambulanz des Krankenhauses nicht ausreichend bedienbare Patient wird stationär aufgenommen, durchläuft hier eine klinische Behandlungsphase und wird anschließend in gestuftem Durchlauf mittels einer kontinuierlichen Verschiebung von der Behandlung zur Rehabilitation mit gestufter Zurücknahme von Milieuprotektion und professioneller Zuwendung, später von Zuwendung überhaupt, und wachsenden Anforderungen der Außen- und Berufsrealität der vollen Wiedereingliederung in die Lebens- und Arbeitswelt der Gesunden zugeführt. Dabei erscheint diese volle Wiedereingliederung im Grunde als einziges, immer verbindliches und prinzipiell auch erreichbares Ziel.

Es ist klar, daß im Rahmen eines solchen Gliederungs- und Abgrenzungsmusters chronische Patienten institutionell schwer untergebracht werden können und etwa Forderungen, ein freieres Wohnen sei vor allem für solche Patienten anzustreben (z. B. 1), mit ihm nicht kompatibel erscheinen. Und man wird fragen müssen, ob hier nicht nur ein utopisches und sehr technizistisches Denken, sondern auch eine gefährliche Konzeption deshalb durchscheinen, weil die zugrunde liegenden Erwartungen zu Enttäuschungen bei Behandlern wie Behandelten führen müssen.

Der heutige Blick auf funktionierende gegliederte Systeme zeigt, daß die in ihnen integrierten Dienste nicht nur eine äußerste Vielfältigkeit und viele Überschneidungen aufweisen, sondern grundsätzlich anders funktionieren. Jeder Umgang mit einem solchen System kann schnell erfahrbar machen, daß Versuche, den Durchgang der Patienten intentional in die geschilderte Richtung zu forcieren, deren Bedürfnisse nicht gerecht werden und bei unreflektierter Priorität für die realitätsnäheren Einrichtungen oder ideologischen Hemmschwellen bei Zurücknahmen in Bereiche höherer Protektion dazu führen können, daß die Patienten aus dem System sogar herausgedrängt werden. Ein sinnvolles Angebot nichtstationärer Dienste muß der Tatsache Rechnung tragen, daß bei einem Großteil der Klientel die volle Wiedereingliederung trotz aller therapeutischen und rehabilitativen Möglichkeiten, die uns die letzten zwei bis drei Jahrzehnte beschert haben, nicht gelingt und daß ein realitätsgerechntes Angebot Rücksicht darauf zu nehmen hat, daß psychische Erkrankungen bezüglich aktueller Grade ihrer Ausprägung und Behinderung nicht stabil sind, sondern erheblichen Schwankungen unterliegen. Tatsächlich ist der Patientenfluß bei offener und nicht restriktiver Handhabung keineswegs so deutlich und einlinig ausgerichtet, wie dies in schematischen Darstellungen oft suggeriert wird, deren Verlaufs- und Verlegungspfeile immer nur in eine Richtung weisen. Ein nach unseren eigenen Forschungsergebnissen sehr erheblicher Teil von Verschiebungen innerhalb des Systems ist unter dem Gesichtspunkt von Behandlungs- und Protektionsdichte rückläufig (2). Weiche Rücknahmen, auch in – gegebenenfalls sogar wiederholte – stationäre Behandlung, sind unvermeidlich. Sie sind auch richtig, wenn man ein modernes nicht-stationäres Versorgungsangebot nicht als spezialisiertes rehabilitatives Instrumentarium für dafür geeignete Patienten versteht – dies würde ein Selektionsprinzip bedeuten –, sondern als Möglichkeit begreift, psychisch Kranken und Behinderten, auch den vielen nicht voll Wiedereingegliederungsfähigen, ein menschlicheres, mit mehr Freiheit und Offenheit verbundenes Angebot machen zu können, ihr Leben in größtmöglicher Annäherung an die Welt der Gesunden führen zu können.

Auch eine solche Sichtweise eines offenen Systems extramuraler Dienste, in dem jede Teilinstitution jederzeit für jede Art eines Zugangs offensteht würde noch immer gestatten, deren gegenseitige Abgrenzung anhand des Ausmaßes von Umfang und Intensität von Protektion zu versuchen. Be scharfen Abgrenzungen dieser Art ergibt sich jedoch in der Praxis ein Dilemma: Wenn es richtig ist, daß der Zustand des Patienten und damit der Bedarf an Hilfen im Laufe der „Patientenkarriere" – selbst bei langfristiger positiver Tendenz – in der Regel schwankt, so würde jede größere Änderung der Befindlichkeit, der Intensität von Störungen und Behinderungen eine Umplazierung erfordern. Dies mag bedingt noch durchführbar sein, wenn in einem experimentellen Modell überschaubarer kleiner Größenordnung, wie bei uns in Berlin, die Möglichkeit besteht, eine Kontinuität der für Patienten zuständigen therapeutischen Bezugspersonen unabhängig von der jeweiligen Plazierung in Werkstätte, Tagesklinik, Ambulanz usw. zu ermöglichen. Bei größer dimensionierten Einrichtungen, etwa solchen, die ein Standardversorgungsgebiet tatsächlich abzudecken versuchen, und den dabei in der Regel unvermeidlichen verschiedenen Trägerschaften der beteiligten Institutionen kann eine solche Lösung nicht verwirklicht werden. Tatsächlich zeigt die Betrachtung der heute in bunter Fülle existierenden neuen Dienste mehr als deutlich, daß in ihnen keineswegs jeweils Patienten versammelt sind, die bezüglich der Betreuungsanforderungen eine homogene Gruppe darstellen (vgl. 3).

Dies mag am Beispiel der Einrichtungen erläutert werden, die versuchen, auf der Ebene beruflicher Integration Erfolge zu erzielen oder ein erreichtes Niveau dadurch zu halten, daß sie die Wohnsituation abstützen. Wenn man, wie die Enquête es noch tat, für Nachtkliniken, aber auch für Übergangsheime und Wohngemeinschaften – dort noch beschützende Wohngruppen genannt – mehr oder weniger strikt das Vorhandensein eines zumindest geschützten Arbeitsplatzes oder wenigstens einer strukturierten Tagestätigkeit verlangte, so müßten ihre Bewohner bei jedem, auch zwischenzeitlichem Scheitern von Arbeitsversuchen die Institution wieder verlassen. Es mag einer der wesentlichen Gründe für das weitgehende Verschwinden klassischer Nachtklinikkonzepte sein, daß insbesondere in den Jahren wirtschaftlicher Depression solche Voraussetzungen nicht durchgehalten werden können. Aber auch jeder Betreiber von Wohngemeinschaften wird sich damit auseinandersetzen und abfinden müssen, daß ein Teil der Bewohner keiner regelmäßigen, wie auch immer gearteten Tätigkeit nachgeht. Aus ähnlichen Gründen wird auch die Unterscheidung zwischen Übergangs- und Wohnheim obsolet: Es ist bei der Plazierung nicht abzusehen, wie lange ein Patient der beschützten Atmosphäre eines Heims bedarf, ob die Plazierung also tatsächlich nur eine „Rehabilitationsstufe" darstellt, wie dies im Enquête-Text explizit formuliert ist, und es ist auch hier nicht möglich, zur Voraussetzung zumindest eine Teilarbeitsfähigkeit zu machen, wie dies die Enquête noch tat. Die Forderung, im Rahmen der Wohneinrichtung auch Beschäftigungsangebote im Sinne von werk- und arbeitstherapeutischen Aktivitäten anzubieten, gilt also auch für Übergangsheime und – sofern noch eine sehr dichte „medizinische" Behandlung erforderlich ist – auch für nachtklinikähnliche Gebilde. Tatsächlich zeigt sich bei Durchforstung vorhandener Institutionen, daß die von der Enquête geforderten Unterscheidungen höchstens deklaratorisch oder aus Finanzierungsgründen gemacht werden und sich allenfalls auf eine rein zeitliche Begrenzung, die nicht mehr an inhaltliche Prämissen gebunden ist, als unterscheidendes Merkmal beziehen. Im übrigen erweisen sich die Grenzen nach beiden Seiten als fließend: Die von uns in Berlin geführte Nachtklinik beispielsweise hat mit 12 Betten den Charakter eines Kleinstheimes, wobei der überwiegenden Zahl ihrer Patienten entweder das Angebot der Beschäftigung in der benachbarten, zur Abteilung gehörenden Werkstätte gemacht wird oder sie in einem in seiner Dichte zurückgenommenen, aber tagesklinikähnlichen Programm betreut werden. Eine ebenfalls mögliche gleichzeitige Plazierung in Nacht- und Tagesklinik schließlich beinhaltet letztlich eine quasi-vollstationäre, nach den Leitlinien einer sehr offen geführten rehabilitativen Station gestaltete Unterbringung. Auch die inhaltliche Abgrenzung zwischen kleinen Heimen und relativ dicht betreuten Wohngemeinschaften sind insbesondere dann schwierig, wenn auch im Heimbereich durch das gültige Setting von Ordnung und Betreuung eine möglichst große Selbständigkeit der Bewohner angestrebt wird.

Eine Analyse der tatsächlichen Arbeitsweise nichtstationärer Dienste zeigt aber auch, daß diese Einrichtungen nicht nur anhand quantitativer Parameter bezüglich des Ausmaßes an Protektion, sondern auch qualitativ, insbesondere in bezug auf Zielsetzungen, nicht abgrenzbar sind, weil sie kein für jeden Patienten inhaltlich identisches Zuwendungsinstrumentarium voraussetzen können.

Durch eine Betrachtung psychosozialer Kontaktstellen mag dies verdeutlicht werden. Nach den Vorstellungen der Enquête sollten sie spezielle Aufgaben im Sinne von Beratungsstellen haben, und unter dieser Überschrift sind die Kontaktstellen auch subsumiert worden. Neben vage beschriebenen präventiven Aspekten im Rahmen von Konfliktberatungen sollte ihnen vor allem eine orientierende und zuweisende Funktion in bezug auf die speziellen psychiatrischen Behandlungseinrichtungen zukommen. Nirgends, so meine ich, haben sich die inner- und außerhalb des Modellversuchs inzwischen etablierten Einrichtungen dieses Namens auf diese Aufgabe konzentriert. Sie steht nie im Vordergrund und wird, unter Ablehnung eines Verständnisses als Zuweisungsinstanz und Hilfsinstrument einer sogenannten „Psychiatrisierung", meist sogar explizit abgewiesen, wobei ein gewisser alternativer, sogar antipsychiatrischer Touch nicht selten unverkennbar ist. Es ist jedoch eindeutig, daß Kontaktstellen keineswegs nur im sogenannten Vorfeld, sondern, wenn man so will, auch in der „Nachsorge" tätig sind, auch wenn sie sich deshalb so nicht begreifen, weil sie nicht als verlängerter Arm fachspezifischer Zuwendungen verstanden werden wollen. Tatsächlich besteht ein großer Teil ihrer Klientel nicht aus Personen, die mit der eigentlichen Psychiatrie aus verschiedensten Gründen nie in Berührung standen, sondern aus in der Vorgeschichte psychiatrisch Behandelten, die meist ohne Abstimmung mit den Kontaktstellen dann auch immer wieder im spezialisierten Versorgungsnetz auftauchen. Zudem läßt sich feststellen, daß die Angebote über lockere Beratungen weit hinausgehen und in aller Regel eine Fülle von Offerten machen, die nur bedingt als Beratungs- oder Freizeitangebote angesehen werden können und fließende Übergänge zumindest zu paratherapeutischen Programmmustern zeigen. Man mag etwa den verschiedenen Formen von Gruppenangeboten, die mehr oder weniger professionellen therapeutischen Settings angenähert sind, skeptisch gegenüberstehen, wenn sie, wie dies die Regel zu sein scheint, mit gleichzeitig oder nachbehandelnden Einrichtungen nicht abgestimmt sind. Es ist aber eine Tatsache, daß in diesen Kontaktstellen etwas stattfindet, was durchaus als Therapie bezeichnet werden könnte, und dies ist auch verständlich: Sind doch solche Einrichtungen nicht selten zum begehrten und prestigeträchtigen Betätigungsfeld sonst möglicherweise arbeitsloser Psychologen geworden, die von ihrer Ausbildung her das Bedürfnis haben, etwas anderes und nach ihrem Verständnis auch mehr als Freizeitmanager und Gesprächspartner für Menschen in Nöten zu sein. Auf der anderen Seite können breitgestreute, ebenfalls meist in Gruppenform angebotene Beschäftigungs-, Betätigungs- und Freizeitprogramme sowie zeitlich ausgedehnte Öffnungszeiten zu Strukturen führen, die in der Enquête nicht bei den Kontaktstellen, sondern an ganz anderer Stelle für die sogenannten Tagesstätten beschrieben sind. Die Übergänge sind auch hier ganz fließend und Abgrenzungen von der Sache her nur recht willkürlich möglich.

Auch am anderen Ende der Skala, bei den der traditionellen Behandlung näherstehenden teilstationären Einrichtungen, erweisen sich Klientel und

Zielsetzungen als wenig einheitlich. Eine im Auftrag der Aktion Psychisch Kranke vor wenigen Jahren durchgeführte Untersuchung über Tageskliniken, deren Ergebnisse wir seinerzeit vorgestellt haben (4), hat zwar gezeigt, daß Tageskliniken nach ihrem Selbstverständnis teilweise der Enquête-Beschreibung nahekommen – Anschlußbehandlungen bei „vorwiegend akut oder subakut psychisch Kranken" –, daß andere sich jedoch als ausgesprochene Kriseninterventionsinstrumente begreifen und ein weiterer Teil eine tagesklinische Versorgung chronischer Patienten anstrebt. Wie die Analyse der Klientel ergab, vermischen sich in der Praxis aber diese Zielsetzungen. Auch die in der Enquête geforderte Voraussetzung eines stabilen sozialen Hintergrundes für eine Tagesklinikplazierung wird keineswegs durchgehend gehandhabt. In Extremfällen werden Tagesklinikplazierungen sogar gezielt vorgenommen, um einen besseren Ausgangspunkt etwa für familientherapeutischen Bemühungen zu erreichen. Es sei erwähnt, daß spiegelbildliche Entwicklungen sich im nachtklinischen, Heim- und beschützten Wohnbereich abspielen. Häufig dient eine Plazierung dort der Distanzierung von einem durchaus vorhandenen und strukturierten, aber zumindest aktuell als ungünstig angesehenen familiären Milieu.

Besonders deutlich läßt sich die Vielgliedrigkeit von Zielsetzungen und damit die Unmöglichkeit, einzelne Dienste als in bezug auf ihre Ziele und ihre Klientel einheitlich zu verstehen, an einem Beispiel demonstrieren, mit dem wir – wie andere auch – in Berlin langjährige persönliche Erfahrungen gemacht haben. Ich spreche hier die sich zunehmend entwickelnden Einrichtungen spezialisierter, also auf psychisch Kranke zentrierter beschützter Werkstätten an – auch wenn sie sich als quasinormale Betriebe eines alternativen Arbeitsmarktes verstehen und anders benennen. Bei der Analyse der Klientel und der zur Aufnahme führenden Indikationen haben wir in unserer arbeitstherapeutischen Berliner Werkstätte – es handelt sich um einen kleineren Druckereibetrieb – sehr bald feststellen können, daß sich die ursprünglich geplante Indikationsstellung im Sinne eines berufsunspezifischen Arbeitstrainings bei sinnvoller Ausnutzung der Möglichkeiten und angesichts des tatsächlichen Bedarfs nicht halten ließ. Die Einrichtung, die von der Auftragsentgegennahme bis zur Auslieferung des fertigen Druckerzeugnisses alle Arbeitsgänge selbst leistet und damit eine reiche Fülle von in ihren Anforderungen sehr verschiedenen Arbeitsplätzen anbietet, dient inzwischen zumindest vier deutlich abgrenzbaren Zielsetzungen, die sich auch quantitativ bewerten ließen. Neben der ursprünglichen Indikation, die bei unserer überwiegend psychotischen, oft chronischen Klientel und der allgemeinen Lage auf dem Arbeitsmarkt nur den kleinsten Teil der dort plazierten Patienten betrifft, dient die Einrichtung anderen Nutzern im Sinne eines längerfristig zur Verfügung stehenden beschützten Arbeitsplatzes. Während bei dieser für ihre Arbeit auch bezahlten Gruppe eine zu erbringende Arbeitsleistung ins Gewicht fällt, gilt dies nicht für einen weiteren Teil der Klientel. Für diese meist sehr chronischen Patienten erfüllt die Plazierung die Aufgabe einer Tagesstättenbetreuung, sie dient – lediglich, wenn man so will – der Strukturierung des Tagesablaufs und damit einer Stabilisierung, die ein soziales Abgleiten mit der Gefahr erneuter Internierungsbedürftigkeit vermeiden hilft. Schließlich erfüllt die Tätigkeit in dieser Einrichtung für einen recht großen Teil der Patienten eine tagesklinische Funktion. Übliche Programme von Tageskliniken, und das gilt auch für unsere eigene, sind auf noch relativ bewegliche Patienten eingestellt und beinhalten eine Vielfalt von Angeboten im Wochenplan. Sie überfordern nach unseren Erfahrungen jedoch manche Patienten, für welche die hier im Sinne einer Arbeitstherapie zu verstehende und anteilsmäßig ganz im Vordergrund stehende Werkstattarbeit die überschaubarere und leichter zu bewältigende Möglichkeit darstellt. Das nur kurz skizzierte Beispiel – es ist an anderer Stelle über unsere empirischen Untersuchungen zu diesem Thema berichtet worden (5, 6) – mag veranschaulichen, wie hier, inhaltlich gleichgewichtet, innerhalb eines einzigen Dienstes therapeutische, rehabilitative, dauerbeschützende sowie überwiegend betreuende Zielsetzungen nebeneinanderherlaufen, und ich stehe nicht an zu behaupten, daß Funktionieren und Lebendigkeit der Einrichtung gerade durch diese unterschiedlichen Aspekte begründet sind.

Auch mit der Definition der Aufgaben ambulanter Dienste und mit ihrer Abgrenzung zum Dienst der nervenärztlichen Praxis hat die Enquête es sich vielleicht etwas zu einfach gemacht. Auf das Verhältnis ambulanter Betreuung zu methodisch definierter Psychotherapie, bei welchem auch die Einbeziehung entsprechend ausgebildeter Psychologen besonders schwierige Fragen bezüglich der Abgrenzung aufgeworfen hat, die hier aus standespolitischen Überlegungen oft als Verantwortungsabgrenzung beschrieben wird, kann hier nicht eingegangen werden, obwohl die Enquête solche Probleme meines Erachtens durch terminologische Akrobatik eher verschleiert als gelöst hat. Bezüglich der generellen ambulanten Versorgung hat die Enquête – und das dürfte weitgehend auch heute noch gelten – darauf hingewiesen, daß die Klientel der niedergelassenen Nervenärzte sich von der behandlungsbedürftigen Klientel aus stationärer Behandlung entlassener Patienten in der Zusammensetzung unterscheidet. Sie hat einerseits als wünschenswert erklärt, daß den niedergelassenen Kollegen zur vollen Erfüllung anstehender Aufgaben nach Möglichkeit „sozialtherapeutische Mitarbeiter" beigeordnet werden. Sie hat andererseits aber darauf beharrt, daß bestimmte Patienten – sie nennt Angehörige sozialer Randgruppen, Alkoholiker und Suchtkranke, besonderer Rehabilitationsmaßnahmen Bedürftige und vor allem sogenannte Behandlungsunwillige – durch institutionelle Ambulanzen besser erfaßt werden könnten. Daß diese Patienten in der nervenärztlichen Praxis in der Tat oft nicht auftauchen, zumindest dort nicht zu verankern sind, konnte durch entsprechende Untersuchungen seinerzeit nachgewiesen werden. Es scheint bei Beobachtung der noch immer seltenen, nach dem Modell einer Institutsambulanz arbeitenden Dienste jedoch keineswegs gesichert, daß sich solche Problempatienten in ihnen tatsächlich einer konsistenteren Nachbehandlung und Nachbetreuung unterziehen. Da das Prinzip personeller therapeutischer Kontinuität im Gegensatz zur „grauen Ambulanz", in welcher der stationär Behandelnde seine entlassene Klientel selbst weiterbetreut, in der Regel nicht verwirklicht werden kann, erscheint dies zumindest dann zweifelhaft, wenn diese Dienste ebenfalls nicht mobil arbeiten. Entsprechende Untersuchungen fehlen leider noch weitgehend (7). Im übrigen wollte die Enquête gerade diese sogenannte Schwundklientel auch durch die anderen extramuralen Dienste besser bedienen. Wenn man etablierte teilstationäre und komplementäre Einrichtungen im Hinblick auf solchen Bedarf betrachtet, so tauchen aber auch hier Zweifel auf, ob die Einbindung dieser Gruppen gelingt oder ob nicht auch in diesen neuen Diensten solche Patienten weitgehend unberücksichtigt bleiben.

Auch dies sei an einem Beispiel erläutert. Jeder kennt die Problematik von Patienten, die in oft hohem Grade alkoholabhängig sind, daneben aber an einer erheblichen psychischen Störung leiden. Dabei kann die oft schwer zu entscheidende Frage, ob es sich um einen trinkenden Psychotiker oder um einen psychotisch gewordenen Alkoholiker handelt, hier ausgeklammert werden. Es bleibt eine Tatsache, daß diese Patienten auch im Rahmen sehr verdichteter und gegliederter Versorgungssysteme eine Problemgruppe darstellen, die nirgends recht bedient und nirgends sehr erwünscht ist. Sowohl die speziellen Alkoholikerdienste wie die Dienste im Rahmen der allgemeinen Erwachsenenpsychiatrie zeigen hier unverkennbare Abwehr- und Ausgrenzungstendenzen, die sich durch Verweise auf die Bedürfnisse der jeweils nicht betroffenen Klientel – psychotische Patienten, die nicht alkoholabhängig sind, bzw. Alkoholiker, die nicht psychotisch sind – natürlich immer schön begründen lassen.

Wenn von der Aufgabenverteilung zwischen extramuralen Diensten die Rede ist, so dürfen die sozialpsychiatrischen Dienste nicht unberücksichtigt bleiben. Im Hinblick auf die damals zu erwartenden, inzwischen weitgehend realisierten Festlegungen der neuen PsychKGs hat die Enquête hier – in dieser ausdrücklichen Weise überhaupt nur an dieser Stelle – mögliche ungute Entwicklungen und konkurrierende Bestrebungen befürchtet und von „Doppelgleisigkeiten und Gegenläufigkeiten in der Durchführung der Aufgaben" gesprochen. Als Heilmittel hatte sie neben der Rotation von Mitarbeitern aus und in diese Institution oder Halbtagstätigkeiten im Sinne einer Brückenfunktion intentional eine Verschmelzung mit Institutsambulanzen empfohlen, die meines Wissens formal nirgendwo erreicht worden ist. Tatsächlich haben sich Schwierigkeiten hier offenbar eher seltener als in manchen anderen Bereichen ergeben. Soweit es in ganz wenigen Regionen gelungen ist, die Sozialpsychiatrischen Dienste in voller Koordination mit den anderen Einrichtungen des Versorgungsnetzes in der Praxis weitgehend zu integrieren, scheint die gegenseitige Abstimmung und Aufgabenverknüpfung so eng, daß Konkurrenz und Doppelbehandlungen nicht oder kaum aufgetreten sind. Ganz überwiegend aber liegt der Akzent der Tätigkeit dieser Dienste nach wie vor einerseits auf der Ausübung von Hoheitsfunktionen, andererseits auf der rein sozialen Betreuung einer chronischen und stark von geriatrischen Aspekten geprägten Klientel, ohne daß eigentliche Behandlungsfunktionen in einem ins Gewicht fallenden Ausmaß übernommen worden sind.

Scheint schon die inhaltliche Abgrenzung extramuraler Dienste schwierig, so gilt dies erst recht für die quantitativen Verhältnisse, also für den Umfang solcher Dienste. Die Enquête hat auf die generellen Schwierigkeiten der Bedarfsschätzungen psychiatrischer Versorgung ausführlich hingewiesen. Ginge man davon aus, daß auch bei den nichtstationären Diensten Bedarfsschätzungen sich an Zählungen im Bereich existierender Versorgung orientieren müßten, so ist klar, daß sich in einem erst zu entwickelnden Feld aus dem Ist-Zustand keine Schlüsse ziehen lassen. Dies gilt auch für die Größenverhältnisse der einzelnen Dienste zueinander, da bei einer solchen Zählung ja auch Fehlentwicklungen und damit falsche Gewichtungen und Abgrenzungen in Bedarfsvorstellungen eingingen. Selbst ein Fallregister führte aus solchen Schwierigkeiten nicht heraus. Vor allem aber darf nicht übersehen werden, daß es sich beim Gesamt psychiatrischer Dienste um ein interdependentes System handelt. Wenn durch ein Überangebot stationärer Betten zur Wahrung der Einnahmehöhen ein Belegungszwang entsteht, werden sich beispielsweise Tageskliniken, aber auch manche komplementären Institutionen, etwa spezialisierte Heime, nicht entwickeln und der Bedarf an ihnen scheinbar schnell befriedigt sein. Ähnliches könnte sich auch in bezug auf Institutsambulanzen dort zeigen, wo sich in Ballungsräumen zunehmend nervenärztliche Praxen drängeln. Es ist unter solchen Verhältnissen dann auch nicht feststellbar, ob eine definierte Klientel von der Institution besser und ausreichender betreut werden kann. Die Entscheidung für die Etablierung extramuraler Dienste und über deren quantitativen Bedarf kann angesichts der Tatsache, daß die wesentliche Säule der Versorgung noch immer die stationären Großinstitutionen darstellen, sicher nicht auf der Basis von Zählwerken getroffen werden. Es handelt sich hier um inhaltliche Entscheidungen, die sich an Vorstellungen darüber orientieren müssen, welche Betreuungs- und damit auch welche Lebensform für unsere Patienten gewünscht und bevorzugt wird. Entscheidungen auf diesem Gebiet werden sich daher noch immer nicht an mathematischen, sondern an Wertgesichtspunkten zu orientieren haben.

Gerade deshalb ist nicht einzusehen, weshalb die Möglichkeiten entwickelter oder zu entwickelner Dienste deshalb beschnitten werden sollten, weil sie sich bei einer vollen Ausschöpfung dieser Möglichkeiten von anderen Diensten nicht sauber abgrenzen lassen. Extramurale Dienste entwickeln schon deshalb, weil sie nicht einer Normierung durch jahrzehntelange Gewohnheiten ausgesetzt sind – die ja, wie wir aus dem stationären Bereich allzu gut wissen, zu Verfestigungen und Versteinerungen führen kann –, ihr jeweils eigenes „Image“ und spezifische Konzentrationen von Schwerpunkten. Das Potential dieser Einrichtungen, Fähigkeiten, Kreativität und Motivation der in ihr Tätigen sollten deshalb nicht durch starre und vermeintlich allgemeingültige inhaltliche Definitionen und Restriktionen eingeschränkt werden. Dies ist schon deshalb nicht angebracht, weil sich solche Dienste ja nicht in versorgungsfreien Räumen entwickeln, wie die Enquête-Lektüre nahelegen könnte; sie sind in bestehende Strukturen in der Gemeinde eingebunden (8) wie in Vorstellungen ihrer Träger. Gerade wenn Dienste in einen übergeordneten Rahmen eingegliedert sind, wird sich ihre Aufgabenstellung deshalb ebenso nach den jeweiligen Gesamtbedürfnissen wie denen der innerhalb des Teilsystems auftauchenden Klientel ausrichten müssen und auch ausrichten dürfen.

Wenn damit einer Modulation starrer, abgrenzender Normen und einer Pluralität auch definierter Einrichtungen in bezug auf ihre jeweilige Ausprägung das Wort geredet wird, so sollten mögliche Gefahren von Fehlentwicklungen nicht unbenannt bleiben. Diese liegen, so scheint mir, weniger darin, daß Einrichtungen sich dadurch übernehmen, daß sie zuviel auf einmal leisten wollen. Dies ist sozusagen eine Anfängerkrankheit, die in der Regel überwunden werden kann. Hinzuweisen ist dagegen auf strukturelle Gefährdungen, die allerdings verschieden sind, je nachdem, ob sich extramurale Dienste in ungenügend oder in sehr dicht versorgten Regionen abwickeln.

Im ländlich-kleinstädtischen Raum wird diese Gefahr darin bestehen, daß sich das Angebot nur für einen Teil der zu versorgenden Population entwikkelt. Prognostisch günstigere, in ihren Grundfunktionen weniger gestörte, für reichhaltige und besonders interessante therapeutische und helfende Strukturen eher geeignete Patienten könnten bevorzugt versorgt und andere Gruppen benachteiligt werden. Dies gilt neben sehr chronischen Patienten insbesondere auch für Suchtkranke oder geriatrische Patienten. Es würde sich dann auch hier auf dem Gebiet der extramuralen Dienste durch eine ungute Selektion etwas entwickeln, was in den geläufigeren Bereichen der voll- und teilstationären Dienste – man denke etwa an die Diskussion über das Verhältnis zwischen psychiatrischen Abteilungen an Allgemeinkrankenhäusern und psychiatrischen Landeskrankenhäusern (vgl. 9) – zu jener Zwei-Klassen-Psychiatrie führen könnte, die als Menetekel in der Reform so oft beschworen wird. Auch in städtischen Ballungsgebieten werden diese „undankbareren" Patienten bei den Neuland betretenden Initiativen leicht vernachlässigt. Hier besteht aber gleichzeitig die Gefahr, durch ein Zuviel ähnlicher Angebote ein Netz miteinander konkurrierender Dienste zu entwickeln, die sich gegenseitig die Patienten wegzunehmen versuchen, Doppel- und Mehrfachbehandlungen resultieren lassen, die nicht aufeinander abgestimmt und den jeweiligen Mitarbeitern oft gar nicht bekannt sind. In Berlin lassen sich solche Entwicklungen zumindest in den dicht versorgten Bezirken der Innenstadt bereits ganz unabweislich beobachten.

Man wird diesen Problemen nicht gelassen mit der Hoffnung begegnen können, dies werde sich schon von selbst regeln, Überflüssiges werde verschwinden, und Lücken des psychiatrischen Marktes schlössen sich von alleine. Psychiatrische Versorgungsangebote können nicht mit Warenangeboten parallelisiert werden, ihre Entwicklungsströme folgen keinen marktwirtschaftlichen Gesetzen. Das immense Aufschießen wenig oder gar nicht qualifizierter Einrichtungen im psychiatrischen Randfeld, gelegentlich als „Psycho-Boom" bezeichnet (10), mag illustrieren, wozu ein ungeplanter „freier Markt" auf diesem Sektor führen könnte. Im engeren psychiatrischen Raum ist zudem zu bedenken, daß die Nachfrage von der potentiellen Klientel allein nicht richtig gesteuert werden kann. Die von ihr erlebten Bedürfnisse decken sich auch dann nicht völlig mit den wirklichen Notwendigkeiten, wenn man dem Patienten eine bis an die Grenze des Vertretbaren gehende Mündigkeit zuerkennt.

Wenn eine Steuerung nicht-stationärer Dienste sich damit weder an verbindlichen Bedarfsschätzungen orientieren noch sich im Sinne eines sozialdarwinistischen Prinzips nach marktwirtschaftlichen Gesichtspunkten entwikkeln kann, ist die Notwendigkeit übergreifender und letztlich wohl auch außengesteuerter Koordination und Planung gerade auf diesem Sektor der Reform der Behandlung und Betreuung psychisch Kranker und Behinderter unabweisbar. Es erscheint fraglich, ob eine solche Steuerung mit genügender Wirkung von den psychosozialen Arbeitsgemeinschaften, die sich ja überraschend zahlreich entwickelt haben und weiterentwickeln, geleistet werden kann. Wie die vor einiger Zeit von der Bundesvereinigung für seelische Gesundheit veranlaßte Analyse dieser Dienste zeigen konnte (11) versteht sich ein Teil eher als letztlich unverbindliche Möglichkeit zum Erfahrungsaustausch und auch zur gegenseitigen Bestätigung der eigenen Arbeit. Bei fehlender entsprechender Kompetenz können durchgreifende Planungen, die zweifellos gelegentlich direktive und restriktive Entscheidungen beinhalten müssen, von diesen Gremien in aller Regel nicht oder nur unzureichend geleistet werden. Es bleibt daher auch bei der heutigen Lektüre der Enquête-Empfehlungen überzeugend, daß damals neben den psychosozialen Arbeitsgemeinschaften ein mit Entscheidungsbefugnissen versehenes Gremium, seinerzeit Psychosozialer Ausschuß genannt, empfohlen wurde. Die Tatsache, daß dieses Instrument sich in der beschriebenen Weise aus verschiedensten Gründen praktisch nirgends entwickeln konnte, entbindet nicht davon, weiter darüber nachzudenken, wie unvertretbare Lücken gefüllt, Wachstum gefördert und Wildwuchs beschnitten werden kann. Es könnte sich zeigen, daß im Laufe der Entwicklung nicht das In-Gang-Kommen extramuraler Dienste, sondern deren jeweilige Strukturierung Schwierigkeiten bereitet, und zwar gerade deshalb, weil sie nicht starr genormt, sondern auf den jeweiligen, immer verschiedenen Bedarf flexibel abgestimmt werden müssen. In diesem Sinne könnte sich erweisen, daß Aufgabenverteilungen und Aufgabenabgrenzungen in einem gemeindenahen Versorgungssystem in der Tat die wesentlichen Probleme beinhalten.

Literatur

1 DÖRNER, K.: Gemeindepsychiatrie fängt mit Langzeitpatienten an – Freiere Lebensformen für 100 Langzeitpatienten des PKH Gütersloh. In: BOSCH, G., KULENKAMPFF, C., AKTION PSYCHISCH KRANKE (Hrsg.): Komplementäre Dienste – Wohnen und Arbeiten. Rheinland-Verlag, Köln 1985.

2 LINDEN, E., BOSCH, G.: Patientenströme in einem sozialpsychiatrischen Behandlungsmodell. Psychiat. Prax. 13 (1986) 159–165.

3 BOSCH, G., KULENKAMPFF, C., AKTION PSYCHISCH KRANKE (Hrsg.): Komplementäre Dienste – Wohnen und Arbeiten. Tagungsberichte, Bd. 11. Rheinland-Verlag, Köln 1985.

4 BOSCH, G., STEINHART, I.: Entwicklung und gegenwärtiger Stand der tagesklinischen Behandlung in der Bundesrepublik Deutschland. In: BOSCH, G., VELTIN, A., AKTION PSYCHISCH KRANKE (Hrsg.): Die Tagesklinik als Teil der psychiatrischen Versorgung. Tagungsberichte Bd. 9, Rheinland-Verlag, Köln 1983.

5 STEINHART, I.: Arbeitsangebote für psychisch Kranke: Formen der Therapie – Möglichkeiten für ein menschlicheres Leben. In: BOSCH, G., KULENKAMPFF, C., AKTION PSYCHISCH KRANKE (Hrsg.): Komplementäre Dienste – Wohnen und Arbeit. Rheinland-Verlag, Köln 1985.

6 STEINHART, I., TERHORST, B.: Die arbeitstherapeutische Werkstatt: Chance zur Integration medizinischer, beruflicher und psychosozialer Rehabilitation schizophrener Langzeitpatienten. Vortrag. Kongreß der Deutschen Gesellschaft für Psychiatrie und Nervenheilkunde. Bayreuth 1986.

7 BAUER, M., ROSE, H. K., AKTION PSYCHISCH KRANKE (Hrsg.): Ambulante Dienste für psychisch Kranke. Tagungsberichte, Band 6. Rheinland-Verlag, Köln 1981.

8 KULENKAMPFF, C., MARTINI, H., AKTION PSYCHISCH KRANKE (Hrsg.): Psychiatrie in der Gemeinde – Die administrative Umsetzung des gemeindepsychiatrischen Konzepts. Tagungsberichte, Band 13. Rheinland-Verlag, Köln 1986.

9 BAUER, M., RAVE-SCHWANK, M., AKTION PSYCHISCH KRANKE (Hrsg.): Psychiatrische Abteilungen an Allgemeinkrankenhäusern. Tagungsberichte, Bd. 10. Rheinland-Verlag, Köln 1984.

10 HÄFNER, H.: Entwicklungstendenzen und Probleme der psychiatrischen Versorgung fünf Jahre nach der Veröffentlichung der Psychiatrie-Enquête. In: HÄFNER, H., PICARD, W., AKTION PSYCHISCH KRANKE (Hrsg.): Psychiatrie in der Bundesrepublik Deutschland fünf Jahre nach der Enquête. Tagungsberichte Bd. 5, Rheinland-Verlag, Köln 1980.

11 BOSCH, G., FEHR, W., HUTTER, A., BUNDESVEREINIGUNG FÜR SEELISCHE GESUNDHEIT (Hrsg.): Was können psychosoziale Arbeitsgemeinschaften zur Förderung seelischer Gesundheit tun? Tagungsbericht. Berlin 1985.

Koordination und Kooperation in einem geschlossenen System gemeindenaher psychiatrischer Versorgung

Grundsätze und Praxis eines umfassenden kommunalen Versorgungssystems

St. Rudas

Einleitung

Das Recht der psychisch Kranken auf bedarfsgerechte Hilfe ist nur theoretisch unbestritten. Es gehört zu den traditionellen Eigenheiten der Bemühungen um Hilfen für psychiatrisch Erkrankte, daß Legitimationsdruck, Überkomplizierung und Ideologisierung die Errichtung arbeitsfähiger Rahmenbedingungen für bedarfsgerechte Strukturen hemmen. Der Mittelweg zwischen resignativem Theoretisieren, theorielosem Pragatismus bzw. Aktionismus und defensivem Verzicht ist in der psychiatrischen Versorgung offensichtlich besonders schwer zu finden.

Anstelle der „Alten Resignation" und „Neuer Einfachheit" müssen ein neues Selbstverständnis (Selbstbewußtsein) und die klare Identität der Helfer treten. Es ist etwa für Unfallchirurgen selbstverständlich, daß sie sich nicht in Streitgespräche verwickeln lassen, wieso sie Röntgen- *und* Gipszimmer für ihre Arbeit genötigen; niemand schlägt ihnen vor, lieber zwei Gipszimmer dafüber aber kein Röntgen zu verwenden. Ein weiteres Beispiel: Wenn die Kosten für Sehbehelfe noch so steigen – der Vorschlag, in Hinkunft mehr Brillenfassungen, jedoch weniger Gläser zur Verfügung zu stellen, taucht nicht auf. (Und auch nicht der legitimierungsorientierte Vorwurf, daß nach jahrelanger Verwendung einer Brille die Kurzsichtigkeit „noch immer nicht geheilt ist" . . ., also die „Brille keinen Sinn gebe . . .".)

Hochorganisierte psychiatrische Hilfen sind nicht für alle Menschen notwendig, die an psychischen Störungen, Erkrankungen oder Behinderungen leiden, sondern nur für eine zahlenmäßig einschränkbare Gruppe. Diese Gruppe psychiatrischer Patienten benötigt umfassende, miteinander koordiniert arbeitende Systeme der psychiatrischen Versorgung.

Am Beispiel der 1,5 Millionen-Stadt Wien sollen die Grundsätze und Praxis eines umfassenden und integrierten kommunalen Versorgungssystems dargestellt werden.

Grundsätze einer umfassenden und integrierten Versorgung

1. Prinzip der kommunizierenden Gefäße

Stationäre Einrichtungen, ambulante und komplementäre Dienste und *niedergelassene Ärzte* bilden die Gesamtheit der psychiatrischen Versorgung.

Die Versorgungssituation kann nur unter Einbeziehung aller drei Bereiche betrachtet bzw. verändert werden. Veränderungen in einem der drei Bereiche bedingen Veränderungen auch der anderen beiden Bereiche. Insbesonders kann die isolierte Behandlung des stationären Bereiches aus heutiger Sicht als obsolet bezeichnet werden.

2. Integrierte Planung der Gesamtversorgung

Bedarfserhebung und Versorgungsplanung sollen für die drei Bereiche gemeinsam erfolgen. Der Versorgungsstand in einem der Bereiche beeinflußt den Versorgungsbedarf in den jeweils anderen Bereichen (Integrierte Planung).

3. Integrierte Verantwortung für die Versorgung

Auf einer festzulegenden regionalen Ebene (Land, Region, Bezirk, Gemeinde) ist die einheitliche Gesamtverantwortung für die umfassende *(„comprehensive")* psychiatrische Versorgung zu verankern. Von besonderer Bedeutung ist diese Verankerung der Verantwortung für die *Gewährleistung* (nicht mit Notwendigkeit auch für die Durchführung) ambulanter und teilstationärer (komplementärer) Versorgungsangebote auf jener Ebene, auf der auch die Verantwortung für die stationäre Versorgung liegt (*integrierte* Verantwortung). In Analogie zum Begriff der „Standard*versorgungs*gebiete" kann von „Standard-*Verantwortungs*gebieten" gesprochen werden.

4. „Bedarf" ist von vielen Faktoren abhängig

Der Bedarf an fachspezifischen psychiatrischen Behandlungs- und Betreuungsangeboten steht in enger Relation u. a. zur

a) Belastbarkeit anderer medizinischer Enrichtungen mit psychiatrischen Problemen, zu
b) Inanspruchnahmemöglichkeiten sozialmedizinischer und sozialer (mobiler) Dienste (auch) für psychisch Kranke und zur
c) Versorgungssituation für alte bzw. sehr alte Menschen. „Liaison"-Angebote bzw. psychiatrische Konsiliardienste für allgemeine Krankenhäuser sowie für medizinische und soziale Dienste und auch für die Einrichtungen der Altenbetreuung sind psychiatrischen Einrichtungen vorzuziehen.

Planung als Instrument der Koordination

Um die Koordination und die Kooperation zwischen stationärem, halbstationärem und ambulantem Bereich einerseits und innerhalb der einzelnen Bereiche andererseits sicherzustellen, sollen bereits in der Planung der extramuralen Versorgung wichtige Regelungen festgelegt werden. Diese Grundsätze sollen sicherstellen, daß ein gemeindenahes Versorgungssystem sinnvoll, d. h. bedarfsgerecht arbeitet und sinnvoll, d. h. bedarfsgerecht in Anspruch genommen wird. Sie gelten unabhängig davon ob das Versorgungssystem für eine Region

+ von einem einzigen Träger („Agentur"-Modell)
+ von einer Trägergemeinschaft (Trägerverbund) oder
+ von einer größeren Zahl unterschiedlicher selbständiger Träger

vorgehalten wird.

1) Ambulante und komplementäre Dienste sind Einrichtungen sowohl der *akuten* als auch der *rehabilitativen* und rekonstruktiven Psychiatrie.

2) *Die drei „Achsen"* der rehabilitativen und rekonstruktiven Psychiatrie (WING) – medizinische Behandlung, Wohnen und Tagesstruktur (inklusive Arbeit bzw. Beschäftigung) – sollten in einem gemeinsamen „Versorgungsdesign" (gemeinsamer Träger, Trägergemeinschaft, Trägerverbund) angeboten werden und zwar auf jener regionalen Ebene, auf der auch die Verantwortung für die stationäre Versorgung liegt.

3) *„Rastermodell" (bzw. „Mosaik-Modell") der Versorgung:* Unabhängig davon, ob eine einheitliche Trägerschaft besteht, soll ein einheitliches „Raster" der notwendigen Mindestversorgung mit ambulanten und komplementären Einrichtungen in einer Region erstellt werden. Dort, wo Trägervielfalt besteht, kann durch „gezielte" Vergabe öffentlicher Mittel darauf geachtet werden, sämtliche im „Bedarfsraster" aufscheinenden Einrichtungen zu betreiben und bei „attraktiven" Einrichtungen kein Überangebot zu Lasten „unattraktiver" Einrichtungen entstehen zu lassen.

4) *„Finanzierungspool"*, d. h. *„Bündelung"* der Geldzuflüsse: Die Benützer der Einrichtungen des ambulanten und komplementären Bereiches (und oft auch ihre unmittelbaren Betreuer) sind mit der vorherrschenden Vielfalt der Trägerschaften und Leistungsverpflichtungen überfordert. Die Struktur der Leistungsverpflichtungen orientiert sich ja naturgemäß nicht an den Erfordernissen des Behandlungs- und Betreuungsalltags der Einrichtungen (Ambulanzen, Beratungsstellen, Heimen, geschützten Wohnungen, Werkstätten, usw.). Entsprechend dem „Raster" („Versorgungsraster") der notwendigen Mindestausstattung einer Region mit extramuralen Versorgungsangeboten soll auf regionaler Ebene ein „Finanzierungspool" aller in Frage kommender Kostenträger gebildet werden. Dies kann durch Vereinbarungen, durch gemeinsame Träger bzw. Trägergemeinschaften oder durch einen gemeinsam finanzierten eigenen Dienst („Agentur") erfolgen. Die „Bündelung" muß jedenfalls *vor* dem „Endverbraucher" liegen.

Auf die möglichst stufenlose Permeabilität der rehabilitativen und rekonstruktiven Einrichtungen ist besonders zu achten *(„Schiebereglermodell").* Negative und positive Entwicklungen auf einer der drei „Achsen" (medizinische Behandlung, Wohnen und Tagesstruktur) sollen rasch und möglichst formalitätsarm berücksichtigt werden können. Komplexe Unterbringungsauflagen oder „Aufnahmerituale" stehen der notwendigen Permeabilität und Flexibilität entgegen. Kodifizierte Versorgungspflicht fördert sie.

Die Tatsache, daß positive bzw. negative Verläufe auf einer der drei „Achsen“ nicht mit Notwendigkeit mit einer gleichen Entwicklung auf den beiden anderen Achsen verbunden ist, ist zu berücksichtigen. Kurzfristige und „achsenspezifische“ Maßnahmen sollen möglich sein.

5) *Notfallpsychiatrische Einrichtungen sollen* „rund um die Uhr“ (zumindest telefonisch) erreichbar sein. In diesen Einrichtungen sollen auch mobile (nachgehende) Einsätze möglich sein.

Das Versorgungssystem in Wien

Wien ist Kommune und Bundesland zugleich. Im Jahr 1979 wurde nach entsprechenden Vorarbeiten ein „Zielplan“ für die Neuordnung der gesamten psychiatrischen Versorgung beschlossen.

Die Stadt (1,5 Millionen EW) wurde in acht psychiatrische Regionen geteilt. Wien betreibt zwei psychiatrische Großkrankenhäuser (Landeskrankenhäuser), wobei eines in der Stadt liegt, das andere 100 km außerhalb Wiens. Im Krankenhaus außerhalb von Wien wurde ein absoluter Aufnahmestop verfügt. In dem in der Stadt gelegenen Großkrankenhaus wurden sieben gleichausgestattete Abteilungen geschaffen und jeweils der stationären Versorgung eines der Regionen zugeordnet. Für die stationäre Versorgung der achten Region wurde in einem in dieser Region gelegenen allgemeinen Krankenhaus eine Psychiatrische Abteilung mit *Vollversorgungspflicht* geschaffen. (Die Psychiatrische Universitätsklinik in Wien mit 140 Betten ist in die stationäre Routineversorgungspflicht nicht eingebunden, verfügt aber über eine große Zahl vor allem ambulanter und spezialisierter Versorgungsangebote.) In jeder der acht Versorgungsregionen wurde je eine Psychosoziale Station (mit sozialpsychiatrischer Ambulanz, Tagesklinik, Beschäftigungstherapie und Beratungsdiensten) geschaffen sowie eine Mindestzahl an Plätzen des geschützten bzw. betreuten Wohnens und der Berufsrehabilitation bzw. der Tagesstrukturierung.

Als gemeinsamer Träger der neuen Einrichtungen in den acht Regionen wurde der Psychosoziale Dienst (PSD) in der Rechtsform eines von der Stadt finanzierten Fonds errichtet, also das „Agentur“-Modell gewählt. Die Budgetierung erfolgt aus dem Gesundheits- und dem Sozialbudget der Stadt einmal jährlich.

Innerhalb einer Region sind die Mitarbeiter aller in der Region stehenden Einrichtungen ein Team und haben eine gemeinsame Verantwortung für alle Einrichtungen des PSD. Dies trägt wesentlich zur Permeabilität zwischen den Einrichtungen und zu unbürokratischen Vorgangsweisen bei. Budgetverwaltung und Administration erfolgen durch gemeinsame zentrale Stellen.

Die Zahl der vollbeschäftigten Mitarbeiter beträgt ca. 140, die Zahl der Teilzeitbeschäftigten (auf Vollbeschäftigte hochgerechnet) ca. 60. Das bedeutet einen Mitarbeiter im extramuralen (komplementären) Dienst für je 7500 Einwohner Wiens.

Die regionalen extramuralen Einrichtungen stehen im täglichen institutionalisierten Kontakt mit der korrespondierenden stationären Abteilung des Großkrankenhauses. Zwischen 15 und 30% aller aus dem Krankenhaus entlassenen Patienten kontaktieren jemals nach der Entlassung die Außenversorgungseinrichtungen des PSD. Ca. 50% der Patienten, die Psychosoziale Stationen des PSD kontaktiert haben, waren vorher nie in stationärer psychiatrischer Behandlung, wobei dieser Prozentsatz in den einzelnen problembereichbezogenen (=diagnosebezogenen) Gruppen starke Unterschiede aufweist, wie dies aus der Tabelle 1 ersichtlich ist.

Tabelle 1: Patienten der psychosozialen Stationen des PSD Wien in den Jahren 1980–1985. Anteil der Patienten mit stationärer psychiatrischer Vorbehandlung in einzelnen diagnostischen Gruppen (in %)

Diagnostische Gruppe	%
Schizophrene Erkrankungen	86,9
Geistige Behinderung	67,9
Affektive Psychosen	59,1
Alkoholismus	45,3
Psychische Störungen im höheren Lebensalter	29,4
Neurotische Störungen	27,4
Alle Diagnosen zusammen	48,8

Die Psychosozialen Stationen und alle anderen Einrichtungen des PSD wurden in den ersten sechs Jahren ihres Bestehens (1980–1985) von insgesamt 18 000 Menschen (=1,20% der Bevölkerung Wiens) kontaktiert.

Die Zahl der Patienten in den beiden psychiatrischen Großkrankenhäusern ist von ca. 3400 (2280 und 1120) Ende 1976 auf ca. 1400 (950 und 450) dem 3. Quartal 1986 gesunken, die stationäre Prävalenz der Großkrankenhäuser beträgt damals erstmals unter 1/1000 EW.

Die Zahl der Aufnahmen in das Psychiatrische Krankenhaus Wien (PKH/Wien) ist in gleicher Zeit nur relativ gering angestiegen, für 1986 ist bereits ein Sinken der Zahl hochzurechnen (Tabelle 2).

Tabelle 2: Entwicklung der Aufnahmen in das PKH-Wien von 1971 bis 1985 (Index 100 = Anzahl der Aufnahmen 1976)

Jahr	Aufnahmen	Index
1971	5781	107
1976	5415	100
1978	5567	103
1981	6117	113
1982	5879	109
1984	6630	122
1985	6047	112
Prognose 1986	5000	–

Zu einer „Drehtürpsychiatrie" ist es nicht gekommen. 80% der aufgenommenen Patienten gelangen innerhalb eines Jahres nur einmal zur Aufnahme – exakt die gleiche Prozentzahl haben die allgemeinen Krankenhäuser in Wien aufzuweisen.

Zusammenfassung

Die zwischen 1976 und 1986 erfolgten Maßnahmen im Rahmen der Psychiatriereform in Wien haben zu grundlegenden Veränderungen in der psychiatrischen Versorgung der 1,5 Millionen-Stadt geführt. Das Vorliegen eines verbindlichen „Zielplanes", in dem nicht nur die Grundzüge eines „Soll-Zustandes" sondern auch die der verpflichtenden Koordination und Kooperation im Rahmen eines umfassenden Versorgungssystems festgelegt waren, hat sich als sehr vorteilhaft erwiesen.

Literatur

1 BENNETT, D. H.: Einige Bemerkungen zur Rehabilitation psychisch und geistig Behinderter in Großbritannien. Gutachten im Anhang zum Bericht über die Lage der Psychiatrie in der Bundesrepublik Deutschland. Deutscher Bundestag, 7. Wahlperiode. Drucksache 7/4201, 1975, 797–827.

2 GABRIEL, E.: Patienten im Psychiatrischen Krankenhaus – vom Standpunkt der Psychiatrie. In: Patienten im Psychiatrischen Krankenhaus. Wiener Kommunale Schriften. PID, Wien 1983.

3 HÄFNER, H. (Hrsg.): Psychiatrische Epidemiologie: Springer-Verlag, Berlin-Heidelberg-New York 1978.

4 KULENKAMPFF, C., W. PICARD (Hrsg.): Gemeindenahe Psychiatrie, Rheinland-Verlag, Köln 1975.

5 LOEB, M.: What community psychiatry is and is not; in ROBERTS, L. M. et al. (eds): Community psychiatry, Anchor Books, New York 1969.

6 RUDAS, St.: Neuordnung der psychiatrischen Versorgung einer Großstadt – Koordination der Reform anhand eines umfassenden Zielplanes. In: Österr. Krankenhaus-Zeitung 21 (1980), 503–516.
7 RUDAS, St.: Psychiatriereform in Wien. In: Sozialpsychiatrische Informationen, Psychiatrie-Verlag, 13 (1983), Heft 3, Nr. 76, 31–37.
8 RUDAS, St.: Comprehensive Mental Health Services – Who needs them? 3rd International Congress of the International Federation of Psychiatric Epidemiology. In: Acta psychiatrica Belgica (1986).
9 RUDAS, St.: Entwicklung der psychiatrischen Zwangseinweisung in Wien. In: Österr. Krankenhaus-Zeitung 27 (1986), 289–298.
10 STACHER, A., St. RUDAS (Hrsg.): Psychiatrische und psychosoziale Versorgung in Wien. Wiener Kommunale Schriften, 1979, Band 1: Die Enquêten von 1977 bis 1979.
11 STACHER, A., St. RUDAS (Hrsg.): Psychiatrische und psychosoziale Versorgung in Wien. Wiener Kommunale Schriften, 1979, Band 2: Zielplan.
12 SUSSER, M.: Leitlinien für eine gemeindenahe Psychiatrie in: M. V. CRANACH, A. FINZEN (Hrsg.): Sozialpsychiatrische Texte. Psychische Krankheit als sozialer Prozeß: Springer-Verlag, Berlin-Heidelberg-New York 1972.
13 WHO: Euro 5407 I. Comprehensive Psychiatric Services and the Community. Kopenhagen, WHO 1972.
14 WIENER PSYCHIATRIEBERICHT 1984. Herausgegeben vom Kuratorium für psychosoziale Dienste in Wien, Wien 1985.
15 WING, J. K., A. M. HATLEY: Evaluating a Community Psychiatric Service. Oxford University Press, London 1972, 11–31.
16 ZUSMAN, J.: Design of Catchment Areas for Community Mental Health Services. Arch. Gen. Psychiatr. 21 (1969) 568.

Diskussion zu den Vorträgen über Aufgabenverteilung und Koordination im Rahmen der gemeindepsychiatrischen Versorgung.

Moderation: W. Picard

Richartz: In den letzten beiden Vorträgen hat sich für mich herauskristallisiert, was wir seit der Enquête wirklich gelernt haben, nämlich, daß dieses etwas technokratische System von der gestuften Rehabilitation eigentlich unsinnig ist, weil es nicht der Wirklichkeit unserer Patienten entspricht. Es ist eine Art von starrem Protokoll, das versucht, Menschen mit sehr individuellen, offenen Lebensläufen über einen Leisten zu schlagen. Wir brauchen aber ein flexibles, wohl vielgliedriges, man könnte sagen „multisituationelles" System, das von allen Seiten zugänglich ist, womit dann individuelle Stützprofile aufgebaut werden können, die sehr pragmatisch und flexibel sein müssen, und auch wieder zurückgenommen, korrigiert und überprüft werden können. Und die vor allen Dingen auf die Lebensrealität unserer Menschen bezogen sind. Wir müssen diese Spannung aushalten, und ein Gleichgewicht zwischen allgemeinen Integrationszielen und der Spezialität des einzelnen Falles finden. Der Vortrag von Herrn Rudas machte deutlich, daß wir in einem solchen System ein Höchstmaß an Kontinuität, aber ohne Homogenisierung der Situation brauchen, also eine Art von Case-Management. Das muß unser Denken doch sehr verändern.

Pörksen: Ich möchte darauf hinweisen, daß wir zu Zeiten der Enquête eigentlich schon einmal an diesem Punkt waren, ein verbindliches Steuerungsgremium zu fordern, das dann zur psychosozialen Arbeitsgemeinschaft – als unverbindliches Gesprächsgremium – „verbessert" wurde. Wir haben damals gesagt, es müsse doch möglich sein, zu einer regionalen Pflichtversorgung, zur Selbstverantwortlichkeit zu kommen, und auch, daß die Marktsteuerung letzten Endes die schwierigen Patienten mit Sicherheit aussteuert. Ich denke, wir haben gelernt – das zeigt sich ja am Beispiel Wien –, daß wir nicht darum herum kommen, das auch wirklich zu tun, was wir schon seit 15 Jahren wissen. Es kann nur darum gehen, auch Wege zu finden, dies zu erreichen.

Frau Schmidt-Gante: Ich habe vor genau 20 Jahren bei Herrn Bosch in der Frankfurter Klinik gelernt, daß extramurale Planung sich nicht in der Frage erschöpfen kann, ob der richtige Patient im richtigen Bett oder am richtigen Platz ist, sondern daß die Fragen der Flexibilität, Transparenz und der fließenden Übergänge bei diesen Planungen wohl entscheidende Momente sein dürften. In Mannheim verfügen wir über ein fast vollständiges Netz psychosozialer Dienste für den gesamten psychiatrischen Bereich. Ich bin von der Abteilung Gemeindepsychiatrie aus auch mit Koordinationsaufgaben befaßt, und ich kann mir im Augenblick nur schwer vorstellen, wie die geforderte Koordinationsverzahnung verwirklicht werden sollte. Ganz konkret: Wer soll was koordinieren?

Bosch: Ich kann auch keine Patentlösungen anbieten. Wir sind doch weitgehend mit der Forderung nach verbindlichen Gremien irgendwelcher Art gescheitert – in der Enquête stehen sie ja noch und werden auch in ihrer Konstruktion benannt; sie sind aber nirgends in Gang gekommen. Warum solche Gremien nicht verwirklicht wurden, ist ein Kapitel für sich; aber man könnte sie ja anders konstruieren. Ich denke, daß die gegenseitige Abgrenzung bei einer Fülle von Trägern ein nicht gelöstes Problem ist; Herr Rudas hat gut reden, wenn er sagt, er könne sich auch verschiedene Träger vorstellen: Er hat ja nur einen. Wir man dieses Problem lösen kann, weiß ich nicht, denn es ist ja nicht nur ein Streit zwischen Trägern, sondern auch die Abgrenzung der einzelnen Dienste untereinander können inhaltlich nicht so einfach gezogen werden. Denn wenn man so pedantisch wie in der Enquête exklusive Aufgabenbeschreibungen für einzelne Einrichtungen vornimmt, dann liefert gerade dies einen wunderbaren Vorwand, jeweils die Patienten, die man nicht mag, mit solchen Argumenten abzuweisen oder aus der eigenen Institution in eine andere weiterzuverlegen. Das ist wirklich ganz verheerend.

Rudas: Ich kenne die Vielfalt der Leistungsträger sehr gut, weil wir in Wien in einem anderen, sehr wichtigen Bereich, nämlich bei der Altenhilfe, der Heimhilfe, beim Essen auf Rädern und in den Altersheimen und Alterswohnungen durchaus auch dieses Prinzip der Finanzierungsbündelung haben. Da sind fast ausschließlich freie Träger; in unserer Stadt arbeiten 6000 Menschen bei diesen mobilen Diensten, und nur wenige sind bei der Stadt angestellt. Aber einem Träger, der eine bestimmte Aufgabe, mit der er zunächst einverstanden war, nicht erfüllt, wird der Auftrag eben entzogen. Übrigens machen Sie das mit Ihrem privaten Tischler auch. Sie bestellen eine Möbelwand und wenn dafür Teile fehlen, kriegt er keinen Auftrag mehr von Ihnen.

Ciompi: Es muß auf den genannten verschiedenen Achsen Verschiebbarkeit nach vorne, nach hinten herrschen, und für viele Patienten ist ein Optimum an Autonomie anzustreben, das eben nicht immer auch ein Maximum ist, also nicht der Zielpunkt der ganzen Achse, sondern irgendwo dazwischen und wechselnd, je nach Entwicklung seiner Autonomie und der Krankheit des Einzelnen.

In diesem Zusammenhang möchte ich das Prinzip der Entkoppelung der verschiedenen Achsen, das Herr Rudas genannt ist, sehr hervorheben. Wir sind nämlich durch ein allzu medizinisches Denken daran gewöhnt, daß eine psychopathologische Verschlechterung obligat die ganze Maschinerie von anderen Maßnahmen in Gang bringen muß, und das halte ich für völlig falsch. Es ist z. B. durchaus möglich, daß einer mit einem recht massiven Wahnsystem in der Gemeinschaft ganz gut funktioniert und überhaupt keine Behandlung und keine wie auch immer geartete Maßnahmen nötig hat. Wir dürfen also nicht einfach alle Psychotherapie unbedingt bis zum letzten wegbehandeln wollen.

Ich wollte aber noch auf die Frage der Koordination eingehen: Worin besteht denn eigentlich der *„Leim“* in dieser Vielfalt von Stellen und Subfunktionsbereichen, welche da zusammenarbeiten müssen? Dies ist ein sehr schwieriges Problem. Wir haben in Bern schließlich ein Prinzip gefunden, das mir eigentlich recht brauchbar scheint: Jeder Langzeitpatient braucht unserer Erfahrung nach zumindest eine Person, die über lange Zeit immer für ihn da ist. Eine verläßliche Person, einen Langzeittherapeuten. Das kann ein niedergelassener Arzt sein, das kann ein Arzt aus irgendeiner psychiatrischen Institution sein, es kann ein Sozialarbeiter sein oder ein Angehöriger einer anderen Berufsgruppe. Dieser Langzeittherapeut – einer, und nicht sieben! – sollte der Koordinator sein, und alle anderen, die mit dem Patienten zu tun haben, sollten sich diesem Koordinator unterordnen. Das versuchen wir jetzt durchzusetzen; es ist nicht ganz leicht, aber es ist kein schlechtes Prinzip.

Nach unserer Erfahrung wird die Aufgabe des Langzeittherapeuten und koordinierenden Arbeitspartners am besten einem sozialpsychiatrischen Ambulatorium zugeordnet. Denn das Verbinden sowohl mit den Angehörigen, mit den Arbeitgebern, mit den Leuten im selben Block und die Koordination der Gesamtbetreuung obliegt ohnehin meistens diesem Ambulatorium. Es sollte also eine Art von Drehscheibe sein. Es sollte aus Dreierequipen bestehen: Arzt, Sozialarbeiter und Psychiatrieschwester/-pfleger, die mobil sind, Hausbesuche machen, Kontakte mit den Patienten und mit den Angehörigen aufrechterhalten. Solche Teams können die Patienten auch durch Krisenintervention zu Hause, durch Organisation von Gemeindeschwestern, durch Essen auf Rädern und alle möglichen anderen Dienste stützen.

Schließlich noch ein Wort zum heißen Eisen des Verhältnisses eines solchen Ambulatoriums oder Dienstes zu den niedergelassenen Nervenärzten. Es wird immer gesagt, es sei problematisch, schwierig, das gehe nicht. Wir haben eine ganz andere Erfahrung. Es ist dann nicht problematisch, sondern geht recht gut, wenn jeder das tut, was er kann: Der niedergelassene Arzt liefert die Kontinuität und damit oft auch die nötige Koordination. Wir dagegen liefern die Sozialleistungen und die Infrastrukturen – und arbeiten auf diese Weise gut zusammen. Wir hatten keine wesentlichen Spannungen.

Reisig: Herr Rudas, Sie haben berichtet, daß Sie in Wien praktisch eine Sektorisierung der Stadt durchgeführt haben, wobei die Verantwortlichkeit für die Versorgung im Sektor bei der stationären und der ambulanten Equipe liegt. Sie haben damit sozusagen einen psychiatrischen Sicherstellungsauftrag für diese Region, und Sie können sich dem nicht entziehen. In der Bundesrepublik hätten wir ähnliche Möglichkeiten, wenn wir die Änderung des Paragraphen 368 n Abs. 6 RVO – also die Berechtigung, Institutsambulanzen einzurichten – konsequent auch für psychiatrische Abteilungen an Allgemeinkrankenhäusern nutzen könnten. Leider ist diese Berechtigung im Falle psychiatrischer Abteilungen an die Bedarfsprüfung der Kassenärztlichen Vereinigungen geknüpft, die damit entscheiden können, wo eine Ambulanz an einer Abteilung notwendig ist und wo nicht. Wie haben Sie in Wien dieses Problem gelöst?

Crefeld: Ich komme noch einmal auf die Koordination der einzelnen Patientenbetreuung zu sprechen, in welchem Zusammenhang von case-management und von dem „Leim" die Rede war, der die einzelnen Behandlungselemente verbinden soll. Gerade in den für Sozialpsychiatrische Dienste typischen Betreuungsfällen, in denen oft kein Angehöriger für elementare Koordinationfunktionen vorhanden ist, ergäbe sich hier ein wichtiges Instrument zur Verhinderung von Fehlplazierungen. Relativ unproblemantisch mag eine solche Fallkoordination von einer Universitätseinrichtung wie in Bern, Berlin oder Maastricht aus bewerkstelligt werden, die in ihrer Versorgungsregion entsprechendes Prestige und zugleich – als sozialrechtlich institutionalisierte Einrichtung – auch die notwendige Verfügungsmacht besitzt. Doch das sind Ausnahmesituationen, nicht übertragbar auf die Lage der meisten Sozialpsychiatrischen Dienste. Für diese ist mir auch nach fünf Jahren Praxis dort immer noch schleierhaft, wie sie – ohne sich etwas vorzumachen – solche Koordinationsfunktionen mit einer realistischen Aufwand-Erfolg-Relation wahrnehmen können.

Therapeutische Empfehlungen werden aus einer Universitätseinrichtung von anderen Ärzten sicher eher zur Kenntnis genommen. Und wenn eine Universitätspoliklinik eine bestimmte Medikamentenverordnung aus der Kenntnis des Einzelfalls für sehr wichtig hält, braucht sie nicht in den Praxen vielbeschäftigter Nervenärzte zum antechambrieren, die mit solchen Empfehlungen – selbst wenn sie den Patienten überhaupt nicht kennen – allzu leicht ihre nervenärztliche Kompetenz in Frage gestellt sehen. Als Sozialpsychiatrischer Dienst muß man sich dagegen von anderen Gesundheitseinrichtungen in unserer im wesentlichen sozialrechtlich verfaßten bundesdeutschen Versorgungslandschaft regelmäßig nach der Legitimation fragen lassen, bei Behandlungsfragen überhaupt mitreden zu dürfen. Entscheidungskompetenzen und Kommunikationsweisen (etwa in Gestalt von Kassenformularen) werden in unserem Gesundheitswesen im wesentlichen über das Sozialgesetzbuch bzw. die Reichsversicherungsordnung definiert. Da kommt aber der Sozialpsychiatrische Dienst gar nicht vor. Manche Stelle würde auch durchaus kooperationsgeneigter, wenn man sich ihr gegenüber des Schlüsselworts „behandelnder Arzt" bedienen könnte, doch das steht einem Sozialpsychiatrischen Dienst faktisch nicht zu, wenn jemand anderer den Kassenschein besitzt – also wirkt man eher als ein Unruhestifter, der dem „behandelnden Arzt" offenbar ins Handwerk pfuschen will. In den meisten Köpfen ressortiert nicht ohne Grund der Sozialpsychiatrische Dienst als Ordnungsbehörde, die bei Fragen der Behandlung eines Patienten die Klappe zu halten hat und der gegenüber man tunlichst seine Verschwiegenheitspflicht wahrt, solange es nicht um Zwangsmaßnahmen geht. Die größten Kooperationsschwierigkeiten ergeben sich oft bei jungen Krankenhausärzten mit ihrer Unerfahrenheit und ihrer Arroganz gegenüber klinikfernen Einrichtungen, so daß ihnen selbst die langjährige Erfahrung eines Hausarztes mit einem Patienten Hekuba ist. Auch die Praxis wöchentlicher Besuche des Sozialpsychiatrischen Dienstes in der Klinik vermögen viele von ihnen nicht von der Perspektive abzubringen, daß alles außerhalb der Klinik nicht mehr als die unmaßgebliche Peripherie des Geschehens darstellt.

Seit Jahrzehnten schreibt einer vom anderen ab, die Gesundheitsämter bzw. Sozialpsychiatrischen Dienste würden in schwierigen Fällen die Koordination der Betreuung versorgen. In der Realität bleibt dies an den meisten Orten magisches Wunschdenken. Wenn Mitarbeiter eines Sozialpsychiatrischen Dienstes sich monate- oder jahrelang erfolgreich um das Wohl eines chronisch Kranken gekümmert haben, hindert das unerfahrene Stations- oder Aufnahmeärzte nicht, mit einem Federstrich alles zunichte zu machen. Hat man einem Langzeitkranken endlich wieder mehr Eigenverantwortlichkeit vermittelt, schafft sich ein zufällig befaßter Arzt das Problem vom Hals, indem er eine Entmündigung initiiert. Bittet man einen Kassenarzt um eine Arbeitsunfähigkeitsbescheinigung zum Schutz des Arbeitsplatzes eines vorübergehend psychotischen Patienten, tätigt der, wenn man Pech hat, statt dessen eine Krankenhauseinweisung. Hat man keinen Transportschein für einen Krankenwagen, muß man dem Fahrer dreimal gut zureden – oder zwei Stunden mit seiner Verwaltung verhandeln, wie auch schon geschehen. Hat man einen Alkoholkranken von der Notwendigkeit einer Entgiftungsbehandlung überzeugt, redet der für die Krankenhaus-Einweisung nun einmal notwendige Kassenarzt ihm diese wieder aus und verordnet stattdessen Distraneurin. Wie soll ein Sozialpsychiatrischer Dienst den „Leim" oder das case-management praktizieren, wenn er im „Grundgesetz" unseres bundesdeutschen Gesundheitswesens, der Reichsversicherungsordnung, überhaupt nicht vorkommt, ihm jegliche sozialrechtlich operationalisierte Verfügungsmacht fehlt und er in der Prestigeordnung medizinischer und sozialer Dienste meist ganz weit unten angesiedelt ist (sicher nicht ohne gewichtigen Grund haben die Wiener Psychosozialen Stationen einen „Chefarzt")?

Hutter: Ich möchte zwei meiner Ansichten nach unzureichenden Fokussierungen widersprechen. Wenn man beschreibt, da die Sozialpsychiatrischen Dienste in der Bundesrepublik mehrheitlich fast nur noch hoheitliche Aufgaben haben, daß sie kaum Behandlungen und fast nur noch soziale Betreuung durchführen, dann kommt mir das wie ein offener Brief der Krankenkasse an die Versicherten vor, der ungefähr so aussieht: „Obwohl wir einige Millionen Brillenfassungen ausgeteilt haben, können wir nunmehr nachweisen, daß trotz unserer Bemühungen die Versicherten immer noch nicht besser sehen; wir ziehen deswegen die Brillenfassungen wieder ein" – seit Jahren kämpfen die Sozialpsychiatrischen Dienste um eine bessere Ausstattung, um mehr Möglichkeiten, die bewährten und erprobten Arbeitsformen auch anzuwenden, und nun wird den Sozialpsychiatrischen Diensten gesagt: Genau das habt ihr nicht gemacht und deswegen können wir künftig auf sozialpsychiatrische Dienste in dieser Form verzichten. Das wäre der erste Punkt.

Der zweite Punkt betrifft die Versorgungssituation. Es wurde von der Gefahr eines Zuviels an psychosozialer Versorgung bzw. auch des Zuviels an Einrichtungen gesprochen. Es mag stimmen, daß in Heidelberg gewissermaßen zuviele Fonduebestecke vorgehalten werden, im Sinne von niedergelassenen Psychotherapeuten. Ich habe aber den Eindruck, daß in den meisten ländlichen Regionen noch nicht einmal die ambulanten Tische da sind, an denen gegessen werden könnte. Wir sollten aber nach all diesen Jahren der Psychiatriereform in der Bundesrepublik doch endlich anerkennen, daß mittlerweile schon viel erprobt worden ist und daß gerade in den schwach strukturierten Gebieten endlich eine Regelversorgung einsetzen müßte, die das, was erprobt und bewährt ist, endlich einmal in die Praxis umsetzt.

Thomsa: Zur grundlegenden Verbesserung insbesondere der außerstationären psychiatrischen Versorgung erscheint mir u. a. die Schaffung eines inhaltlichen sowie finanziellen Orientierungsrahmens, über den politisch entschieden und beschlossen werden muß, unverzichtbar. Umgesetzt werden müssen die Vorgaben natürlich vor Ort, in der Region, wobei den Kommunen bei der Psychiatrieplanung und Durchführung notwendiger Maßnahmen künftig mehr Kompetenzen als bisher einzuräumen sind.

Außerdem bleibt abzuwarten, ob durch die in verschiedenen Bundesländern in Vorbereitung befindlichen neuen Gesundheitsgesetze die Voraussetzungen für einen effektiven, öffentlichen Gesundheitsdienst und damit u. a auch für den Aufbau einer umfassenden, an den Bedürfnissen der Betroffenen orientierten gemeindenahen Psychiatrie geschaffen werden. Besonders die Gesundheitsämter und deren Sozialpsychiatrische Dienste haben aus meiner Sicht spezifische, vorwiegend ganzheitlich-sozialpsychiatrisch ausgerichtete Versorgungs- und Betreuungsangebote hauptsächlich auch für die sogenannten Problemgruppen zu entwickeln, einzurichten sowie mit den Einrichtungsträgern abzustimmen.

Kruckenberg: Der Kern der Psychiatriereform ist meines Erachtens die Aufgabe, die Kontinuität der Verantwortlichkeit für die Langzeitpatienten in jeder Situation und zu jedem Zeitpunkt sicherzustellen. Dies ist allerdings unter den gegebenen strukturellen Bedingungen sehr schwierig zu verwirklichen. Wir können nur improvisieren. Ich will ein paar Beispiele für unsere Bremer Versuche, sinnvoll zu improvisieren, kurz nennen. Zum einen sind die Mitarbeiter des Sozialpsychiatrischen Dienstes rund um die Uhr die hauptsächlich und auf Dauer Verantwortlichen für die Langzeitkranken in unserer Region; dem sollen sich alle anderen unterordnen. Dazu gehört auch die Kooperation mit den niedergelassenen Nervenärzten, die ja für die Behandlung zuständig sind. Mit einer Kollegin in Bremen klappt diese

Zusammenarbeit sehr gut, und es gibt kaum Probleme. Bei den anderen Kollegen ist es sehr unterschiedlich. Aber deren Behandlungsauftrag ist eben nicht verbindlich und nicht einplanbar, nicht rund um die Uhr einzufordern; von daher hat der Sozialpsychiatrische Dienst flächendeckend eine wichtige Funktion.

Zum zweiten gilt dasselbe Kooperationsgebot auch für die Klinik. Die Klinik hat die Aufgabe, vorübergehend als Hintergrund, als schützender und fördernder Raum zur Verfügung zu stehen, aber sie hat letztlich nur eine kleine Bedeutung in der Lebensentwicklung des Patienten; das müssen wir in der Klinik akzeptieren. Günstig in Bremen ist meines Erachtens, daß im Leitungskollegium des Sozialpsychiatrischen Dienstes die Klinik und die anderen sozialen Dienste repräsentiert sind. Damit besteht die Möglichkeit, aus dem Sozialpsychiatrischen Dienst auch in die Klinik rückzuwirken und umgekehrt die Zusammenarbeit auch strukturell sichern zu können, indem regelmäßiger Austausch – durchaus auch mit Druck – angeordnet werden kann.

Der schwierigste Punkt beim notwendigen Ausbau der komplementären Dienste ist gegenwärtig in der Bundesrepublik, wie man die freien Träger in die Kooperation einbezieht, sofern sie sich von sich aus nicht eigenverantwortlich einbringen. Versuche, Kooperationsverträge mit einzelnen Einrichtungen, der Klinik, den Sozialpsychiatrischen Diensten, Heimen usw. zu schließen, wonach man sich auch über die Verantwortlichkeit für den einzelnen Klienten in jeder Situation notfalls zusammensetzt und in denen eine Einigungspflicht festgelegt ist, haben bei uns sehr geholfen, sind aber erst vereinzelt zustande gekommen. In Bremen versuchen wir jetzt – und da sind wir ein Stück weiter –, die Trägervielfalt einzugrenzen. Dabei sollen die Träger sich zunächst freiwillig ihren Schwerpunkten regional zuordnen und eine Art regionaler Verantwortlichkeit übernehmen. Wir sind jetzt dabei, erstmals Verträge mit den freien Trägern zu schließen, wonach diese regionale Verantwortlichkeit übernehmen und ihre Arbeit mit der Klinik und dem Sozialpsychiatrischen Dienst zusammen abstimmen. Das ist meines Erachtens ein Schritt auf dem richtigen Weg.

Bosch: Es gibt sicherlich verschiedene Formen des regionalen „Leims“. Man kann die Institutionen leimen, und man kann das patientenbezogene Arbeiten versuchen zu leimen. In Charlottenburg ist in der Tat eine psychosoziale Arbeitsgemeinschaft durch äußersten Eifer ihrer Mitarbeiter dazu gekommen, einen echten Einfluß zu gewinnen. Aber das ist schon in Berlin eine ungewöhnliche Situation, und Berlin ist gegenüber der Bundesrepublik auch deshalb ganz ungewöhnlich, weil der Gesundheitssenator per Dekret verlangt hat, daß in jedem Bezirk eine psychosoziale Arbeitsgemeinschaft gegründet werden muß.

In der Abteilung für Sozialpsychiatrie sind jeweils zwei Leute als Bezugstherapeuten – ein Arzt, ein Sozialarbeiter oder eine Krankenschwester – für jeweils einen Patienten zuständig, ganz egal, ob er sich nun in der Ambulanz, in der Werkstatt, im Treffpunkt, in der Kontaktstelle, in der Tagesklinik, Nachtklinik oder im Wohnheim befindet. Aber diese konstante Zuständigkeit hört bei uns an den Grenzen des eigenen Instrumentariums auf; es ist äußerst schwierig, eigene Zielvorstellungen noch durchzusetzen, wenn man Patienten z. B. in eine Fremdinstitution vollstationär zurückverlegen muß; wenn man da Pech hat, kann man sich nicht einmal auf der ärztlichen oder oberärztlichen Ebene mehr verständigen, weil dort ganz anders gedacht wird – das ist das Stichwort von Herrn Crefeld: Die Klinik weiß es immer besser. Auf der anderen Seite ist es auch mit den niedergelassenen Nervenärzten kompliziert. Wir müssen sehr achtgeben, wenn wir einen Patienten an einen niedergelassenen Kollegen abgeben, daß wir dem nicht sozusagen vorschreiben, was er nun machen soll. Das kann man nur ganz vorsichtig andeuten, besser mündlich als schriftlich. Doch die Zusammenarbeit mit niedergelassenen Nervenärzten klappt im allgemeinen sehr gut mit den Kollegen, die früher bei uns in der Abteilung mitgearbeitet haben. Sie ist aber sehr schwierig mit solchen Ärzten, die praktisch kaum Notiz davon genommen haben, was es so alles gibt – allenfalls Notiz in Form der Angst, die im Verband verbreitet wird, es würden sich dort Konkurrenzsysteme entwickeln.

Mit der Forderung nach Versorgung durch multiprofessionelle Teams bin ich in jeder Beziehung voll einverstanden; denn wenn man wie in Baden-Württemberg den Sozialpsychiatrischen Diensten die Ärzte wegnimmt, gerät man in die Gefahr, den sozialen und den medizinischen Bereich zu sehr auseinanderzudividieren. Man kann meine Erachtens auf die Sozialpsychiatrischen Dienste nicht verzichten. Im Gegenteil, man sollte sie nicht amputieren. Eine andere Frage ist die der Behandlungskompetenz solcher Dienste: In Berlin hat man den sozialpsychiatrischen Diensten, die ja vortrefflich ausgestattet sind, vor einigen Jahren von der Gesundheitsfachverwaltung aus explizit die Behandlungsberechtigung bis hin zur Medikation angeboten, und sie haben bei einer entsprechenden Umfrage alle dieses Angebot abgelehnt. Ich denke, daß diese Frage auch innerhalb der Sozialpsychiatrischen Dienste sehr unterschiedlich bewertet wird. – Ein Zuviel an Diensten gibt es natürlich nur in Ballungsräumen, aber dort kann dies zu einem ähnlichen Problem werden, wie in ländlich/kleinstädtischen Räumen die Tatsache, daß es zuwenige Dienste gibt, mit der Gefahr, daß dort nur bestimmte Gruppen bedient und die anderen vernachlässigt werden.

Rudas: Ich denke, daß es die Aufgabe einer jeden Region ist, den notwendigen Leim zu finden. Ich weiß nicht, ob es einen General-Leim, einen Alleskleber gibt. Ich glaube, daß es eine der wichtigsten Aufgaben einer Region ist, ihren speziellen funktionellen Leim zu finden. Zur Frage der Zusammenarbeit mit den niedergelassenen Nervenärzten: In Wien haben wir etwa 200 niedergelassene Nervenärzte – in Österreich gibt es nur das Doppelfach, jeder Neurologe ist auch Psychiater und umgekehrt –, d. h. je 7500 Menschen haben einen Nervenarzt. In den letzten 10 Jahren hat sich diese Zahl auf den heutigen Wert verdoppelt, und die Versorgung einer kleinen Gruppe von Patienten ist dadurch eben *nicht* besser geworden. Die Versorgung von sehr vielen großen Gruppen von Menschen ist damit wesentlich verbessert worden; es zeigt sich nur, daß die Patienten, an die wir unsere Angebote richten, von dieser Vermehrung der niedergelassenen Ärzte im wesentlichen nicht profitieren konnten. Ich darf noch eine österreichische Besonderheit anmerken: Nur ein Drittel der niedergelassenen Nervenärzte hat einen Kassenvertrag, die anderen zwei Drittel werden frei vom Patienten honoriert, obwohl wir zu hundert Prozent krankenversichert sind. Wenn ich also will, daß die Kasse bezahlt, dann muß ich zu einem Kassenarzt gehen, und das sind nur ein Drittel der niedergelassenen; wenn ich selber zahle, kann ich mir den Arzt frei aussuchen.

Zur Frage des Sicherstellungsauftrages – bei uns ist das Bundesland letztlich verantwortlich für das Sanitätswesen, wie das bei uns heißt. Wir haben keine Kassenärztlichen Vereinigungen; über Bedarf und Notwendigkeit in der gesundheitlichen Versorgung entscheidet die Landesregierung. Das erklärt sehr vieles und ist eine Vorgabe, mit der ich sicherlich glücklich bin. Denn unsere Wiener Einrichtungen sind nach dem Krankenanstaltengesetz auch selbständige Krankenanstalten und haben deshalb natürlich volles Behandlungs- und Medikationsrecht. Wir haben aber keinerlei behördliche oder hoheitliche Aufgaben, denn wir sind keine Behörde, sind nicht mit einer Ausstülpung oder einer Unterabteilung eines städtischen oder eines Landesgesundheitsamtes vergleichbar.

Es wurde auch die Frage angesprochen, was der Kern der Reform ist – ich glaube, der Kern der Reform ist ihre Durchführung.

III. Schluß

Strukturwandel als Problem der Koordination und Steuerung – grundsätzliche Fragen zur Entwicklung regionaler Verbundsysteme

C. Kulenkampff

Es ist wohl nicht ernsthaft zu bestreiten, daß während der vergangenen zehn Jahre hierzulande auf dem Felde der Weiterentwicklung psychiatrischer Versorgung in globaler Betrachtung nach wie vor Fortschritte erzielt worden sind. Zwar sind die turbulenten Zeiten vorüber, und von der anfänglichen erregten Aufbruchstimmung sind nur noch Reste spürbar geblieben. Das Thema Psychiatrie hat in der Öffentlichkeit viel von seiner skandalumwitterten Exotik verloren und ist zu einem offensichtlich fortdauernden Bestandteil des politischen Alltags geworden. Damit hängt es wahrscheinlich zusammen, daß manche Leute meinen, die Psychiatrie-Reform sei abgeschlossen, versandet oder überhaupt gescheitert. Ansichten dieser Art halte ich mit dem Blick auf die Tatsachen für verfehlt. In welchem Sinne freilich das, was geschehen ist und noch weiter geschieht, als Reform zu bezeichnen wäre, ist eine Angelegenheit, über die man zu verschiedenen Meinungen kommen kann. Sicher ist zunächst, daß praktisch alle Versorgungssektoren in Bewegung geraten sind. Es ist nicht meine Aufgabe, hier noch einmal die Einzelheiten aus dem Ablauf der vergangenen Dekade darzulegen. Soviel läßt sich indessen generell festhalten: Überall – auch in anderen Ländern – ist seit den siebziger Jahren die Bettenkapazität der psychiatrischen Krankenhäuser z. T. erheblich reduziert worden. Zugleich stiegen die Aufnahmezahlen und sanken die Verweildauern. Inzwischen hat sich die Abschmelzkurve deutlich erkennbar abgeflacht, und es gibt hier und da Anzeichen für eine Tendenz, daß sie eher wieder leicht anzusteigen beginnt. Die Gründe hierfür können nicht komplett wiedergegeben werden. Der steigende Anteil psychisch Alterskranker und Suchtkranker bei den Aufnahmen, wahrscheinlich auch ökonomische Faktoren, spielen eine Rolle. Auf der anderen Seite wurde unverdrossen entlang der Kernforderungen des Enquête-Berichtes und seiner Prioritätensetzung am Aufbau ambulanter, teilstationärer, komplementärer und rehabilitativer Dienste und der Errichtung psychiatrischer Abteilungen in Allgemeinkrankenhäusern gearbeitet. Hierbei ist die Vorstellung leitend, daß durch Dezentralisierung und auf kommunale Gebietskörperschaften bezogene Regionalisierung der Versorgung die Rate unnötiger Hospitalisierungen gesenkt und eine „normalisiertere", humanere Psychiatrie auf den Weg gebracht werden könne.

Im Zuge dieses Umschichtungs- oder Umverteilungsprozesses sind auf kommunalem Terrain naturgemäß langfristig psychisch Kranke oder seelisch Behinderte vermehrt sichtbar geworden. In welcher Weise dieser Gruppe adäquat zu begegnen sei, mußte die gemeindeorientierte Psychiatrie daher in zunehmendem Maße bewegen – ja, wurde alsbald zum Schwerpunkt ihrer Versorgungsstrategien: Was soll mit den nach langer Zeit, oder immer wieder stationär aufgenommenen und rasch entlassenen, mit den schließlich sozial desintegrierten, mit gefährdeten, vom Rückfall bedrohten psychiatrisch Kranken und Behinderten in den Gemeinden eigentlich sinnvoll geschehen? Dem unsicheren Ausgangspunkt, von welchem hier eine solche Frage gestellt wird – wir kennen weder die genauere Zusammensetzung, also den jeweilig differenzierten Versorgungsbedarf dieser Population, noch ihren quantitativen Umfang jenseits der Krankenhausstatistiken präzise –, steht eine ziemlich verwirrende Vielfältigkeit der Angebotsseite im kommunalen Feld gegenüber. Dort finden sich – ungleichmäßig verteilt – Institutionen teils herkömmlicher, teils eher experimenteller Art von der Praxis des niedergelassenen Arztes, von Institutsambulanzen, sozialpsychiatrischen und psychosozialen Diensten, was auch immer unter dem Sammelbegriff „Kontaktstelle" zu subsumieren ist, Clubs, über Tageskliniken, Tagesstätten, Trainingszentren, spezialisierten Werkstätten für seelisch Behinderte oder Abteilungen derselben, beschützten Arbeitsplätzen, Selbsthilfefirmen bis hin zu Übergangsheimen bzw. -einrichtungen, Wohnheimen und betreuten Wohngruppen oder Wohnungen. Es ist ein Irrtum zu glauben, diese Einrichtungen stünden funktionell säuberlich geordnet und nahtlos miteinander verknüpft auf dem Behandlungsweg zur Wiedereingliederung, zur Rehabilitation im weitesten Sinne, man könnte auch sagen: zur Ermöglichung individuell zugeschnittener Lebenswelten und ihrer Stabilisierung. Vielmehr bilden sie vielerorts ein mehr oder weniger wildwüchsig entstandenes Konglomerat, in welchem das funktionale Zusammenspiel auf Partialgebiete beschränkt oder überhaupt weitgehend Zufälligkeiten überlassen bleibt. Das mag in offenkundig unterversorgten Gegenden zunächst hinzunehmen sein: Man ist froh, daß sich überhaupt etwas zu entwickeln beginnt. Inzwischen haben sich aber eine ganze Anzahl von Regionen gelegentlich sozusagen bis zum Rande aufgefüllt – im Zusammenhang mit den Modellprogrammen, aber auch außerhalb derselben. Auf diesem Hintergrund werden Überlegungen struktureller Art mehr und mehr aktuell.

Ich gehöre nicht zu denjenigen, die dazu neigen, sich eine abgerundete Versorgung in Analogie zu einer Kette oder einem Netz vorzustellen, wobei das jeweilige Glied oder der Knoten einem Institutionstyp zugeordnet wird. Zu leicht entwickeln sich dann Phantasien, nach denen derart genormte Versorgungsketten oder -netze über das ganze Land auszuspannen wären. Realistischer, flexibler, den verschiedenen lokalen Bedingungen adaptierbarer scheint es mir, von Funktionen auszugehen, die institutionsdurchdringend oder -übergreifend festgemacht werden können. Gleichviel allerdings, ob nun strikt Einrichtungs-bezogen oder funktionell gedacht, in gewissem Umfang werden wohl immer Rehabilitationsprozesse über längere Strecken durch Abstufungen – also Maßnahmewechsel – charakterisiert sein. Insofern entstehen notgedrungen kritische Übergänge zwischen einzelnen Abschnitten auf dem Weg zur Besserung, Heilung und Wiedereingliederung. Wir sind gewohnt, derartige Übergänge mit Verweisungen des Kranken oder Behinderten gleichzusetzen: Er wird von einer Stelle zur nächsten geschickt. So kommt der Patient etwa nach Abschluß der stationären Behandlung in eine Tagesklinik, wird von dort dem niedergelassenen Arzt zurücküberwiesen, welcher vielleicht den örtlichen sozialpsychiatrischen Dienst einbezieht, der ihm den Besuch einer Kontaktstelle empfiehlt. Oder es tritt der Fall ein, daß die Frist in der Übergangseinrichtung abgelaufen ist – dann muß der Kranke gegebenenfalls in ein Wohnheim umziehen, und er wird erneut die Sachen packen, wenn er seinen Platz in einer Wohngruppe gefunden hat, welche von Sozialarbeitern betreut wird, die ihm unbekannt sind. Schließlich wird er rückfällig und taucht wieder in irgendeiner Station der zuständigen Klinik auf. Es ist klar, daß dieses fortwährende Herumwandern und Herumgeschickt-Werden der Patienten die Kontinuität der Behandlung und Betreuung beständig unterbricht – ein Sachverhalt, der sich bei vielen Kranken therapeutisch nachteilig auswirken kann. Diese Situation hängt damit zusammen, daß die Betreiber – worauf KUNZE kürzlich zu Recht hingewiesen hat – dem Druck der Kostenträger folgend, die Schaffung maßnahme-homogener Einrichtungen bevorzugen. Ich werte es durchaus positiv, vielleicht schon als ein Anzeichen eines beginnenden, noch ungesteuerten Strukturwandels, daß die regionale Praxis hier und da versucht, sich über diese Kostenträger-induzierte Fragmentierung hinwegzusetzen. Vor Ort im kommunalen Raum erfahren die Einrichtungen nämlich mit besonderer Eindrücklichkeit, daß der psychisch Kranke oder Behinderte mehrerer Hilfsformen gleichzeitig oder zumindest in nahtlosem Wechsel bedarf. Technisch ausgedrückt heißt dies, daß für diese seelisch Behinderten eine dem geltenden Ordnungsschema entgegenstehenden Verschränkung von medizinischer, beruflicher und sozialer Rehabilitation erforderlich ist.

So beginnen viele extramurale Einrichtungen ihre Aktivitäten auszuweiten: Kontaktstellen differenzieren ihre Programme intern aus, schaffen Beschäftigungs- oder Arbeitsmöglichkeiten, gründen Wohngruppen, betreuen sie; ein sozialpsychiatrischer Dienst unterhält einen Secondhandshop mit offenem Mittagstisch, eine mittelstädtische Einrichtung kombiniert Wohnangebote mit Arbeitsplätzen, einer kleinen Tagesklinik, ambulanter Nachsorge und Notfalldienst – um nur kurz ein paar Beispiele zu nennen. Zwar zeigen sich so Ansätze zu einer Flexibilisierung und damit verbunden einer Konvergenz der Hilfeangebote, aber diese Entwicklungen bleiben doch aufs Ganze gesehen, so scheint es mir, vorerst punktuell, oder auf einzelne Subregionen beschränkt.

Offensichtlich stößt nunmehr der sich am qualitativen Bedarf ausrichtende Wachstumsprozeß von so etwas wie kommunaler Psychiatrie an eine Grenze. Diese Grenze läßt sich markieren einerseits durch die Konfrontation mit der geltenden Systematik sozialer Sicherung, welche sich in dem verwikkelter werdenden Verhältnis zwischen Leistungsträgern und Betreiberseite manifestiert, andererseits durch die wachsenden Probleme mangelnder Kooperation, Koordination und Steuerung. Beide Aspekte hängen eng miteinander zusammen. Zunächst wird man sich erneut vergegenwärtigen müssen, daß die bundesrepublikanische Versorgungslandschaft durch eine exzessive Trägerpluralität gekennzeichnet ist, deren strukturelle Eigenart wir zu guten Teilen der Anwendung des Subsidiaritätsprinzips verdanken. Viele, wenn nicht überhaupt die meisten der hier zur Rede stehenden Einrichtungen der Gemeinden werden bekanntlich von freien Trägern betrieben, oft von eigens zu diesem Zweck gegründeten Vereinen oder Gesellschaften, die ihrerseits einem der fünf großen Verbände der freien Wohlfahrt angehören. Der Vielzahl von Einrichtungsträgern stehen im gegliederten System der sozialen Sicherung Blöcke von Leistungsträgern gegenüber, die sich über komplizierte Zuständigkeitsregelungen scharf voneinander abzugrenzen trachten. Ihnen obliegt es, die erbrachten Leistungen, wenn sie denn ihrem jeweiligen Katechismus einzuordnen sind – und darüber bricht bekanntlich mancherlei Streit aus –, aufgrund von Rechtsansprüchen der Hilfeempfänger oder sich ergebenden Ermessensspielräumen zu bezahlen. In diesem sozialrechtlichen Dickicht ist es bekanntlich schwer, eine flexible, maßnahmeübergreifende, strukturell bedarfsgerechte Gemeindepsychiatrie zu verwirklichen. Die Entwicklung in den Regionen wird dabei häufig durch Interessengegensätze der vielfach Beteiligten verformt. Kostenträger drängen auf eine betriebswirtschaftlich rentierliche Größe der Einrichtungen. Dominiert dieser Gesichtspunkt, kann es vorkommen, daß etwa Alters-, Pflege-, Übergangs- oder Wohnheime, bezogen auf den quantitativen Bedarf der Region, überdimensioniert ausfallen. Fehlplacierungen sind die Folge: Wohnortfremde Personen müssen zusätzlich aufgenommen werden. Versucht man dagegen über die schon erwähnte Ausweitung der Aktivitäten, durch Integration verschiedener Hilfsformen unter einem Trägerdach sowohl eine wirtschaftliche Größe, als auch das örtlich Notwendige zu erreichen, muß die elende Auseinandersetzung mit mehreren Kostenträgern in Kauf genommen werden. Nicht jeder bringt auf diesem Felde die erforderliche Phantasie mitsamt einem gehörigen Organisationstalent mit. So bleibt manches unfertig, im Ansatz stecken, oder wird erst gar nicht angepackt. Auf der anderen Seite ist zu registrieren, daß sowohl freie Trägervereine, als auch die Wohlfahrtsverbände selbst meist ohne Berücksichtigung aller anderen Anbieter in der Region auf den Markt drängen, um sich gemäß ihres Konzeptes eine zu diesem passende Scheibe aus dem Nachfragekuchen herauszuschneiden. Dabei ist nach aller Erfahrung sehr wahrscheinlich, daß jeder Betreiber mit seinem Konzept, wenn es denn nicht allzu hirnrissig ist und in der Nachbarschaft nicht andere das gleiche vorhaben – man sich also auf die Füße zu treten beginnt –, seine Nutzer finden wird. Auf diese Weise reguliert sich das Spektrum regionaler Versorgungsangebote weitgehend nach Marktmechanismen mit deutlichem Konkurrenzverhalten, besonders der Wohlfahrtsverbände, und Abschottung einzelner Einrichtungen oder Einrichtungskomplexe in den von ihnen eroberten oder besetzt gehaltenen Nischen. Dem Partikularismus der Leistungsträger entspricht so der Partikularismus der Einrichtungsträger und -betreiber.

Die Beantwortung der Frage, wie dieser eher funktionshemmende als Kreativität freisetzende allseitige Partikularismus unter den gegebenen Bedingungen sinnvoll zu überwinden sei, ist m. E. eine der entscheidenden vor uns liegenden Aufgaben, soll sich kommunale Psychiatrie sachgerecht fortentwickeln können. Das fängt mit dem Kooperationsproblem an. Wenn es so viel Zusammenarbeit gäbe, wie nachgerade fortwährend, aber vergeblich darüber geredet wird, wären wir ein ganzes Stück weiter. Es ist noch nicht einmal selbstverständlich, daß jeder jeden in der Region kennt. Konkurrierendes Verhalten fördert die Distanz zwischen einzelnen Trägerbereichen. Animositäten können umgehen, weil die Konzepte des einen vom anderen abgelehnt werden. Kurzum: Partnerschaft entsteht offensichtlich nicht von alleine. Sie kann auch nicht auf die Zufälligkeiten von Sympathie oder Freundschaft gegründet werden. Gewiß vermögen die auf gegenseitige Information und Planungsüberlegungen zentrierten psychosozialen Arbeitsgemeinschaften, wenn sie denn überhaupt bestehen und in vernünftige Funktion gebracht worden sind, hilfreich zu sein. Aber der Mangel an Kompetenz, der die Gremien auszeichnet, ihre Größe und ihre gelegentlich zu verzeichnende Labilität führen leicht zu einem Nachlassen der Aktivität, wenn nicht gar zu resignativem Verhalten. Wirkungsvoller wäre es, die Kooperation aus der Ebene der Beliebigkeit in die Ebene der Zweckmäßigkeit zu heben, daß heißt z. B. einen Verbund mindestens der regional beteiligten Träger und Betreiber unter Einschluß der kommunalen Gebietskörperschaft einzurichten, bei dem sich die Beteiligung mit einem definierbaren Eigeninteresse verbindet. Ein solches Eigeninteresse wird aber nur dann zu wecken sein, wenn sich dieser Verbund mit Befugnissen versieht, also wenigstens über Empfehlungen Einigkeit erzielen und entscheiden muß. Es ist klar, daß die Mitwirkung der freien Wohlfahrtsverbände in einem solchen Verbund – welche Form auch immer man ihm geben mag – von ihnen ein Stück freiwilliger Selbstbindung, einen partiellen Verzicht auf volle Souveränität zugunsten eines gemeinsam verantworteten regionalen Bewußtseins abverlangt. Versuche dieser Art gibt es mancherorts, so z. B. in den Städten Herne und Essen, wobei allerdings in letzterer eine entsprechende, durch den Dezernenten inaugurierte Arbeitsgemeinschaft unmittelbar vor ihrer Gründung bezeichnenderweise am Rücktritt der Caritas und Diakonie doch noch – jedenfalls vorerst – gescheitert ist.* Derartige Konstruktionen vorausgesetzt, würde sich das reine Kooperationsmodell natürlich sofort mit Koordinationsinhalt füllen und zu einem Steuerungsinstrument heranwachsen können. Denn worum anders geht es beim Aufbau einer gemeindeorientierten Versorgung, als um Definition von Aufgaben und die bedarfsgerechte Verteilung ebendieser Aufgaben. Erst unter Leuten, die untereinander abgesprochen haben, was sie zu tun gedenken, und so zur Erfüllung der regionalen Versorgungsleistung aufeinander angewiesen sind, kann überhaupt eine sinnvolle Zusammenarbeit entstehen. Als Beispiel dürfte hier die Oberbergische Gesellschaft zur Hilfe für psychisch Kranke

* Inzwischen sind die Verbände der freien Wohlfahrt beigetreten.

geeignet sein. Aus einer Hilfsgemeinschaft im Oberbergischen Kreis hat sich eine GmbH entwickelt, in welche die kommunale Gebietskörperschaft als Gesellschafter integriert ist, und von der fast alle ambulanten und komplementären Dienste in der Region, mit Ausnahme des Alten-Sektors und des psychiatrischen Krankenhauses, getragen werden. Letzteres – in öffentlicher Trägerschaft – ist aber mit der Gesellschaft aufs engste personell verflochten. Ein derartiger Verbund in monochromer freier Trägerschaft garantiert naturgemäß ein hohes Maß an Durchlässigkeit, Flexibilität in der Aufgabenverteilung und der Kooperation aller beteiligten Therapeuten. Wichtig ist ferner die enge Verklammerung der freien Tätigkeit einer Vereinigung mit den politischen und administrativen Strukturen der Kommune. An anderen Stellen treten psychiatrische Krankenhauseinrichtungen selbst meist indirekt über Vereinsbildungen als Betreiber von komplementären Wohnangeboten etwa und Initiatoren von Arbeitsmöglichkeiten im eigenen kommunalen Versorgungsfeld auf: Sie versuchen auf diese Weise, die Fragmentierung der Rehabilitationsstrecke zu überbrücken. Erwähnung finden muß ferner ein originelles Konzept, das der DPWV in Schleswig-Holstein realisiert. Dort wurde die Arbeitsgemeinschaft BRÜCKE als GmbH mit Sitz in Kiel gegründet. Gesellschafter sind psychosoziale Hilfsvereine in einer ganzen Reihe von Gemeinden des Landes, die ihrerseits verschiedene Dienste betreiben. Der so entstehende Verbund von Einrichtungen mit unterschiedlichen Schwerpunkten in den Bereichen Übergangsheime, Wohnheime, Wohngruppen, Tagesstätten, ambulante Betreuung gewährleistet eine enge Zusammenarbeit der Beteiligten, die optimale Abstimmung des Umfangs und der Art der Hilfen auf die örtlichen Erfordernisse.

Ein Wechsel von einer Hilfeform in die andere kann durch den Verbund der einzelnen Einrichtungen ohne gravierende Betreuungseinbrüche stattfinden.

So zu charakterisierende Verbundsysteme auf der Betreiberseite bleiben freilich inkomplett, solange nicht die Leistungsträger beteiligt werden. Denn schließlich muß im Zusammenspiel mit diesen die Finanzierung der jeweiligen Aktivitäten erreicht werden. Wie schwer es ist, zwischen diesen Institutionen auf überregionaler Ebene Einigung zu erzielen, hat die ein Jahrzehnt überdauernde, nervenaufreibende Geschichte der Rehabilitationseinrichtung für psychisch Kranke und Behinderte gezeigt, welche jetzt offenbar in eine Empfehlungsvereinbarung der Bundesarbeitsgemeinschaft für Rehabilitation einmündet. Im Verlaufe eines solchen verwickelten Prozesses entsteht schließlich die diffizile Konstruktion eines Einrichtungstyps, der dann, gleichsam überregional normiert, auf die Gemeindeebene umgetopft, dort praktiziert werden soll. So sehr die Entstehung der Rehabilitationseinrichtung für psychisch Kranke und Behinderte aus Gründen, die hier nicht zu erörtern sind, als Durchbruch zu begrüßen ist – an diesem und ähnlichen Vorgängen wird ein grundsätzliches Strukturproblem deutlich. Es besteht, so meine ich, in der Undurchlässigkeit der überregionalen Leistungssysteme für die regionalen, d. h. gemeindepsychiatrischen Belange. Dort wird man angesichts wechselnder örtlicher Verhältnisse auf Variabilität und flexible Kombinationen verschiedener, den jeweiligen Kostenträgern zuzuordnenden Hilfeangebote auf Dauer angewiesen bleiben. Ich habe immer schon Schwierigkeiten gehabt, mich damit abzufinden, daß den Betreibern am Ort in akrobatischen Akten zugemutet wird, die Umsetzung unstrittiger Konzepte, die in die vorgegebenen Kästchen schwer einzupassen sind, vom Erfolg der Auseinandersetzung mit den Kostenträger-Partnern abhängig machen zu müssen. Eigentlich sollten doch in sachgemäßer Einschätzung der Situation die Leistungsträger selbst kooperative Lösungswege regional gangbar machen können, auf denen Gemeindepsychiatrie nicht letztlich behindert, sondern in ihrer Ausdifferenzierung gefördert werden kann. Strukturbedingte Schwierigkeiten, welche hierbei auftreten, sind mir wohl bekannt: So hat die Organisation einiger überörtlicher Leistungsträger keinen direkten Bezug zur Gliederung des Bundesgebietes in kommunale Gebietskörperschaften; dazu gehören z. B. die Bundesversicherung für Angestellte, die Arbeitsverwaltung, die Rentenversicherung und die Ersatzkassen. Dies war übrigens einer der Gründe, warum die Aufstellung eines regionalen Psychiatrie-Budgets, wie das im Oberbergischen Kreis versucht wurde, so überaus mühsam gewesen ist. Dennoch scheint mir diese Hürde nicht prinzipiell unüberwindbar. Erneut wäre an § 94 SGB X über Arbeitsgemeinschaften zu erinnern – eine vom Gesetzgeber eröffnete Chance, die, soweit ich sehe, bislang nirgends aufgegriffen wurde. Und immerhin gibt es schon heute mancherlei pauschalierte Mischfinanzierungen, die sich regional auswirken. In diesem Zusammenhang ist auf die Richtlinien des Ministeriums für Arbeit, Gesundheit, Familie und Sozialordnung des Landes Baden-Württemberg für die ab 1. 1. 1987 anlaufende Förderung von sozialpsychiatrischen Diensten hinzuweisen. In sehr geschickter Weise, wie ich meine, wird hier die Bewilligung der Fördermittel an die Bildung von Arbeitskreisen bei den Stadt- und Landkreisen gebunden, welche die Gebietskörperschaften dahingehend zu beraten haben, ob sich die von den freien Wohlfahrtsverbänden beantragten sozialpsychiatrischen Dienste in die jeweilige Bedarfsplanung einfügen. Den Arbeitskreisen gehören an: Vertreter der im Kreis tätigen Verbände der freien Wohlfahrtspflege, der Krankenkassen, des staatlichen Gesundheitsamtes, der psychiatrischen Landeskrankenhäuser und anderer an der psychiatrischen Versorgung beteiligter Krankenhäuser sowie der niedergelassenen Ärzteschaft. In einer nachfolgenden Verwaltungsvorschrift zu den Förderrichtlinien wird nahegelegt, in den Arbeitskreisen „auch Bedarfs- und Standortfragen anderer Einrichtungen der außerstationären Versorgung zu beraten, z. B. für betreute Wohngemeinschaften und andere komplementäre Einrichtungen. Soweit dabei die Landeswohlfahrtsverbände (überörtliche Sozialhilfeträger) berührt sind, kann hinsichtlich der jeweiligen Vorhaben deren Beteiligung in Betracht kommen". Zumal auch ein Arbeitskreis mit sehr vielen Beteiligten beim Ministerium selbst, also eine Art konzertierte Aktion auf Landesebene etabliert worden ist, scheint mir, daß sich in Baden-Württemberg tatsächlich verbundartige Instrumentarien zu entwickeln beginnen, die auf längere Sicht geeignet sein können, den sukzessiven Aufbau einer Gemeindepsychiatrie unter initiierenden, planenden und koordinativen Gesichtspunkten voranzubringen. Freilich fehlen in den kommunal verankerten Gremien, wahrscheinlich aus Gründen, die ich schon erwähnt habe, wichtige überörtlich organisierte Leistungsträger wie die Arbeitsverwaltung, die Bundesversicherung für Angestellte und die Rentenversicherung.

Versuchen wir die Summe zu ziehen: Trotz aller Lösungsversuche, aller Vielfalt von Ansätzen, unregelmäßig verteilt über das ganze Land, bleiben die Stimmen, welche nach Übersichtlichkeit in der partikularistisch zergliederten Landschaft unseres Sozial- und Gesundheitswesens, kurz: nach Vereinfachung – wohlgemerkt nicht nach Vereinheitlichung – rufen unüberhörbar. Dies ist auch der Quellpunkt, von dem her der Gedanke an einer Pool-Finanzierung immer wieder neue Nahrung erfährt. Mancher mag auch etwas eifersüchtig auf das Wiener Modell hinüberblicken, weil hier in einem Globalverbund der Einrichtungsträger und Finanziers das Prinzip kommunizierender Röhren zwischen stationären Krankenhausbereich komplementären, teilstationären und ambulanten Diensten beim Aufbau der psychosozialen Versorgung einer Großstadt eindrucksvoll verwirklicht wurde. Lassen wir es offen, ob derlei und ggf. unter welchen Bedingungen auf unsere Verhältnisse übertragbar wäre. Ich habe gelernt, daß die historisch gewachsene, über die Zeiten verfestigte, hierzulande geltende Systematik der sozialen Sicherung ein empfindliches Gebilde ist, an dem man nicht mit leichter Hand herumbasteln kann, ohne Gefahr zu laufen, daß alles oder doch vieles, mit unerwünschten Nebenwirkungen ins Rutschen kommt Dennoch können offenkundige Mängel dieser Systematik und ihrer Praktikabilität mit dem Blick auf die hier zur Rede stehenden Probleme nicht einfach als schicksalhafte Gegebenheit hingenommen werden. Leistungsträger, Kommunen, die freien Wohlfahrtsverbände mitsamt den Betreibern müßten gemeinsam aufs äußerste daran interessiert sein, kooperative Verbundmodelle auf regionaler Ebene umsetzbar und effektiv zu machen, auch um zu demonstrieren, daß die systemimmanente Situation noch nicht ausgereizt ist. Dieser Weg ist nicht nur fachlich legitimiert, sondern sollte bei knapper werdenden Ressourcen auch aus ökonomischen Gründen unbeirrt mit dem Ziel im Auge beschritten werden, die Gesamtversorgung zu optimieren. Von dem Gelingen solcher Bemühungen wird es wohl abhängen, ob die mildere, korrigierende Reform eines Tages in härtere legislative Prozeduren umschlägt.

Vor diesem Horizont wünschenswerter und denkbarer Veränderungen kommen tiefsitzende sozialpolitische Grundeinstellungen ins Spiel, deren Gewicht in die Rechnung einzubeziehen ist. Das gegliederte System der sozialen Sicherung ist trotz aller Detailkritik als solches von einer eigentümlichen Zone der Unantastbarkeit umgeben. Das Prinzip Wahlfreiheit für die Bürger angesichts einer Mannigfaltigkeit von Angeboten in der sich pluralistisch verstehenden Gesellschaft zu garantieren, ist ein traditionsgebundener wichtiger Faktor, den zu vernachlässigen kein Anlaß besteht. Die Fortentwicklungen bleiben letztlich auf die kreative Fantasie der freien Initiative angewiesen. Sozialpolitisch von Belang erscheint ferner ein zunehmender Einfluß von Fachverbänden verschiedenster Art und die Bildung zahlreicher Zusammenschlüsse von Betreibergruppen, so z. B. die bundesweite Arbeitsgemeinschaft der sozialpsychiatrischen Dienste und Arbeitsgemeinschaften auf Landesebene für „Ambulante Psychiatrie" in Nordrhein-Westfalen und für Mitarbeiter der sozialpsychiatrischen Dienste in Niedersachsen. Zu nennen sind in diesem Zusammenhang neben der Laienhilfe-Bewegung vor allem die Angehörigenverbände, deren Anwachsen geradezu explosionsartig erfolgt. Diese Aktivitäten zeigen einen gewissen Trend an, die dominierende Position der freien Wohlfahrtverbände zu unterlaufen, die ohnehin von der Sorge bedrückt sind, in den Status bloßer Erfüllungsgehilfen abgedrängt zu werden, für deren Handlungen der Leistungsträger verantwortlich bleibt.

Das so durch einige Schlaglichter skizzierte Spannungsfeld macht deutlich, in welchem sozialpolitischen Kräftegeflecht sich strukturelle Reformvorstellungen zu bewähren und durchzusetzen haben. Nach meiner Einschätzung glaube ich allerdings, daß bei allen Interessengegensätzen und widerstreitenden Prinzipien die Idee des Verbundes, also der organisierten, dem Gesichtspunkt der Zweckmäßigkeit verpflichteten Zusammenarbeit aller Beteiligten auf regionaler Ebene deswegen konsensfähig sein müßte, weil sie primär auf Freiwilligkeit gründet und an das unstrittig Gemeinsame appelliert.

Schlußdiskussion

(gekürzte Fassung)

Moderation: H. Martini

Martini: Meine Damen und Herren, ich schlage vor, daß wir bei der Schlußdiskussion darauf achten, daß wir zur Hauptthematik dieser Tagung zurückkehren, zum internationalen Vergleich. Ich möchte dazu einige Fragen formulieren:

Kann man im internationalen Vergleich feststellen, daß sich in den verschiedenen Staaten, aus denen hier vorgetragen worden ist, die psychiatrischen Versorgungssysteme weniger gleichförmig und weniger ähnlich entwickeln, als man das vor 10, 20 oder 30 Jahren angenommen hat? Wenn dies so ist, was spiegelt sich in diesen unterschiedlichen psychiatrischen Versorgungssystemen wider? Sind es unterschiedliche Gesundheitssysteme? Stehen verschiedene gesundheitspolitische Gewichtungen dahinter? Oder geht es so weit, daß die unterschiedlichen psychiatrischen Versorgungssysteme sogar Ausdruck unterschiedlicher Kulturen sind? Wenn es offenbar mehr solcher Unterschiede im internationalen Vergleich gibt, als man in der Vergangenheit glaubte – wie steht es mit den Unterschieden in den verschiedenen Ländern innerhalb der Bundesrepublik? Muß die psychiatrische Versorgung bei uns so einheitlich sein, wie man das anscheinend in der Enquête meinte? In welchem Maße ist der Föderalismus in der Bundesrepublik eigentlich nach den Erfahrungen der letzten 10 Jahre für die Entwicklung der psychiatrischen Versorgung von Vorteil oder von Nachteil? Es wurde ja nicht zuletzt im Vortrag von Herrn Kulenkampff deutlich, daß sehr unterschiedliche Systeme, sehr unterschiedliche Organisationsformen in der psychiatrischen Versorgung möglich sind, die sich in den verschiedenen Bundesländern, aber auch innerhalb der Bundesländer auf der kommunalen Ebene ausgebildet haben.

Richartz: Das Wesentliche ist meiner Meinung nach, daß in der Bundesrepublik im Vergleich zur Situation zu 15 Jahren doch zumindest eines erreicht worden ist: daß nämlich die Situation viel bunter und reichhaltiger geworden ist. Als ich damals in Deutschland in der Psychiatrie anfing, gab es die Landeskrankenhäuser, die Universitätskliniken, die niedergelassenen Nervenärzte und das Gesundheitsamt – es gab kaum Koordination oder Zusammenarbeit untereinander, und die stationäre Behandlung fand in einer Anstalt statt, manchmal 300 Kilometer vom Wohnort entfernt. Da hat sich doch sehr vieles verändert.

Wenn ich aber nun auf dieser Tagung höre, wie diese vielen Träger und diese vielen Institutionen noch teilweise aneinander vorbei arbeiten, kommt mir die Idee, daß das holländische System mit einem Regionalinstitut für seelische Gesundheit gar nicht so schlecht ist. Ich denke, daß ein nur auf

Freiwilligkeit begründeter psychosozialer Ausschuß zu wenig ist – ich stelle mir eher ein Institut als ein Verbundsystem, auch als Rechtsperson vor. Darin sollten sowohl die Einrichtungsträger, die Kostenträger, als auch die Institutionen selbst, die die inhaltliche Arbeit tragen, vertreten sein und nun nicht im Sinne einer Superbürokratie die ganze Geschichte steuern, sondern projektorientiert einzelne Funktionen und Teilbereiche – z. B. die regionale gerontopsychiatrische Versorgung – herausnehmen und sich dafür verantwortlich fühlen. Das erfordert natürlich, daß jede Institution und jeder Träger bereit ist, ein nicht unerhebliches Stück der eigenen Autonomie an diese Institution zu delegieren. Sie müßte auch über eine starke Leitung verfügen, um ein dezentrales, lebendiges System entwickeln zu können, das dann die Möglichkeit bietet, z. B. in einer Region etwa die Aufnahmekriterien zu vereinheitlichen oder die Aufnahmezahlen durch einen integrierten, multidisziplinär ausgestatteten Krisendienst zu senken. Das wäre eine Projektmöglichkeit für eine Art regionales Institut für seelische Gesundheit.

Kulenkampff: Es macht ja Spaß, sich solche Möglichkeiten auszudenken, und ich meine, daß der praktikable Kern Ihrer Vorstellungen darin liegt, daß sich maßnahmeübergreifende Einrichtungen sozusagen von der Basis her bilden; daß also nicht weiterhin monochrome Einrichtungen jeweils nur dünne, weit auseinanderliegende Spektrallinien repräsentieren, sondern daß alle die Tätigkeiten, die in einer Region funktionell nötig sind, von der Basis her zu einem ganzen Spektrum der Versorgung zusammengeführt werden. Die Schwierigkeit besteht darin, daß dies für die Betreiber eine außerordentliche kostentechnische Akrobatik bedeutet. Herr Nouvertné aus Solingen könnte ein Lied davon singen – es sind wohl elf einzelne Partner, mit denen er verhandeln muß. Dennoch würde ich sagen, wenn die Basis das betreibt, bin ich noch so naiv zu glauben, daß dann die Leistungsträgerseite sich dem anpassen müßte, in welcher Form auch immer. Ich glaube auch, daß solche Lösungen wirtschaftlicher sind, weil Doppelläufigkeiten und Überversorgung und dergleichen vermieden würden, wenn man sozusagen von unten nach oben organisiert.

Ob das dann ein Institut oder ob das einfach ein Verbund ist, in dem sich die entsprechenden Kosten- und Einrichtungsträger zusammentun, ist letztlich weniger wichtig. Im Suchtbereich haben wir ja bereits eine Art Teilmodell – wenn das auch in einer Weise läuft, die wir nicht gut finden; aber im Prinzip haben sich hier die Rentenversicherungsträger und die Krankenkassen in der Rehabilitationsvereinbarung zusammengetan und treten den Klinikbetreibern sozusagen als einheitlicher Partner gegenüber. Warum sollte das nicht auch bei solchen Entwicklungen zustande kommen können, wie sie überall anzutreffen sind – es gibt kaum noch eine Kontaktstelle, die nicht anfängt, sich auch in andere Bereiche hinein auszuweiten, einfach weil es ein Unfug ist, daß die Klienten immer hin und her geschickt werden müssen. Es ist eigentlich so leicht einzusehen, daß diese Dinge praktikabel, versorgungsplanerisch sinnvoll und wirtschaftlich sind, und dennoch ist es noch nicht gelungen, daß dem auf der Leistungsträgerseite in irgendeiner

Weise entsprochen werden könnte. Das wäre meines Erachtens auch systemimmanent noch ein Weg, der bei dem nötigen Druck von unten vielleicht eine Chance hat. Bis man zu dem Punkt kommt, wo das wechselseitige Konkurrenzverhalten so stark wird, daß wir es uns nicht mehr leisten können, weil es zu teuer wird. Das Modellprogramm hat ja auch auf diesem Gebiet einen infektiösen Prozeß in Gang gesetzt, wodurch in vielen Regionen sehr viele und sehr bunte Dinge entstanden sind. Das wird wohl auch noch so weitergehen, und dadurch wird natürlich die ökonomische Frage auch dringlicher. Dadurch hat man aber auch eine größere Argumentationswucht gegenüber den Blöcken der Leistungsträger.

Bosch: Sie haben uns gebeten, nochmals an den internationalen Vergleich zu denken. Ich habe mir überlegt, was denn eigentlich gleich oder vergleichbar ist. Das ist zum einen die überall auftauchende Idee der Regionalisierung. Das scheint mir ganz durchgängig zu sein, vom Mental Health Center bis hin zum Standardgebiet der italienischen Unità und den österreichischen und schweizerischen Bestrebungen.

Die zweite wichtige Gemeinsamkeit, die auf dieser Tagung zum Ausdruck gekommen ist, ist die Trendverschiebung von der stationären Versorgung in andere Bereiche, die der traditionellen vollstationären Versorgung nicht voll oder überhaupt nicht mehr entsprechen und ganz anders aussehen.

Wie allerdings diese beiden Instrumentarien konkret umgesetzt werden, ist international so verschieden, daß ich nicht glaube, daß man Einzelheiten der Lösungsversuche direkt übertragen kann. Man kann sie nur anhören, man kann partikular versuchen, ob es etwas Ähnliches, Vergleichbares bei uns gibt. Wenn ich an das Referat von Herrn Noël denke, so ist in Frankreich nicht nur die Tatsache anders, daß ein zentralistischer Staat etwas direktiv anordnen kann, sondern es gibt auch im Detail so viele Unterschiede, daß die Verständigung sehr schwierig werden kann, wenn man sich nicht gut kennt. Auf der untersten Ebene allerdings, bei den vielen Sächelchen, die überall entstanden sind, gibt es wieder sehr große Ähnlichkeiten. Ich denke aber, daß man, wenn man über Lösungen nachdenkt, die bei uns gangbar sind, ausländische Lösungen fast nirgends oder nur sehr bedingt übertragen kann.

Picard: Mich interessierte bei dieser Tagung vor allem, ob die Situation der psychisch Kranken auf dem Wege, den wir hier und in anderen Ländern verfolgt haben, eine bessere ist als vor 15 Jahren. Sie ist ohne Zweifel bei uns besser geworden. Wir sind aber nun an einem Punkt, wo wir Entscheidungen treffen müssen, in welche Richtung die deutsche psychiatrische Versorgung weitergehen soll. Nach dem weitgespannten internationalen Überblick, der hier in den letzten zwei Tagen vorgetragen wurde, ist auch in meinen Augen deutlich geworden, daß wir andere Länder bis uns nicht einfach kopieren können.

Die Sachverständigenkommission hat ja damals kein Patentrezept liefern wollen, sondern sie hat Möglichkeiten gewiesen, die sich unter ein paar

Punkten zusammenfassen lassen. Der wichtigste Punkt in unseren Überlegungen war damals, die Situation der psychisch Kranken dadurch zu verbessern, daß man sie *gemeindenah* versorgen müsse. Gemeindenähe ist auch heute noch die menschlichste Art der Versorgung. Zweitens aber muß Gemeindenähe auch praktikabel sein, d. h. ihre Verwirklichung darf nicht zu kompliziert sein. Drittens schließlich muß die psychiatrische Versorgung wirtschaftlich tragbar sein.

Über den letzten Punkt haben wir damals schon heftig gestritten, als auch in der Bundesregierung viel von Reformen geredet wurde und dennoch, auch bei der guten Konjunkturlage damals, die gleiche Bundesregierung immer darauf hingewiesen hat, daß die Grenzen durch die finanziellen Mittel bestimmt werden. Dieser Gesichtspunkt der Wirtschaftlichkeit spielt einfach eine große Rolle.

Lassen Sie mich zurückkommen zur Gemeindenähe. Wenn ich Gemeindenähe verwirklichen will, muß ich die entsprechenden Institutionen haben, und eine der wichtigsten scheint mir die psychiatrische Abteilung an einem Allgemeinkrankenhaus zu sein. Wenn ich die habe, dann scheint mir das am praktikabelsten und am wirtschaftlichsten zu erreichen, was Bremen hat, was in Hannover existiert, was Herr Rudas von Wien berichtet hat; also eine gut ausgebaute gemeindepsychiatrische Versorgung. Wenn Sie die Anbindung an die Klinik nicht haben, dann funktioniert das nur sehr schwer. Sie brauchen die Klinik im Hintergrund. Das bedeutet nicht, daß der Sozialpsychiatrische Dienst ein Hilfsmittel der Klinik sein sollte. Er sollte aber nicht isoliert arbeiten müssen, denn dann kann er seine Aufgaben nicht in vollem Umfang erfüllen und wäre deshalb auch im Sinne der Wirtschaftlichkeit problematisch.

Eines der Probleme, unter denen wir in diesem Bereich der ambulanten, halboffenen oder komplementären Versorgung leiden, ist der Umstand, daß im vergangenen Jahrzehnt sehr vieles sehr unkoordiniert gewachsen ist und sich dadurch zum Teil parallele Versorgungsbemühungen nicht so schnell sinnvoll ergänzen, als vielmehr einander Konkurrenz machen. Und es ist ganz natürlich, daß jeder, der da einen Job hat, diesen auch behalten will. Ich meine, wir müßten uns auch politisch darum bemühen, daß wir ein praktikables, finanzierbares und übersichtliches Versorgungssystem bekommen. Es ist heute morgen sehr eindringlich dargelegt worden, wie das ist, wenn ein Patient von einem zum anderen geschickt wird und überall wieder neue Gesichter sieht – der muß ja wieder krank werden. Eines sollten wir auf dieser Tagung gehört haben: Daß wir in der Gefahr sind, die gemeindenahe Versorgung zu sehr zu verkomplizieren und zu zersplittern. Schon die Enquête hat von der Notwendigkeit von Koordination und Planung gesprochen, aber gerade diesen wichtigen Bereich haben wir bisher völlig vernachlässigt. Ohne das wird es aber nicht mehr gehen, weil ein zunehmender Druck auf die Finanzierungsträger und die kommunalen Gebietskörperschaften entsteht, die es sich nicht mehr leisten können, jede

Initiative zu unterstützen, ohne daß für die notwendige regionale Kooperation und Koordination gesorgt wäre.

Pörksen: Bei aller Anerkennung der Unterschiede in den einzelnen Ländern, von denen wir hier ja viel gehört haben, sind doch bestimmte Dinge deutlich geworden, die überall ähnlich und letzten Endes überall vergleichbar sind. Herr Bosch hat zum einen schon auf das überhaupt nicht mehr wegzudenkende System der gemeindepsychiatrischen Versorgung, der Regionalität hingewiesen. – Ich denke, daß wir im Suchtbereich noch einen Nachholbedarf und noch viel zu wenig getan haben. Im Rahmen des gemeindepsychiatrischen Systems gibt es eigentlich überhaupt keine Zweifel, daß letzten Endes geklärt werden muß, wer für was zuständig ist, in welcher Form auch immer diese Klärung geschieht. Herr Kunze hat ja in seinem Referat gezeigt, wie das auf Kostenträgerebene derzeit eben *nicht* funktioniert. Wir erleben es im Moment in unserer Tagesklinik in Häcklingen, daß die Kostenanerkenntnis in jedem Einzelfall erst einmal der Rentenversicherung vorgelegt wird, obwohl jeder weiß, wie unsinnig das ist. Vielleicht wird es ja auch in solchen Fällen möglich werden, einen Kostenträger in Vorleistungspflicht zu nehmen. In der Praxis ist dies ja derzeit nicht möglich.

Das zweite ist die Frage auf der Ebene der Einrichtungen, die trotz der herrschenden Vielfalt in jeder Region klar werden kann, welche Einrichtung für welche Aufgabe auch verantwortlich gemacht werden kann, ungeachtet ihrer Trägerschaft. Vielleicht kann in absehbarer Zeit ja doch ein Steuerungsinstrument gefunden werden, wie es in verschiedenen Städten über sich bildenden Gesundheitsausschüsse im Ansatz geschehen ist. Denn ohne solch eine verbindliche Steuerung geht es nicht.

Ungeachtet dessen aber würde ich dafür plädieren, daß man auch nach dem Modellprogramm, das gezeigt hat, was alles in einer Region notwendig ist, vielleicht doch das von Herrn Ciompi dargestellte Modell erprobt, nach dem es jedem Mitarbeiter in einer Region gestattet wäre, den sich jeweils ergebenen Betreuungsnotwendigkeiten entsprechend flexibel zu arbeiten. Also Kontinuität wahren, die Einrichtung verlassen, den Patienten nach draußen begleiten können und dergleichen. Ein Modell, demzufolge die Zahl der vorhandenen Einrichtungen oder Mitarbeiter in einer Region nicht durch zusätzliche Gelder verstärkt werden müßte, aber das ihnen gestattet würde, möglicherweise anders, flexibler zu arbeiten, als es traditionell im System üblich ist. Wir hatten ursprünglich für das Modellprogramm Psychiatrie für den Landkreis Uelzen einen solchen Antrag gestellt; doch Niedersachsen ist dann ausgeschert. Ich bin nach wie vor der Meinung, daß auch so etwas einmal modellhaft erprobt werden müßte.

Rudas: Ich halte die Frage, „was ist vergleichbar?“ für sehr wichtig. Vergleichbar ist mehr, als auf einer Tagung sich zeigt. Vergleichbar ist sicher der Alltag. Vergleichbar, beinahe identisch sind die Bedürfnisse der Patienten. Vergleichbar ist bei allen Anwesenden auf dieser Tagung auch eine hohe Kenntnis der Bedürfnisse der Patienten und die hochgradige Empfindung, die benötigten Hilfen auch adäquat leisten zu sollen. Ich glaube, das sind schon enorme Gemeinsamkeiten. Ich denke, daß dort, wo die Mehrheit ist, wie auch immer sie zustande kommt, auch die Mehrheit der Verantwortung liegt. D. h. wenn ich auf der einen Seite die Bedürfnisse der Patienten habe – ob als Bürger des Staates oder als Bürger der Kommune – dann habe ich dort, wo im Staat oder in der Kommune die Mehrheit ist, auch die Verantwortung, diese Bedürfnisse adäquat zu befriedigen. Und aus dieser Verantwortung kann, eben weil die Demokratie eine lebendige Angelegenheit ist, die jeweilige Mehrheit nicht entlassen werden. Die Frage, wieviel eine Gemeinschaft an Mitteln für psychisch Kranken aufzuwenden bereit ist, ist sicherlich auch eine Verteilungsfrage; und natürlich gibt es auch Verteilungsauseinandersetzungen innerhalb des Gesundheitswesens. Es ist doch ganz klar, daß Psychiatrie und Psychiatrieversorgung nicht nur ein humanes Produkt, sondern auch ein intelligentes Produkt ist. Es ist nicht rausgeschmissenes Geld, und es ist sicher nicht die mieseste Tätigkeit. Wir sollten mutig und vehement an der Verteilungsdiskussion um die Mittel, die insgesamt im Gesundheitssystem aufgewendet werden, teilnehmen. Wir müssen um der Zukunft der Psychiatrie willen eine relativ höheren Anteil am Gesamtkuchen der Gesundheitsausgaben fordern. Und wir sollten in unserer alltäglichen Arbeit nicht vergessen, daß nicht nur die hemmende Wirkung längst versteinerter Fakten die sogenannte normative Kraft des Faktischen hat; es gibt auch neue Fakten, die man selber setzen kann. D. h., wenn eine Zeitlang in irgendeinem Milieu ordentliche Arbeit geleistet wird, so wird es schwer sein, diese Arbeit zu torpedieren oder zu sabotieren.

Gans: Ich hatte bei einem Besuch in den USA den Eindruck, daß dort die Angehörigen psychisch Kranker eine mächtige Lobby darstellen, die einen nicht unerheblichen politischen Einfluß, auch auf die Verteilung von Geldern für Rehabilitation oder für andere Programme hat. Ist das vielleicht ein Weg, der auch in Deutschland nachdenkenswert wäre?

Rössler: Diese Tagung hatte ja eine Bewertung der Weiterentwicklung der psychiatrischen Versorgung in den vergangenen zehn Jahren zum Ziel. Viele der Experten, die damals an entscheidender Stelle ihre Reformvorschläge formuliert und in den Reformprozeß eingebracht haben, haben auf dieser Tagung die Entwicklung aus heutiger Sicht beschrieben. Eines scheint mir dabei offensichtlich geworden zu sein: Viele der damals am grünen Tisch entwickelten Planungsvorhaben haben sich aus vielerlei Gründen nicht umsetzen lassen. Herr Bosch hat in seinem Grundsatzreferat sehr deutlich gemacht, daß die Versorgungsplanung inzwischen wieder in Fluß gekommen ist. Als Reaktion auf die bisherige Entwicklung ist eine Flucht in neue Planungsstrategien zu beobachten. Anstelle unverrückbarer Planungsvorhaben mit überregionaler Gültigkeit, sind Planungsbegriffe wie Regionalisierung und Flexibilisierung der Versorgung getreten. Damit ist heute auch ein Stück Realität in die Versorgungsplanung eingekehrt, die eben nur unter Berücksichtigung der regionalen Ausgangsbedingungen und Gegebenheiten möglich ist. Es ist auch ein Stück weit ein Eingeständnis, daß wir für den realpolitischen Planungsprozeß eben keine Planungsvorgaben bis auf die zweite Stelle nach dem Komma machen können.

Ein anderer Punkt aber, der die Entwicklung der vergangenen Jahre wesentlich geprägt hat, ist hier m. E. nicht ausreichend zur Sprache gekommen. Die Anfänge der psychiatrischen Versorgungsreform waren ja vorwiegend von dem Bemühen geprägt, die in den Heil- und Pflegeanstalten langfristig untergebrachten chronisch psychisch Kranken in die Gemeinde zu integrieren. Für diese zumeist erheblich behinderten Patienten bedurfte es in aller Regel umfassender Wohn-, Arbeits- und Freizeitangebote. Inzwischen werden langfristige Aufenthalte mehr und mehr vermieden, und es befinden sich im außerstationären Bereich viele chronisch psychisch Kranke in unterschiedlichen Stadien des Krankheitsverlaufes. Diese sogenannten neuen chronisch psychisch Kranken zeichnen sich aber durch eine Vielzahl unterschiedlicher Versorgungsbedürfnisse aus. Grad und Ausmaß der Behinderung differieren hier erheblich, was ebenso flexible und abgestufte Versorgungsangebote notwendig macht. Das sollten wir hier in der Diskussion im Auge behalten, weil eben nicht nur Fehler in der Planung gemacht wurden, sondern der Ausgangspunkt vor zehn Jahren ein anderer als heute war und man einen solchen Entwicklungsprozeß nicht hinlänglich hat abschätzen können.

Kunze: Ich möchte auf das Problem eingehen, warum es so schwer ist, unter den gegebenen Bedingungen gemeindepsychiatrisch orientierte Angebotsstrukturen zu entwickeln, wie sie hier vielfach geschildert worden sind. Bei uns vermag ja nur geniales Organisationstalent dies durchzusetzen – gute Bedingungen dagegen würden ermöglichen, daß Menschen mit ganz normalem Organisationstalent auch gute Angebotsstrukturen verwirklichen können. Das ist bei uns nicht so. Vor allem der Partikularismus auf der Ebene der Leistungsträger, und davon abhängig der Einrichtungsträger, steht dem entgegen. Deshalb kann man unter den gegebenen Bedingungen auf allen Ebenen eigentlich keine Hilfe erwarten: Das fängt bei den Landschaftsverbänden und Landeswohlfahrtsverbänden an. Die Grundstruktur der Verbände gliedert sich nach unserem Kostengliederungssystem in Gesundheitsabteilung und Sozialhilfe (abgesehen von den zusätzlichen Problemen im Verhältnis der überörtlichen und örtlichen Sozialhilfeträger). Auch die zuständigen Landes- und Bundesministerien gliedern sich intern nach Kostenträger-Arten, und das Aufgabengebiet der Psychiatrie ist in die Zuständigkeit verschiedener Abteilungen zersplittert. Der Aufgabengliederungsplan verstärkt so den Partikularismus der Kostenträger, statt ihn zu überwinden. Es gibt also nirgendwo eine gemeindepsychiatrische Integration auf einer administrativen Ebene.

Reisig: In allen vergleichbaren Ländern sind große Fortschritte in der psychiatrischen Versorgung gemacht worden, vor allem im ambulanten Bereich. Die Einrichtung von ambulanten Diensten verschiedener Art in den einzelnen Ländern – in Holland, in Österreich, in Großbritannien – hat offenbar überall bewirkt, daß die stationären Verweildauern rückläufig waren. Hier in der Bundesrepublik haben wir verschiedene Strukturen der ambulanten Versorgung, einmal durch die niedergelassenen Nervenärzte und teilweise durch die Universitätspolikliniken, neuerdings aber auch durch die Möglichkeit, daß an allen psychiatrischen Krankenhäusern Institutsambulanzen eingerichtet werden können. Damit wäre es auch möglich, wie Herr Picard vorgeschlagen hat, zum Beispiel ein kombiniertes System ambulanter und stationärer Therapie zu machen. Es wäre doch jetzt an der Zeit, dieses Gesetz auch zielbewußt umzusetzen und zu versuchen, eine Kombination und enge Verzahnung von ambulanter und stationärer Versorgung zu erreichen, wie sie in anderen Ländern auch betrieben wird.

Crefeld: Ein Fazit dieser Tagung ist ja sicher, daß die politische und administrative Verantwortung der Kommune noch einmal sehr deutlich hervorgehoben wurde. Wenn ich mich jetzt in die Rolle eines städtischen Oberinspektors, eines kommunalen Verwaltungsbeamten, hineinversetze, zu dessen Zuständigkeiten – neben anderen Aufgaben – die Gesundheits- oder die psychosoziale Versorgung gehören, muß ich eigentlich recht verzweifelt aus dieser Tagung herausgehen, ganz besonders wegen des Referates von Herrn Bosch. Denn bisher hatte ich eine Art Patentrezept, das mir meine Aufgabe so einfach und übersichtlich machte: die Versorgungskette. Von der wußte ich, daß sie aus soundsovielen, anscheinend gut definierten Elementen bestehen soll, und wenn dann alles vorhanden wäre, würde das Ganze schon funktionieren. Das ließ sich alles katalogisieren in einem ordentlichen Plan, aus dem gegebenenfalls auch zu entnehmen wäre, was noch fehlt. Doch heute habe ich nun gehört, daß das alles wesentlich komplizierter sein soll. – Soviel zu meiner Rolle als Oberinspektor.

Wie können wir ihm helfen? – Ich denke, man kommt wohl nicht daran vorbei, ganz klar auszusprechen, daß alles wirklich *viel komplizierter* ist. Man wird niemanden vor der Wahrheit verschonen können, daß man nicht so nebenher psychosoziale Versorgungskonzepte für die Stadt X aufschreiben und dann – ähnlich einfach – umsetzen kann, wie sich das nicht nur befaßte Verwaltungsbeamte wünschen, sondern auch mancher Arzt im Gesundheitsamt mit seinen in der Regel begrenzten „freien Valenzen“ für den Alltagskram versorgungsstruktureller Probleme vor Ort.

Eine sinnvolle Analogie sehe ich hier im Städtebau und in der kommunalen Raumordnung. Auch da kann man nicht nach einem Patentrezept vorgehen. Je nach den örtlichen Gegebenheiten kommt man in verschiedenen Städten zu sehr unterschiedlichen Lösungen. Es gibt auch hier einerseits eine fachliche Dimension – Raumordnung und Städtebau kann man an Hochschulen lernen – und andererseits eine politische, die in die verschiedensten kommunalen Bereiche hineingreift. Die Kommunen haben für ihre Aufgaben der Raumordnung und Stadtplanung eigens Fachleute und spezialisierte Ämter mit einem halbwegs praktikablen Steuerungsinstrumentarium – keineswegs nur einen Oberinspektor, der noch dazu fünf andere

Aufgaben wahrzunehmen hat. Obendrein haben sie auch noch eine fachkundige Aufsichtsbehörde, die ihnen ein bißchen auf die Finger schaut, und sie haben eine Landesregierung, die von Zeit zu Zeit mit dem goldenen Zügel steuernd eingreift.

Ich denke, wir können unserem Oberinspektor nur damit helfen, daß wir ihm einerseits Gelegenheit geben, sich für diesen Aufgabenkreis besser zu qualifizieren, andererseits aber den Kommunal- *und* den Landespolitikern deutlich machen, daß die Steuerung der psychiatrischen Versorgung auf kommunaler Ebene wesentlich komplizierter ist, als daß sie quasi nebenamtlich und ohne besondere fachliche Qualifikation geleistet werden könnte. Wobei ich auch nicht denke, daß jeder Nervenarzt in einem Gesundheitsamt, der sich für seine Patienten im Sozialpsychiatrischen Dienst hervorragend schlägt, professionellen Ansprüchen an eine solche Fachplanung zu entsprechen vermag; eher scheint mir seine ärztliche Ausbildung für eine solche Aufgabe gerade besonders wenig geeignet.

Nouvertné: Mein Eindruck auf dieser Tagung war anfänglich der, daß die Diskussion noch so geführt wird wie vor zehn Jahren und auch die Inhalte der Diskussion in diesen zehn Jahren eigentlich dieselben geblieben sind. Ich gehöre zur jüngeren Generation, die durch das Denken der Sachverständigenkommission und durch die Psychiatrie-Enquête sehr beeinflußt war. Dieser Einfluß war nicht nur positiv, sondern hatte auch negative Seiten: In der Enquête waren Leitlinien formuliert, die sehr technisch und sehr versorgungsbezogen, aber sehr wenig inhaltlich waren. Daß wir das nur an Versorgungskategorien orientierte Denken heute überwunden haben und mehr in qualitativen Prinzipien denken, war meines Erachtens der größte Lerneffekt der letzten zehn Jahre. Auf dieser Tagung waren immer wieder Teile von Referaten sehr inhaltlich und nachdenklich und gingen über bloßes einrichtungsbezogenes und funktionelles Denken hinaus. Ich erinnere an das, was Herr Bennett gestern gesagt hat, der sich selber die Frage stellte, ob er als Fachmann immer so genau wüßte, was für die Betroffenen gut ist, und ob nicht mehr Nachdenklichkeit erforderlich wäre. Aber diese inhaltlichen Bemerkungen gingen unter oder wurden nicht aufgegriffen; in der Diskussion spielte immer das institutionelle Denken, das Denken in Einrichtungen, das Denken in Planungskriterien eine wichtigere Rolle. Erst heute morgen konnte dies ein wenig überwunden werden, als es doch mehr um inhaltliche Prinzipien ging. Aber trotzdem ist es für mich sehr wichtig festzuhalten, daß die größte Veränderung, die ich gemacht habe, darin bestand, sich vom institutionellen Denken lösen zu können und bedürfnisbezogen auf die Patienten hin orientiert denken zu lernen. Drei Punkte sind mir in diesem Zusammenhang wichtig:

Ein versorgungstechnisches Prinzip wie die Pflichtversorgung hat auch eine inhaltliche Dimension, nämlich die, Verantwortung zu übernehmen. Denn Versorgungspflicht meint ja nicht nur die Verantwortung einer Institution für eine Region, sondern auch, die Verantwortung für einen Menschen zu übernehmen, egal wo er sich im institutionellen Versorgungssystem aufhält, ihn nicht von einer Hosentasche und einer Jackentasche in die andere zu tun. Das hat institutionelle Konsequenzen der Verantwortung in einer Hand für eine Region, über die auch diskutiert worden ist, aber ebenso wichtig ist die Fortschreibung dieser institutionellen Verantwortung für eine Region im Sinne einer persönlichen Verantwortung für ihre psychisch Kranken und Behinderten.

Zweitens braucht die Psychiatrie wie die übrige Medizin und jegliche Sozialarbeit auch so etwas wie eine ethische Fundierung und eine ständige Selbstkontrolle und Reflexion. Denn Psychiatrie dringt ja sehr stark in die Privatsphäre von Menschen ein, und darüber ist relativ wenig diskutiert worden. Das gilt für die Patienten selbst, aber auch im Verhältnis zu den Angehörigen ist diese „innere Verantwortung" von Bedeutung. Es ist meines Erachtens sehr wichtig, die sozialethischen Implikationen unserer Tätigkeit zu überdenken.

Schließlich halte ich es für wichtiger als diese institutionellen Ausformungen unserer Arbeit, daß bestimmte Formen von Grundrechten, von Menschenwürde, von Respekt – hohe Worte also, die man vor zehn Jahren wahrscheinlich nicht sagen durfte – verwirklicht werden. Man sollte sich davon lösen zu meinen, eine an ethischen Prinzipien orientierte Arbeit sei nur ambulant oder nur in der einen oder anderen institutionellen Form möglich, obwohl auch ich davon überzeugt bin, das die Zukunft der ambulanten Arbeit gehört. Man sollte vor allem wieder stärker beachten, daß auf seiten der Patienten, der Betroffenen, bestimmte Grundrechte vorhanden sind und daß wir die zu garantieren haben. Demgegenüber sind unsere institutionellen Darbietungsformen sozusagen zweitrangig.

Häfner: Es sind in den verschiedenen Vorträgen und Diskussionsbeiträgen viele Gemeinsamkeiten im internationalen Überblick erwähnt worden. Daneben bestehen aber auch deutliche Unterschiede; beispielsweise bei den Bettenzahlen, weshalb die Länder auch sehr unterschiedliche Strategien der Veränderung einschlagen mußten. Unterschiede bestehen auch darin, daß in der Bundesrepublik psychiatrische Kliniken und psychiatrische Einrichtungen nicht im wesentlichen Umfang in privater und profitorientierter Trägerschaft sind – dieses Problem haben wir nur auf dem Sektor der psychosomatischen Kurkliniken. Ich halte das für sehr günstig, weil ich glaube, daß die Verantwortung für eine sozial besonders vulnerable Gruppe nicht in profitorientierten Verwaltungsformen laufen sollte.

Nun, die verschiedenen Länder haben inzwischen alle riesige Probleme mit der Reform der stationären Versorgung. Eines der Probleme ist, ob man ein psychiatrisches Großkrankenhaus einfach schließen kann. England steht gegenwärtig vor dem ersten Fall der Totalschließung zweier in der Nähe Londons gelegener Krankenhäuser. Das hat sehr schwerwiegende Konsequenzen. Wir haben noch vor zehn Jahren auch in unserem eigenen Land mit sehr viel mehr Offenheit beginnen können. Dabei ist uns das gegliederte

System und seine große Vielfalt zugute gekommen, weil sich darin eine Vielfalt von Engagement und Initiativen entwickeln kann – das ist im Vortrag von Herr Richartz über die Niederlande auch sehr deutlich geworden. Inzwischen wird uns dieselbe Vielfalt zum Hindernis, weil sie auch zu einer Vielfalt von Interessen führt. Schwieriger ist es auch, weil wir in der Sorge für die psychisch Kranken nur einen kleinen Teil aus dem herausschneiden, was die Gesellschaft oder die Kommune auf dem sozialen und dem Gesundheitssektor zu verantworten haben – ich glaube da müssen wir den Mut haben, über unseren eigenen Tellerrand hinauszusehen. Um Ihnen nur ein kleines Beispiel zu nennen: Den Kampf um Rehabilitationsarbeitsplätze haben wir nicht nur mit oder für die psychisch Kranken zu führen, da ist inzwischen der große Pulk der Jugendarbeitslosigkeit, die Drogenabhängigen und Süchtigen, die Asylanten; und eine Kommune hat für all diese Gruppen Arbeitsplätze zu suchen. Hier ist heute eine umfassende Kooperation notwendig.

Wir haben uns heute über die Bedeutung der pflegerischen Dienste unterhalten. Sich hier in vorhandene Dienste einzufügen, und über die Fachgrenzen hinaus zu kooperieren, ist eine dringende Notwendigkeit. Es gibt verschiedene Ebenen der Koordination, die fallbezogene, die arbeitsbezogene und die institutionelle, wo auch Sorge getragen werden muß, daß ein Patient dorthin kommt, wo die geeignete Einrichtung für ihn ist. Koordinieren kann man mit Macht, mit Geld und mit Fachkompetenz. Mit Macht allein ist es schlecht, da kommt nie sehr viel heraus, und deswegen erwarte ich mir von rein rechtlich verordnenden Vorschriften nicht sehr viel. Die beste Regelung ist meines Erachtens immer noch die, die auf klarer Fachkompetenz beruht. Wenn also Fachkompetenz – und das sind letzten Endes die Psychiater und natürlich eine kompetente und stabil an einer Abteilung oder Klinik als Sozialpsychiatrischer Dienst institutionalisierte Gruppe von Leuten – mit allen Einrichtungen draußen zusammenarbeitet, psychiatrischen Rat geben kann und mit ihnen zusammen z. B. über die Aufnahme von Patienten entscheidet, erleben die Leute, daß sie etwas bekommen, womit sie wirklich arbeiten können. Dann ist Kooperation eine Art von Zusammenarbeit auf der Basis von sich ergänzenden Kenntnissen. Das ist leichter für alle Beteiligten, als wenn man nur formal oder nur mit Geld koordiniert. Die Hindernisse sind auf vielen Ebenen größer geworden, und es ist für uns deshalb sehr wichtig, daß wir den Blick offen halten, um eine gewisse Einheitlichkeit, einen gewissen Konsens, bei aller notwendigen gegenseitigen internen Kritik, zu behalten.

Kruckenberg: Ich möchte der AKTION PSYCHISCH KRANKE ein utopisches Projekt vorschlagen, von dem ich nicht weiß, ob es jemals verwirklicht werden kann, nämlich das einer vereinfachten Evaluation und prozeßbegleitenden Beratung für die weitere Entwicklung auf der regionalen Ebene. Ich könnte mir denken, daß es einen relativ einfachen, auch für psychiatrische Laien etwa im politischen, administrativen oder Versicherungsraum verwertbaren Kriterienkatalog geben kann, mit Hilfe dessen die strukturelle Qualität der psychiatrischen Versorgung in einer Region bewertet werden könnte. Hier wäre an die Fragen zu denken:

- Wieweit und wie verbindlich ist die Regionalisierung geklärt
- Wieweit erfüllen die verschiedenen Basisdienste die notwendigen Funktionen, die hier im Hinblick auf Mindestausstattung, Diversifikation, Zielgruppenorientierung und dergleichen mehrfach deutlich herausgestellt wurden
- Ist die regionale Verantwortung verbindlich geregelt, d. h.:

  - o Gibt es verbindliche Abstimmungen der Träger im Hinblick auf die Erstellung von Angeboten und die Übernahme von Aufgaben
  - o Gibt es auf der Arbeitsebene verbindliche Abstimmungen im Bezug auf die patientenbezogene Zusammenarbeit und inwieweit?

Das läßt sich meines Erachtens ohne allzugroßen Aufwand und übersichtlich in einer wenigstens vorläufigen Weise darstellen und könnte zur Standortbestimmung in den Landkreisen und kreisfreien Städten, aber auch in den Ländern dienen.

Dahinter steht die Überlegung, daß es sich seit der Enquête inzwischen zwar herumgesprochen hat, was gemeindepsychiatrische Versorgung ist; welche strukturellen Konsequenzen und Probleme mit dieser Versorgungsform aber verbunden sind, hat sich noch nicht oder erst ganz wenig herumgesprochen. Hier könnte eine solche Standortbestimmung, also die von mir vorgeschlagene kleingeschriebene Evaluation sehr hilfreich sein, um im politischen Bereich in diesen Fragen kompetenter beraten und entscheiden und im Hinblick auf die Schaffung regionaler Verantwortungsstrukturen klarere Strategien verfolgen zu können.

Redlich: Wenn man so einmal im Jahr herkommt, hat man ja eine andere Perspektive; und ich war recht beeindruckt von den Berichten über die Bundesrepublik und von dem, was ich über meine alte Heimatstadt Wien gehört habe.

Ich will zuerst eine Frage beantworten, die an mich gerichtet wurde. Der Einfluß der Angehörigen psychisch Kranker in der Politik ist sicher sehr wichtig in den Vereinigten Staaten, aber er könnte eigentlich noch stärker sein. Im Vergleich zum Bereich der geistig Behinderten sind die Angehörigen in der Psychiatrie nicht sehr einflußreich. Ich möchte aber betonen, daß in der amerikanischen Gesellschaft der Einfluß bestimmter Politiker von großer Bedeutung ist; und in vielen Fällen ist dies ein Einfluß von höchster Stelle. Die amerikanische Psychiatrie wäre nicht das, was sie ist, ohne einen Präsidenten Kennedy, ohne einen Carter; die Kardiologie nicht ohne Johnson, die Neurologie nicht ohne Eisenhower – ja selbst Truman hat einiges zur Nuklearmedizin beigetragen. Aber auch die Frauen der Präsidenten haben einen großen Einfluß auf die Verhältnisse, z. B. hat Mrs. Reagan einen kolossalen Einfluß darauf, was sich auf dem Gebiet der Süchte abspielt.

Auf der anderen Seite sind die politisch-ökonomischen Bedingungen von größter Bedeutung für die Psychiatrie, und zwar ganz besonders deswegen, weil meiner Ansicht nach die Psychiatrie eine relativ niedrige oder primitive Technologie ist, bei der es dann ganz besonders davon abhängt, was sich politisch-ökonomisch ereignet. Wenn wir eine wirkliche kausale Behandlung hätten, wären wir viel unabhängiger; aber die haben wir ja nicht. Es gibt meiner Ansicht nach keine definitive Therapie in der Psychiatrie; was wir machen, sind pragmatische Methoden, die sehr viel und sehr oft helfen, aber eine wirklich kausale Therapie und ein definitives Modell dafür gibt es ja nicht. Deswegen müssen wir ganz besonders an der politisch-ökonomischen Steuerung unseres Faches interessiert sein.

Ich hoffe, meine Darstellung über die amerikanische Psychiatrie war nicht abschreckend. Ich habe zwar über gewisse Einzelphänomene gesprochen, die meiner Ansicht nach abschreckend sind. Zu ihnen gehört die Kommerzialisierung, die derzeit in Amerika vor sich geht und die Sie auch hier sehr bald fühlen werden. Denn das sind internationale Kartelle, die in kurzer Zeit auch hier großen Einfluß gewinnen werden. Deshalb finde ich es wichtig, daß man diesem Phänomen von Anfang an logisch und rational ins Auge sieht.

Ich möchte aber – wie ich es am Ende meines Vortrages getan habe – betonen, daß ich im Hinblick auf die amerikanische Psychiatrie alles in allem eher optimistisch bin. Erstens einmal besteht ja sehr vieles weiter, was in der Vergangenheit geleistet wurde; das ist ja nicht verschwunden. Zweitens sind wir einem sehr pluralistischen System zugeneigt, in welchem Experimentieren, Neues Versuchen einen hohen Stellenwert hat; das bedeutet Konkurrenz unter den verschiedenen Systemen, und ich glaube, das wird auf lange Sicht zu positiven Resultaten führen. Der dritte Grund für meinen Optimismus ist, daß eine gewisse Änderung in der amerikanischen Psychiatrie vor sich gegangen ist. Bis vor kurzem war die amerikanische Psychiatrie außerordentlich diffus. Ich erinnere mich, wie ich als Student Eugen Bleuler in einem Vortrag über Psychiatrie sagen hörte: „Ja, wenn die Psychiater nur nicht immer die Welträtsel lösen wollten" – genau das aber hat die amerikanische Psychiatrie bis vor kurzem in einem erschreckenden Maße getan. Heute ist die amerikanische Psychiatrie viel stärker auf eigentlich psychiatrische Phänomene, auf die Diagnosen, auf Therapie, auf die Grundwissenschaften konzentriert, und das ist ein Grund zum Optimismus. Und viertens, vergessen Sie bitte nicht, daß wir in den Vereinigten Staaten heute allein aus Bundesmitteln 430 Millionen Dollar im Jahr für psychiatrische Forschung ausgeben. Daneben gibt es natürlich noch sehr viel mehr in den Bundesstaaten und auch durch private Stiftungen. Aber auch 430 Millionen Dollar sind keine Kleinigkeit, und das verbunden mit einem wirklichen Forschungstraining wird früher oder später zu den Resultaten führen, die wir brauchen daß unsere Technologie höher wird und daß wir dann wirklich etwas leisten werden.

Ciompi: Sie haben als Veranstalter uns Ausländer sicherlich eingeladen, um Informationen einzuholen für Ihre eigene Suppe, die Sie kochen wollen; aber in Wirklichkeit ist es so, daß auch wir aus dem Ausland reich beschenkt heimgehen. Ich möchte das thesenhaft zusammenfassen:

Das erste, was mich kolossal beeindruckt hat, ist, was aus dieser ganzen Enquête doch eigentlich geworden ist. Vor etwa 15 Jahren hat man im Ausland zu hören bekommen, daß da in Deutschland etwas unternommen werden sollte: Es sollte eine Enquête gemacht werden, und es wurden auch einige Leute vom Ausland zur Mitarbeit herangezogen; und dann gab es eine Unmenge Papier und danach sehr viele Diskussionen. Aber ich finde es höchst beeindruckend, was in diesen zehn Jahren seither in Deutschland konkret entstanden ist. 14 Modellregionen, etwa 80 psychiatrische Abteilungen an allgemeinen Kliniken*, überall komplementäre Dienste, die es vorher noch gar nicht gab. Daß so etwas in der Bundesrepublik und auch in Österreich in Gang kommen kann, daß man Reformen, wenn auch langsam und gegen Widerstände, und manchmal harzig durchbringen kann, ist bewundernswert.

Ich möchte zu den zwei Punkten, die Herr Bosch genannt hat – Regionalisierung und Sektorisierung sowie die Verschiebung von der stationären auf die ambulante Versorgung – noch zwei hinzufügen: als Drittes scheint mir die einheitliche Equipe unter einheitlicher Leitung, die auch Herr Rudas so sehr betont hat, entscheidend wichtig zu sein. Nur so kann sich meines Erachtens ein System der kommunizierenden Röhren – wie gesagt worden ist – entwickeln, in welchem die zur Verfügung stehenden Mittel nicht konkurrenziell und nicht inkohärent verwendet werden. Besonders wichtig erscheint mir, daß z. B. eine Schwester, die am Spital arbeitet, auch nach draußen arbeiten kann, oder daß Ambulanzen an den Landeskrankenhäusern eingerichtet werden sollen. Mehr noch, es muß auch möglich sein, von den 500 oder 1000 Stellen in den großen Landeskrankenhäusern 20 oder 30 auf einen Schlag wegzunehmen und nach draußen in die ambulante und halbambulante Psychiatrie zu versetzen. So etwas kann man aber nur, wenn eine einheitliche Leitung da ist. Wenn wir neue Schwerpunkte setzen wollen, so müssen wir Personalschwerpunkte und auch finanzielle Schwerpunkte wirklich verschieben und nicht bloß Neues zum Alten hinzufügen, was das Ganze nur immer größer machen würde. Das ist eine notwendige Präzisierung.

Der vierte Punkt ist hier auch angesprochen worden; es ist der „Leim", die Koordination. Die entstehende Vielfalt von Diensten muß koordiniert und zusammengebunden werden. Ich möchte noch einmal meine Lieblingsidee hierzu ausführen: Die Betreuung von Langzeitpatienten sollte *eine* konstante Bezugsperson koordinieren. Nicht nur psychiatrische Institutionen (wie Universitäts-Abteilungen) sollten diese Koordination stellen, sondern durchaus auch andere Institutionen und Hilfskräfte, die mit demselben

* Heute (Frühjahr 1989) sind es rund hundert geworden.

Patienten arbeiten. Das kann z. B. der Vormund sein, oder es kann ein städtischer Sozialarbeiter sein. Wichtig ist nur, daß die Leute, die an einem Fall arbeiten, zusammenkommen und untereinander abmachen, wer da koordinieren soll. Das braucht kein Arzt zu sein und nicht jemand aus unseren Institutionen, sondern auch ein anderer – und, das möchte ich noch hervorheben, es kann ebenfalls ein Privatarzt sein. Ich bin doch erstaunt über die Frontsituation zwischen Privatärzten und Sozialpsychiatern, die ich hier in Deutschland wahrzunehmen meine. Ich finde sie nicht gut; so sollte es nicht sein, sondern gerade der niedergelassene Nervenarzt gehört mit hinein, denn er ist in der Gemeinde implantiert, er kann meistens mehr als alle anderen, die auf dem Platz sind, die notwendige Kontinuität garantieren. Er kann auch zur Familie eine konstante Beziehung herstellen, und wenn er einbezogen ist, dann, glaube ich, ist er ein sozialer Agent. Wenigstens der niedergelassene Nervenarzt, so wie ich ihn mir vorstelle, der nicht nur Neuroleptika verschreibt, sondern auch mit den Angehörigen und mit dem Umfeld arbeitet; ein solcher Nervenarzt könnte ein ganz hervorragender Agent sein, und wenn er das jetzt noch nicht ist, so müssen wir ihn dazu ausbilden.

Martini: Meine Damen und Herren, wir kommen zum Schluß. Ich danke allen Referenten und allen Teilnehmern, auch dafür, daß Sie am Freitagnachmittag noch so lange geblieben sind. Ich möchte aber die Tagung nicht schließen, ohne dem Vorstand der AKTION PSYCHISCH KRANKE und vor allem auch den Damen und Herren der Geschäftsstelle für die reibungslose Organisation meinen Dank auszusprechen.

Verzeichnis der Autoren und Diskussionsteilnehmer

Referenten und Moderatoren

Dr. D. H. BENNETT, Physician emeritus, Bethlem Royal and Maudsley Hospital, London
Prof. Dr. G. BOSCH, Leiter der Abteilung Sozialpsychiatrie, Nervenklinik der Freien Universität Berlin
Prof. Dr. L. CIOMPI, Direktor der Sozialpsychiatrischen Universitätsklinik Bern
Prof. Dr. K. ERNST, Ärztlicher Direktor der Psychiatrischen Universitätsklinik Zürich
Prof. Dr. Dr. H. HÄFNER, Direktor des Zentralinstituts für seelische Gesundheit, Mannheim
Prof. Dr. C. KULENKAMPFF, Landesrat a. D., Stellvertretender Vorsitzender der AKTION PSYCHISCH KRANKE, Bonn
Priv.-Doz. Dr. H. KUNZE, Ärztlicher Direktor des Psychiatrischen Landeskrankenhauses Merxhausen, Emstal
Dr. H. MARTINI, Bürgermeister a. D., Stadtrat, Mannheim
Prof. Dr. R. MISITI †, Direktor des Istituto di Psichologia, Rom
Prof. Dr. C. MÜLLER, Ärztlicher Direktor der Psychiatrischen Universitätsklinik, Lausanne
Dr. P. NOËL, Ärztlicher Direktor des Maison Blanche, Chefredakteur der „Information Psychiatrique", Neuilly-sur-Marne
W. PICARD, Vorsitzender der AKTION PSYCHISCH KRANKE, Bonn
Prof. Dr. F. REDLICH, Professor Emeritus Yale University und University of California, Los Angeles, California
Prof. Dr. M. RICHARTZ, Ordinarius für klinische Psychiatrie, Rijksuniversiteit Limburg, Psycho-medisch Streekcentrum „Vyverdal"
Dr. S. RUDAS, Ärztlicher Direktor des Psychiatrischen Dienstes, Wien
Prof. Dr. R. SCHULZ, Department of Preventive Medicine, University of Wisconsin Medical School, Madison, Wisconsin
Prof. Dr. Dr. J. K. WING, Medical Research Council, Social Psychiatry Unit, Institute of Psychiatry, London

Diskussionsteilnehmer

Prof. Dr. M. BAUER, Leiter der Psychiatrischen Klinik am Stadtkrankenhaus Offenbach
Dr. W. CREFELD, Sozialpsychiatrischer Dienst am Gesundheitsamt der Stadt Bochum

Dr. I. GANS, Psychiatrische Klinik Häcklingen, Lüneburg
Dipl. Psych. A. HUTTER, Gesundheitspolitischer Referent der Gesellschaft für wissenschaftliche Gesprächstherapie, Varel
J. KEBBEL, Arzt, Leiter des Sozialpsychiatrischen Dienstes Bremen
Dr. P. KRUCKENBERG, Leiter des Zentralkrankenhauses Bremen Ost
Dr. K. NOUVERTNÉ, Psychosozialer Trägerverein Solingen
Dr. N. PÖRKSEN, Leitender Arzt der Anstalt Bethel, Bielefeld
L. REISIG, Arzt, Landeswohlfahrtsverband Hessen, Herborn
Dr. W. RÖSSLER, Arzt, Zentralinstitut für seelische Gesundheit, Mannheim
Brigitte SCHIGL, Psychologin, Wien
Helmtraud SCHMIDT-GANTE, Leitende Sozialarbeiterin der Abteilung Gemeindepsychiatrie des Zentralinstituts für seelische Gesundheit, Mannheim
H. W. THOMSA, Koordinator, Gesundheitsamt der Stadt Duisburg
Dr. W. VOIGTLÄNDER, Arzt, Krankenhaus Neukölln, Berlin